U0062337

向隅

孤独的历史

梁超 著

广西师范大学出版社
· 桂林 ·

本著作为2023年度中国美术学院出版物资助项目成果

我能够看到，终于，孤独者和孤独自身水乳交融，就像一滴水融入湛蓝的海洋，就像一颗星融入浩瀚的银河，就像……就像里尔克写于一八九九年的那首《圣母领报节》中的这样一句：

『你是那只耳朵，最喜爱我的歌声，现在我觉得，我的话已深入你心有如消失在那一望无际的森林。』

孤独者，长吁一口气，从此寂静无声。人世求索千载，他终于找到了自己的家园。

序

沉湎于这一泓孤独的湖水

蓝庆伟

《哀歌——论文明的消极美学气质》《睹物——历史的展示及其层级消费》与《向隅——孤独的历史》是梁超的"消极美学三部曲"。得知梁超的"消极美学三部曲"计划大概是在 2017 年，那时《哀歌》正在广西师范大学出版社的编审阶段，从该书出版的 2018 年到第二本书出版的 2020 年 5 月，梁超以两年一本的出版频率将这一"宏大计划"逐步呈现，到 2022 年的 5 月，"消极美学三部曲"的最后一部——《向隅》也已完成修订。待《向隅》一书出版，"消极美学三部曲"即将告一段落。有幸提前拜读梁超兄的新作，结合前两本的观感，一方面不禁感叹其才华横溢、思维冷静、文字诙谐，我等文字工作者难以望其项背；另一方面也羡慕梁超的"孤独化"精神——正如《向隅——孤独的历史》书名中的关键词"孤独"，"沉湎于这一泓孤独的湖水"[1]。

梁超将"消极美学三部曲"写作的动因归于那只爱吃茶叶的小兔子——曾陪伴梁超五年的宠物兔在 2015 年年底去世，小兔的死亡引发了梁超深深的悲伤，令其久久未能释怀，"消极美学三部曲"的写作也由此开始。与约瑟夫·博伊斯（Joseph Beuys, 1921—1986）1965 年的行为艺术作品《如何向一只死兔子解释

1　梁超:《睹物——历史的展示及其层级消费》，广西师范大学出版社，2020，第 351 页。

i

绘画》的象征意义和向外的指向不同，梁超的宠物兔的死将他带入了消极和孤独的心理领域，是一种向内的指向。当读者甫在《哀歌——论文明的消极美学气质》后记中读到"谨以此书献给我的宠物兔"时，在《哀歌》和《睹物》的封面看到兔子的形象时，往往会在心里画一枚问号，这个问号不会随着阅读的深入而消散，反而越描越深——在梁超的文字中，总是会出现一只兔子，它时与柏拉图同在，时与文明进化同在；时时作为普通的动物存在，又时常以"兔子神"的存在与上帝比肩："兔子不喜欢孤独主义，却不能否认孤独者心无旁骛的生活在创造性上的高度，而且这些创造性在被模仿之后对于文明有惊人推动力。所以兔子的情感也很复杂，一方面需要某些孤独者傲视同群的创造力，另一方面又担忧人们群起效尤而造成人间的溃散。"[1]梁超在《睹物》第一部分"展示与文明"文末引言"你望向深渊，深渊也在回望你"。[2]兔子既是实在的存在，也是我们的镜像。梁超在《镜子花园》这篇旧文中所叙述的假想中的"改造工程"揭示了这一镜像："我们可以把改造工程看作是放置在事件中间点的一面镜子，在它的前后，两座花园在其中互为倒影。"[3]"镜子"是什么？在《镜子花园》中，它无疑是思辨，这种思辨是充满了建设的"改造工程"，或是形而上学的冥想。除了寻找思想中的哲思之外，梁超也时常跨越时间寻找"自己"，在《美院看门人》[4]一文中，梁超回忆了其在广州美术学院的硕士研究生就读经历，除了博尔赫斯书店为其思想之树所做的培土之外，他通过"看门

1　见本书第375—376页。

2　梁超：《睹物——历史的展示及其层级消费》，第106页。

3　梁超：《镜子花园》（未发表），2002年1月27日。

4　梁超：《美院看门人》，公众号"昨斋草草"，2021年10月27日。

人"实现了"年轻的我"和"现在的我"的对话，一面"仰观宇宙之大"，一面"俯察品类之盛"，面对两个极端的"我"，"看门人"说他们都是真正的"我"。

在《向隅》一书中，读者似乎终于找到了那个"作者"描述的"我"——"我的胆子越练越小，直到中年而秃顶的现在，我还是不喜欢与人相处，害怕陌生人、闭门不出、自言自语、文风阴郁、授课过激"[1]，这是梁超母亲用自己独特的方式给小时候的梁超"练胆"的结果——长大以后非但没有成为超人，反而成为一个向隅的人。梁超显然不是故作悲情，或是对母亲充满愤恨，这段"童年阴影"的描述中的妈妈，显然与跋中的妈妈大相径庭——"我想，我生命中喜爱自然的那部分，也许来自我妈妈，她教会我与世无争，追求心灵的舒适。"[2]不论是里尔克、卡夫卡还是罗斯科，"他们因为达不到文明普遍的'男性化标准'而给人以一种特别弱小的印象，从而踏入永恒之门"[3]，这些文明史上的不朽者似乎都有着孤僻的童年，梁超也不例外。这需要我们回到梁超的"美学三部曲"，以观他在"向隅"中如何塑造严建强《西方历史哲学——从思辨的到分析与批判的》一书中所强调的"由少数杰出的人物引导民众、创造历史"[4]的"应战"。《哀歌》一书从悲剧的源头谈起，探讨悲剧的发生及其原因，最后探讨悲剧品位的三种形态，作者在该书第三部分讨论的"物哀"已经为《睹物》埋下了伏笔。《睹物》一书的形成与梁超杭州大学（现浙江大学）博物馆学的相关课程经历有关，博物馆学通过语

1　见本书第 31 页。

2　见本书第 384 页。

3　见本书第 32 页。

4　严建强、王渊明：《西方历史哲学——从思辨的到分析与批判的》，浙江人民出版社，1997，第 110 页。

言与形象对"物"的解释，引申至历史文本、历史修辞与历史事件的关联，是文明的形式问题。文字、行为、图像等构成了历史的不同演说方式，而这些方式又与演说的接受、传播、消费交织在一起。梁超在"消极美学三部曲"中不断重复语言的线索——"美的本质是语言，社会和文明的本质同样是语言。"[1] 而语言既是过往又是未来，正如梁超在《向隅》一书中为"孤独"所作的诠释，他不把"孤独"定义为"镜像""另一个我"或者"另一个世界"，反而将"孤独"定义为人间的延伸。语言也是如此。"我们被视觉思维禁锢在语言的单人囚室之中，相伴者只有永恒的孤独。"[2] 梁超将孤独主义和人世间的关系比喻为"花与树根""梦与人生"的关系。硕大无朋的宠物兔的过世，揭开了梁超对"死亡"的语言写作，也揭开了他对自己"年近半百胡须花白毫无建树"[3] 的过往的回应。《哀歌》像是"美院看门人"的呼唤，《睹物》像是对杭州大学青春最好时光"这段艰难但锲而不舍地思考的负笈岁月的一种回应"[4]。梁超对此的解释是"文明就是记忆的锁链，回忆是我们唯一的宗教"[5]。简单来说，三部著作都关乎消极美学观念，《哀歌》是观念的产生，《睹物》是观念的获取，《向隅》是观念的反思。

孤独并不只有消极，还有那让梁超感到熏然的"孤独的荣耀""孤独的踌躇满志"。如何在孤独的世界里避免迷失，梁超给出的答案是"引路人"，正如以《向隅》为代表的"消极美学三

1　梁超：《哀歌——论文明的消极美学气质》，广西师范大学出版社，2018，第222页。

2　见本书第53页。

3　梁超：《美院看门人》，公众号"昨斋草草"，2021年10月27日。

4　梁超：《睹物——历史的展示及其层级消费》，第367页。

5　见本书第26—27页。

部曲"——在宛若迷林的旅途中、在向引路人（师者）的致敬中完成，又成了消极美学丛林的"引路人"。除了在前的引路人，平行的孤独世界之中，并肩的同路人的时空伴随也隐含着"引路人"的意义。回看梁超《哀歌》的后记，那句"一贯的学脉造就了我等学人共同的志趣以及为文明肩负的共同使命"[1]是对同路人最高的鼓舞和勉励，这让同路人的孤独都充满了"应战"之意，令人想起其母校中国美术学院首任院长林风眠留下的四个字——"为艺术战"。

得知梁超教授邀我为其新作《向隅》一书撰写序言，我的心情恰如华南师范大学音乐学院研究员潘行紫旻博士在《睹物》序言中所写："我至今仍然很惊讶本书作者梁超教授会把写序这样一个颇具分量的任务交给我。在深感压力的同时，其实我也是窃喜的。"[2]梁超教授是我在中国美术学院的师长，他虽未直接教授于我，但无论是在南山路 218 号还是在民生路 17 号，我都被他令人敬仰的学养精神所感染。我在硕士研究生毕业后离开杭州深锁成都，唯有那绵延不断的孤独精神抵消着对过往选择的悔意，与潘行紫旻研究员的压力与窃喜不同，这篇为梁超教授不弃并冠以"序"的文字，是他对我最好的鞭策。

1　梁超：《哀歌——论文明的消极美学气质》，第 323 页。

2　梁超：《睹物——历史的展示及其层级消费》，序第 1 页。

*　本文作者蓝庆伟，艺术学博士、艺术史学者、策展人，从事现当代美术研究、当代艺术评论与策展实践、美术馆学研究与美术馆管理，现任教于成都大学。

目录

第一部分

孤独之表象

I 孤独的思考

寂寞，就像一阵雨。
从大海向黄昏升腾；
它从遥远而荒芜的莽原
升向它所属的天国。
——它又从天国，向着城市坠落。

像细雨一样飘散，在那忧郁的时刻，
那时，所有的街路都通往明天，
那时，只有肉体一无所得，
只能在惆怅中往逝飞散；
那时，两个人互相憎厌，
他们却不得不，躺在同一张床上。

于是乎那寂寞滚滚流淌……

　　在年轻时不阴不晴的一天，在校园小径不通向任何地方的一个角落，在诗卷不显眼的一页上，我读到了里尔克（Rainer Maria Rilke，1875—1926）的《寂寞》，并为之触动。我已经不记得初次读到它是几十年前的事了，这种触动的感觉都已经很陈旧，如同老迈的心脏一样懒于跃动。今天我又一次为它所触动，今天我还是在不阴不晴的天气里，隐居在城市毫无特点的一个角落，几十年过去了，我还是觉得很寂寞，这是一种空灵的、舒适的寂寞。

这种时候我就会暗自沉思，这种寂寞应该是什么模样。我的思索似乎随即就偏离了轨道，我想起了让-米歇尔·雅尔（Jean-Michel Jarre，1948—　　）的电子音乐《氧气 IV》，并且哼出了声，待到惊觉时，我发现我的沉思已经停止很久了。在阴沉、苍白的天色挤进窗棂的寂静无声的下午，我发现自己什么都没有想已经很长时间了，也许有一个小时，甚至更久。这个阴天的下午别有一种寂寞，这是一种空灵的、舒适的寂寞。

这种寂寞侵染了我的思绪，我随手从书架上抽下一本又一本书，似乎每一页纸都在描绘这种寂寞。恩尼乌斯（*Quintus Ennius*，前 239—前 169）的悲剧，蒙克（Edvard Munch，1863—1944）的画，贾科梅蒂（Alberto Giacometti，1901—1966）斑驳的雕塑，罗伯特·伯顿（Robert Burton，1577—1640）的《忧郁的解剖》，希姆博尔斯卡（Wisława Szymborska，1923—2012）的一句宾语和补语委实难决、浑不可解的诗句……似乎汗牛充栋的书架上的每一本书都在描绘着孤独的形状，这些人类文明的行述，每一个字都被孤独所浸润，连句号和逗号看起来都是那么萧疏，都是形影相吊的。

人类文明的行述被孤独所浸润。

难道有一部"孤独的历史"？

这个题目容易引起误解，我们并不是在描述"历史"是"孤独"的，在这里"孤独"并不是形容词，而是名词，也就是说，我想描述的是"孤独"这个"东西"的历史。既然有陶瓷的历史，性别政治的历史，还有才华横溢的多米尼克·拉波特（Dominique Laporte，1949—1984）遗著的、粪便的历史，那么就应该有一部孤独的历史。向文明的反思作此要求，不算过分。

我们重拾篇头的那段沉思，这种寂寞是什么模样的？或者说，让我五音不全地哼出声的《氧气IV》是什么模样的？我想到了阴沉的天幕下，冬天山野中空灵而寂静的整个白天，所谓白天，就是在忧郁的、悠闲的百无聊赖之中等待夜幕降临。白昼就好像茫茫的荒原，天空很苍白，雨后的空气充满了不可捉摸的香味。

对了，夜幕。我们回到篇头引用的这首诗《寂寞》上，1902年9月21日写下它的时候，里尔克新婚一年，正住在巴黎屠耶街11号，出版了《图画之书》(Das Buch der Bilder)，并在写此诗的二十天前兴致勃勃地登门拜访了罗丹 (Auguste Rodin, 1840—1917)。1902年是里尔克生命中为数不多的意气风发的年份之一。巴黎熙熙攘攘的生活是里尔克迎来创作高潮的某种诱因，但这种诱因并不是正面的、阳光的，灰色之人被激荡起来的激情也是灰暗的。巴黎四下延伸的大街小巷好像野草蔓延的筋脉，永远有一种随机而无序的印象。在他的前辈、诗人魏尔伦 (Paul Verlaine, 1844—1896) 的一篇记录梦魇的散文之中，这种巴黎印象是这样的：

> 但当我将目光投向城市那一边的时候，在河岸的另一边，也有房屋、院子和居住区，那里在晾干衣物，发出种种声音，还有真正市郊的巴黎可怕的石膏房子，它们令人想起圣乌昂平原，以及诺尔那整条硝烟弥漫的街道，但是行人更稀稀拉拉，而车祸却更多。通过那儿我总是心惊胆战，那儿散发出夜袭传统和别的气息。难道这是对幽灵般的圣马丁运河的模糊回忆吗？[1]

1　[法] 魏尔伦：《我的几个梦》，选自《法国经典散文》，郑克鲁主编，上海文艺出版社，2004，第140页。

巴黎是黑暗的，就好像一个巨大的癌细胞四通八达地伸出血脉，然后长成一种层层叠叠的、无法统计的怪东西，代表着大自然随机衍生出的恶性的物性，以及这种物性在人性中的投射，非但不令人觉得热闹，反而反射出更大的孤独。巴黎是狂欢的，狂欢就是一群人的寂寞。黑暗就是孤独本身，这是里尔克想表达的东西。这种黑暗的印象颇能在里尔克的创作激情之中引发一种阴郁的兴奋。

　　黑暗就是夜晚，从《寂寞》这首诗第二阕里两个人躺在床上的描述，我们能看出这种夜晚的暗示，它同时也是寂寞。

　　除了"黑暗"的意象之外，"庞大"是另外一个意象。在诗的开头，寂寞最初的形态可能借鉴了一次海上风暴的壮阔景色，海上的暴雨像是在天地之间形成一片巨大而昏暗的帷幕，通过雨柱将天上雷云的旋涡和海面下黑暗的深渊连成一体，声势惊人。凡间的存在、偶尔一叶扁舟，在这种自然的狂暴本性面前微不足道，跟不存在也差不了多少。接下来提到了寂寞的又一个意象"荒原"，在荒原的无垠之中，城市——人类文明显得既脆弱又微不足道，而且没有什么意义。艾略特（Thomas Stearns Eliot，1888—1965）在《荒原》之中这样说：

　　　　这是什么声音，在高天之上
　　　　是慈母哀伤的嘟囔
　　　　这戴头罩的人群是谁
　　　　在无尽的荒原、在龟裂的土地，跌跌撞撞
　　　　只看见一马平川的地平线，好像巨圈包围在周旁
　　　　山那边是哪座城市
　　　　破碎、重建复又炸裂，在紫绀的飞飏
　　　　塔楼，倾圮着
　　　　耶路撒冷、雅典、亚历山大

维也纳、伦敦

俱为虚妄。

文明的诞生和倾废、追寻和跋涉，都微不足道，只有荒原是至大和永恒的。

到了《寂寞》的第二阕，海面上可以看见升落的、有限的风暴有进一步扩大为无限的趋向，在感性上完成了——至少是试图完成——由"极大"向"至大"的转换。但是转变的只有感觉的参照系，因为它降落到了城市之中。城市，就如艾略特所言，与海雨天风相比是微不足道的，也缺乏永恒性。所以尽管在辽阔的海面上肉眼能够看到暴风雨的边界，可一旦降落到城市之中，霪雨茫茫，嘈杂的雨声充斥在可感的天地之间。不过这种转变对于感受者而言没有什么实际的意义，城市是渺小的，但是个人自身更渺小。"至大"的印象还是被触发了。寂寞的界限超越了个体感受的疆界，所以我们认同它是无限的。这差不多相当于在杭州阴寒彻骨的冬雨之中，尽管我们以理性从天气预报上得知不过几百里之遥的上海是晴空万里的，可是还是觉得淅淅沥沥，全世界都在下雨。

《寂寞》的第三个意象是寂寞的神圣性，以及随之而来的"回归"的意象。这一点并不非常明显，但是可以从第一阕的"升向它所属的天国"这一句管窥蠡测。虽然"升向"这个词非常中性、滴水不漏，但是"所属的"这个定语还是显示了寂寞是"属于"天国的，透露出这趟旅途具有某种回归的意味。这样看来，寂寞就好像是一种东西，居住在天国，因为一个可以想象的意图而降临下土，在目的达到之后又升腾回到了它所从属的地方，或者说，它回到那个地方，然后开始下一次降临，周而复始、生生不息。然而，这种东西，以及这种降临的诱因或者说必要性究竟是什么呢？我想《杜伊诺哀歌》的开篇数句可能能够给我们提供一点参考：

> 假如我呼喊，天使的队列中究竟有谁
>
> 能听见？即使其中有一位，突然
>
> 把我拥到他胸口：我也会因他更强大的
>
> 存在而消失。因为美无非是
>
> 恐惧的开始，我们刚好能承受，
>
> 而我们对它如此崇拜，因为它泰然自若
>
> 不屑于毁灭我们。每一位天使都是可怕的。

天使是"自在"的，他们可能刚好有某种属性，就好像刺猬的刺或是美洲箭蛙的毒液，能够成为"我"——凡人毁灭的诱因。"我"的呼喊引发了天使的拥抱，这种拥抱在最初很可能也正是"我"呼喊的目的，但是这种恒常而自在的特性还是毁灭了"我"。如果没有"我"或至少"我"不曾呼喊，这种毁灭就不会发生，因为天使"不屑于毁灭我们"，可见这种炫目的毁灭并不是针对"我"的，我等卑微的存在还不够成为这种壮阔生息的目标。借由这几句分析我们不难得出结论，这种"强大的存在"对于凡人是"拒否"的，虽然并不刻意，但已然不能消受。甚或其中的一位天使回应了凡人的呼喊，听从凡人的祈求——爱、佑护、慈悲，不管是什么——拥抱了呼喊者，毁灭还是被触发了。这更加证明这种毁灭没有好恶、没有人间的情感，这种"拒否"是一种天性，它只是自然界必不可少的一种机制而已。

　　属于天国的天使与属于天国的"寂寞"一样给凡人带来最初的期待，惊喜的邂逅，以及愈来愈不愉快的、终至于毁灭的结果。这样看来，它们是否是同一种存在就很值得思量了。这种最初的期待和愈来愈不愉快的心路历程，可以参考"因为美无非是恐惧的开始"这一句，这也是"我"呼喊的最初原因。"Anfang"这个词，在德语之中是"开始"的意思，带有"原因"的含义。

所以《浮士德》里说"Im Anfang war die Tat",泰初有为,作为万物的开始。黑格尔(Georg Wilhelm Friedrich Hegel, 1770—1831)在某个场合——好像是《小逻辑》里——也说过,原因已经包含了结果。原因在结果之内,结果在原因之内。一粒种子能长成一棵苹果树,是因为它是苹果树的一粒种子。所以,与其说"美无非是恐惧的开始",毋宁直接认同"美就是恐惧自身"。

这种毁灭的机制是什么,这里已经给出答案了:它——毁灭自身——因为距离原点过远而被稀薄了千百遍之后,给人带来难忘的、诱惑的感受,吸引人孜孜不倦地追求,但是当它的浓度越来越大,凡人就越来越无法承受。这种诱惑就是"美",它和"恐惧"并不是两种东西,而只是处于同一种机制的不同程度罢了。当追寻者最终溺毙在恐惧之中的时候,回想这段死亡之旅开端的那一缕若有若无的诱惑,才明白"美"不是别的,正是恐惧自身,而凡人所感受到的美,只是"恐惧感"的开始。

然而"寂寞"呢?它从大海向黄昏又从荒原向天国的"升腾",在意象上再现了《杜伊诺哀歌》之中凡人向天使的呼喊,一个人的呼喊可能悄如蚊蚋,可是众生皆寂寞,所以无数人的呼喊还是汇聚成了宛如海上风暴的壮阔奇景,声震九霄、寰宇可闻。这也是为什么虽然它看起来像是一阵雨,但是在一开始并不是降落,而是不可思议地由下往上升腾。然后,某种存在,姑且认为就是《杜伊诺哀歌》中的天使,听见了这种呼喊或是这种煎熬众生的寂寞,并且作出了回应。然而,这种诸神对凡间的响应注定是一种悲剧。在《杜伊诺哀歌》里,渴求美的呼唤换取的是恐惧,在《寂寞》里,因为众生的寂寞而降下的是黑夜,黑夜依然是寂寞自身。这两者的相同之处在于都有一种无边无际的、没有出路的沉溺感。

没有出路。如果说寂寞无边无际、没有出口,像是一个迷宫一样的话，那这个迷宫就是在所有根据各种拓扑算法设计出来的没有出路的迷宫之中，最没有出路的那一种。与凡人想象中妙到毫巅的所有迷宫结构不同，这种结构是至大的，没有那些小里小气的环环相扣和欲拒还迎。博尔赫斯（Jorge Luis Borges，1899—1986）痴迷于迷宫，世人对于他笔下迷宫的印象基本还框限在《小径分岔的花园》《永生》里的描述，实际上，这些都不是博翁心目中终极的迷宫。请看收录于1949年《阿莱夫》这个集子里的《两个国王和两个迷宫》这篇童话，他曾经描述过这样的迷宫，出于某种个人的兴趣，我觉得这段话用诗的结构编排出来更有韵味：

> 啊，时间之王，世纪的精华和大成！
> 你在巴比伦想把我困死在
> 一座有无数梯级、门户和墙壁的
> 青铜迷宫里；
> 如今蒙万能的上苍开恩，让我给你看看
> 我的迷宫。
> 这里没有梯级要爬，
> 没有门可开，
> 没有累人的长廊，
> 也没有
> 堵住路的墙垣。[1]

这段宛如谜语的描写，谜底是无边无际的沙漠。在今天的探讨中，用来描绘莽莽苍苍的黑夜和铺天盖地的寂寞似乎也特别贴切。与那种为凡人所津津乐道的、靠一个毛线球就能走出去的米

---

1 ［阿根廷］博尔赫斯：《博尔赫斯全集》，小说卷，王永年译，浙江文艺出版社，1999，第285页。

诺陶洛斯（Μīνώταυρος）的迷宫相比，沙漠的迷宫意象更加纯粹。在那种曲里拐弯的小道纠缠成的迷宫里面，跋涉者每经过一个转弯和岔路口，对于接下来的旅程都会燃起新的希望，这种希望是取悦跋涉者的、俗不可耐且不纯粹的，在沙漠之中，天似穹庐，连这一点点虚情假意且越来越微弱的希望都不存在。

所以，如果寂寞是迷宫，它就应该像是沙漠，永远走不出去，没有一个标准的解决办法（路线）。而在此基础上，城市本身宛如迷宫的结构为这种峰回路转提供了进一步的、凡人更容易理解的迷宫意象，走投无路变得更加走投无路。所以，我们应当思索的是《寂寞》的第四方面，也就是寂寞的"城市"意象。我一直认为，"城市"这个概念，是人类追求的各种生活便利在技术文明层面上的集合。所以，城市看似将很多人聚集在一起，但是因为这种聚集源于对生活方便的追求，在实现手段上也是倚重技术文明而非情感的维系，所以城市的聚集并不能改变个体孤独的现状。也许有少少补救，但是将城市聚居式的公众生活看成应对孤独的救世良方未免痴人说梦。

出于这种技术文明实现生活便利的公平性考虑，城市要尽可能地让居住在其中的所有成员与尽量多的便利设施在距离上平均分布，这也造成了城市街巷幽深、宛如迷宫的形象。人们行走在街巷之中，充满了窥视的欲望，但是看来看去都是别人的生活，而且彼此大同小异。所有人都觉得城市分成一大一小两个部分，"我"和"其他人"，如果这个"我"足够幸运，这个小圈子里可能还有一两位爱人、亲人、友人相伴，从而变成"我们"，但是很多人的"我"就是单数的"我"，大多数人都觉得城市里除了"我"之外每个人都是幸福的。是城市的迷宫、影影绰绰且素昧平生的陌生人的身影，加深了这种孤独感。对于这种窥视，博尔赫斯在 1923 年的《布宜诺斯艾利斯激情》这个集子里有一首名为《近郊》的诗这样描述说：

> 一座座庭院日久经年，
>
> 一座座庭院
>
> 矗立于天地之间。
>
> 窗口安装着铁栅，
>
> 依栏展目，
>
> 街巷好似灯盏一般亲切熟惯。
>
> 居室幽深，
>
> 桃花心木的家具犹如凝滞的火焰；
>
> 镜面上泛着微光，
>
> 好似黑暗中的水潭。
>
> 迷茫的交错路径
>
> 朝着宁静的郊野
>
> 四射绵延直至无限。
>
> 所有这些地方
>
> 全都洋溢着柔情万端，
>
> 而我却只身一人，与影相伴。[1]

偶尔一瞥之中，别人的居室有一种幽深、阴暗而神秘的印象，但是事不关己。在城市里面只有自己的家和四通八达的街路是"实有"的。

难道不是如此？你离开家，前往医院，接受医生和护士的呼来喝去，你不会觉得对医院有归属感，无怪乎福柯（Michel Foucault, 1926—1984）声称医院和学校都是知识权力专制的表象，这种孤独而被针对的体验，就好像做了一场焦虑的梦，其中没有留恋。只有离开了医院，不管病有没有被治好，才会松一

1　[阿根廷] 博尔赫斯：《博尔赫斯全集》，诗歌卷·上，第43页。

口气。然而走在路上却不会有此感觉，你可以拖延，可以信步闲逛、漫无目的，像是在自己家里一样自在，街路给人带来一种踏实的从属感。这些街路是迷宫的骨架，在街路笔直、标识系统完善的现代城市，迷宫不再负责施与方向上的迷惑，但是在精神的迷惑方面，造成的困惑非但没有减轻，反而变本加厉。

必须承认，有了这么多顾影自怜、痴人说梦的感受，城市的迷宫印象才成其为一种审美意象，而非仅仅是一种效率学层面的拓扑运算的结果。我们不应当忘记康德（Immanuel Kant, 1724—1804）在《审美判断力的批判》里开宗明义的定义：审美是带有欲望的反省的批判，它超越客观逻辑的认识。城市的道路迷宫并不仅仅肩负一种将人带到某个地方去的功能，何况也没有人走出家门就只是为了到达目的地，路上什么也不看。因此在这个"始发—目的"的逻辑关系上，自然而然地派生出了过程的哲学和审美。这才有了不朽的杰克·凯鲁亚克（Jack Kerouac, 1922—1969）下笔千言稍纵即逝的、途中的美的印象：

> 我们沿着仿佛在叹息呜咽的萨斯奎哈纳河走了七英里。这是一条令人感到恐怖的河。两岸的峭壁绝岩灌木丛生，就像披头散发的幽灵，俯瞰着无名的水域。漆黑的夜色笼罩着河面。对面的调车场里，不时有一列火车开出，升起一道耀眼夺目的红色光柱，使峭壁绝岩显得格外恐怖。[1]

不过，康德接下来的一段定义却令我们心生踌躇，他认为审美是"快适"（angenehmen）的，至少是符合利益的。然而我们，至今为止，极目所至，荒原上只有寂寞。这种观点的冲突很有意思，正如我在《睹物》中分析过的，在资产阶级社会中期以前，

---

1 ［美］杰克·凯鲁亚克：《在路上》，文楚安译，漓江出版社，1998，第135页。

具体说是叔本华（Arthur Schopenhauer，1788—1860）以前，人类的世界观还被一种浅薄的进步主义观念所把持，一切看起来都是阳光向上的，人类的历史被看成千万人在幸福的道路上齐头并进的一次浪漫的冒险，而康德和温克尔曼（Johann Joachim Winckelmann，1717—1768）的时代，正是这段阳刚的历史中最后的一段阳刚岁月。

而至我们的时代为止，已经有越来越多的人意识到，审美的对象不再局限于给人带来"愉悦"这一种感受了。更有甚者，连"美"这个观念自身也不是必然的，如果我们还要坚持这种必然性的话，就必须给"美"这个概念改头换面，延伸它的内涵。在这个迭代工作之中，首先要改变的就是"美"这个词自身主观上强烈的积极印象，否则从波德莱尔（Charles Pierre Baudelaire，1821—1867）到罗斯科（Mark Rothko，1903—1970）都很难在这种积极的美学史之中找到准确的位置。

因为这种主观的积极印象，毫无必要的掩耳盗铃和文过饰非就会应运而生，也就有了很多批判主义、扭曲现实主义流派的观点，诸如将凯鲁亚克这样的创作看成对于某种特定对象——前提是这种对象已经在积极的美学史之中被定性为被批判的——的口诛笔伐之作，它们的方法是相反的，但是它们的意义还是积极的……这些林林总总的看法已经没有了进步意义，自圆其说而已。到目前为止，"垮掉的一代"文学流派这块砖，最大的用途还是拿来砸"资本主义社会的种种扭曲"，在国外文学评论界也是如此。而实际上，大家都心知肚明这是怎么一回事：就是一群瘾君子在致幻的酒精、毒品和性高潮之中的梦话。他们或许批评过什么、控诉过什么，但这些念头转瞬即逝，思绪很快又回到了泥足深陷、自暴自弃和走投无路之中。

《在路上》的中文译本存在大量被净化过的痕迹，甚至连漓江出版社 1998 年版（我较早接触的一个版本）的封面——星条旗背景下几个俊男美女的照片——也十分可笑。这张照片可能真的来自某个以这部小说为蓝本的电影作品，但是那种毫无内涵的俊美还是非常浅薄。从古埃及壁画、中世纪骑士像到现代的西装革履中年成功男士的牙膏广告，几千年来人类就是喜欢用这种浅薄的积极形象——"漂亮"——充斥公众的视野，这个问题我想放到下面的章节再探讨。白雪公主的童话依然流行的原因是没有人愿意出手撕下这条最后的破破烂烂的遮羞布。只有狂热信奉阳刚的公众才有继续建设阳刚的动力，我通常习惯将这种历史的意志比喻为一个地下的神，我想象这位神的形象类似某种北欧的野兔，我一直以"兔子"这个代号来称呼他。这是一场意志的游戏，它并非没有深意。

　　所以，以一个中性的词来取代"美"，至少取代"愉悦"这种文艺复兴、启蒙运动至于资产阶级革命时代语言的陈迹，看起来就非常必要了。譬如说"深刻"这个词。一个值得被记忆的观念，很可能不"愉悦"，也有可能不"美"，但是不可能不"深刻"。现在我们把话题再兜回来，这就好像城市的印象，深刻而中性，在晴天，它阳光而热情；在阴天，它忧郁而冷漠。它们可能并不全是"愉悦"的印象，但是，无论见仁还是见智，它们都是深刻的，都值得被记忆，都值得被玩味，都值得被喜爱。

　　那种阳刚、踌躇满志乃至令人"愉悦"的历史观一直被认为是放之四海而皆准的原因，也可以在城市的这种多面性公众观念之中得到证实，在城市里面，阴郁、柔弱或是喜欢阴郁和柔弱的成员不受待见。城市是实用、功利的集合，所以城市公众生活的语法也是现实的。在城市居住的人要像赛跑运动员一样，无时无刻不往前跑，步履稍微迟缓就会被弃如敝屣。里尔克那首诗里"那时，所有的街路都通往明天"这句话就是这个意思。

一个孤独者缺乏建设文明的动力，这是孤独者的一种基本天性：他连建设自己人生的兴致都没有。而实际上这却歪打正着地躲开了历史意志——那位兔子之神的圈套：兔子号召人类建设"更美好生活"的用意其实是鼓动他们创造更积极的历史，从而使得兔子自己以一种更积极、更"愉悦"的状态延续下去。尽管这两者其实没有任何区别，但是大多数人还是觉得建设美好人生是为了他自己的。

现在有一个人，出于深思，出于叛逆，或者干脆出于懒惰等任何其他个人原因，拒绝人云亦云地经营"自己"的美好生活，那么，不管有意还是无意，他显然因为这种无作为而在积极历史的建设和消费游戏之中触犯了兔子的利益。对此兔子的应对之策是：第一步，将这个人孤立，让他带上罪孽、带上禁忌、带上病毒，这一招既惩罚了历史观念的异己分子，也有效地断绝了其他人和他接触、受他传染从而鹦鹉学舌的可能性；第二步，让这个人自己沉湎于这种孤立之中，愤世嫉俗，这里所用的是同样的方法，让他将孤立看成"自己"的渴望，凯鲁亚克将此称为"伤心的天堂"——一个社会意义上的"孤独者"就此诞生了，出于孤独的天性，他与社会隔绝，也与其他孤独者隔绝，他对历史的意志不再是威胁。

1969 年 10 月，因为长期酗酒和精神恍惚导致的一身伤病，凯鲁亚克死在佛罗里达的圣彼得斯堡。根据翻译家文楚安（1941—2005）教授的笔记，他葬在故乡马萨诸塞的洛厄尔，位于戈汉姆街的艾迪逊墓地，墓碑上名字的下面刻了一句话：

HE HONORED LIFE

"他没有虚度一生""他对得起自己的人生""他给生命以荣耀"，怎么解释都对。我们只能说，凯鲁亚克获得这种人生评价的原因是，他是超时代的，在他死后很久，他人生的意义终于汇入了历史的意志之中。除此之外，这个评价除了诔墓，就什么意义都没有了。因为谁都知道，"垮掉的一代"的这些坏孩子，终日烂醉如泥、荒淫无度，他们"对不起"自己的人生这一点，被所有的家长用来当反面教材教育子女。愿凯鲁亚克安息，在他的那个"伤心的天堂"之中与兔子握手言和。

可是他活着的时候呢？张皇四顾，度日如年。有一张凯鲁亚克1966年的照片，脸部肌肉的松弛和嘴角的无力已经明显露出了酗酒、落魄、潦倒、下世的光景。这正如里尔克诗中的境界，他身边的每一条路都热火朝天地通向某个所有人憧憬的、明日的天堂，可是他却无法踏上其中的任何一条。身边的路人是不是和他一样的"人"？这个问题已经没有意义，在他眼里都是匆匆忙忙闪身而过的影子。他把握不住这些影子，更不用说和他们交谈，因为他们奔向的那个明日的天堂没有他的分，他拥有属于他自己的"伤心的天堂"，可它不在明天，也不在今夕和昨日。

拍摄这张照片的1966年，他和第三任妻子斯黛拉（Stella）刚刚结婚，她在凯鲁亚克死后又活了二十多年，于1990年2月10日去世，和他合葬在刚刚说过的那个墓里。有一张鲍勃·迪伦（Bob Dylan，1941—　　）和艾伦·金斯伯格（Irwin Allen Ginsberg，1926—1997）两人盘腿坐在凯鲁亚克墓前高谈阔论的照片，文楚安教授前往拜谒凯鲁亚克墓的时候也顺手拍了一张，从这两张照片来看，他的墓碑就是平放在草地上的一块石板。上面的碑文从上往下第一行是"TI JEAN"几个字母，意思浑不可解，接下来是凯鲁亚克的名字、生卒年、"他没有虚度一生"、斯黛拉的名字、生卒年（这两张照片拍摄时她还健在）。显然，"他没有虚度一生"这句话是属于凯鲁亚克一个人的，即便是他的同穴之人也不得分享这份荣耀。这样的安排看似有点小气，斤斤计较的，令人扼腕叹息，却是事实。话说回来，这种荣耀，不能当饭吃，也不会让每斤芹菜便宜几个铜板，对于斯黛拉乃至大多数人而言，本来也没有什么用。

里尔克说什么来着？"那时，两个人互相憎厌，／他们却不得不，躺在同一张床上"，生谓同床而死谓同穴，虽然说不上凯鲁亚克和斯黛拉是不是互相憎厌，可他们是两种人，这一点毫无疑问，除了同穴而葬之外看不出有什么交集。他们一个是名垂青史的文豪，一个是在历史中只留下一个名字——如果不是因为凯鲁亚克，这个名字也留不下来——的家庭主妇；他们结婚的时候凯鲁亚克穷困潦倒，结婚不到三年凯鲁亚克就死了。他们两个人看起来很像是这样的一种夫妇：除了同穴而葬以外和陌路人没有什么区别。虽然我一向反对历史写作中的凭空想象，不过唯独在这里，想象凯鲁亚克和斯黛拉婚后感情平淡，可能性应该是很大的。前面已经说过了，因为孤独者的天性，酗酒、潦倒、体弱多病、缺乏对他人的责任感、自命清高、冷漠、易怒、喋喋不休的凯鲁亚克，应该是不被大多数讨厌酗酒、讨厌潦倒、讨厌体弱多病、讨厌缺乏对他人的责任感、讨厌自命清高、讨厌冷漠、讨厌易怒、讨厌喋喋不休的凡人喜欢的——愿上帝也保佑斯黛拉，她却可能恰好只是这样的一个凡人。

长久以来，人和人之间的感情，特别是真挚的爱情，一直被看作对抗孤独的灵丹妙药。拥有爱情滋润的人甚至能够一洗我们所标榜的消极主义的颓风，在人生之中义无反顾地勇往直前。所以，男女之情是对抗铺天盖地滚滚而来的孤独——所有人都是孤独的，所以我们可以仅在本书之中将此暂称为"孤独主义"——的最后也是最坚固的堡垒。现在，我们恐怕要试着捅一下这个马蜂窝了。

在《哀歌——论文明的消极美学气质》这本书之中，我将男女之情——性别政治关系解释为一种人类文明的基本冲突，具有调和的和冲突的两个方面，永远无法妥协。而爱情，这种基本冲突之中调和的方面，一直以来的主流印象是鸟语花香的，现在似乎也有了一些针锋相对的论调。爱情有很多表现形式，婚姻是其中最为刻板却最容易统计的一种。我们先来看看这些对立论调之中较为激进的一个例子，还是那个康德，他在《法的形而上学原理》这本书中说过，婚姻是"为了终身互相占有对方的性器官而产生的结合体"。婚姻就是合法地使用对方性器官的契约，这个观点未免太过极端，但是我们思考人类婚姻的历史，也很难找到反驳它的理由。

纵观人类婚姻史，仔细权衡康德的这句话，这个沉思的过程无须我们越俎代庖，已经有人从头到尾梳理过一遍：我们可以参考恩格斯（Friedrich Engels, 1820—1895）在《家庭、私有制和国家的起源》这本书中的思路。在这本书中，恩格斯把人类婚姻的历史分成了几个阶段，我们来看看他对这几个阶段的标注：

第一阶段，血缘家庭：仅仅排除不同辈数之间的异性结合；

第二阶段，普那路亚家庭：也就是伙婚家庭，在上一阶段的基础上仅仅排除了氏族内的异性结合；

第三阶段，对偶婚姻：虽然两性关系发展到一一对应，但是"婚姻"仅仅局限于性行为和生育行为，和作为独立经济实体的"家庭"之间还不存在任何程度的对等关系；

第四阶段，专偶婚姻：也就是一夫一妻制，其中一夫多妻制算是这个阶段的一个序章或是补充，婚姻和人类社会的普遍经济原则扯上了关系，因而有了种种繁文缛节的游戏规则。一夫一妻受限于男子掌握财富，并且财富依据该男子的血缘而被继承下去。因此，恩格斯在这里有一个古怪而敏锐的补注，认为卖淫是专偶制婚姻的补充，"一方面是专偶制，另一方面则是淫游制以及它的最极端方式——卖淫"[1]。恩格斯认为这种补充是不义的、黑暗的、令人厌憎的，但是挥之不去，因为它既是动物尽可能地延续血脉的本性的表现，又是与经济有关联的。

厘清了这个脉络，我们不难看出为大多数人所标榜的具有某种浪漫性质的"爱情"产生的时机大约是在第二个阶段向第三个阶段转换的过程中，而这种转换，恩格斯认为是绝无公平性可言的，因为"它是建立在丈夫的统治之上的，其明显的目的就是生育有确凿无疑的生父的子女"[2]。所以恩格斯认为爱情与其说是一种诗意的、锦上添花的感情体验，不如说更应该被理解为一种客观的义务。而在我们的探讨之中，它在社会权力和人际关系的处理方面或许有一点保障的功能，我们也承认它能够给孤独者带来一些情感上的慰藉，但即便如此也不能认为它是对抗孤独主义的救命稻草。

正如恩格斯所说，男性对于从伙婚向专偶的转变并不是心甘情愿的，所以说爱情对于大多数男权主义思想根深蒂固的男性而言，与其说是解救孤独的灵丹妙药，还不如说是他必须做出的一种选择。而因为父系氏族社会已经持续了近一万年，所以大多数男性即便并不了解这种社会发展的历史，男权主义思想也都是与生俱来地根深蒂固的。更可悲的是，恰如古埃及哈特谢普苏特（Hatshepsut，约前1508—约前1458）女法老在很多场合都要戴上精心设计的假山羊胡那样，因为身处男性价值为主导的父系氏族社会，无论情愿不情愿，女性同样需要适应这些游戏规则。我们抛开爱情的虚无缥缈特性不谈，一个现代人对于这种选择，一

1　[德] 恩格斯：《家庭、私有制和国家的起源》，中共中央马克思恩格斯列宁斯大林著作编译局编，人民出版社，2018，第71页。

2　同上书，第65页。

定有他的一个角度和标准。一个年轻人选择他交往圈子之中最漂亮的一位异性作为伴侣，或是最有钱的一位，或是家世最煊赫的一位，或是最有文化的一位，或是最有幽默感的一位，甚至只是最像某位明星的一位……这一切标准都没有脱离这条定律，这种标准上的优势因为个人好恶而被放大，在恩格斯所圈注的阶级社会的爱情观里面，爱情是某种好感的质变阈值，它只是一种选择的结果。

有了非此即彼的某个标准，一个人就很容易将他已经结识的或是可能结识的异性分出个三六九等来，这种遴选举动本身就是一种经济行为。这就是说，一个人爱情的结果，和这个人在一个时期、一个标准的条件变量之间，具有一种函数关系，它的取值就是一个区域里的最大值。换句话说，所谓爱情就是在一个范围之内选择"最好"的那个，没有人会否定它的这种选择的特性。按照某种经济的算法把一"群"物品中最好的一"个"选出来，这对于人类而言几乎已经不用经过思考，是一种条件反射。

这差不多相当于，你走在路上，突然看见了一群人当中鹤立鸡群的、最漂亮的那个人，这种感觉和爱情是很相似的，所以成了很多刻骨铭心的爱情故事的开头。这种浪漫即便不是爱情，也是美好的，它在最初的时候令人心情愉悦——即便对于大多数人而言，这种愉悦很快就会变质为妒火、失落和自怨自艾。

美国意象派诗歌巨擘埃兹拉·庞德（Ezra Pound，1885—1972）曾经有一首类似俳句的《在一个地铁站》是这样写的：

> 这些面容在
> 人海之中，
> 潮湿而黑暗的树干上
> 几枝花。

庞德自己在《高狄埃-布热泽斯卡：回忆录》中谈到这首诗的时

候说："三年前在巴黎，我在协约车站走出了地铁车厢，突然间，我看到了一个美丽的面孔，然后又看到一个，又看到一个，然后是一个美丽儿童的面孔，然后又是一个美丽的女人，那一天我整天努力寻找能表达我的感受的文字，我找不出我认为能与之相称的或者像那种突发情感那么可爱的文字……"[1] 他根据一种标准，在一群不漂亮的人之中迅速发现了几张漂亮的脸，这使得他诗兴大发。浪漫基于某种可以把握的选择算法。

然而这种算法的致命之处有二，其一是可以提供选择的取值范围是会变化的，其二是标准自身也是会变化的。一个穷困潦倒的男子在他所能接触到的三位女性之中选择了一位，当他开辟了人生盛景之后，他的选择范围从三个变成了三万个，这样一来当时"三个中最好的一个"在现在的三万个里面就变得什么都不是了。另一个少不更事的男子最初的选择标准是容貌，可当他在社会上摸爬滚打、历尽困顿之后，他的标准变成了财势。这种桥段在当代都市故事之中屡见不鲜，每每多情却被无情恼，引得一众肥皂剧观众潸然泪下。

无怪乎纳兰容若（1655—1685）在他脍炙人口的名作《木兰花·拟古决绝词柬友》中大发感慨：

> 人生若只如初见，何事秋风悲画扇。
> 等闲变却故人心，却道故人心易变。
> 骊山语罢清宵半，泪雨霖铃终不怨。
> 何如薄幸锦衣郎，比翼连枝当日愿。

现在"人生若只如初见"这句话成为中学生文学爱好者和一些顾影自怜的网络小说作家之中人气很高的、为赋新词强说愁的名

---

1 袁可嘉、董衡巽、郑克鲁：《外国现代派作品选》，第一册（上），上海文艺出版社，1980，第 130 页。

句，它似乎成了一种浪漫的美德。而"人生若只如初见"之成为道德标准，没有别的，只证明了这个人类文明的情感世界的道德层次之低下，实际上与茹毛饮血时代相比并没有什么长进。而在我们的探讨之中，它则证明了"最佳选择"只在选择做出之时以及之后的很短一段时间之内具有缓解孤独恐惧的效用，"比翼连枝"只是"当日愿"，它在大多数情况下保鲜期即便不言短暂，也不是像很多人信口雌黄的那样是天长地久的。

当然，我无意否认人类情感的高尚之处，在认识到"人生若只如初见"这一点的基础上展开的批判，已经是一种伟大的情怀。只是，爱情这笔账很难算得清楚，原因在很久以前就阐述过了，两性是一种无法调和的基本矛盾。现在，时过境迁，故人之心已变，当孤独来临，"那时，两个人互相憎厌，/ 他们却不得不，躺在同一张床上"。对抗孤独的最后堡垒也被攻破了，这时我们才发现，我们对抗孤独的这一段孤军奋战，失败的结果是必然的，因为孤军奋战本来就是孤独自身，几乎所有的时刻，我们都在饮鸩止渴，我们在用孤独对抗孤独。

既然很多时候选择只是一种简单的欲望满足，那么我们拒绝将爱情看成孤独克星就不是没有道理的。你孤独而需要爱情的时候找到了爱情，是否就解决了一切烦恼？如果这个问题令人踌躇，我们可以换一个情境。我们不妨这样想，你孤独而想吃苹果的时候给你一个苹果，这只是满足了你想吃苹果的欲望而已，给你一棵苹果树都无法改变你还是孤独的这个事实。

为此，在诗歌的最后一句，里尔克感慨地联想到了河流的意象，孤独就好像河流，绵延不绝；又好像潮水，铺天盖地，一人难以抵挡。从一开始波澜壮阔的海上风暴，到第二阕城市中绵绵密密的细雨，一直到最后一句"于是乎那寂寞滚滚流淌"里的这涓涓流水，水的意象相伴全诗始终。水的不同形态寓意了孤独的变化万端，孤独就好像水一样不可抵挡。它有的时候是绵绵细雨，无孔不入，有的时候则是惊涛骇浪，冲决天地。

在另一位翻译家陈宁（1970—2012）的版本里这句话是"寂寞行伴江河"，两种翻译方式大同小异，都强调了水的意象，以及水的运动形式：流淌、江河。在前文所说的，孤独对于人生、对于文明在存在方式上的那种"浸润"的前提下，里尔克的诗进一步阐述了这种"浸润"是一种运动，它具有时间上的进程。而这个进程，就是人的生命。幼年求诸父母，少年求诸师友，成年求诸尘世，老年求诸膝下，人的成长伴随着寂寞的成长，"自己"反而是没有什么"用"的。人生不像是在游泳池里戏水，可以随时上岸，而更像是在一条长河之中顺水漂流，河到哪里，我们就到哪里。

最后应该思考的是全诗一个隐藏的关键细节，诗歌的第二阕不过六行，"那时"（wenn）这个时间状语出现了数次。它似乎在强烈暗示某个时刻。我们满以为当诗的情感累积到高潮之时，在诗最后的词句里应该会揭露谜底，但是并没有，最后一句"于是乎那寂寞滚滚流淌"概括了全诗的气氛，却没有谈到这个"那时"究竟会发生什么，然后全诗就结束了，戛然而止。唯余掩卷的寂寞袅袅婷婷，绕梁三日，不绝如缕。

在这几个"那时"之中，第一个"像细雨一样飘散，在那忧郁的时刻"是转阕之时的承上启下之语，它利用那场雨——第一阕里经历波澜壮阔的汇聚、游移和转化而最后形成的那场豪雨，给第二阕里的"那时"和"那时"发生的事情进行定位。这第一个"那时"是天地之间壮阔的风暴和人心角落里沉郁的幽微两者之间羁绊的纽带，以此言明对于那场来自天国的、来自海上的，至少是来自人间之外的寂寞的暴风雨，"那个时刻"是它被观测到、感受到、意识到，以及侵染到主体意志的**同时**。但是这个"那时"并不是为了言说这场暴风雨的，原因很简单，因为这场暴风雨**已经**发生了。对于一场**将要**发生的暴风雨，或是对于一场**刚刚**结束的暴风雨，它从天而降的第一滴水珠或是它风消雨歇之后的第一抹虹色或许值得言说，但是它枯燥的过程则是一种整体的印象，这是无法也不值得被看成一个决定性的瞬间而被言说的。对于任何一场雨，我们无法明确言说它的这些瞬间，它是什么时候开始的、它是什么时候结束的、它是以哪一点雨滴开始的、它是顺着哪一缕天风消散的，这些都无法观测，遑论言说。我们唯一可以言说的是，我们是在哪一个瞬间**感受到**这场雨的，也就是它侵染主观意识、世界被主观经验的时刻，可是这一点对于暴风雨本身而言却根本是无足轻重的，意义近乎零。更何况，它非但不是一个**瞬间**，无法以"那时"精准定位，它甚至不是一**场**暴雨，它是一种常态，孤独的风暴在人心汇聚的黑暗海洋上是永恒的，至少会持续漫长得无法统计的时间。

接下来三个"那时"属于一种并列的性质，它们的功能是描述"那时"的一种内外部环境，虽然在这些环境条件之中的**当下状态**也可以勉强算是那时**发生**的事情，可是它们各自为政，在强度上难以成为彼此的中心。我们充其量将这三个"那时"的状态相互叠加起来：为明天所抛弃、为肉体所抛弃、为爱人所抛弃。在任何一个瞬间处于这三种状态中的任何一种是很稀松平常的，它会使心灵向深渊滑落，现在在同一个时刻这三种状态叠加起来，事情开始向着失控的局面发展，一发而不可收，心灵向深渊滑落的速度无法减缓。然而这种滑落也只是过程，而不是某个瞬间发生的大事。这种四面楚歌的局面很多人都遇到过，我们来看看《红楼梦》第一回里的这段描述：

　　士隐……勉强支持了一二年，越发穷了。……心中未免悔恨，再兼上年惊唬，急忿怨痛，暮年之人那禁得贫病交攻，竟渐渐的露出了那下世的光景来。[1]
甄士隐潦倒落魄并不是一时所致，是一个渐渐发生的过程。贫穷、悔恨、愤怒、疾病，都是"下世"的"光景"，这是一种鸟瞰式的、习惯性的看法，认为人生具备了这几种条件，或是符合这几种状态，文中所说的"下世"的那个瞬间就会到来。我们可以以这段话来对比里尔克诗中的言说方式，甄士隐在"贫穷""悔恨""愤怒""疾病"四种状态叠加的情况下，随时会迎来"下世"的那一个瞬间。在那个瞬间，共时的事一共是四种状态加上"下世"的发生，但这个"那时"是为了言说它们中的哪一个而存在，这是一目了然的。

这"下世"二字对于我们这个"那时"的谜语的剖析——当然这种剖析本身也没什么必要，诗意之隽永在于心有灵犀，本来就是心知肚明的事情——似乎有一点借鉴作用。对比《红楼梦》里甄士隐的窘迫，诗歌第二阕里的后三个"那时"虽然闪烁其词、晦暗不明，但想来也相去无几。

托马斯·曼（Thomas Mann, 1875—1955）曾经说过："如果没有死亡，地球上很难出现诗作。"正如这句话所言，就是这个"那时"引领着人类前仆后继地建设着不朽。而所谓不朽，也仅仅是一种记忆的必要性而已，这与主体自身已然没有关系。在"那时"之后的我们将不同于眼下的存在，那也许是光辉灿烂的，也许更加黑暗，但已然与我们无关，我们该做的都已经做了，了无遗憾。之所以认为"那时"意味着不朽，也是因为这种记忆的必要性的原因，我们从主观经验者变成了一种被经验和被记忆的存在，这个过程有点像很多神话之中升天成神的过程，被膜拜和被回忆本来就是同一回事。文明就是记忆的锁链，回忆是我们唯

1　（清）曹雪芹、高鹗：《红楼梦》，译林出版社，2019，第 7 页。

一的宗教。

《寂寞》这首诗想说的是什么？作者是怎样思考的？坦率地说，我们都不知道。它已经成了时间之中的一个孤岛，再也无法涉足，它已经是人类文明中的一个永恒的不解之谜。对于"不解之谜"这四个字，大多数人有一种误解，好像遥不可及，又像是高不可攀，等闲难以企及，只在 BBC 或是 NHK 的科考纪录片节目之中接受凡人的瞩目和膜拜。其实"不知道"是人生之中最常见不过的事，就好像《寂寞》这首诗，作者去世已久，窥探他的心路历程已经成为无法完成的任务；然而我们不妨大胆地假设，即便里尔克还活着，如果问他本人《寂寞》这首诗想说的是什么，估计多半也是顾左右而言他，或者语焉不详，或者欲言又止，或者干脆连他自己也弄不明白。

这才是诗意，诗意就是"纯粹"被遮蔽而形成的常态，受到偶然、模糊和发展三种法则的左右，从而更加扑朔迷离。每个人都不可能知道别人是怎么想的，他们甚至都不可能知道自己是怎么想的，每颗人心都是深不可测的海洋之中更加深不可测的渊薮。

人不知道自己的想法，这种看法似乎颇得弗洛伊德（Sigmund Freud，1856—1939）潜意识理论之三昧，而且也非常适合里尔克。1912 年弗洛伊德举办心理分析学大会，邀请名单之中赫然也有里尔克的名字。

1912 年对于国际心理学史而言是风雨飘摇的一年，弗洛伊德一门的分裂已现端倪，这个过程中首先拂袖而去的是阿德勒（Alfred Adler，1870—1937）。1911 年的几次精神分析学派小组会议之中，弗洛伊德点名批评阿德勒的观点，终于导致阿德勒离开精神分析学派，独创了个体心理学。也正是在这个时期，弗洛伊德和另一个学生荣格（Carl Gustav Jung, 1875—1961）之间的对立也越来越激化，1914 年荣格辞掉国际精神分析学会主席的职务，也正式和弗洛伊德分道扬镳。

里尔克的思考受到弗洛伊德的影响是毫无疑问的，有趣的是，最早离开弗洛伊德门墙的阿德勒的个体无意识观点对于里尔克的一生似乎更有精准的补注意义。阿德勒认为人的一生就好像是一棵树，童年就是这棵树的树根。比起树冠的绿意盎然、枝叶华茂，树根扭曲虬结、沾满脏土，丑陋无比，而人的童年就是这样一个什么东西都有的垃圾堆，童年的奇思怪想或是强烈的情感经历会影响一个人一生的心曲。我们在童年的心理波动中所面对的经验，有的其实是再正常不过的，但是因为儿童对于世界一知半解，加之本身太过弱小，对于危机的本能的恐惧感占据了感官和诠释的大部分，所以看出来的世界还是扭曲的、不友好的、危机四伏的。另一方面，儿童在幼年的遭遇有的本来确实就是扭曲的，而我们那时候太小，可以经验并记忆的东西不多，还是一张白纸，所以这些扭曲记忆的印象不会被成年之后各种纷至沓来的其他经验冲淡，所以是异常鲜明的。

里尔克出生于布拉格一个普通的市民家庭，父亲是一个郁郁不得志的铁道部门小官吏，因为体弱多病和仕途无望而终日脾气暴躁；里尔克的母亲市井而虚荣，始终幻想能跻身上流社会，但是因为家底薄弱难以如愿。在这样的家庭里，父母间的争吵是家常便饭，这种司空见惯、如影随形的阴郁的怒意和无处发泄的怨天尤人成了里尔克童年家庭氛围的常态，这造就了他细腻、缺乏安全感而谨小慎微的性格。对儿童而言，父母的争吵会带来严重的自我怀疑，他不能理解父母争吵的原因是什么，就会本能地怀疑"是不是因为我"，因而觉得自己是多余的，觉得自己的存在是对父母的亏欠，进而觉得也许自己不存在对大家都好——这种心理活动每个人幼年时都经历过。我们暂时不好说《寂寞》里"那时，两个人互相憎厌，/他们却不得不，躺在同一张床上"这句诗的吟哦，是不是他回想起了童年父母龃龉之时，自己茫然、惊惧而惶惶不可终日的感受，但是这句诗确实是里尔克童年时目睹的父母关系的最好概括，每个人最初的爱情观来自对父母相处方式的一知半解，这一点是毫无疑问的。

更令人哭笑不得的是，在里尔克出生前，他有一个姐姐很小就夭折了，母亲非常悲痛，里尔克出生之后，母亲可能觉得他是女儿转世或是出于其他什么莫名其妙的理由，在情感上更倾向于将里尔克当成一个女孩子来抚养。证据，无须到其他地方寻找，里尔克的中间名"马利亚"（Maria）就是一个具有强烈阴性特质的名字。汉字语言法则中的阴性和阳性系统并不太发达，但是我们翻译的时候也不得不将里尔克的中间名翻译成"马利亚"而将圣母的名讳翻译成"玛利亚"或是"玛丽亚"——实际上，都是Maria，根本就是同一个词。

父母的专制性在给孩子起名这个问题上表现得淋漓尽致。很多父母给孩子起名是为了彰显家族、为了自己、为了祖国——唯独不是为了孩子本身。这一点全世界都一样，起名字特别青睐口号，在中国，那些名叫"家辉""家扬"或是"国庆""建国"以及古代叫作"拱宸""朝义"的孩子就是最好的例子。外国也有，Stephen这个名字的本义是"王冠"，词源是希腊语Στέφανος；Amanda这个名字本义是"可爱"，词源是拉丁文的Amare。也有父母将孩子名字的好恶完全等同于自己的好恶，很多中国孩子的叠字名就是这种情形的最好体现：孩子出生了，他们觉得很可爱，就给孩子起个"×萌萌""×乐乐"的名字，这种爱意很自私，丝毫没有为孩子本人着想。殊不知再可爱的孩子也是会成长的，几十年后，"×萌萌"长成了一个头顶微秃、酒糟鼻子、脸上一层青黑胡子茬、每每到服装店买皮带都要加打洞眼、冬天穿衣服的时候把棉毛衫掖在秋裤裤腰里的中年男子，这个名字是否还能担起父母原本的期望呢？

我们先撇开姓名的事不再纠结。事实是里尔克小的时候他母亲确实给他留长长的鬈发、给他玩布娃娃，甚至有可能——这一点不确定——给他穿女性的服装，这无疑也是一种自私的行为，她只是为了满足自己养育闺女的渴望而已，罔顾这对于小男孩的成长会带来什么身心方面的影响。很多——大多数父母养育孩子随心所欲，我们这种动物，从孩提时代开始，心中的孤独、恐惧和怨恨就强烈得难以言传。

快乐、追求快乐似乎是人类教育方式的一种禁忌，这种观念在东方最为根深蒂固。在我们还是孩子的时候，打针哭泣或是摔跤爬不起来都会遭到身旁大人冷酷的奚落："这么没出息，以后怎么办？"

这样的话每个父母都说过。这真是令人奇怪，在说这种话的时候，他们——这些生物，毫无动物界亲兽护子的本能，反倒像幸灾乐祸、皮里阳秋的陌生人。你的孩子摔了一跤，你不去扶他，他以后就会有出息了？

孟子（约前372—前289）说的"天将降大任于斯人"的话是对的，可所有中国人都将这段话理解成了一种交易关系：付出一些痛苦以便收获那虚无缥缈的"出息"，还是很划算的。

出于这种价值观……的误解，很多人教育孩子的方式基本上就是一种恶整。希区柯克（Alfred Hitchcock，1899—1980）六岁的时候，有一天他爸爸叫他带一张便条去警察局。他心头小鹿乱撞地来到了目的地，警察打开便条，上面寥寥数笔，只写了一句话：

这个孩子不听话。

闻弦歌而知雅意的警察随即将他丢进拘留室，关了五分钟。希区柯克当时吓得屁滚尿流，这种恐惧直到几十年之后在他的作品中都有所流露，而且不安依然十分强烈，能够为观众所明确感知。另譬如我自己，在我还不到五岁的时候，我母亲带我去公园，每次经过一个公共厕所都谎称要如厕，把我一个人丢在外面，然后躲起来观察我呼天不应叫地不灵的表情并且窃笑。根据她的说法，是要给我"练胆"——实际上，活见鬼，就是觉得好玩而已。我当时心头小鹿乱撞，狞笑来自每一个匆匆而过的人影，潜在的危险无处不在、如影随形，路旁对于我来说就是鬼影飘忽、群魔乱舞。这个恶劣的玩笑的结果是，我的胆子越练越小，直到中年而秃顶的现在，我还是不喜欢与人相处，害怕陌生人、闭门不出、自言自语、文风阴郁、授课过激，这就是母亲给我练胆的结果。

总之每个人都有这样的印象：在孩提时期，他们被告诫不能贪图玩耍；在少年时期，他们被告诫不能贪图色欲；在壮年时期，他们被告诫不能贪图钱财；到了垂垂老矣时，他们又被告诫不能贪图安逸。总之所有能够使生活变得美好的事物都被妖魔化和坚壁清野了，人生是孤独的，个人对于社会的理解都以自己不被允许的"一二三四"开始——我不得不说，这又是兔子的一着妙棋，越是得不到的东西就越美好、越值得燃烧生命去追求——我们就好像被来自自己以外的重重禁令单独隔离的一个病原体，"自己"是有毒的，至少是一种不值得被拯救的存在，每个人都活得比"我"好，只有我们自己过的完全是反人类的生活。

里尔克的老妈以一种自以为是的、不得体的抚养方式损害了孩子以后的整个人生，这一点我想大概和我母亲以及天下很多父母一样。我好像又扯远了。显而易见，在一个对男性的要求是阳刚的、积极的、暴戾的、充斥侵略性的人类文明之中，里尔克显然是这个流水线生产的等外品，他是阴柔的、细腻的、胆怯的、多愁善感的，因为他自幼受到的抚养方式就是阴柔的、细腻的、胆怯的、多愁善感的。

文明史上的很多不朽者好像都是这样的，看起来他们好像配不上或是不应该拥有一个幸福的童年、幸福的事业家庭乃至整个幸福的人生，譬如卡夫卡（Franz Kafka，1883—1924）、洛夫克拉夫特（Howard Phillips Lovecraft，1890—1937）和罗斯科，他们因为达不到文明普遍的"男性化标准"而给人以一种特别弱小的印象，从而踏入永恒之门。

这种达不到"男性化标准"的等外品应该受到来自人类文明的何等鄙夷？我们可以参考茨威格（Stefan Zweig，1881—1942）在他的回忆录《昨日的世界》（Die Welt von Gestern）中谈到的他自己对里尔克的印象。茨威格特别提到1916年里尔克应征入伍，虽然后来总算打通关节没有上前线而只是留在慕尼黑从事文书工作，可是对于里尔克而言，面对战争这种人类文明极度阳刚的形式，其巨大的恐惧、无奈和如芒刺在背的不适应是可想而知的。里尔克就是这样的一个人，对于1916年前后第一次世界大战时期的人类文明，他是残次品，他是没有"用"的。茨威格和这个百无一用之人在巴黎结识，之后成为挚友，他曾经多次为他争取赞助乃至于自己慷慨解囊，帮助里尔克挨过俗世生活的困窘。手无缚鸡之力的里尔克被迫穿上了并不合身的军装，这像什么？茨威格忿忿不平地为老友叫屈说，这就像是把夜莺扔在油锅里炸。

这个人在战争中没有"用"，在战争间歇的"和平"年代也就被剥夺了坐领红利的资格；同样的原因，一个人对文明没有"用"，他自己也就失去了坐享文明造就的平静生活的勇气。里尔克的一生在强烈的自卑中度过，孤独与他相伴始终，他觉得自己没有权利过上文明赋予的那种平凡但安逸的生活。包括爱，爱情也是文明对凡人的一种报酬支付方式——何以见得？那些有财势、有功勋、有声名的人，那些曾大力推进或是有能力将要大力推进文明建设的人，在爱情的选择上格外左右逢源。这种报酬，有的人可以挥霍，也有人还没有拿到手就被扣光了。

不知道是不是受到幼年时母亲古怪的抚养方式的影响，里尔克对于女人的理解确实有别于男性化社会中的标准意见。他和密友莎乐美（Lou Andreas-Salomé，1861—1937）女士之间的分分合合无不基于同一原因：比莎乐美小十四岁的里尔克在和女性交往的时候，首先担心的是女性的存在会影响到他的"孤独感"，因而要求男女交往保持"适当距离"；然而，当自身的情感问题爆发的时候，里尔克又会要求身边的女性切换成"母亲"的角色，为他提供安全感的卵翼。在见惯了认为"女人必须服从，并为她的肤浅表面找一个深度的遮饰"的尼采（Friedrich Wilhelm Nietzsche，1844—1900）这样的男人的莎乐美看来，这样的男性闻所未闻，既可怜又令人鄙夷，但是……非常有趣。

顺带一提，这句话可不是从尼采格言集里随便摘抄出来的，尼采正是因为被莎乐美拒绝，才患上了从此仇视天下所有女性的毛病。

1901 年，里尔克和女艺术家韦斯特霍夫（Clara Rilke-Westhoff，1878—1954）结婚，因为后来分居两地，这段婚姻很快就名存实亡，两人断断续续、有一封没一封的通信成了这段婚姻的实体形式，留下了很多《致韦斯特霍夫书简》《安魂曲：献给韦斯特霍夫》这一类的作品。然而不可思议的是，里尔克对于这样的婚姻形式满意得无以复加，他从不干涉韦斯特霍夫任何行动的自由，也不把已婚作为禁锢自己这方面自由的枷锁。里尔克因此而谈到了他的婚姻观，他认为婚姻本来就没有必要为营造一种亲密的氛围而拆除所有的障碍，无论这种亲密是真是假。然后，他吟出了一句至今都匪夷所思，但是对于我们这本书却直似量身定做的话："优良的婚姻就是一个人必须保卫另外一个人的孤独。"

在凡人眼里，爱情就是玫瑰花，它有一抹艳红，晶莹剔透的露珠在花瓣上颤动，微风拂过，送来沁人心脾的甜香，令人思慕不已；而在里尔克看来，爱情也是玫瑰花，但是它有刺，等闲不得近身。既然天赋玫瑰花以尖刺，用以保卫自身的孤独，那就说明这种孤独是值得也应当被保卫的，一个被保卫的东西是美的，孤独的美就是孤独自身，无须阐释。凡人们，受到兔子神的蛊惑，辜负了这一片天意。

对了，玫瑰。这好像是里尔克生命的一个代码，或者可以这样说，大多数凡人的一生可谓"向日葵人生"，而里尔克的一生则是"玫瑰人生"。玫瑰有芳香美丽的特质，但是玫瑰也有刺，拱卫自己，成就自己的孤独。生命的美和尊严就是孤独自身，但是大部分凡人却张开十指，任由它白白流走。

为此，里尔克在《玫瑰·十二》这首法语诗中这样说：

> 针对谁，玫瑰，
> 你们采用了
> 这些刺？
> 你们过于细腻的欢乐
> 可是它迫使你们
> 变成这等全副武装的
> 东西？
>
> 但这保护你们的
> 夸张武器防范谁呢？
> 多少天敌我已为你们
> 除去

它们可毫不惧怕这武器。

恰恰相反，从夏天到秋天，

你们伤害了

给你们的照料。[1]

无愧于"玫瑰诗人"的称号。因为美被人欣赏，很多人以为这是玫瑰的荣耀，但是里尔克深切地感受到了，这是玫瑰的悲哀。凡人热爱玫瑰的美色和馨香而厌恶玫瑰的刺，但是里尔克从中感受到了一种另类的美，那是一种敏感、纤弱、惊惧、恶毒的美。它回应了《杜伊诺哀歌》里凡人对天使的呼唤，这种美先于凡人的意志而存在，天地不仁，它本来就没有义务为了凡人的愉悦而艳丽可亲。

1922 年完成《杜伊诺哀歌》之后，里尔克住在老朋友莱因哈特（Werner Reinhart，1884—1951）赠给他的缪佐特（Muzot）小城堡里面，似乎有点无所事事。1926 年 10 月，他在花园里照料心爱的玫瑰时，被玫瑰刺破了手指。他到医生那里包扎，发现伤口久久不能止血。医生警觉起来，给他全面检查之后发现，原来里尔克罹患了白血病，已经回天乏术。不久，手上的伤势引发了败血症。"玫瑰诗人"终于在玫瑰的指引下迎来了他一直魂牵梦萦地好奇着的"那时"，于 12 月 29 日寅时（3 点 30 分）平静地去世。

对于这样从容迈入永恒的"那时"，我们的好奇和想象成为诗意本身，它（诗意）虽然并非天造地设，但是因为人类的思想而成为一种新兴谱系之中不朽之存在。如果说人生是一棵树，那么孤独就是它开出的花，供我们玩赏，而"那时"就是它的果

1　[奥]里尔克：《里尔克诗全集》，第十册，何家炜译，商务印书馆，2016，第90 页。

实、它的意义、它延续自身的方式。人类的思考无法假手于人，所以思想都是孤独的，可以说这种人类文明至大的永恒都是孤独的结晶。在人类文明的精华之中，这种不朽俯拾皆是，我们来读一读《浮士德》中最后的也是最隽永的句子，译文出自曾获德意志一级大十字勋章的复旦大学董问樵（1909—1993）教授之手：

> 一切无常事物，
>
> 无非譬喻一场；
>
> 不如意事常八九，
>
> 而今如愿以偿；
>
> 奇幻难形笔楮，
>
> 焕然竟成文章；
>
> 永恒女性自如常，
>
> 接引我们向上。[1]

1 ［德］歌德：《浮士德》，董问樵译，复旦大学出版社，1983，第 694 页。

II　孤独的言说

孤独就是水，正如本书开头所言，人类文明的行述，每一个字都被这水所浸润。我们花了一点时间来品味里尔克和他的《寂寞》，与它相似的作品汗牛充栋，经年累月、皓首穷经仍难以尽观，但是已然能够概括出一些端倪。

就是这种在天地之间茕茕孑立、形影相吊的生物，缔造出这种自视颇高的文明，所以这种文明也是茕茕孑立、形影相吊的；而正如索绪尔（Ferdinand de Saussure, 1857—1913）和维特根斯坦（Ludwig Josef Johann Wittgenstein, 1889—1951）所推断的，人类语言是人类文明的基石，所以人类的语言也是茕茕孑立、形影相吊的。"dann geht die Einsamkeit mit den Flüssen"，孤独行伴江河，我们目之所及的天地之间，孤独无所不在。

我们要理性地对待这两者之间的关系，语言是文明的基石，而非相反。在接下来的探讨中，我们将会看到，人心智发育的结构与整个人类文明的信仰进化结构非常相似，根本原因还是在于它们都祖述于语言的发展结构，它们实际上只是语言的不同表现形式而已。在索绪尔和维特根斯坦之前，几乎所有人都以为语言是文明，至少是事实的衍生品，没有人觉得它有决定性。

这种看法导致人们觉得，必须有一个事实，然后才会出现一句描述它的言语。那么反过来，在语言中存在而在现实中不存在的事实有没有呢？当然。想象是其中之一，但是不纯粹，因为想象（或空想），假设它为真实，它的语法与真实是一样的。在更极致的思索中，我们必须找到一种在事实中非但不存在而且也无法存在的言语结构，这样才能（从某个侧面）证明语言不是事实的附庸。这道求证题，维特根斯坦早就做出来了，而且闲暇时时常拿出来把玩。1920 年到 1926 年，他在下奥地利州（Basse-Autriche）的一所山村小学当乡村教师，有时候会和学生们简单地探讨哲学问题以消磨时间。他的学生中有特别矍铄的，直到这个世纪都还活着，其中有一个老头还能清晰地回忆起维特根斯坦有一天写在黑板上的一道益智题。令采访者大吃一惊的是，这个几乎一辈子没出过阿尔卑斯山脉和花岗岩高原之间这一箭之地的，满手老茧、毛衣掖在秋裤裤腰里的农民老大爷顺手在纸上写出来的，是语言哲学中大名鼎鼎的方框命题：

> 方框里的话是错的。

这一命题与我们所知的二元极性的逻辑规律相反，而且这是一种动态的反义，永远无法被我们惯用的法线对称算法所纠正：说它是对的，它就是错的；说它是错的，它就是对的。这样的沉思只有在人类充分认识到语言之为何物——实际上这种认识到现在都还不充分——之后才会出现，溢出了语言的实用范畴。就好像人要先认识到自己生活在宇宙间的一粒小石子上，向无限天地的迈步才会成为可能。而这个命题就是这样的一种可能性，它属于一个我们至今无法发现、人类语言无法描述、现实宇宙的基本逻辑规律无法容纳的未知逻辑维度。

什么是世界？柏拉图（Πλάτων，前 427—前 347）在《理想国》（Πολιτεία）中曾经设计过这样一个闻名遐迩的、颇似某种先锋舞台剧的小场景：在一个洞穴里，几个人被绑在椅子上，身后的烛火光影摇曳，将他们的影子投射在洞壁上。久而久之，这些人就觉得这种咫尺明灭的印象就是"世界"。这种印象是经验主义的，可以感知，但是无法证伪——因此证明也是不确定的。当其中有一个人的感知突然发生了某种变化（他被放到洞外），他却无法将他被更新了的世界观传达给别人。一般人认为这种无法传达是因为旁人**不愿**相信，其实是旁人**无法**相信，因为洞外的世界处于那些倾听者意识中有效的视域之外——顺带一提，是胡塞尔（Edmund Gustav Albrecht Husserl，1859—1938）最先用"Horizont"这个词来称呼"视域"，这个词在德语中的原意是"地平线"，地平线下面的东西不是不存在，只是看不见罢了——它们是"外语言"的，不在可言说的范围之内，因此也不是可感知的。

江户时期，日本有个磨刀老头，坊间呼为研屋源四郎的立花北枝（Tachibana Hokushi，？—1718），写过一首俳句，可谓为这个洞穴中的孤魂野鬼般的自我量身定做：

> 倏忽一流萤，
>
> 时明时灭咫尺间。
>
> 寂寞何以堪。

言归正传，我们继续思考因此而衍生出来的下一个问题，什么是"自我"？这个囚徒眼中洞壁上飘摇的鬼影被他整体理解为"世界"的当下时空状态，虽然单薄，但是没有偏颇。而他也在产生这种感知的同时意识到了"感知者"和"感知行为"的存在，这二者此时界限模糊，也没有必要刻意分辨清楚。但是请注意，这三者的顺序是"感知行为""感知对象"，然后才是"感知者"，我们自己的优先级反而是在最后的。什么是"自我"？心理学家芭芭拉·汉娜（Barbara Hannah，1891—1986）教授为纪念其老师荣格而著的《荣格的生活与工作》一书之中记录了荣格童年时经历的一次深刻的精神体验。当时他读小学，闲坐在邻家墙外山坡上的一块大石之上发呆打发时间，突然无端地产生了一种难以言传的怪异想法，他先是意识到"我坐在石头上，石头在我下边，很平坦"，继而他想象石头可能此刻也在想"我躺在这里，在斜坡上，而他坐在我的上面"。我们通过这段情景的还原可以分析出当时独特的意识环境条件：因为此时平静的外部环境造成意识阈范围的缩小、没有第三者的存在，"他"和"石头"是高度和谐的，是对等的，所以——荣格自己到几十年后都还在反复思索这个问题——主体和客体之间的界限其实是模糊的。我们之所以区分自身和对象，可能是因为在两者之间有第三个参照物存在。如果没有其他的参照，主体和客体其实是无法区分的，他的晚辈拉康（Jacques Lacan, 1901—1981）在镜像理论的象征寓意之中也思考过这个问题——这种想象其实并不是无中生有，我们在面对镜子顾影自怜的时候，从来不觉得镜中之人**不是**自己。甚至因此附会出很多恐怖的传说，其中一个故事是一个人连续一百天每天午夜对着镜中人问"你是谁"，结果……结果发生了什么，我也不知道。总之镜中之人即便不是"自己"，也被认为是一个高度模拟的、在因果关系上最接近"自我"的存在，这种模拟和近似委实令人不安——然后接下来，荣格自己也被这种古怪的、前所未有的、看似没有必要却挥之不去的超感官经验弄糊涂了，开始搞不清自己究竟是个孩子还是一块石头。这种体验很多人也会有，但是在他们长大了，习惯通过"不是羊"来认识"马"以后，大都一笑了之，觉得自己少不更事。只有在具有"行为外参照系"的感知过程之中，我们才能够明确地将感知行为理解为一种具有方向的矢量概念，这也是为什么大多数人类语言的陈述方式通常将主语放在宾语的前头，有时候干脆不问青红皂白直接放在句首，这种语法除了显示出我们的语言蛮不讲理的自负特性，没有什么其他深意。但是没有办法，没有参照的纯粹主客体是怎样的一种形态？我们不知道，没有人可能知道，恐怕只能依靠想象。但是我们可以根据婴儿时期的某种体验——这种参考方式是拉康所推崇备至的——来推测，在那样的认知结构之中我们可能因为无法觉察到感知行为的矢量特质而迷失自己，就好像童年的荣格一样。"他"和"石头"是两个点，"感知行为"是这两个点之间的一条连线，我们很多人将这条线想象为钢铁侠掌中的一束激光，从感知者射向感知对象，实际上这个过程无限短，无法自证，我们其实是无法进一步得知这条线是"从 a 到 b"还是"从 b 到 a"的。

我们可以因此而来还原一下这种认识习惯的发展过程。婴儿首先认为自己就是整个世界，他看到的天花板、婴儿床上的吊篮玩具和那只动不动就跑过来盯着他看半天的大花猫虽然被承认**存在**，但他不觉得它们是在自己之**外**。这些东西没有能动性，但这没有什么大不了，我们自己身上本来就有很多东西也不是随意能动的，例如头发和指甲。然后，他因为某些需求而产生了索取的行为，世界才分化成两极，"自己"和"索取对象"；当他终于接受了索取对象在自身之**外**后，世界进一步分化为自己和"一些需要或不需要的东西"，因为感知的基本方法是象征，所以那些东西统一被看成**象征对象**，欲求是联系自身和这个世界、合理判断哪些感知行为理应发生的纽带。

婴儿成长到一定的阶段开始认识世界之后，开始担心感知对象的消失问题。在婴儿面前放一个苹果，对于他而言，这只苹果无论是被拿走了还是被吃掉了，都是**消失**了，只有被拿走的苹果再展示在他的眼前，苹果才算是**回来**了，他认知的世界才重新被填补完整。虽然被吃掉的苹果无法以这种方式**回来**，但是再给他一个差不多的苹果，也可以勉强算是苹果**回来**了。这就是说，在开辟了"苹果"这个概念之后，他记忆中的这个条目必须有东西将之填满，否则就会产生无尽的失落感，终我们一生为之彷徨。

这种"有"和"无"之间的比较，形成了我们对于存在价值的最初印象。我们可以以字母的大小写来区别这两种存在：种种有生灭的、我们以"它"这个称呼来指代的具体存在，我们称之为"it"（它）；而观念的、永恒的、在柏拉图那里被称为"理念"的存在，我们给它的代号是"IT"（大它）。这只失而复得或者干脆就一去不复返的苹果向我们揭示了这个"大它"的特性，那是一种强烈的象征寓意。

这就是说，当你想陈述某个眼见为实的存在的状态时，你却不得不倚重于你语言体系中的象征寓意。此时眼前的这只红扑扑、饱满欲滴的苹果和上星期那只皱巴巴、长虫眼的苹果虽然并不是同一个东西，我们却用同一个名词来称呼它们，这一点也无暇顾及了。婴儿乃至心智健全的成年人想吃苹果的时候，他不可能知道他将会得到一个什么样的苹果，也明确知道他不可能再得到上星期被他吃掉的那只苹果，可他还是说："我要苹果。"这就说明，他想要的是"IT"，一个和他以往吃掉的苹果差不多的东西，差别只要别大到被排除在这个象征概念的范畴之外就行，我们其实是很容易将就的。

然而被大多数人忽视的一点是，在这个认识过程中被预设的一个值其实是有动摇空间的，童年荣格的谵妄已经若有若无地向我们暗示了这一点：被我们一直误以为是绝对的那个"自我"其实也只是一种排除算法的推算结果，因为无法被感知，它确切程度的可靠性比感知对象还要低。我们随便举个例子来还原一个感知过程，请看下面这个命题：

这个房间里有一尊雕像、一个书橱、一只兔子和两只猫，"我"不是"它们"，所以"我"是"存在"的。

其实在写这句话的时候，雕像刚刚被搬到另一个房间，书橱没有变化，两只猫都在睡觉，兔子在猫被收养之时就已经去世好几年了，和猫没有交集——这无关紧要，似乎并没有影响这句陈述的内容，这些东西的存在依然是精准的。这个命题的模式是人心的一种基本算法，只是因为太过平常，所以在大多数情况下被忽略了。我们现在根据这个命题，参考荣格的那些思考，给这种推算结果起一个名字："我"和"世界"互为"自形残余"。我们是孤独的，我们存在的本质就是无法被那个在我们之外的世界合理消化的运算余数。

无怪乎有人觉得这种**自己之外**的世界是"有灵"的——我在醉意蒙眬中突然想到——世界是另一个**自己**，不可捉摸。请看里尔克写的一首诗《严重的时刻》（*Ernste Stunde*），译文出自中国翻译界的先贤、广州外国语学院教授梁宗岱（1903—1983）先生：

> 谁此刻在世界上某处哭，
> 无端端在世界上哭，
> 在哭着我。
>
> 谁此刻在世界上某处笑，
> 无端端在世界上笑，
> 在笑着我。
>
> 谁此刻在世界上某处走，
> 无端端在世界上走，
> 向我走来。
>
> 谁此刻在世界上某处死，
> 无端端在世界上死，

眼望着我。[1]

当一个人有了某种体验，譬如说看见一只兔子的时候，他猜想身边的人看到这只兔子时产生的体验和他是相同的，至少是大同小异的，这种猜想成了语言诞生的前提，即将一种假设相同的认知体验抽象为一种象征寓意，因此才能够交流。就好像我前面举出的那个在书房之中有一只兔子和两只猫的命题，我们自身的存在是它们的"余数"，我们要先看到它们才能推算出自己的存在。在时空的长河之中，向后看是过往，向前看是未来，两者之间的夹缝里才是"自我"。我们的语言习惯揭示了这样的一个事实：我们自己的存在从来都是一种计算结果，而非真相。

就好像前面说过的"自形残余"，不通过对一个时空状态之中各种信息的整体统计，人很难弄清楚自己当下的存在状态。我们通过"可怜飞燕倚新妆"来评估自己的相貌，我们通过"拔剑四顾心茫然"来定位自己的所在，我们通过"朝如青丝暮成雪"来推算自己的生命。我们是孤独的，我们根本不认识我们自己。

为了自勉，苏格拉底（Σωκράτης，前469—前399）在自己的书房门上挂了一块匾，上书德尔斐神庙的一句石碑箴言："认识自己（γνῶθι σεαυτόν）。"然而谈何容易。为了这样浅显基本的要求，我们设计出一整套精确而且越来越精确，但是也繁杂而且越来越繁杂的认知定位系统，那就是语言。因为我们孤独的天性需要我们通过周遭时空环境的定位才不至于让我们轻易地遗忘自身的存在，所以我们对于自己语言的第一个要求就是必须无微不至地给每一个相关或不相关的东西找到它的位置。其实这样做对于自然物自身一点用都没有，兔子根本不介意自己是不是兔子，

---

1 梁宗岱：《梁宗岱译作选》，黄建华编，商务印书馆，2019，第159页。

044

自己的学名是不是 *Oryctolagus cuniculus f. domesticu*，自己是安哥拉兔还是道奇兔。可是我们呢？我们如果不这么做，就无法记住这样的一个事实：我们不是兔子。接下来——我也不知道这一点为何对我们如此重要——狗对自己是不是狗、猫对自己是不是猫也都是不介意的，可是我们却为了记住我们自己不是狗也不是猫这样的事实，又设计出了"chien""Kätzchen"这样的词。一旦介意，就会越来越介意。等到这一切纷繁复杂的工作都完成之后，兔子还是在吃芹菜和没完没了地舔毛，狗还是楼道里有一点动静就大惊小怪，猫还是在正午阳光明媚的花荫之中闲适地轻摇着尾巴，我们却充满使命感地喟然长叹，得出了自己是万物之灵的结论。

什么是语言？语言就是一本账簿，我们穷尽三生三世，雄心勃勃地要为地狱和人间的一切存在树碑立传。所以，在探讨语言的结构特性之前，我们现在可以先定义一下人类语言的一种基本性质，最基本的一条原则是：任何人类语言都是**名词本位**的。

名词就是维特根斯坦在逻辑哲学论中提到的、命题中用以指物的"简单指号"（einfache Zeichen）。它不为**物体**而生，而是为**命题**而生——这看起来与我们大多数人认为语言的直接原因是事实的一般联想经验相悖。然而实际上，请思考，我们如果像兔子一样只知道芹菜好吃，只管吃就是了，这和它叫不叫"芹菜"没什么关系。而发明这个"指号"的目的就是去称呼它。

而"本位"二字的意义在于，简单对象的名称不能被**分析理解**，只能遵循某个途径去**发现理解**。我们看到一个命题，"老李在吃葱包桧"，我们并不知道老李是谁，也不知道"葱包桧"其实就是杭州版本的煎饼馃子，可是我们不会不理解这个命题，也就是一个被称呼为"老李"的人在吃某种被称呼为"葱包桧"的东西吧？所以，命题是可以推测的。然而涉及这个命题的两个名称，这"老李"究竟是谁、"葱包桧"究竟是什么，你就算想破脑袋也想不出来，不知道就是不知道。所以，简单对象的名词是不能被推测的，它们最基本，不可分割。

这是我们这个物种的一种天性，它与人类感觉的视觉本位相对应。就是说，语言中的大部分内容都是指物的，名词构成了语言的基础。这一点我们前面已经说过，出于孤独而可悲的天性，我们要看一个不相干的东西——镜子，才知道自己是什么样子的。

名词本位的诞生乃至于一统天下，其本质在于它的这种指物性。在我们给一个东西定下了一个具有口喉发音特性的名称之后，此后的用法都是约定俗成，在大多数情况下与这个物体的性质、范畴、外延和发展趋势没有什么直接的关系。正如亚里士多德（Αριστοτέλης，前384—前322）在《解释篇》里说的那样，一个单独的语词无所谓对错。也就是说，只有单独概念的名词自身是不用考虑"错误"这个问题的。实际上我们平常很少去考虑名词的正确性问题，英国有一位叫罗宾斯（R. H. Robins，1921—2000）的语言学家曾经感慨说："我们在一生的大部分时间里，对本族语的使用和理解都是无意识地接受的，并不加以评论或者质疑。"[1] 柏拉图的《克拉底鲁篇》中记载了一段精彩绝伦的辩论。柏拉图的一位老师克拉底鲁（Κρατύλος，生卒年不详，约活动于公元前五世纪至公元前四世纪）曾经提出过这样一个命题：一个名词，要么就是正确地命名了一个事物，要么就什么都不是，根本不是一个名称，只是一串无意义的发音而已。

举个例子，我们都知道"印第安人"这个词在它的词源意义

1 ［英］R. H. 罗宾斯：《简明语言学史》，许德宝等译，中国社会科学出版社，1997，第1页。

上实际上是不对的，但是你在面对一个印第安人的时候，说他不是"印第安人"这错得更加离谱。当然你完全可以称他为"被哥伦布（Christopher Columbus，1451—1506）误以为是印度人然后'印第安'的叫法一直沿用至今的那个种族的人"，这当然是对的，只要你不怕说瓢了嘴。在硅谷的一家公司里，一位印度裔同事和一位印第安裔同事的办公桌比邻而设，没有任何人会认为他们是同一族人，你絮絮叨叨地给他们正名的举动完全是吃力不讨好。

名词因为这种不会有实际错误的性质而变得非常好用，正如古希腊的一位哲学家赫谟根尼（Έρμογένης，生卒年不详，约活动于公元前五世纪至公元前四世纪）举的例子：当时的城邦公民或俘虏或购买到奴隶以后，往往给奴隶新起一个名字，奴隶一开始不习惯，可最多一两天也就习惯了，然后新名字和老名字就是一样好用的。赫谟根尼因此而总结说，没有任何名称是"天生"的，名词都是使用者的习惯（θέσει）。根据他自己的习惯，他把一个别人称为"马"的物体称为"人"也是可以的，就算是错，错的也只是他口喉之间气流运动产生的振动音，而不是物体的概念。

差不多和他们同时代，类似的思索在中国古籍《尹文子·大道下》里也出现过，我们来看这则论断：

> 郑人谓玉未理者为璞，周人谓鼠未腊者为璞；周人怀璞，谓郑贾曰："欲买璞乎？"郑贾曰："欲之。"出其璞，视之，乃鼠也；因谢不取。[1]

这就是说，**名**和**实**是剥离的，我们习惯忽视这种剥离，只是出于对名词体系的盲目信任。

---

[1]　王恺銮：《尹文子校正》，商务印书馆，1935，第 31 页。

对于这个观点克拉底鲁则表示反对，他认为概括一个种属的"名词"和称呼一个具体物体的"名称"不是同一个概念，他和赫谟根尼开玩笑说，如果世界上所有的人，不管认识不认识，见到你都喊你"赫谟根尼"，那么只能说明一点，那就是"赫谟根尼"肯定不是你的"名字"。这就好比我养的那只硕大无朋的荷兰兔，所有人见到它都会大惊小怪："呵，好大一只兔子。"细心一点的接下来会问："它叫什么来着？"问明白了它的名字并且柔声呼唤，其实兔子从来都置若罔闻。问它"叫什么"，可见前面的"兔子"这个概念是不能令人满意的。它当然是自有名字的，我们每日不离嘴。除非作为宠物主人的我不负责任到家，就给它起名叫"兔子"，除此之外所有的可能性都指向一个结论："兔子"这个词并不是**这一只**兔子的名字。

这个时候苏格拉底出来和稀泥，他更倾向于同意克拉底鲁。总结了两个人的观点之后，苏格拉底对赫谟根尼分析说，如果名称真的是所有人都同意称呼"它"的"那个词语"的话，那么反过来，如果所有人听到"那个词语"，他们眼中的那个"它"也应该是完全一样的。而实际上就算是人也有好坏之分，一个东西的名称并不是人们想怎么叫就怎么叫的。名词虽然是一种约定俗成，但并非随心所欲，它的来源和发展顺应事物的天然性质。苏格拉底举例说，譬如"θεός"（神）这个词，最原初的崇拜来自日月星辰，而群星是运动不息的，所以这个词的词源是"θεῖν"（奔跑），"神"最初是一个复合词，意思是"奔跑者"，但是到后来变成了一个单独的名称。这个过程所有人都无异议，这时候你突兀地提出要用另外一个除了你个人兴之所至以外没有任何理由的词来取代这个词，没有人会认同。

确定性"certainty"这个词，起源于拉丁文"*certus*"，它有两个分支，也就是心理的确定性和命题的确定性，前者取决于信念，后者取决于逻辑经验。所谓眼见为实者也，这两者都不可能脱离逻辑经验的规律而独自存在，而经验则像是我们那些头脑还不太好使的祖先的结绳记事那样，更是指物的。但也正因此，逻辑和经验使得名词的体系更加完美、更加庞大、更加不可抗拒，正是逻辑确定了人类语言的名词本位性质。

名词之外的最大种属是动词，严格来说人类语言的动词其实是"动名词"，英语中这种特性尤为明显。就是说，我们在描述一个动作的时候，首先描述的是这个动作是什么，这就是一种名词的指物规则；至于对动词而言最重要的——它能干什么，则必须依靠上下文关系来完成，语词无法表达自身。还是上文的那个例子，"奔跑"（θεῖν）这个词的意思人人都明白，可是在现实环境中大部分情况下我们不可能像对"苹果"这个词那样，依靠这个词自身的含义来表达一时的意思，而一定是"她在跑"或是"跑了一段路"这样的主谓或动宾结构。由此可见，动词其实是一种用于表示动作名称的名词，而且它们指动作的词性还要依靠用法来完成。

第三个大种属形容词就比较容易理解。形容词是一种基于比喻和联想关系的名词的特殊用法，例如"红的"或是"兔形的"。（"兔形目"在拉丁文中是一个名词"Lagomorpha"，我把这个词剥分开来，臆造了"兔形"这个形容词，以此向我养了多年的那只硕大无朋而游手好闲的荷兰兔致敬，我还没有开始这个写作计划之前，它就去世了。）但是问题来了，与名词和动词不同，形容词中反倒是有少量纯抽象的观念，不可能依靠名词来理解，例如"大"和"远"。但这些词的基本含义也原始到了不需要任何解释就可以理解的程度，而且数量也不多，不必为之牵肠挂肚。

语言除去上面的三大类，基本就只剩一些具有语言自身的辅助功能的词，它们是语言自身的体系框架。这差不多相当于，我们可以将"之""乎""者""也"理解为古人用的标点符号。这种框架的出现在符号化上非常纯粹。除去这些必不可少的虚词，我们可以将语言理解为一个庞大的、兼容并蓄的实指概念的集合，也就是前面所说的，账簿一本而已。

这本账簿大概要多厚才勉强敷用？无法计算，但是可以推测。我们将可以单独描述的任何情况具体统计到最基本的"种"（pixel），这样的"种"比语言中的基本概念还要原始。基本概念还是有可能是复合的。比如说，汉语中的"电脑"这个词就是一个基本概念，它在语义上是不可分的，因为你不可能将它进一步分割成"电"和"脑"两部分，那两个词另外自成语素。所以，它在语义上不可分割，但在结构上又确实可以分割，因为它还不够原始。这样，我们就得出了一个结构：不同于英语"computer"这个词，汉语"电脑"这个概念由"电"和"脑"两个种构成。现在，我们把每个种都以一个字或是一个单词代替，这些种的总数也不太可能超过一百万。英语一共有多少个单词？一般认为在四十万到六十万之间，这已经包括了"path""road"这些属于一个种或至少是近义的词了。而实际上，一个人如果掌握了五万个单词的用法，在日常生活中已经基本遇不到他无法直接描述的情形了。

关于语词数量的问题：如果我们把语言从表现层面分成三个层级，最低的层级是原始语言，就好像博尔赫斯在《布罗迪报告》中描述的，雅虎人只能描述他们见过的东西的名词，认为比"四"大一级的数字就是"无限大"，这样层级的语言需要的词不超过八百个。中间层级就是我们流行的生活用语，包括认识程度中等以下的专业术语，这一点不用赘述。再高级一点的是那些不确定有没有用的语言，能够描述我们自己没见过，或是抽象但确信其存在之物的一切名词，例如"硅肺"（pneumonoultramicroscopicsilicovolcanoconiosis），甚至可以描述某些不确定存在的名词，例如"光锥"（light cone）。这样的语言所需要的语词数量在十万到五十万之间，十万是小学生字典的语词量，五十万是百科全书的语词量。

其次，语言之中的衍生词和近义词数量也不可小觑。打个比方，即便我们不懂"血色"这个词的含义，只要懂得"血"这个字的意思，也就不难猜出这个衍生词的含义。衍生词都是从一个词发散开去，在个体的认知之中把它们部分精简掉，对于语言体系自身结构的撼动也是有限的。

近义词的总量相当模糊。譬如说前面谈到过的"路"这个概念，英文中可以联想到 road、path、alley、artery、asphalt、avenue、backstreet、boulevard、byway、cobblestone、concrete、course、crossroad、direction、drag、dragway、drive、expressway、highway、lane、line、main drag、parking lot、parkway、passage、pathway、pavement、pike、roadway、route、street、subway、terrace、thoroughfare、throughway、thruway、track、trail、turnpike、viaduct、way 这么多词，当然它们的用法各自不同，但是总的意思差不多。对它们全部认知与否，不会对语言自身的体系结构造成决定性的影响，这是考虑语言基数模糊性的时候我想到的第一个问题。

关于语言的雷同和精简问题：语言中字义完全相同的不多，但是近义词的体系却庞大得完全没有必要。何况有些近义词彼此之间的差别精微到了不是语言学家不能举其详的地步，和同义词也基本没差。譬如说"*lacrimosa*"这个词，在拉丁文中的原意是"泪流满面"，和普通的哭"*clamor*"不同的是，前者可能带有一点精神或者宗教性情怀方面的诱因，当然，这只是我的推测。别以为这样的例子汉语中没有，"潸然泪下"这个词也属于这种情况：在一个词的内部固化了这个词的上下文环境，它不仅有用，还有特定的用法。你不可能说"我摔了一跤，痛得潸然泪下"，因为这个词自身暗含语法规则，不允许被这样使用。

中国人可能是世界上说话比较拐弯抹角的，因为汉语中这样的例子多到车载斗量。可别以为"潸然泪下"专门表示因情感激荡而哭是区分得已经够细致了，汉语中还有区分得更细致的专用近义词，细致到了不仅表示为了情感而哭，还具指为了何种情感而哭。这种高度专有的近义词，在中国以浩如烟海的"典故"的形式表现。所描述的事实和所引用的典故在时空环境上必须高度切合，否则就会被认为是张冠李戴而遭到无情的耻笑。我们来看"司马青衫"这个典故，革命家林觉民（1887—1911）在就义前给妻子的遗书中说："司马春（原文如此，作者在这里写了一个错别字）衫，吾不能学太上之忘情也。"这里的"司马青衫"的正确解释应该是"夹杂着少量个人情感的、为了政治抱负方面的壮志难酬而哭"。而"司马青衫"这种哭，摔了一跤的时候不能用；出于"岂无膏沐，谁适为容"这样纯粹的个人情感而哭，用这个典故也不恰当；甚至纯粹的忧国忧民，例如《悲惨世界》里卞福汝（Bienvenu）大主教与一位垂死的革命家辩论的时候说"我为他们全体哭"，这里的"他们"是指一些因为政治斗争而无辜牺牲的孩子，没有一个与这交谈的两人（卞福汝大主教、国民代表 G）有实际上的人际关系，所以这种"哭"纯粹是出于一种非现场的抽象的义愤，没有丝毫的个人情感成分，也不能用"司马青衫"这个典故。这就是说，这个词中去国怀乡、忧谗畏讥的情感配比，是以白乐天（772—846）在浔阳江头萧瑟的秋夜听到那个事不关己甚至不怎么动人的故事时的心境为标准的，当下讲述时的时空条件、讲述者的经历以及他此刻的心境和那个荻花苍茫宛如霜雪的秋夜越接近，这个词用得就越准确……可是，哭就是哭，绕那么多弯子干吗？

　　我们被视觉思维禁锢在语言的单人囚室之中，相伴者只有永恒的孤独。

　　这些并不完全是画蛇添足的用法给我们带来了对自身语言体系的无穷信心。我们暂时忘记了语言诞生于永恒的孤独这一事实，踌躇满志地觉得自己无愧于万物之灵的称号，人类语言的开拓前景，在表达力上几乎是无限的。

　　可是，表达力无限有什么用？关键是这种表达力具有怎样的秩序层次，秩序的含义就是我们记忆某种事实的方法。对于语言法则的思考也就随之被提到桌面上来。视觉形象是最原始的法则。无论是英文字母还是汉字笔画，都是一些有限的元素，由此组合成了繁复的可能。学者野利仁荣（？—1042）在创造西夏文、作家托尔金（John Ronald Reuel Tolkien，1892—1973）在构建精灵语或是艺术家徐冰（1955—　　）在设计自造字的时候，他们一定都苦恼于字形和单词之间是否重复或是雷同的问题。他们创造的字越多，在创造一个新字的时候越容易担心"这个字我是不是已经造过了"，因为最容易被想起来的形象或组合往往是最容易重复的。怎么解释呢？我们可以做个实验，找一百个小朋友，让他们各自用简单的几何图形创造十个字。不用怀疑，方块、三角和圆的重复率是百分之百。可不要以为这仅仅是因为童稚的懵懂和无知，这是人类基于特点构建记忆的一种天性。汉字中的"已""己""巳"，还有英语中的"bat""bet""but""bit"这些形近字词的出现都是出于这样的原因。

　　看来造字和造词是体力活，可以交给电脑完成，真正的挑战在于语言的赋格。"他"是阳性的，"她"是阴性的，"它"是物性的，而"祂"是神性的。（顺带一提，这种赋格衍生了很多次等事实的赋格，譬如这个"祂"字，在一些无神论的语言规范之中，因为用不到，就被废除了。）这种使名目具有人格乃至神格的分类是巴别尔之塔的顶梁柱，可这个工作及对其的记忆，不倚重刚刚说的视觉印象却又无法完成。出于这一方面考虑，我们只好将创造出来的字分门别类，然后给每个门类设计标签，颇类似于现代设计中的导视系统设计（sign design）。这种便于管理的标签在汉字中就是偏旁部首，在拉丁语系中就是词根规则。然后它们进一步发展成构词法则，最后形成语法。对于一门成熟的语言而言，语法比起语义在进化上更加精粹，在结构上更加完美，因而在意义上更加形而上。索绪尔称之为"共时的"，语法不是语义的奴隶，它们已经像很多天然之物一样进化出了自身的美感。

所谓共时，就是在一个没有上下文关系的时空断片之中，语法不再需要为了表达某些被凡人看作值得记忆的事件的始末而殚精竭虑，它们所剩下的就是自身结构的内省自成。我们因此而看到，它不仅能表现一个尽善尽美的世界，它自身就是一个尽善尽美的世界。

这种尽善尽美表现在，语言自身的法则也充斥了语言的文明寓意。尽管词根和构词法则是语言的纲目标准，但是它们自己也是有含义的，不是随随便便的拉郎配。譬如"艹"这个部首，它来自象形文字中一株草叶片舒展的形象。拉丁文中的情况大同小异，它们虽然不基于象形文字，但也是先有了一个词，比如说拉丁文中的"*aer*"，意思是空气，然后才有了"aeroplane""aerial"这一系列的词。可见构词法则的自身发展也没有超脱语言的认知本位特性，它们不是也不可能无中生有。

然而，这种构词原则虽然不是无中生有的，但是因为它们的数量太多或是年代太久远等各种原因，我们在语言的学习中不太可能做到理解每一条。就好像前面说的"aer"这样的词根，汇聚起来都有一大本，还是得靠死记硬背。语言构成的繁复性给语言的学习带来了困难，因为构词法则自身也需要被记忆，而且无法联想。反复使用和记忆是唯一的方法。汉语被誉为世界上最难的语言之一，但是中国的小孩子认字至今都是从象形文字开始，没有谁觉得难以胜任。这种符合语言发展规律的认知过程是熟练掌握一种文字的前提。

但是文字的象形性只是法则之一，甚至不是主要的。不要忘记象形文字出现的时候，我们的祖先还统御不了多少字形。能够通过象形文字联想的汉字，算上部首，在汉字六书中只占形声和会意的一部分。什么叫联想？比如说"苔"字的偏旁"艹"，能够和"艹"的一般文字性质乃至象形文字的草形状联系起来；但是"芙"这个字——我在此承认汉字的部首成字法则确实非常科学，为了找这样一个例子，费了九牛二虎之力——它在读音上既不与"大"字近似，字义也和"艹"代表的植物类属寓意扯不上关系。即便是有关系的，也大多疏远。例如"电脑"，虽然它没有完全脱离"电"和"脑"这两个词根的原意而独立存在，但要说它和象形文字层面的"电"和"脑"这两个字在会意上是一脉相承的，也实在牵强。这就是说，象形或是会意部分固然是语言的根基，但语言的主体是在文明发展的过程中不断派生完成的，有的派生与这种构词法则的远祖还保持着一点若即若离的微弱联系，有的则几乎没有受到影响。

所以说，无论一种语言多么科学、有序、陈陈相因，要掌握它主要靠死记硬背这种情况不会改变。我们将语言学习分成五个层面来分析。

首先，所谓字形和构词，作用只是降低死记硬背时的难度，但是不可能从根本上改变语言的这种认知特性。汉字六书中最为"科学"的是形声成字，你看到一个不认识的形声字，比如说"時"字，你根据已经掌握的构词法则知识，推测这个字的读音与"寺"相近，字义与"日"相近。可是，你猜怎么着，这种推测成功率即便高达百分之九十九，你还是不认识这个字。

这种理解的意义仅仅是，在你从确凿有据可依的知识途径获取关于这个字的正确知识以后，使你对这种知识进行的记忆工作变得更有效率。

何况，很多字并不遵循这样的法则，它们遵循的是其他法则，或者干脆不遵循任何法则。在记忆文字之前，构词法则自身首先就需要被死记硬背。

其次，时代和文明在变迁，某些词在被创造出来的时候可能符合某种构词法则，但是在沧海桑田的文明进程中，情况会随着习惯发生改变。比如说"特"这个字，在现代汉语中是一个一线的常用字。很多人都感到奇怪，这个字既不读"寺"的近似音，也不与偏旁"牛"代表的动物类属寓意（确切地说是食草动物，更确切地说是与牛有关的概念）有什么关联。当然，对于这种困惑最后人们都选择了听之任之。其实，"特"这个字在上古的时候有两个含义，其一表示雄性牲畜，如《周礼·夏官·校人》："凡马，特居四之一。"其二表示三岁大的牲畜，如《诗经·魏风·伐檀》："胡瞻尔庭有县特兮？"这两个概念全都与畜牧有关。

再次，文明发展的过程中文字的总量不会保持不变，会有全新的语言不断融入语言的主体。这些文字或构词有的可以看出薪火相传的演变痕迹，有的则完全是无中生有。比如说日语中"ロリ"这个词，在中文中音译为"萝莉"，表示十四岁以下的少女，确切来说是从带有恋童癖色彩的性的角度来审视的十四岁以下的少女。这个词来源于弗拉基米尔·纳博科夫（Владимир

Владимирович Набоков，1899—1977）出版于 1955 年的小说《洛丽塔》中的角色名字。围绕这个词现在已经构建完成了一整幢流行文化的大厦，在文明史的发展道路上拔地而起。可显然作家在写作时选择这个名字并非出于什么构词法则方面的考虑，一时兴之所至的可能性还非常大；或许他旅居俄勒冈州亚什兰镇米德街的时候，有个红头发、满脸雀斑、粗鲁而少家教的邻家女孩就叫这个名字，恁时相见早留心。总之如果纳博科夫构思的是另外一个名字，名目就会完全不同，但事实（萝莉文化）不会发生什么变化。可见一个事物的名和实是各自存在的，一个东西叫什么其实并不那么重要。

　　这种情形在汉语中也有，广东话里描述猥琐下流的俚语是"咸湿"，这个词的词源就令很多人困惑。在近代珠三角刚刚开埠的时候，有很多洋人的色情业也涌入了一些类似租界的区域。为了招徕顾客，这些声色场所有时候会公开表演大腿舞，受到围观，引得人们大惊小怪，因而被打趣为"hamshop"，火腿店。现在的广东人，看到这个词没有人会不理解它的寓意，但是看到真的 hamshop，却没有人会往这个词上去联想，这并非出于他们是正人君子——当然他们当中大多数人真的是——之类的种种道德原因，而是这对因果关系被彻底地遗忘了。物换星移，已经没几个人说得上这个译音的来龙去脉了，但是其中涉性的猥琐意味却一直流传了下来，而且始终准确，因为性意味是语言中最强大最无法被遗忘的寓意。这样我们就有了一个在表意上精准但在词源上唐突的语言的孤岛。这种词源的转述情形很像心理学家雅内（Pierre Janet，1859—1947）在著作中总结的"受伤的记忆"这种观点，这里的"受伤"并不是指记忆的主人受到伤害，而是指这段记忆的因果关系自身是残缺不全的。譬如说有个人小时候被狗咬过，可是后来出于种种原因，也许是时间流逝，也许是被心理学家催眠封闭了记忆，也许是为自我保护而选择性失忆，他将这件事忘记了，但遗忘不会治愈他的恐惧，因为恐惧不是事件，无法被遗忘，然后这个人就会终其一生看到狗就油然而生一种透彻心底的、不明所以的恐惧。苏珊·桑塔格（Susan Sontag，1933—2004）在《反对阐释》中对语言的很多割裂现状表示担忧，而遗忘显然是所有无法补救的遗失之中最为无法补救的一种。

又次，语言文明的发展兼容并包，这句话更形象一点的表达是，语言体系就是一个垃圾桶，什么都会出现在其中。我们已经目睹其中出现了模棱两可、出现了移花接木、出现了无中生有，甚至其中还会出现赤裸裸的错误。至今还有人幼稚地以为，摈弃错误是历史发展的义务，其实历史没有这种义务，错误一样会被记忆，而且会被传承下去。

举个例子，美国人口语中出现率颇高的一句问候语"long time no see"，从语法上来说无一字确指，是个不折不扣的错误，但是现在也进入了英语的词典体系中。这句话来源于清末，大量华工被输送到美国，这些衣食无着的苦命人飘零异乡，完全不懂英语语法，但是掌握少量单词。当他们发现自己没有受过丝毫正统的英语训练而有口难言的时候，他们做出的最本能反应就是搜刮自己所知，将英语单词按照汉语的语法拼凑起来。他们于是按照"长""时间""不""见"这四个成分在汉语中的简单叠加关系臆造了这句话。可能因为当时活动在美国的华工实在太多、中国人又实在无孔不入、这个词对于美国人而言也不是太过难以接受等不一而足的原因，它被流传下来了。百年时光如同旋风般地逝去，时至今日已经不再有人觉得这是一种错误。

近似的情况还有中国的通假字和假音字。有的通假字就是作者写的错别字，例如我们现在几乎每天都会用到的"暴露"一词，其实正确的写法是"曝露"。假音字是一种望文断音的低级错误，例如同样是我们每天都会用到的一个词"垃圾"，绝大多数中国人普通话（少数念对的是台湾人）都读成 lā jī，其实正确的读法是 lè sè。这些都在文明的发展中被原谅了，文明的发展有时候其实并不像我们想象的那么铁血，它也有雍情穆穆的一面。

最后，也是最极端的一种情况是，不独是事实产生语言，语言自身也会产生语言。这是一种语言框架之内的形而上现象，它处于巴别尔之塔的顶端最接近永生者的位置。而这种通过语言的激荡、碰撞、琼花碎玉的飞散所产生的更纯粹的语言，它们在生态上最接近思想自身。语言在这里变得精粹、观念化和形而上，它和这个生硬的世界其实已经不再维持有什么联系。我在此不由得又想吟诵一下我所深深喜爱的、艾米·洛薇尔（Amy Lowell，1874—1925）写的一首俳句：

落花

飞回枝头：

——一只蝶。

这并不是说落花和蝶就是同一种东西，艾米·洛薇尔在写下这首俳句的时候也不见得真的目睹一只蝴蝶飞上枝头这个事件的发生。我想到它、膜拜它也并不是因为它是什么伟大的宣言，恰恰相反，是因为它的微不足道和百无一用。它只是一个比喻，这个比喻什么都不是、什么用都没有、什么故事都不讲述。但我们有必要意识到的是，凝聚成这个比喻的是多么浩瀚、至大、生生不已的存在。我现在躺在这个房间里，我在讲述着我自己觉得动听的故事，可是无数像我一样以为自己的悲欢离合感天动地（当然，也不排除可能真的感天动地）的人活过、存在过，我只是他们中的一员。众生的喜怒哀乐宛如黑暗的大海，人性凄厉的风暴终年永无止息地翻弄着这片孽海的波涛，再坚硬的顽石也会被这黑暗的浩浪切割成齑粉，待到海枯石烂，砂石凝结成了水晶，晶簇开出了花，这个过程经历了亿万斯年，然后这朵花才赢得了诸神在信步赏玩时偶发于心的莞尔。可是，这又有什么用呢？

这几条纲领代表了语言的宇宙在我心目中不完整但绝非虚构的形象。换句话说，它们也可以看作对这个宇宙的一种结构认知，在僧肇（384—414）、维特根斯坦和德里达（Jacques Derrida，1930—2004）之后，我也信奉宇宙自身其实是一种语言规则的存在，因为宇宙是（而且从来都是）被认知的。它的现实性是不稳定的，但是它的语言特性（规律）是确凿无疑的。

这就是说，我们不可能知道宇宙未曾亲见的过去、难以推测宇宙虚无缥缈的未来，甚至无法描述宇宙转瞬即逝的现在，但是对于结构的认知却能使我们猜测出关于它们的一切。《肇论》里认为，宇宙的一切是非实有的，是"缘"随机游移动荡于虚空之后的效果，它造就了宇宙可以感知的部分。就宛如清风吹皱一池春水，本来清澈见底、直视无碍的潭水因为微澜荡漾而看起来像是一种更物化的、更可把握的、更实际的存在。

不要以为语言只是用来描述宇宙，语言自身就是言说者的宇宙。对于观测者而言，可以被观测和感知的才是存在的。

宇宙对生存于其中的个体而言，不可理解的内容永远比可以被理解并且可以被描述的内容多得多，两者之间相差了不知道多少个数量级。这就好像人类信奉的神大都具有人的形象，至少是人所能理解的形象，例如印第安神话中的兔子大神马纳博佐。但宇宙是无限的，不能理解的纯粹精神面貌是一定存在的，就好像比圆周还长的半径也一定存在，它只是在人类的数学法则中被宣布为非法而已。我们感到欣慰的是，我们的孤独和渺小恰好在谱系中尽可能地为那些面目模糊而难以理解的神祇留下了位置。

然后，我们落实到语言的实用层面上，语言变得越来越好用是一个循序渐进的过程，就是拉康概括出来的那种"需求—请求—欲求"的成长阶段，它们一一对应思维进化中的"现实（内省）—镜像—象征"，最后发展出了人类的语言。如果说结构复杂的人体是来自一个最基础、蒙昧的细胞无意识的自我分裂的话，那么晦涩艰深、汗牛充栋的人类语言就是来自最初的原始欲望的增长，这两个过程是非常相似的。而且最终形成浩如烟海的人类语言的这种原始欲望冲动，以一种它们自己也不理解的方式模模糊糊地指向"IT"（大它），它们同样是蒙昧的、无意识的、表面的、原生的、粗鲁的、内省的和直截了当的，最重要的一点，它们是现实的，毫无修饰性。

　　这就好像我们的祖先所信奉的一些原始的神，像香蕉一样从树上长出来或是隐现于湍急的山溪之中，他们没有人类或是超人类的形态，没有辉煌雄伟的庙宇，没有挥动漫天云霞的武器，他们不懂得修饰自己，不懂得彬彬有礼，不懂得毁灭和慈悲，因为那些都是膜拜者想象出来而强加于人的，既没有根据又没有必要。

　　为了证实这种语言原始用法的质朴性，我们借用中国古汉语中的三个语言概念，"赋""比"和"兴"，来举例统计语言的一些原始性质。

　　原始的语言在特性上非常直接，这一点已经在世界各地的语言现象统计之中被证实了。"赋"，也就是铺陈、直叙，无疑是最原始的一种。这个结论无论是与我们现在的语言遗存发现，还是与前文提到的人类观念史发展，乃至于与个人认知的成长规律，都是符合的。

　　铺陈就是简单地将事情说清楚，它不需要庞杂的叙述和繁复的语法，所以语言的原始形态下，句式都十分简洁。以中文为例，越是上古的汉语，句读越短，如果引入现代人习惯的标点符号的话，先秦的文字长句很少，标点特别多。有人通过比照造纸术的诞生时间，将这种先秦和秦的文字称为"简文"，并不精确，不过差之不多。简文的特点就是简明扼要，不追求语言自身在形式上的合理性，有时候文本前后没有助词连贯，但是可以意会。我们来看看下面这一段，文字出处是《殷契粹编》中的第三百八十片：

> 王其又母戊一斱，此受又？
>
> 二斱？
>
> 卯叀羊？
>
> 叀小宰
>
> 叀牛？王此受又？

这段话里的"王"是一位"母戊"的儿子，分析这条信息有助于我们给这条卜辞断代。配偶庙号称"戊"的商王一共有三位，分别是武丁、祖甲和太丁。其中武丁的妻子戊是武丁在妇好（后母辛）之前的配偶，也就是妇妌、殷墟大方鼎所祭祀的那位"后母戊"，如果这里的"王母戊"是指这位女士的话，那这片甲骨应该和后母戊大方鼎出土地点和文化层相距不远才对，这一点并不符合；太丁就是文丁，他的王后戊是周文王的岳母、武王的外祖母，在时间上也不吻合。所以最大的可能是这片甲骨乃廪辛或是康丁祭祀母亲祖甲妇戊时所留，廪辛在位六年，康丁在位八年并死于公元前 1145 年，如此推算，这篇卜辞大致创作于公元前1158 至公元前 1145 年这一时间段内。

卜辞的内容非常简洁，通篇都是疑问句。商王就几种祭祀方案中哪种最能讨得先母的欢心而犹豫不决，因而占卜求问于鬼神。"斱"差不多相当于"妾"字，意思是女奴，这里指的是人牲；"宰"可能是圈养（而非牧养）的羊，与"牢"相似。卜辞全篇翻译成白话文就是：王将侑祭母亲戊一个人牲，这样会受到保佑吗？两个人牲呢？剖祭羊呢？用小宰作为祭品呢？用牛作为祭品呢？王这样会受到保佑吗？

这些问句与"赋"即铺陈的区别也就是后面多出一个问号而已。但是这个问号是真实存在的吗？商代没有标点符号，连"之""乎""者""也"之类的语助词都很不发达，我们之所以判定这几句话后面有问号，仅仅是根据它刻于龟甲的卜辞规律。这就是说，"卯叀羊"这三个字如果加上标点的话，用于占卜时的写法就是"卯叀羊？"，而用于记载事件时的写法就是"卯叀羊。"；在口述时，前者尾音用升调，后者尾音用平调。一看或者一听就明白，没有什么玄机。

索绪尔认为语言分成"语言"（langue）和"言语"（parole）两部分，而后者更接近于一种诉说行动，受到言说者和听者个人意志乃至于口舌气流和手势行为的支配，与字面语义和语法规则无关。对这则卜辞这样解读似乎在无形中印证了这一点：这块甲骨上"卯叀羊"这三个字是陈述还是疑问的用法问题，前者的信息是确定的，后者则是不确定的；我们一般首先认为这种确定和不确定之间是句号和问号的区别，可是商代没有标点符号；我们继而认为这两者是平调和升调的区别，可它又不是说出口并被听到的一句语音；最后我们只能认为它们的区别取决于对甲骨卜辞这种载体的习惯性用法认知，可到了这一步，这种解释的晦涩及其深层次的专业程度，离它的语义和用法在常识层面上的简洁性已经太远太远了。

所以，千万不要以为语言很简单，张口就来，只是我们把它想得很简单而已。

位列于"赋"的叙述方式之后的是"比"与"兴"，也就是比喻和起兴，其中比喻的用法在现代语言之中依然很流行。很多人觉得"比"和"兴"是等价的，这种看法并不确切。准确地说，"兴"比"比"要更原始，在中古以前所代表的格调也更高。证据是《文心雕龙·第三十六》中的这句话：

> 若斯之类，辞赋所先；日用乎"比"，月忘乎"兴"；习小而弃大，所以文谢于周人也。[1]

这句话透露出两层意思，其一是，相对于"兴"的气魄宏大，"比"的手法用多了有一股小家子气；其二是，周文重"兴"而轻"比"，但是汉魏时却恰好相反，这在作者看来是文学的一种退步。而从我个人以及本书趣味的角度来看，像"平林漠漠烟如织，寒山一带伤心碧"这样的起兴确实是加深了那种自身渺小的孤独氛围，令人回味。

关于"兴"更宏大、更古老的观点绝非空穴来风。不独汉语，"兴"这种方法在其他一些古老的语言之中都曾有过一个特别流行的时期，在文艺复兴和启蒙运动之前的上古和中古，更受诗人的青睐。我们来读一读凯尔特古诗《莪相诗篇》(*The Poems of Ossian*)中的《洛达大战》(*Cath-loda*)中的几句：

> 为何，尔等隐形之浪子！要推伏洛拉的苍薗？
> 为何，尔等山谷的微风，要将传奇留于吾人之耳际？
> 我听不见远方湍流的怒号；也听不到岩间的琴音。
> 来吧，尔等卢塔和马维娜的女猎手！召其魂魄
> 予其肉身。吾透过湖泊密布的洛希林，远眺浊浪滔天的
> 乌-索尔诺海湾；那里是芬格尔的降临之地，他来自横流沧海、来自
> 马毛猬磔。何尝有莫尔文谓英雄者来到过此间未知

---

1 （南朝梁）刘勰：《文心雕龙》，（清）黄叔琳注，（清）纪昀评，李洋补注，刘咸炘阐说，戚良德辑校，上海古籍出版社，2015，第214页。

之地？

诗中对于蓟草、微风、岩石和溪流的歌颂就是起兴，这种手法在以吟游诗篇为主的文学时代特别流行。这段《洛达大战》一共九十五行，几乎通篇都是这样豪迈的起兴之语，只有第十四、十五行"他的话就是吹向芬格尔的风；那悲风来来回回地拂弄着／秋日阴暗山谷中的白茅"（his words are wind to Fingal: wind, that, to and fro drives the／ thistle in autumn's dusky vale）和第十九行"克洛马尔，他的舰队驰过汪洋，乘风破浪如同流星穿过漆黑的云层！"（Cromar, whose ships bound on seas, careless as the course of a meteor, on dark-rolling clouds!）用到了与近代诗歌相似的比喻手法。

起兴更加原始的原因，很可能接近我们前面分析过的那个关于房间里有兔子、猫和我们自己的推论。罗列出一个时空环境之中所有作为条件的存在本来就是认识行为之中最为基本的、我们用以判别"自形残余"的行为，它被固化成了一种无意识的、本能的思考方式。我们的祖先在吟诵自己和他们的祖先的时候不忘向一些看似无关的东西表达敬意，这个举动看起来有一点上古的万物泛灵的浪漫意味，实际上它也揭示了这些存在之间，以及它们与主体之间等价甚至是一种更加伟大的存在，在"自形残余"转变成"自我"之前，我们还是很谦卑的。

当然，也可能没有那么崇高的理由。上古没有书，就算有书也没几个人识字，故事全靠吟游诗人传播。这是一群特别爱吊人胃口加"戏帽子"来坑钱的家伙。就好像以前有个笑话说的，拼命三郎石秀看到卢员外被绑在菜市口准备杀头，大喝一声跃出酒楼，说书先生在这里绘声绘色了一个多月，双脚都还没有着地。我们想想《尼伯龙根之歌》或是《格萨尔王传》里面那些啰里八唆的过场，觉得好像未必不是这么回事。如是而已。

一个潜隐的、由"兴"而"比"的转化过程似乎促成了某种诗歌近现代化的完成。这种手法特别受到某些亟须读者感同身受而非静静体会的作者的欢迎，这在古代的大雅之音看来，无疑是自降身段和急功近利的。套用我们"孤独主义"的价值观念来看，太热闹，不够孤独。我们来读一读鲍狄埃（Eugène Edine Pottier，1816—1887）《哥萨克的喧嚣》中的一段：

> 我们到处高奏凯歌，
>
> 震惊巴黎城中的高卢雄鸡。
>
> 昔日业绩辉煌的神鹰
>
> 已失去爪中的歼击霹雳，
>
> 它高昂的头颅
>
> ——那危害我们霸业的灾星
>
> 早在滑铁卢落地。
>
> 波兰白鹰已跌落尘埃，
>
> 让我们乘胜挺进巴黎。[1]

这首诗讽刺了沙皇尼古拉一世（Николай I Павлович，1796—1855）企图以镇压波兰起义为跳板，西进法兰西的阴谋。这样的诗是阳刚的、战斗的，它需要读者最快地通过自己知识结构中已经获得的知识来理解诗人的意图，需要被沉思和理解的，并不是语言自身。

我初见这首诗于一本不经意间得到的、残破而不朽的中法对照本《欧仁·鲍狄埃诗选》，译者是曾获法兰西共和国艺术与文学骑士勋章、法国敬业金红十字勋章的北京外国语学院沈大力教授，和另一位名叫刘风云的翻译家，四十年以降，书面的艳红已

1　［法］欧仁·鲍狄埃：《欧仁·鲍狄埃诗选》，刘风云、沈大力译注，商务印书版，1979，第37页。

经褪了色，后者的名字和身世现在已经很难考证了。

语言变得越来越好用的原因是它越来越符合人性，这并不是说我们开始解开那个关于认识自己的千古之谜，而是我们学会了带着遗憾与它相安无事。

被称为"最后一位黑格尔主义者"的美学家、美国普林斯顿大学教授欧文·潘诺夫斯基（Erwin Panofsky，1892—1968）在一篇题为《作为人文学科的美术史》的文章中认为，所谓人文的基本特性就是在不断的对照之中提取价值。在文章的开头，潘诺夫斯基回顾了康德晚年的一个小故事，这个故事说的是康德去世前几天，一个朋友去看他，老病缠身的康德颤颤巍巍地站起来，非要等客人就座之后自己才坐下去。这个看似不起眼的小动作令他筋疲力尽，也让来访者震动不已，康德为此解释说："我对于'人本'的知觉还没有消失。"客人闻言，感动得流下了眼泪，他赶快拭去，收摄心神，两人客客气气地又聊了一小会儿天。

这里的"人本"在德语中是"Humanität"，"人文主义"也可以翻译成这个词。潘诺夫斯基解释说，尽管康德早受制于衰老、疾病和行将到来的死亡，但是他依然没有忘记自成和自励，这是"道德律"（moralische Gesetz）在人心的投射，道德就是一种与其他物种、其他人相较短长的对比观念，尽管对于此时的康德而言，这种对比已然完全没有必要，但他仍然为此自豪和傲然顾盼。潘诺夫斯基钦佩地赞许这种自豪是一种"悲剧性的醒觉"。

这个别致的小插曲被人铭记的原因是，康德本人被人类文明永远铭记，但它不是只会发生在康德这样的人身上。"人本"是一种道德本性，虽然不如自然本性的根本和强大，但也绝非作为"社会的人"的血肉之躯所能抗拒。康德的这个小故事令我想起了一件离我的生活不远的小事。我的学生叶子菁女士是一位旅居法国的动画艺术家，下面是她记录在朋友圈里的一段日记：

家旁边的 Picard 冷冻超市边从很早就住了个流浪汉。

······

今天去的时候他刚躺下，我就把他叫醒，手上拿着一欧元说给他的。结果他真的是坐起来，很正式地脱下手套才来接钱，一直说谢谢。

我真的被专门脱下手套的这举动感动到了。

人性的光辉并不全都依托于高于九天的仰视，它们有的时候就在我们身边，宛如街角砖缝里长出的一朵野花，静静地开放。

接下来，潘诺夫斯基阐发了这种人文主义价值的比较特性。潘诺夫斯基总结说，作为历史概念的"人文主义"一词有两层含义，清晰可辨而无歧义。其一是"人"与"低于人"之存在之间的对比，其二则是"人"与"超乎人"之存在之间的差异。我们将前者称为人文主义的价值，而将后者称为人文主义的局限。

这就是说，与前面探讨的"自我存在"的概念大致相同，人的境界和价值也是一种对比的结果。这一点不难想象，因为人的语言是人自身的投射，至少互为映射。这种比较性的自觉当然不是潘诺夫斯基的创举，在中国古代的诗歌理论论文《毛诗序》之中，诗的美学境遇被概括为两个极性，我们习惯称之为"美刺"者，分别是"美盛德之形容"和"下以风刺上"。我们可以将"美"理解为现代汉语中的"褒"，将"刺"理解为"贬"，《国语·周语上》记载："天子听政，使公卿至于列士献诗……而后王斟酌焉，是以事行而不悖。"可见考较褒贬二者是作为诗歌最早的现实意义而被刻意认知的。这一点也符合我们前面所思考的，人本的存在，如果不经比较，无法发现自身的价值和现状。

在探讨语言的实用和价值向量问题之后，不可避免地，我们现在回到本节开头所探讨的那个问题，就是这样一种最初起源于简单自形对照，然后不加控制地分裂增殖的，茕茕子立、形影相吊的言说方式，它是如何成就我们这个茕茕子立、形影相吊的文明的。在前面的讨论之中，我们已经或多或少地对这个问题进行了不断的思考，自形残余、名词本位都是这种思考中的尝试。这些思考有的很形而上，似是而非，有的则非常基础，在任何一本字典之中都能觉察出这种崇拜语言古老特性的痕迹。

因此，关于语言如何成就文明，或者说语言的意义，在无形之中也分化成从基础到形而上的若干个层面，从最实用的层面直到拉康那样的听起来完全是空想的思考。此刻我们可以借用索绪尔对语言的纵深两个特性的探讨，我们在前面也提到过，索绪尔认为语言分为"共时"和"历时"两种特性，"历时"的语理，其价值取决于言说的内容，绑定人类文明的记忆，闻者在倾听的时候会不由自主地忽略语言的结构和语法而去思索内容的深意，这是一般人认为的语言的用途和意义；"共时"则是在内容之外语言自身的法则和言说结构，它是非内容的，具有能指的意义，是语言对于其内结构的自成。

很多人认为，人类文明——至少是次一层级的区域性文明——的决定性因素只可能是历时性的语理，很多人共同的回忆构成一种共同的、思维上的因果关系，就好像伟大的苏珊·桑塔格在一篇散文中回忆的那样，洋人看到"百年蛋"——其实就是松花蛋——都会掩鼻作三日呕，不同文明对于饥饿、对于贮存、对于味觉习惯的回忆会造成态度的大相径庭。这是历时性语理对文明的成就，这一点我想大多数人都能理解。

现在，出于相对别的洋人而言与中国更密切一点的关系，苏珊·桑塔格能够轻易接受皮蛋。可是这并不说明她就此而融入了汉语这种记忆体系，因为她的记忆总有其他有别于中国人的地方，她还是一个洋人。历时性的语言就是这样实现文明的总体评价的：它分成很多条目，看起来像是一张问卷上的很多问题，你要得到一定分数才能被认证为获得某种权力——顺带一提，现在很多认真、绝不苟且的网站也采取了这样的会员注册制度，可是网站问卷你只要得六十分就够了，文明的问卷，它的题量、分值、合格线……这一切至今都还是一个谜。

呜呼，老小孩苏珊·桑塔格生前不止一次地在朋友面前表演这项绝技：她叫来一碟百年蛋，让朋友们传视一圈，等到他们脸上都露出那种基本礼貌难以按捺的受惊神情以后，她人来疯似的在他们面前狼吞虎咽地把一碟皮蛋都吃完，换来满桌惊叫。为此她曾在《中国旅行计划》这篇文章之中乐不可支地回忆说：

> 在纽约和旧金山的饭店里，我经常点一份这种食品。招待们用贫乏的英语问我是否知道自己正在点什么？我十分肯定。招待离去。等所点的食品端上来时，我告诉正在用餐的同伴们这种食品是如何美味，但结果总是我独自一人把它们一扫而光；我的熟人们看到这道菜全都觉得恶心。[1]

愿伟大的苏珊·桑塔格安息，她生前被誉为"美国知识分子的良心"，她的去世真是思想界的一大损失。

而如果我们干脆借用苏珊·桑塔格的词源学修养来看待这件事的话，我发现这也是一个别致的小插曲。在中国，南方人把这种食物叫"皮蛋"，北方人称之为"松花蛋"，可是到了美国，可能是某个名不见经传的小店主出于揽客方面的考虑，给它起了个名字叫"百年蛋"，居然大对了美国人的胃口。

这就是语言自身的历时现象，从词源上来看，"皮蛋"这个

---

1 ［美］苏珊·桑塔格：《中国旅行计划》，申慧辉等译，南海出版公司，2005，第11页。

词描述它宛如败革的外形，"松花蛋"这个词描述它腌制过程中表面出现的宛如松针的花纹，这两个词从语言历时性的视角看来平平无奇，它们的语言强度远远不及"百年蛋"这个词。至少对于美国人而言是这样的，就他们两百多年的历史长河而言，这只怪模怪样、令人敬谢不敏的鸭蛋都快够得上其一半了：这个词很好地诠释了历时性的全局观念对语言强度的加码——可是，这个词，完全是臆造的，出自某个中餐馆小老板的一时灵机，在这种食物的故乡，这个名词根本不合法，更别说用它来描述某个古老而约定俗成的真相了。

　　这种东西，就算它真的是"百年蛋"好了，写下这段文字的一百年前我们在干什么？ 1919 年 3 月 6 日，南北和会中断第四天、共产国际成立第三天、匈牙利苏维埃共和国建立前十五天……然后唐人街有一个刚刚剪掉辫子的、见人就说"long time no see"的小吃店店主腌制了一缸鸭蛋，等待一百年以后的顾客前往品尝？

　　不过这个问题我们也可以这样看：这位奇想天外的小吃店店主，他所安身立命的美国，1776 年 7 月 4 日发表《独立宣言》宣布建国，至今也不过两百四十多年。这样看来——很多美国人真的是这样看的——这只鸭蛋的一百年历史，又很像是分量十足的了。

　　索绪尔对语言的历时特性信任不足的原因就在于此：因为它不足取信。它是孤独最重要的宣泄方式，却并非斩钉截铁的，因为对比、立场、言说环境、转述等不一而足的能指条件，它的语义和对它的重要性的评估会受到很大的干扰。

　　可是如果抛开历时性，我们只探讨主谓宾、介词以及前后置用法等语言自身的、以固定和严谨著称的结构规则，也就是非语义的、语言的共时特性的时候，我们还能从中归纳出文明的因果关系（语言历时性的主要职能）吗？答案是肯定的。我们来看看下面两个命题：

　　　今日、私は店で石鹸を买いました。（今天我在商店
　　买了一块肥皂。）

　　　今日、私は店で石鹸を盗んだ。（今天我在商店偷了
　　一块肥皂。）

这就是说，在这个日本熊孩子向你描述他今天的经历时，你除非把他的话从头到尾听完，不然光听到"今日、私は店で石鹸を"这里，你都还不可能知道他今天干了什么、他想说什么、他想说的重点是什么。可这句话如果用汉语来说，性急的老爸听到"今天我在商店偷……"这里，这个"偷"字刚出口的时候一个耳刮子可能已经抢上去了，偷什么并不重要，偷啥都得挨揍。可是，你猜怎么着，我们再看看这句话用英文怎么说的：

　　I stole a piece of soap from the store today.

毫无疑问，这个倒霉的美国小朋友是最先屁股开花的。

　　日本人的耐心天下无双，一方面的原因就是，在日语里动词往往是放在句末的。听日本人说这样的话，每一句都必须听完，否则就会失去最重要的信息。东亚人慢条斯理，欧洲人性子急，不是没有道理的。这印证了索绪尔推断的共时语言的决定意义，语言的历时特性反倒是无足轻重的了：无论什么内容（历时）的话，都得这样听，这本身就是对文明特性的一种最具特色的锻造。

　　顺带一提，这种言说方式也从一个侧面证明了我们前面所说的语言的名词本位性质。小朋友的爸爸性如烈火，在听到这个"偷"字出口的时候甩手就是一脖溜，在这里他是用一种理解名词的方式来理解这件事的：不需要知道这个动作的整体性质，只要知道这个动作是什么就行了。在这两个命题里，行为已经发生了，被看成动词的"买"和"偷"两个字的用途是给命题定性：

它们其实是名词。

听到"偷"字就上火，这在逻辑上其实并不严密，"偷"这个行为的好坏毕竟还是要取决于偷什么东西。我们来看下面的这段对话：

问：如果这个将军在作战时欺骗了敌人，并偷走了敌人的作战物资，这是恶行吗？

答：不是。

问：如果有人发现他的朋友绝望得想自杀，就偷走了朋友藏在枕头下的刀，这是善行还是恶行？

答：是善行。

这两段对话里问的人是苏格拉底，回答的人是尤苏戴莫斯（Εὐθύδημος），对话的出处是色诺芬（Ξενοφῶν，约前430—前354）的《回忆苏格拉底》。在这两句话描述的情况下，我们承认小朋友的爸爸确实是打错了，可是，你待怎的，打错就打错，只好自认倒霉，又不能打回来。只不过，这毕竟是小概率事件，文明和思想说到底还是一种习惯，上升到概率层面，听到"偷"字就下手，它还是被认为是一种契约性的"正确"。

历时性对于语言的意义，只是保证聆听者能够听"懂"，它是我等自身在普遍的孤独主义的前提下做出的一种让步。这在语言的基本层面上是不需要的。如果一个人操着听不懂的语言横眉怒目地对着你哇哇大叫，而你从他的表情、音量和手势之中能够推测出他在骂你，这就够了，你不需要听懂他究竟骂了些什么内容。可遗憾的是，这种推测在复杂的因果关系之中是失效的，所以我们还是不得不倚重语言内容的共同回忆。

所以，从基本层面上来说，凡人对于历时性语义的倚重和偏爱是毫无疑问的，尽管很现实的一种情形是，他们当中大多数人缺乏基本的历史知识修养。这种倚重也造成了一个结果，就是人类语言正在渐渐被历时性侵蚀和掌控，一些本来不应该有任何主观、价值、历时面貌的词也渐渐地向这个方向转化。这并非一种令人欣喜的进化，语言的复杂化进程之中，我们正在变得越来越意味深长和皮里阳秋。

这种历时化的语言进化首先出现在一些被赋格的名词之中。本来单独的名词只是语言材料而已，没有历史价值和褒贬看法，但是现在也成了一些约定俗成的价值隐喻。我们来看看下面这段话，语出清华竹简《尚书·程寤》：

大（太）姒梦见商廷惟棘，乃小子发取周廷杍梏于氒间，化为松柏棫柞。[1]

这句话的大致意思是太姒（生卒年不详）梦见商朝王宫长满了棘（棘），武王（？—前1043）从周宫移植了杍（梓）梏（树）过去，长出来成了松柏。这只是一个梦境，情景就是梦中看见的样子。但是重要的不是情景，而是对于这个梦境的解读。于是，无论是出于习惯性认知（建筑荒芜后会长出荆棘）、出于视觉记忆（荆棘纷乱丑陋，松柏高大健美），还是出于期待，这个怎么看都是用一种植物代替另一种植物的场景被解读出了凤鸣岐山、天道轮回的深意。

这就是说，尽管荆棘只是一种植物，平凡得不能再平凡，司空见惯，在实用层面上对人而言无所谓好还是不好，但是在人类的言语之中，一句话如果用到了"荆棘"作为比喻，那它多半不会是什么好话。这个例子虽然还带有语义、词源等方面的隐喻意义，没有涉及共时的语言基本结构，但是也够说明问题的了。

接下来，一些语言结构中的基本因素，看似永远不应该受到

1　清华大学出土文献研究与保护中心：《清华大学藏战国竹简（壹）》，中西书局，2010，第136页。

语义和价值观侵蚀，却也在文明发展的繁杂性进程中，情况渐渐发生了变化。譬如说，人称代词、第二人称"你"在很多时候被我们用"您"代替，目的是表示尊敬。但是显然尊敬并不是这个人称代词本来的使命。很多民族和很多时代大量用"您"来代替"你"，自诩彬彬有礼。我们来看看《悲惨世界》里的这一句话，背景是割风大爷在坟场遇到以怀才不遇的作家自况的掘墓人格力比埃时，两个村老倌之间妙趣横生的对话：

　　您是乡巴佬，我是巴黎人。[1]

这句话的法语原文是 Vous êtes paysan, je suis parisien。格力比埃除了对割风大爷籍贯方面的轻蔑之外，对对方其实谈不上有什么恶意，何况此时割风大爷正在一个劲儿地拉他去搞两杯。可这语气也绝对够不上尊敬。在这里用敬称"您"（vous）来代替"你"（toi），本就没有丝毫必要。这个词失去了它被强加的那些衍生寓意，可是其中原本的代词意义却是坚如磐石、未曾动摇的。这个词被用得越多，就说明里面那种虚情假意的尊敬越不值钱。后面还有一段，马吕斯称呼爱潘妮时因为使用了这个"您"字而显得疏远，她很有一点伤心，抱怨道：

　　啊！您对我一向是说"你"的！[2]

觉得"你"和"您"就是在人称代词中区分等级高下了？我们来看英语中的"Your Majesty"这个词，就是中文中第二人称的"陛下"，法语和德语之中的称呼和英语差不多。这就是说，世人向英国女王（Elizabeth II, 1926—2022）致敬并以"Your Majesty"称呼她老人家的时候，并不是致敬她本人有什么开疆拓土的卓著功勋，更多的是向她的王冠、宝座和她掌握的财富致敬，这些都

1　［法］雨果：《悲惨世界》，李丹、方于译，人民文学出版社，1992，第544页。
2　同上书，第872页。

来自她的祖先。也就是说，虽然伊丽莎白二世确实是一位优雅、高尚、令人肃然起敬的女士，但是"陛下"这个词还是给予她的职业性质、她的世系、她的不动产——而非她个人的。我们用这个词称呼她的时候，心中想的是："您这位大妈，我们尊重令祖威廉一世（William I the Conqueror，1027—1087）对英格兰的征服，所以以'陛下'这个词来称呼您。""大妈"也是敬辞，没有"陛下"那么恭敬而已。这些个纷繁复杂的念头在脑海之中闪过，电光石火，我们不会发觉它的存在，但是尊敬的行为已经完成了。

我们在前一节中探讨过，我等人类对于自身和对象的美丑、强弱、贫富、贵贱的判断能力炉火纯青。一点毫不费力的调查、几句轻描淡写的家常，甚至只是以貌取人的推测，都足够在我们做出对对方使用"你"还是"您"的决定时提供参考，命中率颇高。虽然一万年的势利史使得这种技能已经接近我们的本能，可这毕竟不是自然的，不是绝对的。因此我们在心中完成了对方和自身的对比演算之后得出"你"还是"您"的结论，这个词就不能再说是纯洁的、结构的和共时的了，它蕴含了很多被画蛇添足的、本来不应该由它肩负的沉重意义。

语言从历时到共时，对文明的影响已经渐渐露出端倪了。这种影响的意义是什么？我们恐怕要重拾前面的思考。还是那位老病缠身却仍然坚毅不屈的人文主义先贤康德，我们通常认为他手不释卷、笔耕不辍的一生，主要干了这样三件事：

其一，他以《纯粹理性批判》论证了确实有一个核心的自然秩序的观点；

其二，他以《实践理性批判》论证了确实有一个核心的道德秩序的观点；

其三，他以《判断力批判》试图论证自然秩序和道德秩序之间确实可以相互协调的观点，这项工作完成得并不全面。

综合这三点来说，康德希望我等凡人跨踌满志地傲然居于天地之间，应有这样的一种自我认同：感官能力和理智能力均无缺陷的个人，天赋不可取消的感官经验的权利和不可取消的理性自由的权利。这两种权利之间的界限在前面两本《批判》之中是天生的、自在的、不辩自明的，因而也是消极的，但一个前提是它们彼此之间没有不可调和的矛盾，这一点提供了一种和谐的可能性。因此，才有可能在《判断力批判》之中提出一种具有积极性的和谐方案。这种两者和谐的消极和积极，区别在于前者是自然的天性，人类认识与否、接受与否，它都在那里，不容置疑；而后者，积极的和谐是非自然的，是以人类为主体经过理性的思考而主动提出的，它既表现了我等作为万物之灵的自觉，也表现出了我们邀天地为友、与日月同辉的某种姿态。除了只是一厢情愿之外，这确实见证了人类思维上到了一个新的高度。

康德之后掀起了一个新的认知高潮——理性主义的认知高潮，具体表现就是我前面说过的那种阳刚的、积极的历史观及其修辞方式，强化了人定胜天的积极历史的信心。前面潘诺夫斯基讲述的那个康德临去世前的故事很能说明问题，康德就是具有这样的气质，他为人类思想近代化、摆脱纯粹的（乃至不纯粹的）自然主义提供了一种指引。这个阶段对人类思想的发展是必不可少的，具有决定性的意义，我们不可能将它片面剥离开来否定——我在前面谈到积极主义和消极主义之间的关系时也从未试图如此——它的意义。

这差不多相当于在茫然的初中时代，我们被告知熟记焦耳定律是"有用"的，可是参考大多数人从中年和老年茫然回顾的人生经历来看，它没有用。然而，那些看似未卜先知的，预设了"它没有用"的，上课起哄、偷偷抽烟、躲在教室最后排烧练习簿玩的熊孩子呢？他们中的大多数在几十年后纷纷陷入平庸甚至落魄，好像他们统御自己人生的技能里面真的被抽离了某些"有用"的东西，变成了不会亮的电灯泡——可是，活见鬼，这种"有用"的东西怎么会是所有人一离校就集体忘却的 $Q=I^2Rt$ 呢？很多人的一生就在这样百思不得其解的悔恨之中流逝了。理性是一种思想、一种哲学态度，却并不是一种实用的技术。

这种人本面向自然主动谋求和谐的姿态在康德那里还是一种"敬意"，就好像我们敬称英国女王为"陛下"那样的理性的敬意，但是到了福柯和哈贝马斯（Jürgen Habermas, 1929—　）那里，它已经进化成了一种"权力"。这种调和从一种双方的睦邻友好变成了一种我们向自然单方面要求的、必须被维持的义务。文明的态度用了两百年的时间转了一个大弯，因为基于技术的全局能力的扩展，我们又回到了自私自利、狂妄自大、孤独终老的本性，或许从来就不曾离开。

这种必然的结果来自我们自身的原因，我们的本性是孤独，语言的维系是我们用来稍作弥补的纽带。我在《哀歌》这本书里曾经臆造了一个可能发生过的场景：在原始时代，一个猎人无法独自面对猎物而与其他猎人签订契约分享成果。其实这个比喻的灵感来自尼采，尼采认为在原始时代个人的能力不足以征服自然，合作这种道德的基本形式才会产生，然后道德的整体框架才有意义。人就像是刺猬，渴求彼此依靠获得温暖，但是又担心过于接近带来的伤害。人类太孤独，所以有契约，饮鸩止渴、小心翼翼地守护自己的孤独。这种契约的实质就是道德，它的表现形式和语法结构都是语言，道德本来就是语言的一种外化。

语言就是基于技术的放大而产生的一种互相联系的必要性。这句话并不是我总结的，而是哈贝马斯给语言或者说社会权力下的一条定义。哈贝马斯认为人类历史，至少是西方历史，基本等同于技术发展的进程，但是技术是刻板的、斩钉截铁的，无法解释价值观的多向性问题。所以理性的沟通，也就是语言，是解决经验和规范之间时常发生的方枘圆凿的情形的最佳方式。

而经验和规范之间不合套的问题，其实是行动与语言之间的一个问题。我们前面已经说过，对于行动具有实际意义的语言只有铺陈，可此外语言自身之中存在着夸张、联想、比喻等各种言说方式，它们实际上并不属于自然界。这样一来，语言的共时和历时之间的关系就有点尴尬：一个过于完美的、所有可能性都能预设其中的兼容并包的体系，和对它只需基本运作功能的使用需求。两者可能在最初是齐头并进、共同发展的，但是冲突很快就会发生，而且越来越不可调和。这就差不多相当于，你出于孝心和想象中的天伦之乐，给你妈买了一部最新款的手机，尽管这部手机荟萃了 5G、闪速充电、双卡双摄、无缝折叠、智慧分屏等世界顶尖的移动通信技术，可是她还是只用它来打电话，连短信都不知道该怎么发。

恕我直言，这种历史的进化，或者说很多人眼中的"人类的胜利"，其实就是语言自身的胜利。融洽地相处只是一种概念，亲如一家地比邻而居固然是融洽相处，剑拔弩张地签订停战协议也是融洽，没有人会觉察不到这两者之间的区别。这种区别是在技术文明的发展过程之中渐渐产生的，如果越来越多的人读到王维（701—761）的"偶然值林叟，谈笑无还期"而感慨于其中质朴、亲近的一见如故好景不再的话，就说明我们现在的人际关系在变得越来越冷淡。可是王维既不会用外卖软件点餐，也没有微信账号，孤独是我等为文明进化付出的代价。

语言描述能力越来越强使得很多可以被描述的能动行为被越来越放大。为此我们可以举的例子其至不用超出小学生的历史知识层次。在康德的前辈、英国报业之父笛福（Daniel Defoe, 1660—1731）的时代，虽然理性哲学的大一统思想还没有深入人心，但是社会史中阳刚、乐观的思想早已跟随着启蒙运动而在欧洲掀起了一场人定胜天的风暴。《鲁滨孙漂流记》（*Robinson Crusoe*）三世纪间前后出了七百版，几乎所有人都读过，引发了我们无穷无尽的、浪漫的、人定胜天的遐想。可是如果我们将这个故事之中的几个主要情节放大千万倍再来欣赏的话，可能就不那么美好了。

鲁滨孙发现荒岛，我们将之放大，变成千万人发现一块新大陆，这该叫作什么？殖民。

鲁滨孙利用岛上的物产维生，我们将之放大，变成千万人开采自然资源，这该叫作什么？过度开发。

鲁滨孙收留星期五当他的仆人，我们将之放大，变成少数人役使千万人，这该叫作什么？蓄奴制度。

这些不是联想，这些都是事实，是《鲁滨孙漂流记》之所以被看作启蒙运动中最重要小说的原因的事实。然后我们被迫产生新的思想，来消灭这些越来越似饕餮的瓶中魔神。无数英烈——譬如说内森·黑尔（Nathan Hale, 1755—1776）和林肯（Abraham Lincoln, 1809—1865）——甚至搭上了性命，也只是饮鸩止渴。思想就是语言，我们以思想战胜思想，语言只会因此而变得越来越强大。

语言的强大性表现的另一个侧面在于，迄今为止我们所论述的所有理论和规律的概括，还仅仅是把命题中的语词当成"简单对象"来考虑，而实际上简单对象在认知经验之中早就没有什么价值了。维特根斯坦当然不会意识不到这一点，他就曾经举过一个例子说明这种简单对象的认知性：我们知道了命题一是"苏格拉底是人"，命题二是"人会死"，所以我们得出作为结论的命题三"苏格拉底会死"。这就是将"苏格拉底"和"会死"两个语词当成简单对象来思考这个命题，这固然是没有错的，可是这句话有什么用呢？苏格拉底是谁？大部分人都还是不知道。人之死亡到底是怎么回事？还是没有任何人知道。

至于"苏格拉底会死"这种话，我们打四五岁时真正地开始思考生死这个终极命题就对之嗤之以鼻，认为这是一句"废话"。事实上，这种看法……完全是对的。维特根斯坦为此感到悲观，认为具有实际经验意义的简单对象凤毛麟角，他说：

> 我们的困难在于，我们总是讲简单对象，却连一个这种对象都举不出来。[1]

简单对象的关系每复杂一层，语词的认知经验就复杂很多倍，至于"苏格拉底是谁"牵扯出来的希腊哲学史、城邦政治史的诸多错综复杂的事实，以及为了诠释那些事实而进一步分剖出来的其他事实，我们即便能将它们一一分解开来并且分别还原成一目了然的简单对象，也无法进行这样庞大的记忆工作。也就是说，"苏格拉底会死"——以及与它类似的"废话"——这样的几个字所涉及的简单对象的集合已经不是我们狭小的脑容量与短暂的寿命所能承载。而实际情况正如我前面所说，这种层级的事实认知对于一个小孩子而言都没有用。

所以语言的死记硬背性质不会改变，因为对于记忆左思（约250—305）的赋、乔叟（Geoffrey Chaucer，1343—1400）的诗还有立花北枝的俳句这样的事，死记硬背已经是最经济、最有效率的办法。我忽然想起，还真有一首乔叟的诗，题目是《鸟的回旋曲》（*The Bird's Rondel*），当年为了记住它，我用的办法是自己

1　[奥]维特根斯坦：《1914—1916年笔记》，《维特根斯坦全集》第一卷，涂纪亮主编，陈启伟译，河北教育出版社，2003，第147页。

将它翻译了一遍：

清夏将至兮，艳阳且清且浅，
寒冬已逝兮，凛瑟一去不还，
一扫无余兮，长夜何其漫漫。
圣瓦伦丁兮，荣耀千年峨冠，
自由小鸟兮，清音为尔鸣啭。

清夏将至兮，艳阳且清且浅，
寒冬已逝兮，凛瑟一去不还，

鸣而啭之兮，小鸟自悦清欢，
欢之何极兮，得其友于林泉！

清夏将至兮，艳阳且清且浅，
寒冬已逝兮，凛瑟一去不还，
一扫无余兮，长夜何其漫漫。

我们越是通过分析将它们分解成更简单的对象，在考试之中就越是面临丢分的危险。它们就像是一片树林，无数树根蓬勃生长出无数的树叶。而且我们会越来越心虚，发现我们扬扬得意自以为把握的，只不过是眼前的一个小水洼，而逐渐展现在我们面前的，是一片越来越广阔蓬勃的、生生不已的事实的海洋，冷漠、黑暗而深邃，宛如倒悬在天上的深渊。

还记得里尔克的那句诗吗？"美无非是恐惧的开始"（Denn das Schöne ist nichts als des Schrecklichen Anfang）。一个东西大到一定程度，和谐、优美甚至壮阔（壮阔只是中等程度）就会被一种不安所代替。然而已经太晚了，这个扩大进程只会越来越快，而且已无法逆转。哈贝马斯思考了技术和沟通之间的关系，但是这种关系的一个补注是，技术正在挣脱沟通。我们对自己的脆弱和孤独不满意、试图摈弃这种劣势的时候，我们使用的方法是技术的进化；我们对于技术的进化感到担忧，渐渐不能掌控全局而又重新感到脆弱和孤独的时候，我们使用的方法却还是技术的进化。人的存在正在变得越来越微弱和可有可无，就好像电脑生产流水线上无所事事的看更人，不要忘记，电脑程序语言可以说是人类语言最完美、我等最为之扬扬得意的发明。不独技术，思想也是如此。正如我前面说过的，语言自身也会产生语言，它们会进化为一种纯粹的形式，这种纯粹就像艾米·洛薇尔的那首俳句，它对人的拒否是通过大多数人对它的冷漠来实现的。语言已经进化出了这样的一种可能性，它通过艾米·洛薇尔的俳句在我们面前展示出一种完全虚构但又是完全可以理解的美的意境，大多数人除了无知、无奈和无所谓地一笑，已然完全不能掌控；少数人则为之疯狂，就像博尔赫斯在《关于犹大的三种说法》中说过的这样一句话：

他想起在去大马士革的路上突然失明的扫罗……[1]

他还提到了其他一些人的惊恐，不用列举了，一个比一个倒霉。我们该如何比喻这种可能性？语言就像是这个宇宙，它的最可理解之处在于它是不可理解的，它的最不可理解之处在于它是可以理解的。银河系有两千亿颗如同太阳一样的恒星，这样的星系在宇宙中最保守估计都超过了两万亿个，这两个数字乃至其乘积都没有超脱于人类——甚至只是小学生——的理解，但是其中极大（但还远不及至大）与渺小的对比已经足够令凡人咋舌、龟缩、绝望，望向夜夜相见的星空，脑海中战栗、谵妄、癫狂的梦幻惊涛骇浪般地纷至沓来。

1　［阿根廷］博尔赫斯：《博尔赫斯全集》，小说卷，第 177 页。

Ⅲ　孤独的描绘

　　我还想谈一谈星空，继续无缝对接上一节的话题。在孩提时代不了解宇宙之为何物的时候，我们望向星海，脑中闪烁着无尽幻想，这成了令人回味无穷的童年美好回忆。窗下的池塘水光潋滟，投射在天花板上，好像另一片星空。无数个宁静而平凡的夜晚，我们都在这种浪漫遐想的伴随下，心无旁骛地坦然走入一日终焉的安眠。在清澈的梦境之中我们见到的，还是那星光之夜的旷野，宛如澄碧的海水，我们仿佛乘坐一叶有着双翼的小舟，在星光辉映之下，飞越了星夜的草原。

　　若干年前，我的音乐家夫人在练习扒谱时曾经听写了玉置浩二（Andy Tamaki）的一首歌曲的谱子，兴致勃勃地要我为之填词。我回想这种久违的感动，欣然命笔，其中有两句是这样写的：

　　　　我家小木屋宛如
　　　　星空的港口，
　　　　银河灿烂清夜里
　　　　启航去远游。

写这两句话的时候，一种陌生的、微妙的幸福感冲决我的胸膛，宛如昨日重现，虽然很细微，但是我觉察到了。我定定神，重新不动声色，不管这种感受多么美好和令人流连，它也是过去式了，已然不属于现在的我，只是一张褪色的老照片罢了。

待到年岁略长，意识到了宇宙的至大、无奈、战栗和永恒，以及那种可能会将我们溺毙于其中的壮阔的美之后，我们望向星空的目光迅速黯淡了。前文说过的那句"宇宙的最不可理解之处在于它是可以理解的"出自爱因斯坦（Albert Einstein, 1879—1955），其令我印象最深刻的引用来自山西省作家协会副主席、才华横溢的科幻小说家刘慈欣（1963—　　）的《乡村教师》。刘慈欣是宇宙遐想之中当之无愧的孤独主义者，他在我们面前涂抹出了一派充满波澜壮阔意象的、暗无天日的宇宙尸身的冰冷图景，看似一种技术性的科幻，实则隐喻了世界自身的认知事实，美无非是恐惧的开始。他的前辈、战栗文学大师洛夫克拉夫特曾经在《翻越睡梦之墙》（*Beyond the Wall of Sleep*）中绝望地悲叹过这种事实：

> 他死掉更好……他这具令人不快的躯体无法协调虚无的宇宙生活与实在的行星生活之间的转换。[1]

在这个故事里面，一个人的癫狂上升到一定的理智层面，看起来像是某种更智慧的，至少是更有深意的暗示，刘慈欣只是将这种恐惧从看似偶然的个人遭遇放大到了一个恒常的事实层面而已。宇宙最令人惊惧的一点是，它就在那里，每天相见，完全没有看不懂的地方，它大得不可思议，但它是可以理解的。

洛夫克拉夫特的故事看起来似乎……更像一个**故事**，但这是我们面对这种恐惧的一种自我保护的心理机制。将司空见惯、近在咫尺的恐惧涂抹得闻所未闻、遥不可及，让人觉得心安理得一点。当然，他不是第一个以这种方法表现这种恐惧的人。请看另一个不能有效习惯行星生命的癫狂者凡·高（Vincent van Gogh,

---

1　[美]洛夫克拉夫特：《死灵之书》，竹子等译，北京时代华文书局，2018，第46页。

1853—1890）在死前十四个月绘于法国圣雷米一家精神病院的《星夜》。

整个画面的色调与其说是深蓝，不如说是苍白，在星光的气流间隙本应该用以表现深邃的蓝色也显得十分麻木。我们来参考一张由日本人统计的色表。凡·高在调配这种蓝色的时候巧妙地避开了偏向绿的青翠欲滴和偏向紫的深邃华丽，而是在两者之间不偏不倚地选择了最为刻板的深钴蓝（Cobalt blue deep）色系，这一系从偏冷（秘色蓝）、居中（勿忘草蓝）到偏暖（青藤蓝），视觉印象都十分刻板，给人以一种特别冷漠的麻木不仁感。出于同样的目的，他的星光和月光采用的黄色从菜油种黄到利休茶黄，也是这种阴冷而腐败的观感。这两种色系的共同特点就是介乎彩色和黑白之间，好像在调色的时候混入了过多的白颜料。只有上弦月的颜色——金黄——算是亮色，但它被这种黏腻的中间色重重包围，局限在画面的很小一部分，显得既局促又无可奈何。

至于下面人间的千楼万宇、山色的莽莽苍苍，还有一蓬看似火焰的树或是看似树丛的火焰，阴郁、细碎而猥琐，不提也罢。

在笔触上，我们发现凡·高用三种不同颜色笔触的组合来代替通常构思中用以表现天空标准色的一笔涂抹，以期营造一种不稳定的效果。这种通常构思一种标准色然后一笔到底的处理，代表了对世界的一种直观、呆板的认识，在儿童画和外行人的画作之中最为常见。但凡小朋友画画，必然是选出他色彩观念中最能代表天空概念的某个颜色的一支蜡笔或一管颜料，然后一涂到底，把这个区域完全涂满。这种对颜色的刻板认知上升到某种"专家"的层面，情况有了改善，但也仅限于对一种主要颜色的更深刻认识。一位受过多年色彩训练的艺术家懂得天空的颜色不可能是颜料管里挤出来直接往画布上刷的，所以他会用一点灰色、褐色或是黄色来中和这管颜料，设计出某种更写实或是更有品位的色彩配比算法，但画布上的这个区域还是以这种颜色为主的。从康斯太布尔（John Constable，1776—1837）的《干草车》到安格尔（Jean-Auguste-Dominique Ingres，1780—1867）的《里维埃小姐像》，甚至是莫奈（Claude Monet，1840—1926）的《持太阳伞的妇人：莫奈夫人和她的儿子》，其中对于天空的描绘都没有摆脱这种基本的艺术印象。这种认知当然不再是浅薄的了，但还是没有摆脱人类视觉印象的某种耳熟能详的、生硬而具有禁锢性的习惯性规律。

我们回到凡·高用三种颜色组合成一个基本单位的画法——当然这种画法并不是凡·高的专属——这三种颜色差不多是绀青、靛蓝和天蓝。凡·高也并没有像受过训练的艺术家通常会做的那样，试图将这三种颜色调配在一起，成为某种更精密的底色，而是让它们各自成为一个元素，并列摆放在一起。这样的一个笔触单位，就好像我上一节提到过的语言中的"种"一样，具有意义，但是它自身的意义不单独对上下文关系负责。这种画法在东方屡见不鲜，非常接近中国画中的"披麻皴"。米友仁（1074—1153）和黄宾虹（1865—1955）在作画时也习惯以短披麻组成画面的整体印象，通过墨色浓淡来区分每一笔在整体效果中的位置，但是绝不调和，就让它们自己"摆放"在那里。不过中国画的披麻皴仅限于表现山石树木的绵密幽深，没有人用来描绘天空，因为天空不会给人以这种视觉印象。我们的思考在这里现出了灵光一点：艺术源于直观印象，所以大多数艺术家对于天空的描绘都以填涂和空白为主，因为这种方法最符合"天空"这个概念的直观印象。凡·高在这里故意——也许是无意——走了个弯路，反而抹去了这种印象，他的复合笔触令天空看起来有一种陌生感，也许这就是《星夜》想表达的东西，陌生而战栗，陌生而孤独。

有了线条，就必然要有形状，这是填充和留白从来都无须担忧的。他接下来直接面对的问题就是，应该如何排列这些笔触的走向和阵列？平行、交叉还是波浪形？也就是说，选择哪一种简单几何图形的形态作为构成画面的主要手法？这些选择，看似自由，其实不然。因为在视觉艺术中，简单几何符号借由几千年的人类图像观念史，大多数已经被"赋格"了——这个词是我捏造的，不是那个音乐名词"fugue"，没有借用，不可误解——就好像三角形表示"山"，波浪线表示"水"，圆形表示"太阳"之类。我们参考南宋马远（约 1140—1225 后）《水图》中的《细浪漂漂》一幅，画面中下部被一种颇似正弦曲线的波浪线填满。此时有观者衔觞披图、卧以游之，会认同"这是水"。这种认同是纯粹的，它源自符号自身的赋格，观者即便没有看到画面上方"细浪漂漂"这四个字，大多也会作此理解。然而，其实水波并不是这样的，根据流体力学，因为波的干扰，水波的波峰应该是有尖角的（马远在《水图》的《晓日烘山》和《湖光潋滟》里画的水波符合这种物理特质），这是一种不完全的自然主义印象。可是，说马远画的这种重叠的波浪线是水，没有人会不相信。那么，现在我们遇到了这样一个状况，既然所有人看到并排的波浪线都异口同声地说是水，那么凡·高如果构思将星空的笔触排列成波浪线，这条路就行不通了。前面说到过凡·高与自然主义印象之间的间离，他甚至不愿意自己笔下的天空看起来像是天空，又如何会认同它看起来像是水？

我们进一步来思考这个问题。在绘画观念之中，我们发现给几何图形"赋格"（也就是令其代表某种原生的、熟悉的自然印象这种举动）仅限于简单几何图形、少许一目了然的简单多边形或是它们的累加，除了圆、方、三角以外，例如五角星，我们看到会觉得这是星星，或是六边形，我们会觉得这是蜂巢，再复杂就几乎没有了。

我们姑且给这种基于基本印象、本来看起来就颇为相似、花不了多少心思的赋格起一个名字，叫"弱赋格"。因为山峰是三角形的，所以看到三角形就会把它理解为山峰，这是一个"弱赋格"的基本认识过程。在这个"弱赋格"的基础上我们再继续推理，是否有某种"强赋格"存在？也就是说，不考虑相似性和联想，强行在一个符号和一个无关的概念之间搭建联觉关系。这种认识方式在简单的视觉印象描绘中几乎没有，但是在一些次生的事实之中还是很有市场的，譬如将一个人画成倒挂眉毛，显得这个人很"坏"，这是一种生硬刻板印象，三角眼、媒婆痣都有这种用处。

现在，我们强行将强赋格引入简单视觉印象的描绘——譬如凡·高为了创作这幅画，想要给其中一种几何图形，譬如波浪线，加上一个"天空"的解读——我们会发现，这是做不到的，因为简单几何图形就那么几个，数千年来已经被人类的符号观念反复使用，约定俗成。在单一的印象经验（一幅画）里想要颠覆这种观念，非但做不到，而且也无法被理解和记忆。另一方面，我们姑且假设凡·高同时也是一位数学家——其实也无须假设，我一直觉得数学家和艺术家是差不多的两种职业——他是否可以设计出一种几何图形，然后自由把它赋格为"天空"呢？很遗憾，这也是行不通的。因为几何图形是无法被**创造**的，它们只是**存在**在那里，可以被**发现**而且已经被发现了。虽然有的数学家可以通过某种古怪刁钻的算法发现某种特殊的多边形，可是前面说过了，简单视觉印象的赋格仅限于简单几何图形，复杂几何图形没有用武之地。就好像前文谈到的苏格拉底、克拉底鲁和赫谟根尼的探讨那样，给实有物定名尚且并非如有的人想象的那样信手拈来，何况是描绘它的模样。你发现了一种除了你之外无人会算的凹孔窍凹三十七边形，然后把它画在画里，声称这个"是"而且"从此之后都将是"天空，这更是无稽之谈了。

所以，我们来总结一下凡·高在设计"天空"的形状——这个说法有点怪，却是事实——的时候所遇到的三个不能无视的条件项：

1. 他不能选择一种在印象上强大到了足以给赋格造成歧义的符号；

2. 他不能选择一种虽无歧义但是在赋格上不符合联想规律的符号；

3. 他可以但是不愿选择一种虽无歧义且符合联想规律，但是在赋格上约定俗成的符号。

综合这三个条件项，凡·高的最好选择是一个已经被人类文明熟识的简单几何图形，但是在图像符号学上处于边缘位置，而且这个几何图形的赋格介乎强弱之间，不能与"天空"这个观念风马牛不相及。比如说虚线，人们以为虚线是实线的派生图形，虽然这是一种冠履倒置的认识，但是容易理解。自然界中可见的直观虚线印象不太多，大漠驼队、长天雁群，都是稍纵即逝的短时间事件，而且在对人类文明的整体影响上也不算重要。因为某些有形之物在斜风中的运行轨迹，譬如雨丝，虚线这个概念相对于天空也并非完全不能兼容。

而对于某种不可捉摸的意境的表现，虚线在主观上带有的似是而非的印象是非常合适的。它看起来像是一个个体，但又毫无疑问是一个集体，然而这个集体之中各个次一级个体自身是没有上下文意义的——连续的点何时能够组成线？这从印象上体现出宇宙的统计学本质，我们参考爱利亚学派的先贤芝诺（Zeno of Elea，约前490—约前425）在"飞矢不动说"里展现的那种无限递减的世界观：一支飞在空中的箭，它的运动过程是由无限短的瞬间里空间连续位置的静止所组成的，可是如果每一个瞬间飞矢都停留在某一个位置上的话，那么它所有的瞬间动量各自为零，它们的累积总和，也就是整个运动过程，也就同样不应该存在。

虚线的单点形态和点阵结构同时属于一个个体，这隐喻了宇宙的这种极大（空间和时间的整体）和极小（难以分割的瞬间）并存且直接关联的"波粒二象本质"。颇为刺激，大多数人对此一笑了之，浅尝辄止，爱钻牛角尖苦思冥想的人则有被这种凡人难以承受的极大的、绝对的反差观念逼疯的危险。而凡·高恰好就是这样的一个人，他为什么会精神错乱，现在还不好说，但是他具有精神错乱者的一切特质，固执、消极、忧郁、顶真，这是毋庸置疑的。

两大缕由虚线的点阵组成的看似气流或是星云的流体状物质在画面中部相遇，并且纠结成一个双螺旋结构，看起来像是银河，但更像是两个极大之物在空中冲撞，人间的喜怒哀乐在它们面前渺小得令人绝望，凡人只能旁观，束手无策，祈祷那种至大的冲击不致殃及池鱼；也不排除是某种心灵涟漪的经验，或者说是这两者（银河和心灵涟漪）的综合印象。在似是而非的虚空中看到一个莫须有的光球、一颗其实不存在的星星或是某种无中生有的心灵的投射印象，这种体验我们每个人都有，长久地注视晴朗的蓝天或是夜空都会触发，和荣格名之为"曼荼罗"的内视印象差不多，只是大多数人无此耐心。夜空的辽阔、深邃和至大适合作为这种遐思的背景，但是不能深究，思考过于投入者都有被溺毙在那种壮阔的至大之美——恐惧之中的危险。

但是这个时候凡·高的精神已经颇不正常，他的脑中充斥着惊涛骇浪般光怪陆离的念头，对于这种非常人所能承受的恐惧反而更能安之若素。他眼中的人间印象，首先深邃而不可理解，丑陋的陷阱和孔窍比比皆是，这一点也符合宇宙那种黑暗的、毫无怜悯的无底深渊的形象，适合以旋涡表现；其次，对于他而言，人世已经是一堆碎片，没有理性，每一片都很尖锐，刺得人鲜血淋漓，宇宙的印象也是如此。但是和人世不同，宇宙"破碎"了还是宇宙，人世破碎了就变得什么都不是，应当弃如敝屣。

所以虚线的破碎印象成了《星夜》这幅画的主题。我们参考他另外的作品《松柏》系列，他笔下的星光都是这样，看起来比一粒光点的那种星星的视觉印象更具扩张性，扩散成松散的一个圆球，但是亮度很低，以虚线的笔触表现，看起来更像某些星体的穷途末日，稀薄成了一个像是一口气就能吹散的球，在危如累卵的态势之中朝不保夕地维持着完整。不知出于何种构思，凡·高的星光仿佛暗示了这种在增熵算法上越来越稀薄的宇宙的结局。

这又何尝不是人生孤独而可悲的结局？在我们雄心勃勃地经营自己的人生的时候，我们总是踌躇满志地觉得人生遇到的每一个"偶然"都是有意义的；待到无聊而勤躯已倦的中年，我们开始接受偶然就像是野草，在每一朵人生的玫瑰之下生长；最后，疲惫不堪、举步维艰，我们才发现人生的真相不过是漂浮在偶然之海上的一叶孤舟，连抛高伏低都是偶然的。我们一开始也以为自己有明确的航向，可是，在无限的偶然之间，方向本来就没有意义，怎样航行都是从一个偶然驶向另一个偶然。现在，他已经进入了苟延残喘的阶段，万里悲秋常作客，百年多病独登台。无论是理想、意义还是信心，都已经没有用，这些幻想出来的维系人生信心的自我保护机制，是那位兔子之神用以掌控凡人的灵丹妙药。但是面对现在的凡·高，气息奄奄、百无一用，兔子已经不舍得在他的身上再浪费一星半点。现在它们的浓度已经稀薄到了无法以美或深邃或无论其他什么来阐释，来统一眼前的图景，所以宇宙的真相一览无余。和人生一样，宇宙就是一团大火的余烬，就是打开香槟以后飞散在空中的泡沫。上帝是一个束手无策的孩子，他出于顽皮打开了这瓶香槟，创造了这泡沫飞散的一时胜景，因而受到泡沫的膜拜，但是他也只能眼睁睁地看着它们逐渐流光，一点办法也没有。我们将任意一个三维的波二维化，得到的是一条正弦曲线，然后我们设定一个横轴，将这个正弦曲线再一维化，我们得到的就是一根虚线。如果这个波极度活跃，波长无限短，那这条虚线就是直线；如果它极度不活跃，波长无限长，它还是一条直线。然而这两个状态都是无限趋近而无法取值的，所以直线是相对的、虚线是绝对的，虚线是这个宇宙的真相。

宇宙、文明乃至人生就是这样的一团越来越稀薄的泡沫，如果说那些入世的凡人的人生是一条直线的话，那么凡·高的这条线是虚线，而且每一段点阵正在变得越来越短，接近虚无，整个虚线的轨迹越来越稀薄，只剩一个若有若无的影子。然而回过头来看那些所谓充实的"直线人生"的话，它们只是非常致密的虚线，看起来像是连续不间断而已。虚无只是变得不被注意了，它还是绝对的。

"呵你！你这自欺欺人的、可悲的直线！"倘若策兰（Paul Celan，1920—1970）尚在，一定会作此感慨，当然这只是我的想象而已。但策兰确实写过一首费人思量的歌颂无序的诗，很受我的喜爱：

> 用一把变形的钥匙
> 你打开房门，里面
> 有一种无法言说之物，在搅动风雪。
> 你的血从哪里涌出，

是眼、嘴，还是耳，

决定了你用哪一把钥匙。

你变幻钥匙，你变幻语词，

以求自由地与这雪花共舞。

可又是哪一阵的寒风，拒你于千里，决定了

你能把握住哪一缕语词的雪。

没有任何一种恒常的东西，规律从本质上来说都不是规律，而且即便规律是恒常的，它们彼此之间的扰动也是无序的；规律互相扰动，形成了一种介乎秩序和无序之间的存在，这种存在也会彼此互相扰动，最初的秩序变得越来越无足轻重。世界正在从整体上向着增熵的深渊滑落。

当代艺术批评家、清华大学教授汪民安在一篇题为《疯癫从来就不是一种疾病》的序言中曾指出，癫人比常人更有勇气直视世界的真相，因为无法被现实的纸醉金迷所麻醉。他为此说："疯癫传达出来的是意志的无畏勇气。胆小和懦弱的人无法疯癫，他们总是被自我保存的本能所牢牢地禁锢住，而无法向理性世界毫无回旋余地地猛烈撞击。"[1] 出于我们这本书的需要，我想，把"疯癫"换成"孤独"二字，这句话的语境也是完全成立的。

从某种意义上来说，孤独就是疯癫，它是一种病，人们谈虎色变。这一点我们下面的章节会谈到。

不过，凡·高毕竟还不是疯得不可救药，按照现在的看法，他应该是那种严重的抑郁症类型，但是未至精神分裂。所以，在凡·高身上还能看到一点残余的古典的社会观念本能，他对画面

1 郭海平、王玉：《癫狂的艺术：中国精神病人艺术报告》，湖南美术出版社，2007，第24页。

布局和色差关系的统御显示他还没有完全逸出理性的范围。如果说癫人能够看到世界的真相的话，那凡·高就是触到了这个真相的边缘。出于那种残余的社会本能和责任感，他想向世人揭示一些什么，也许他并不知道什么是**真相**，但是已经能确定什么**不是真相**。我们前文说过，凡·高与这个世界是间离的，而且一直在保持间离。为此，他把笔下的星夜、松柏和向日葵一律涂抹得似是而非，令人观之隐隐黯然神伤。

即便"癫人更接近世界的真相"只是包括我在内的很多人的一种想象，但是癫人更接近人性的真相，这一点应该无所偏颇。弗洛伊德认为，人性起源于"本我"，也就是赤裸裸的欲望表达，而在此基础上的"自我"和"超我"则都受到社会环境的干扰。孩子、癫人或是罹患阿尔茨海默病的老人意识阈狭窄，仅容本我发生作用，这是人类最真实的动物本性。

前文提到的汪民安教授的序言，发表在一本题为《癫狂的艺术：中国精神病人艺术报告》的长篇艺术调查报告上。2006 年，南京一位有思想的艺术家郭海平通过层层努力，深入南京祖堂山精神病院，居住考察了一段时间。他选取了十几位病友，发给他们纸笔，考察他们作画的观念、手法以及态度，在他的医生朋友的帮助下，写成了这本书。精神病院里的病人，致病原因、病发特征随机性很大，没有什么规律可循。有的病人看起来就像是一般人想象之中的"疯子"，不能约束自己的行为，有的病人则和正常人没太大的区别，沉默、迟钝或固执一点而已。这十几位病友的即兴挥毫可以分为两种类型：具有形象和纯粹符号。

大多数病友的画看起来像是幼儿园小朋友的画作，虽然难以辨认，但是意图非常具象，可以赋格。他们大多数也能根据自己的作品讲出一个可以理解的故事。譬如有一位姓张的偏执型精神分裂症罹患者，观测者（郭海平）在采访他的时候这样记录道：

一个小时后，我走到他面前发现他画的形象都非常小，但内容却非常丰富，有"鱼""蜻蜓"，有"水果""蔬菜"和"小动物"。就是在这些看似随意的图像中，我还看到了一些奇怪的东西，比如两只像"猪"和"牛"一样的身体下面，还画了一两只"小动物"在吃它们的奶。也许是"小动物"被他画得有些奇怪，所以我问他："是不是小牛在吃奶？"他却说："不是，是人在吃牛奶。"我觉得十分诡异，一时竟不知道如何回答……过了一个小时，我再去看他的画，发现他又画了一些更加不可思议的图像，我非常希望他能告诉（我）它们的意义，他低声向我做了一一的介绍："这是一个关在铁笼里面的怪兽；这是没有香烟抽的感觉；这是一个人手牵着一只怪兽，他的头上有一个放大镜……"我仍旧非常好奇："你怎么会想到画这些东西的？"他说这些图像都是"从脑子里冒出来的"。对此，我还是找不到任何头绪。[1]

毫无疑问，张病友一开始画的"鱼""蜻蜓"和"小动物"是真正"从脑子里冒出来的"，任意为之，不滞于物，因而可以辨认，因为作者并没有想到要煞费苦心地去设计与现实"间离"的描绘方式。"人吃牛奶"虽然有点怪，但是也没有脱离理性理解的范畴，只是相比"蔬菜""水果"显得不合常理一点而已。

　　这个时候，观测者的意识介入了事件的发展，尽管观测者觉得自己是一个站在视界之外的、纯粹的旁观者，但是出于理性思维的习惯，他看到"人吃牛奶"还是忍不住问了一句。这个看似无意的举动给事件的发展带来了扭转性的影响，那就是张病友心中的表现欲被这句诘问煽动起来了，他本来没有意识到自己需要

1　郭海平、王玉：《癫狂的艺术：中国精神病人艺术报告》，第 196 页。

一个聆听者，可是现在聆听者借由观测者的介入，自己出现了，这种需求也就涌到了意识层面。为了挽留聆听者，他必须有所行动，他有必要让自己的故事变得"更吸引人"，至少是"更刺激"。这也是为什么在后一个小时的创作之中，画面表达急剧变得强烈、诡异、光怪陆离。这种情形很像是小朋友讲鬼故事吓唬他的同伴，而听者的反应也往往令人满意：又害怕又想听。

这位张病友入院的时候已经三十多岁，入院原因是强烈的被害妄想，伴随自残行为。根据观测者读到的入院记录，从2005年春节精神分裂症被未知的原因诱发开始，他想象有一个或一些"从监狱放出来的人"要杀他和他的家人，妄想强烈到已经出现幻听，并且认为自己是一个黑社会头目……诱发张病友这些妄想的原因，病历里没有说，也许是在夜深人静的精神封闭环境下过于投入地看了一次相关内容的电视节目之类的，这已经不重要。但是他在入院的时候已经是一个成年人，社会对于"本我"的影响根深蒂固，这一点是毫无疑问的。"监狱"和"从监狱放出来的人"是他昏聩的妄想之中"社会"这个概念的严厉面貌，而他自己"黑社会头目"的反社会身份也是被设计出来的，这是他心目中有可能对这种严厉的社会压迫进行抗争的最有力形象。

张病友的这种危险印象其实并不难理解，福柯认为监狱是社会的一个主要特性的缩影，它在所有的人文意象之中与社会的相似程度最高，所谓社会的人，就是在秩序的监禁下按部就班地生活的人，这种监禁是"全景敞视的"。监狱不需要高墙，至少不再需要。现在美国有些被判处软禁的犯人在自己家里服刑，他们的脚上会被戴上一种电子脚镣，只要他们移步逸出了规定的禁足范围，镣铐会自动远程鸣响警察局的报警器。从社会的形态一直到个人心中的社会观念结构——道德，全都遵循这种社会与个人之间的监视和限制关系。

现在，他的手里有了一支画笔，他得以抒发自己心中的一些形象。但是因为他在入院之前已经是一个社会的人，社会的语法规则对他手中画笔的影响就不能忽视了。不难看出，在受观测者诘问之前的那些"从脑子里冒出来"的图形，小动物和蔬菜是他心灵最直接的呼唤，平和而无害，带有一种强烈的逃避意向，联系他病历上的那些妄想，就不难理解。在观测者的意志介入事态发展之后，他因为旁人的参与而想起了社会（自己之外的旁人）的存在，画风急转，表现的全是负面情绪和恐怖的妄想。就好像福柯所说的，社会在个人的理解中首先就是一种限制和控制，所以会有"怪兽在笼中"和"人牵着怪兽"这一类具有强烈暗示意味的形象，无论是"怪兽"还是"笼子""绳子"，都是令人颇为不快的，双方形成了一种平衡态势，在这种危如累卵的平衡之中，无尽的危险和不安的负面情绪在向外放射。

既然他已经是一个社会的人，他就必然会受制于社会，无论他多么不情愿。而社会控制个人的方法就是语言，奥威尔（George Orwell，1903—1950）在他的小说《1984》里已经发现了这个秘密。现在，无论故意还是无意，观测者让张病友把他心中所想的故事说了出来，这无疑提醒他把他最害怕的东西又想了一遍，因为他最害怕（被害妄想）的是社会，而上一节已经谈过了，社会就是语言本身。

张病友的画能够被讲出一个故事，而且这个故事是可以理解的，原因在于他本来就是一个社会的人。虽然他后来变成了一个心智不健全的人，但是社会和语言的影响已经固化成了基本的逻辑结构。观测者对张病友后半段的绘画感到摸不着头脑，这其实是一种误会：最令观测者困惑的"怪兽是从哪里来的？"这个问题其实最没必要去深究，就是张病友幻想出来的，如此而已。虽然幻想出怪兽令人诧异，可是请注意，他之前画的那些东西——

蔬菜和小动物，也一样是他幻想出来的。关键在于，这些故事都是能够理解的，除了"怪兽是从哪里来的？"无法解释以外，后续的应对方式，无论是用笼子关怪兽还是用绳子牵怪兽，都不违背基本的逻辑规律。这就是说，换成"正常人"，如果我们遇到了怪兽，也一样会这么干。

精神病院里这一类的病友画作，看起来和儿童画非常相似，普遍没有受过专门训练是其中一个原因，另一个原因是与社会观念在理解上的若即若离，两者与社会之间的绝对距离是相似的，矢量方向不同而已，儿童画是在试图理解社会和描绘社会，疯癫人的画则是在试图远离社会和扭曲社会。

精神病院里另外一类病友作品在数量上较少，特点是无法理解，类似于纯艺术中的冷抽象，不能以一个可以被讲述并理解的故事统御整个画面。这一类型的画则很像那种出自更小一些的孩子之手的儿童画，我们都见过这样的小画家，两岁到三岁，他们笔下的图形并不隐喻一个特定的物体，但也不是完全无知的婴儿的信手乱涂。是否应该尽可能地描绘外界事物的"真实"情景？这一点对于他们而言是无足轻重的，至少不像那些参加中国美术学院入学考试的素描考生那样孜孜以求。因为价值体系尚未形成，更遑论将"真实"纳入其中。我们参考拉康的观点，他们的意志处于"镜像"和"象征"两个世界之间蒙昧的、稍纵即逝的、不可捉摸的边界。

现在有一位李病友，是一个十二岁的小女孩，因为童年的颠沛流离以及监护人自身精神状态不稳定等各种原因，她的精神疾病属于"精神发育迟滞"。这种精神障碍的主要病征是注意力无法有效集中，这看起来似乎没什么大不了的，每个孩子或多或少都有一点，但是情况严重者如李病友，她完全无法学习任何技能，因此没有生活自理能力。观测者描述说，她连自己有几根手指都不知道，不过她懂得调皮和撒娇，就是说她在生活中没有任何"技能"，完全被一些本能的情绪所左右。

测试后收上来的李病友的画作很有意思，观测者称之为"天书"。她的画由一些整齐并列的符号组成，看起来很像文字，夹带一两个稍微复杂一点的无法辨认的图形。这些"天书"之中，呈直角交错的线段最多，类似汉字的"十""丁"这样的字，而且相邻的两字间距基本相等。这两点（横平竖直和等距排列）证明了这是有意为之的，不同于婴儿的乱涂乱画。在后来的一些作品之中，笔画的排列方式被拓展了，斜线和曲线也加入其中，类似英语的"v""w"以及类似日语平假名的"の"这样的字形开始出现，甚至在有些画的有些部分，可能是出于注意力涣散或是耐心缺失之类的原因，出现了类似草书的连笔，更像一篇文章了，看起来非常赏心悦目。

观测者为此由衷地感叹说：

> 李丽画写的这些"天书"完全颠覆了我们通常的阅读习惯，在这种全新的阅读中，我感受到的是一个天人合一的生命整体的统一表现形式，她的"天书"既不是单纯地来自人的大脑思维，同样也不是单纯地来自身体的表现。不断阅读李丽的"天书"，我相信我们的心智、思维和身体都将会接受一种不知不觉的清理和修正，这也许就是李丽为我们这些自以为是的"正常人"所做的有益贡献。[1]

观测者眼中的李病友，在日常生活中是个乐呵呵的无忧无虑的小女孩，而且令观测者大跌眼镜的是，她非常喜欢读书。这个小女孩连自己的手指都数不完，更是完全不识字，这确实令人费解。李病友下笔千言的"天书"，与她从书本上得到的那种有序排列

---

[1]　郭海平、王玉：《癫狂的艺术：中国精神病人艺术报告》，第66页。

的印象之间有不可分割的关系。

假设我们给一位小朋友一本《神曲》或是爱伦·坡（Edgar Allan Poe，1809—1849）的《怪异故事集》，让他照着上面的内容随便画，一般他会选择书中的插图进行模仿，虽然这插图他也是不能理解的。这是因他虽然既不懂文字又不懂插图的意义，但是他心目中认知的基本程序是早已确定的，这个顺序就是视觉形象最优先。我们把一本书翻到某一页，最先映入眼帘的一定是页面上的插图部分，不会有人读了一大段文字之后才会"注意"到原来页面上有一幅图。这是一种阅读的基本习惯，无论贤愚皆是如此。就好像《神曲》里面但丁（Dante Alighieri，1265—1321）遇到的那个名叫法郎赛斯加的女性灵魂，小朋友看到多雷（Gustave Doré，1832—1883）创作的法国铜版画插图时虽然不能理解为什么一个飘在空中的女士会和一个站在地上的人对话，但是他至少能辨认出这是两个"人类"的形象，这在理解上已经前进了一大步。

而旁边密密麻麻的文字呢？小读者盯着它们看上三天三夜，不懂还是不懂，也就只好放弃了。这样，我们就不难梳理出一个认识上的顺序，它被阅读者自己理解并习惯为阅读的"方法"，从象形到会意就是从"易"到"难"的顺序。这个时候我们给这位小朋友换一本波洛克（Jackson Pollock，1912—1956）的画册，强迫他阅读。小朋友虽然毫无兴趣，但出于对实验的尊重，还是会敷衍了事地从头到尾把每一页的作品图翻一遍，然后说"我看完了"，而图旁边关于创作分析、波洛克的生平事迹行述、他对当代艺术的影响等大段大段的文字，就被弃如敝屣了。虽然那看起来颇似一地垃圾的浇滴画不再像《神曲》连环画那样容易理解了，和文字一样无法理解，但它们至少是画，它们在被培养出来的认识优先级排序之中也还是被置于前端的。然后，我们综合这两者（多雷和波洛克），把画册换成德·库宁（Willem de Kooning，1904—1997）的，在一大堆在小朋友看来百无聊赖的破碎颜色中，偶尔发现一幅能够辨认的女人体，他会高兴半天。然而我们回到李病友的这个案例上，前面提到的记录里说，她先天注意力匮乏，面对一幅图片，她甚至没能被训练出思考"这幅图看起来像是生活中的什么"这种问题或是自询的习惯，所以这种在认识过程中被锤炼出来的优先级顺序也是不存在的，至少是缺乏决定权的。也就是说，就和前面那位愁眉苦脸地死啃波洛克画册的小朋友一样，对于李病友而言，一本书上的插图和文字是一样的：一样没有意义。

所以，在认识上，她走了一条和我们大多数人不同的路，吸引她的并不是一行行文字的含义，而是这种排列的秩序感本身。在我们看来秩序感只是表意的一种辅助手段，但是对于李病友而言这两者是等价的，因为都不能理解。为此，观测者的解释是：

> 在李丽看来，文字的意义并非是我们理解的概念，而很可能只是不同的抽象笔画的抽象组合，与其说她看的是文字，不如说她是在看图画和看不同笔画组成的间架结构中所传递的意义及信息。[1]

对于这段话我有所保留的是，无所谓意义及信息，连这种传递本身都是不确定的。这个时候，我们在认识上就要再回到上一层规律，几乎接近动物的本能。在一页图文并茂的书页上，文字的数量比插图"多"或是文字的篇幅比插图"大"都会形成一种主要印象，吸引着她本来就为数不多且不求甚解的注意力——当然，严格地说，这只是我的一种推测，院方给李病友看的书是哪一种，纯文字、图文并茂还是画册，无论是院方还是观测者都没有

1　郭海平、王玉：《癫狂的艺术：中国精神病人艺术报告》，第 64 页。

意识到应该记录下来。

我们进一步思考。从观测者拍下来展示在《癫狂的艺术》一书中的李病友作品来看，它们确实很像某种文字的排列组合，与实际的文字之间唯一的差别是缺乏我们能够理解的语义和上下文关系。但是语义和语法构成本来就是语言或文字的一种用法，而不是它本身，很多人误会了这一点。

别说李病友笔下的那些自造"文字"，就算是真正的文字以语言的方式进行常规的组合，有时候也会失意。我们来看看下面这个命题：

　　　　玫瑰花是一扇门。

除非是某种特别超凡脱俗的文学言说方式，否则这句话浑不可解，那么它就是非法的，它的表意结构是被破坏的。然而，你可以说这句话不知所云，但是你不能说它不是语言。这句语句表达的意思和李病友笔下的"T十丁一J十十上"相比，也靠谱不到哪里去。

1914 年 7 月，第一次世界大战爆发，维特根斯坦在一艘军舰上当兵。有一天他不经意间看到了杂志上的一篇诉讼报道，文中提到在庭审中诉讼方为了再现车祸事故的始末，摆放了一套小小的模型来还原现场。在百无聊赖之中看到这则风马牛不相及的新闻，维特根斯坦突然仿佛被一道恍然大悟的闪电击中，为之目瞪口呆了半天。他突然想到，这个模型还原的车祸现场就是一个命题，而这个模型模拟的现场用到的小小的汽车模型、房屋模型、路人模型，也都是一个个命题。我们阅读维特根斯坦事后写下的笔记，觉得有三方面的思绪值得深思：

第一，此刻，为了再现"车祸"这个命题，这些小命题都被以一种逻辑方式组合到一起，但是它们彼此之间没有必然关系，这些小小的汽车在组合、模拟完这场车祸现场之后，还可以拿去给孩子玩，组合成另外的某个场景，它们不是**仅为**模拟这次车祸现场而存在的。命题是一种模件样式的存在。

第二，小模型摆放的逻辑结构是对应现实之中"车祸"这个"事态"的，它们彼此之间的联系从理论上来说是一一对应的。"事态"这个词德语是"sachverhalt"，在维特根斯坦著作的英文版本之中最初被翻译成"fact"（事实），这个译法维特根斯坦不太满意。"事态"与"事实"的差异在于，它侧重于事件之中的逻辑关系，而非真伪。因为拿模型来模拟车祸本来就是一种命题是否为真的探讨，如果车祸是一个确定的"事实"，也就没必要在法庭之上吵成一团了。事态必须符合逻辑，但不一定必须为实。

第三，组成模型现场的小模型之间的组合是自然发生的，没有附加的结构配件，你不需要用一根绳子把一个汽车模型和一个小人模型系在一起，它们才能表示"车祸"这个命题，它们只要被放在一起，或者在摆放的方式上稍加讲究，就能表达这个命题。就好像原子之间的键力，命题和命题的结合有的有一种天然的融合力，有的则不具备这种力，你把一只鸡腿的模型和一辆摩托车的模型放在一起，无论你怎么摆弄，旁人也不会明白其中的深意。

维特根斯坦因此而声称自己无意中发现了一个凌驾于众多命题之上的命题，这可能是探讨语言秘密的关键一步：命题是完完全全的图像，而不仅仅是如大多数人以为的那样描述图像，或是在某些性质上近似图像。它们就是完完全全的图像。

看清楚一个视觉形象并且试图读"懂"它，是我们这个文明的传承方式，但是它只是一个习惯，并不是真理。当你遇到一段读不懂的"文字"，应该怎么办？我们大多数"正常人”会手足无措，这是因为我们从来没有认真地思考过这个问题。这差不多相当于我们很多人游览大英博物馆参观罗塞塔石碑（Rosetta Stone）时，看到上面的三种文字——埃及象形文字（Hieroglyphic）、埃及草体简化字（Demotic）和希腊文，总有人忍不住问导游这些文字到底写了些什么。其实，罗塞塔石碑上的铭文是托勒密五世（Πτολεμαίος ο Επιφανης，前 210—前 181）登基一周年的纪念文，就一个十三岁的少年法老而言，他统治一周年的丰功伟绩实在乏菁可陈，更何况这些讯息对大多数游手好闲的旅客没有意义。这些知识，你就算知道了也会很快遗忘，你就算记住了，它们也没有用。

艺术到底有什么“用”？从身为美术学院教授的我，到刚刚收到录取通知书、踌躇满志的莘莘学子，这个问题困扰了我们很多年。而问出这个问题的人，他们先入为主确定的一点就是，艺术这个“东西”存在于天地之间一定有它的意义，而且这个意义对人生和文明，作用应该是正面的；退一万步说，这个意义至少也和一年两万元的学费形成了一种因果关系。也就是说，它是有“用”的。在生活中，那些看起来和艺术，至少是形而上的纯艺术，越是八竿子打不到的人，越固执地持有这种观点。

说一个人是艺术的“外行”，这算不上什么侮辱性的话，虽然我们在日常生活中已经尽量在避免这么说。耐人寻味的是，你说一个人不懂航天器械设计的流体力学，他耸耸肩，无所谓，可你说他不懂艺术，他就觉得自己受到了莫大的轻视，非要和你划地绝交不可。可是，你猜怎么着，就艺术而言，大多数人真的是外行，他们真的不懂艺术。

所以那种“艺术有什么用”的思考模式是根深蒂固的，它根深蒂固到了不能不正面回答的地步，所以在《历代名画记》这部理论著作之中，画家兼艺术理论家张彦远（815—907）不得不站出来应对这个问题：

> 夫画者，成教化、助人伦、穷神变、测幽微，与六籍
> 同功，四时并运，发于天然，非由述作。[1]

他承认艺术的作用是社会教谕，闻者无不松了一口气，这正是他们想要得到的答案。

而面对这个答案，画家群体内部也分化成了两个派别。凡·高、波洛克和马克斯·恩斯特（Max Ernst，1891—1976）毫无疑问是不会同意这种观点的，但是另一边，德拉克洛瓦（Eugène Delacroix，1798—1863）、创作美国国会大厅天顶画《华盛顿入圣》（*The Apotheosis of Washington*）的意大利人康斯坦蒂诺·布鲁米迪（Constantino Brumidi，1805—1880），还有创作《格尔尼卡》（*Guernica*）时的毕加索（Pablo Picasso，1881—1973），他们会同意艺术品对现实的表现和匡正义务。而在谈及毕加索的时候特别注明那个定语的原因是，毕加索一生除了画《格尔尼卡》和《和平鸽》等几个有限的特殊场合之外，大部分时间所思索的，仍然仅仅是艺术独立于社会之外的自成。

如果说这种务于虚实之间的界限太过模糊而不能把握，我们可以借助一些有趣的语词来予以佐证，草蛇灰线，不为无因。一个有趣的现象是，在为广大"外行人"以及介乎专业和外行之间的"附庸风雅阶层"所能"理解"因而更接地气的"务实阵营"，一个非常浪漫、闻之宛如不食人间烟火的词反而特别有市场，这个词就是"天才"。在波洛克他们这些人的阵营里，反而很少有人用到这个词。波洛克成名之后抑郁症已经不可救药，成日买醉。根据《从杜尚到波洛克》这本书的记载，波洛克死前数年因为抑郁症造成的极度自我价值背离，甚至在到访客人面前都

1　（唐）张彦远：《历代名画记》，人民美术出版社，2016，第1页。

难以自持："他一边哭，一边指着画室里成批的'滴画'问道：'你想，假如我知道怎么去好好地画一只手，我会去画这种废物吗？'"[1] 所以我们认同波洛克是一位有创举的艺术家，但是一般不说他是"天才"，因为他确实不是大多数人标准体系中的那种天才。

从词义上来说，"天才"这个词的本义是"因为天生比别人优秀而能跳过若干教育环节"，所以它隐含着社会评价的涵义。这就是说，这个"比别人好"的幸运儿——"天才"和"幸运儿"这两个词在一些俗不可耐的理解之中也几乎被画上等号了——和那些被他比下去的手下败将，都必须是可以被第三者理解的，只有都能被理解才可以一较短长。这个第三者就是遵循某个公正原则而冷眼旁观的整个社会，此时那些外行或是附庸风雅者的呼声就不容小觑了，他们虽然一直得不到应有的尊重，但是人数最多，舆情宛如惊涛骇浪，一叶孤帆远影，飘零黑暗的深渊之上，难以相抗。

不独波洛克，天才之争涉及古往今来的所有艺术家，而陪审团来自五湖四海，标准也不一而足。我们按照多数人理解这个词的标准来看，拉斐尔（Raffaello Sanzio da Urbino，1483—1520）和董其昌（1555—1636）肯定是天才，而凡·高和井上有一（Inoue Yuichi，1916—1985）这样的人则肯定不是天才。

顺带一提，关于这两者之间模糊的界限，毕加索是这个区域的一个有趣的人，他在十二岁时创作的《素描人体》和油画《老人肖像》笔法完全成熟，十五岁时的《第一次圣餐》和斩获马拉加市美术展览金奖的《科学与慈善》已经完全得塞维利亚画派宁静热情的精髓。可以说他未及弱冠，已经完成了让大多数人啧啧

1　王瑞芸：《从杜尚到波洛克》，金城山出版社，2012，第 56 页。

称奇、光宗耀祖的历史使命。二十岁以后的"蓝色时期"，他的画风开始偏向实验，下笔也越来越奔放，看起来似乎有受到德加（Edgar Degas，1834—1917）影响的迹象。这比起以往的塞维利亚风格，开始逐渐逸出外行人"理解"的范围。此后一发而不可收，众所周知，此翁由艺术天才而至于艺术怪才，再至于艺术老顽童，他的立体主义和田园时期，在整个外行人的美学理解世界里一直是艰涩难懂的代名词。因为在这些领域的建树太过惊世骇俗，现在几乎已经没有人记得他少年时那些循规蹈矩、无懈可击的习作。毕加索在孩提时代就是一个标准的凡人字典里的"天才"，令很多中国式父母艳羡不已、恨铁不成钢、把孩子打得哭爹叫娘。

可对于这样的"天才"桂冠，他敬谢不敏，他可以说是为数不多的依靠努力让人们忘记他是"天才"的人。

这样看来，就好像前面说的被称为艺术的外行不算侮辱那样，被称为艺术的天才也没什么值得骄傲的。贡布里希（Ernst Gombrich，1909—2001）研究瓦尔堡（Aby Warburg，1866—1929）在罗马第十届艺术历史大会上的演讲原稿的时候，发现了一个词"Auseinandersetzungsenergie"，这个词勉强可以翻译为"抗争意识"，不过它完全是瓦尔堡自造的，德语之中根本就没有这个词。贡布里希因此而发现，长久以来，瓦尔堡一直在试图寻找一个可以和"天才"这个词相较短长的词语。原因可能是我们前面猜想的那样，"天才"这个词已经被诸多外行人的看法带跑偏了。在很多人看来，一个人拥有天才或是天赋或是天生更适合干某些事情的能力，就好像他继承了一大笔遗产，可以一辈子躺着花那样，已经不再需要通过努力来换取境界了；这种情况也很像他得到了一件礼物，应该考虑的只是如何消费它，所以在英文之中，"天赋"和"礼物"原本就是同一个词，都是"gift"。对不劳而获的渴望是我们的天性，虽然有识之士对此深恶痛绝，但它确实是我们的天性。

这种天性使得"天才"这个词被连坐了，瓦尔堡前后一共提出了三对概念来平衡天赋和修行之间的关系，但始终觉得很难自圆其说。我们可以对此略加分析，这三对词是：

1. 才智（Intellect）与天才（Genius）。这对概念无法兼顾人一有才智就会思索寻求捷径的这个事实。海德堡大学东亚艺术史系教授、美术史学家雷德侯（Lothar Ledderose，1942— ）教授在他的著作《万物：中国艺术中的模件化和规模化生产》（*Ten Thousand Things*：*Module and Mass Production in Chinese Art*）里指出，中国古代艺术是一种"模件"化的"生产"，艺术学习者通过《芥子园画谱》这样的工具书学会了山石草木的各种画法，把它们拼在一起就是一幅完整的作品。这种艺术的启蒙其实就是一种方法论、一种为了后学者少走弯路而进行的普及教育。你不能说它不是一种**知识**，但它也不完全是一种**创作**。

2. 分析（Analysis）与综合（Synthesis）。这对概念无法兼顾艺术创作有的时候就是一种不可名状的感觉（或感受）的延伸这个事实。例子是前面分析的张李二位病友、波洛克以及井上有一的一些作品，它们与其说是经营布局的结果，还不如说是在感觉和动作之间的一种自然而然的平衡。坊间流传有一个井上有一晚年创作情景的珍贵视频，那时候他的健康状况已经非常不好，单手持（因为另一只手要拎一桶墨汁）八至十千克的饱墨大笔时已经累得气喘吁吁。我们现在看到的神来之笔，有好些笔画其实都是写到中途实在没有了力气，所以草草收场或是坠如千钧，但是在他的那种风格的创作之中都是被允许的。

3. 玄虚（Mysticism）与勤奋（Work）。这对概念无法兼顾艺术创作有时候出于形而下的现实这个事实。就好像拉斐尔流传下来的那些不朽名作，与其说是来自神秘学的修养，还不如直接说就是来自利奥十世（*Leo X*，1475—1521）这样的金主的商业订单；此外，中世纪绘画向文艺复兴的转变本身也没有什么玄虚，中世纪的壁画徭役佃农偶尔有一些特别胜任的，被别的领主雇用，因而催生了艺术的职业性，更重要的是他们获得了更多练习的机会，如此而已。

看起来很是高不成低不就，但是啐啄同机本来就是艺术引以为傲的特性。对此的描述车载斗量："增之一分则太长，减之一分则太短""不似则欺世，太似则媚俗"，等等。每一位艺术家都有一个精准的尺度，在这个尺度之外，一切都是被反对的；但是在这个尺度之内，规律有时又是模糊的，无法如同数学公式一样被精准地一次次重现，而且那种重现本来就没有意义。这就是说，通过这种尺度投射出来的艺术家的个人价值非常模糊，令很多半途而废者望而却步、望尘莫及、望洋兴叹。甚至有可能这个尺度根本是不存在的，至少它的标准不是"不动"（feststehend）的，你很难说《哈马马特的清真寺》和《观念的死亡》这两件作品哪一件更"符合"保罗·克利（Paul Klee，1879—1940）的艺术尺度。就保罗·克利这样的艺术家而言，大多数人宁可相信这样的尺度是不存在的，他就是一个难以捉摸的怪人，而且他在世界面前小心翼翼地维护着自己的这种难以捉摸，因为对于他来说，世界就是难以捉摸的。仰望事不关己的峰峦，我们永远知道自己不该知道的，却不知道自己应该知道的。

还有一个故事。根据文史学家郑逸梅（1895—1992）的笔记，吴昌硕（1844—1927）的作品供不应求的时候，有一些来自日本的顾客不懂中国文人画的创作方式，往往指明一件以往见过的作品，要求订购一幅完全一样的，这个要求很令吴昌硕头痛。无计可施，吴昌硕就让弟子赵子云（1874—1955）、王一亭

（1867—1938）或是朋友沈石友（1858—1917）代笔塞责。根据郑逸梅的回忆，现在发现的十封吴昌硕致沈石友的信中，有九封都有商谈捉刀事宜的内容。因为中国文人画信手拈来的特性，完全复制的那一幅已经没有了灵魂。这种颇为高傲的特性决定了中国文人画家每一件作品都应该超越以往的自己，否则它就不应该被流传下来。我相信外国的艺术家如保罗·克利、贾科梅蒂对于这种上穷碧落下黄泉的自勉也是完全能够理解和接受的。

艺术家在孤独地对抗着整个世界的同时，也在孤独地对抗自己。

现在，瓦尔堡提出了"Auseinandersetzungsenergie"，"抗争意识"这个概念，即便他并没有构想出一个天衣无缝的诠释体系来笺注这个Auseinandersetzungsenergie就是艺术的本原核心——不知道为什么，大多数人相信有这么一个核心，很多艺术史学家耗费了他们原本就并不漫长的一生来寻找这个核心——但至少给我们提供了一个视角崭新的思索补注。这个"Auseinandersetzungsenergie"是否有可能成为某种公理性质的概念而被人膜拜呢？为了回答这个问题，我们先举个例子来看看被很多人理解为基本规律的艺术公理是怎样表述的：

> 我的方法的出发点是在于认定一件艺术品不是孤立的，在于找出艺术品所从属的，并且能解释艺术品的总体。
>
> 第一步毫不困难。一件艺术品，无论是一幅画，一出悲剧，一座雕像，显而易见属于一个总体，就是说属于作者的全部作品。
>
> ……
>
> 艺术家本身，连同他所产生的全部作品，也不是孤立的。有一个包括艺术家在内的总体，比艺术家更广大，就

是他所隶属的同时同地的艺术宗派或艺术家家族。

......

　　现在要走第三步了。这个艺术家庭本身还包括在一个更广大的总体之内，就是它周围的趣味和它一致的社会。因为风俗习惯与时代精神对于群众和对于艺术家是相同的；艺术家不是孤立的人。[1]

此语出自被称为"评论家中的拿破仑"的丹纳（Hippolyte Adolphe Taine，1828—1893），因为出身巴黎高等师范学院，他的美学观点带有明显的社会学痕迹。在书斋中悠然自得、与世无争地度过的一生之中，丹纳始终认为艺术的革新和发展是一些因素相互影响、相互制约的，不可控的化学反应的结果，这种混沌的、不可积分的整体体系决定了艺术家和美学家只能沦为这一壮阔生息的旁观者和记录者，仅仅致力于为了全人类而孜孜不倦地、永恒地记忆，倒也乐得清闲。

　　因此丹纳的艺术观点是柔和而平铺直叙的。他认为的相互侵蚀的决定性基本因素主要有以下三点：

　　1. 种族，包含了主观创作者及与他近似的人的器质性——例如视距焦点、色弱程度、对于某类暗示的受性敏感等——天性，以及受到他祖先至于他本人一系栖息地自然环境决定的、天择的生存技能特性，这一点类似于达尔文（Charles Robert Darwin，1809—1882）进化论的观点；

　　2. 环境，包含了影响主观创作者及与他近似的人能动选择的一系列历时环境，包括地理气候条件和种群文化传承，这一点类似于前文提到过的索绪尔的语言历时性特质；

　　1　［法］丹纳：《艺术哲学》，傅雷译，广西师范大学出版社，2000，第37—39页。

3. 时代，包含了影响主观创作者本人的、他所生存的时间切片之中所有自在并且同时对他的选择施加影响的公式因素，这一点类似于前文提到过的索绪尔的语言共时性特质。

丹纳的《艺术哲学》是中国美学界较早接触到的一本欧洲美学著作，至今依然在很多艺术高校之中作为美学启蒙的必修内容，加之他的理论与生俱来的那种平易近人、四平八稳的特性，确实具有被看成艺术基本规律的先决条件。

我们回到丹纳总结的艺术的三方面规律，这三句话通过"属于"或者"包含"这个谓语清晰地划分出了三个层层递进的子集合体系，无懈可击，而且非常容易理解。

"属于"的反义词是什么？"抗争"（Auseinandersetzungsenergie），虽然不算确切，但可以勉强看成两个南辕北辙的概念。现在我们来做一个文字实验，我们将瓦尔堡和丹纳的观点综合起来，用"抗争"（对抗于）来代替丹纳的"属于"，这样这三条基本规律就变成了这个样子：

第一，艺术家的任何一件作品都对抗于他过往的全部作品。这一点毫无疑问是成立的。前文提到的吴昌硕的那个例子虽然不算精准，但是意思已然差不多。艺术家最大的敌人是自己，艺术家今日之进步，只取决于如何对抗昨日之自身，一日有一日之境界。

第二，艺术家的任何一件作品都对抗于他所属的艺术流派。这一点也是成立的。弟子不必不如师，"脱颖而出"这种境界本来就是在与他相似、性质一致而非风马牛不相及的人群之中才有意义。还是前面提过的例子，譬如一个中世纪的壁画工匠只有超越了另一个工匠，才能得到更多的订单，这些订单（墙面）无疑也是珍贵的练习机会。历史的发展本来就无所谓兄弟揖让、温情脉脉。一个无人不晓的例子是莎士比亚（William

Shakespeare, 1564—1616），丹纳自己在书中也提到，初看莎氏似乎是天上掉下来的奇迹，为了成就悲剧史的一脉相承而降临人间，但实际上当时在他的周围，我们还是能够发现至少十几个同样十分优秀（但不是最优秀）的剧作家，例如韦伯斯特（John Webster, 1580—1632）、福特（John Ford, 1586—约1640）、马辛杰（Philip Massinger, 1583—1640）、弗莱彻（John Fletcher, 1579—1625）、博蒙特（Francis Beaumont, 1584—1616）等。他们作品风格相似，创作激情相似，不仅符合丹纳所说的"属于"关系，也为他们彼此之间竞争的萌芽提供了肥厚的土壤。在他们的作品里能看到同样暴烈可怕的人物，同样的凶杀和离奇的结局，同样突如其来而放纵的情欲，同样混乱、奇特、过火而又辉煌的结局。

第三，艺术家和艺术宗派都对抗于他们所属的时代。这一点还是成立的。如果艺术家是雅，那么时代就是俗；如果艺术家是创造，那么时代就是消费。艺术家自身的才华就好像是一种阴谋，在面向神明、不朽和奇迹时，他们以之来算计营造金字塔的哈夫拉（Khafre, 约前2558—前2533）法老、建设万神殿的阿格里帕（*Marcus Vipsanius Agrippa*, 约前64—前12）大总督；在面向明文撰写的艺术史时，他们以此来算计撰作《历代名画记》的张彦远、编写《名人录》的瓦萨里（Giorgio Vasari, 1511—1574）；在现实生活之中，则用来和消费艺术的艺术评论家、附庸风雅阶层以及彻底的外行人世界斗智斗勇。这是每个艺术家一生都要经历的三大战役，越来越难，越来越凶险。那些自以为是、一言九鼎的君王，或是某些刚愎自用的收藏家、艺术投资人——例如蓬皮杜夫人（Jeanne Antoinette Poisson, Madame de Pompidou, 1721—1764）、杜巴丽夫人（Madame du Barry, 1743—1793）这样的人——反而是最容易对付的。如果一个艺术家的创作才华不能出乎艺术消费者自身对创造性的意料，那么毫无疑问他就会遭遇"票房"滑铁卢，无药可救。才华是这些手无缚鸡之力的艺术家唯一可以倚仗的武器，才华就是一种阴谋。

我们在这两种观点之中，始终只置换了"属于"和"对抗于"这一对核心词，以保证这个文字实验的结果不至于逸出理性可以理解的范围。这样，我们就得出了这样的结论：如果说丹纳的艺术进化学观点具有成为艺术原理的特质的话，那么瓦尔堡的抗争观同样具有成为艺术原理的特质。基于这两个词的反义词关系，我们在一个逻辑环境之中只能将其中一个定为 T，而另一个定为 F。然而，刚刚我已经解释过了，这两套价值体系都是成立的，艺术家既属于又对抗于他自身的经历、流派和时代，这两两的反命题都是真的，都没有错。

这就是说，在信念上，我们现在只剩下了一个选择，那就是艺术家，或艺术行为，或某一件艺术品，他们其实都是独立的，攀比、从属和对抗只是一种便于记忆的统计学方法，在我们的舍本逐末之中被看成真相，但这本来就是一种误解。一切都是孤独的，孤独就是唯一的真相。那些我们以为是直线的其实是虚线。当然，必须予以正名的是，认为丹纳的观点和瓦尔堡的观点彼此"相反"这同样是一种假设，没有任何史实支撑这个结论。我没有挑拨是非，不可误会。我们只是在现有的一些文献之中断章取义地遴选和对比，如此而已。

如果觉得将丹纳和瓦尔堡两种风马牛不相及的观点强行"拉郎配"太不负责任的话，我们完全可以将这种观念游戏的对比范围进一步缩小，缩小到丹纳自己。古希腊学者柏拉图和亚里士多德从没有给艺术做过具体的分类。他们只是用"模仿"（mimesis）一词将诗歌、音乐、舞蹈、绘画连在一起。艺术就是模仿，这个观点直到丹纳的时代都是欧洲文艺理论的主流。但是

"mimesis"这个词内部也隐含了两方面的条件因:

1. 模仿者低于被模仿物,因而有一种无限靠近的趋向,这是艺术的动力;

2. 为了弥补这种无法填满的差距,模仿行为在一定程度上允许主观创造,这是艺术的价值。

对于"模仿说"的僵化膜拜者而言,这两个潜隐的条件因被忽视很久了,丹纳是较早重新将它们摆上桌面的人。丹纳认为,僵化的模仿能够产生真实,但是很难产生美感。一个被模仿物的若干特点,必然有一些是重要的,有一些是无足轻重的,对这些特点予以遴选,决定其重要与否,就是艺术家的职业才华。这种被遴选出来的特点被丹纳称为"特征"。但是这种特征是艺术家主观选择的结果,受制于艺术家个人的才识、社会思潮和某些不可控的突发事件,并不是绝对的真理。

丹纳与世无争的平和观点处于一种古典的自然主义的模糊边界。在对模仿的态度上,就好像前文的"属于"和"对抗于"一样,我们只能在模棱两可之中信手拈来。

这种模棱两可性以及丹纳的观点与我们的灵犀相通,至少在艺术的基本规律之上给我们带来了一种启示。看起来一件伟大艺术品的诞生很像是重重海选的一次大赛,将这些海选的每一层标准综合起来,我们得到了一个答案,可能能够解释"什么是艺术"这个问题,至少能够解释"什么是艺术品"。下面的这一系列过程就构成了一件艺术品的一生:

第一,它应该在创作层面上、从外行向专业转化的质变之中被选择。创作层面摈弃了有意识的抄袭和大部分的(这一点的边界很模糊,我只能说它并不确切)偶发性,以及具有创意和主观意愿但是缺乏专业性的创作行为。这一点决定了它是一件艺术品,而不是其他的什么被制造出来的东西。

第二，它应该在具有艺术欣赏性质的普遍观看行为之中被选择。这一条进一步弥补了上一条中的一些专业资质问题，即使一件艺术品第一次被展示在第一位观众面前时，这种观看行为也是审美性质的，无论这位观看者出身多么寒微。这种普遍观看的观看者并不全是专业阶层，但是所有的观看目的都是"观看艺术品"，而非仅仅"观看"。

第三，它应该在同时期的专业的推荐观看行为之中被选择，并且得出超越同等时空条件的艺术品的评价。这种评价是模糊的，我们很难说莎士比亚的《哈姆雷特》比马辛杰的《都市女郎》(The City Madam) 要"好"，然而所有一知半解的数据和统计结果似乎都指向了这一点。

第四，它应该在整个艺术史的统计观看行为之中被选择，并且得到这一系艺术品（例如泼墨山水、简笔人物、巴洛克人物画、冷抽象）之中较高的评价。我们将这种评价称为青史流芳，囿于历史思维修养以及自信方面的各种不足，大部分艺术家不会有意识地去思考这个问题。董其昌将自己研习书法的历程称为"血战晋唐"，他的晚辈、画家吴湖帆（1894—1968）曾经拥有一枚印章，印文是"五百年后人论定"。这些事例都证明了艺术的语言原生性、价值的向量从共时向历时的飞跃，这一点完全符合索绪尔的语言规律。

第五，它最终应该在这位艺术家自己已然赢得前四个层面选择的所有作品之中再一次被选择。所谓复归平正者也，艺术家最终应该超越的还是自己，这种超越和他当年第一次拿起画笔，告别外行人、踏上艺术之路时做出的那个青涩的选择并没有什么区别。

这种抗争性，注定了艺术、艺术家和艺术品的孤独特性，也决定了艺术思维是一种孤独的审美。我们看到范宽（950—1032）的《溪山行旅图》和凡·戴克（Anthony van Dyck，1599—1641）的《爱神丘比特和普塞克》（*Cupid and Psyche*，1638），感受到一种美，有的时候产生一种敬畏感。这源于这件艺术品的孤独性，这种独一无二值得所有人为之折腰。大部分的观众缺乏相应的专业知识，但是并不缺乏这种敬畏之心，他们不知道《溪山行旅图》的笔法结构、皴法气韵的优厚之处在哪里，但是认同它是**美**的，他们对美的认识很大程度上被这种对孤独的敬意劫持。但因为我们前面所说过的，艺术次生于语言，它遵循共时和历时的价值规律，所以这一点还是无可厚非的。

现在，有了机械复制的艺术，我们通过简单的复制来试探这种艺术不可捉摸的孤独特性。实验结果一目了然，本雅明（Walter Bendix Schönflies Benjamin，1892—1940）在《机械复制时代的艺术作品》这本书中提出了一个模棱两可的概念"光韵"（aura），这个光韵是什么，他并没有说明，但是本雅明认为复制的艺术品所缺乏的就是这种"光韵"。光韵显然并不是技法性和视觉细节方面的任何东西，一张日本二玄社书店精密复制的《六君子图》和倪瓒（1301—1374）原作之间的差异绝非肉眼所能够觉察，可它还是得不到人们的尊重。本雅明因此而得出结论，光韵所注重的是艺术品的"原真性"，那是它自身在时间的历程中占有的一席之地。艺术是人类文明的精粹，所以它完全继承了人类的天性，孤独就是艺术的空气，缺乏孤独感的艺术什么都不是。这一个"原真"的瞬间自身是无法被复制和再现的，我们只能眼睁睁地看着它从指缝里流走，徒留无尽的叹息。

这也就解释了为什么二玄社的高仿套印古书画无论多么精美，人们还是对它提不起兴致来。这些高清复制的古书画作为后学者临摹范本是非常合适的，可是如将之作为装饰品悬挂在书房里，不管懂不懂艺术，围观群众还是大摇其头。这就是说，无论是最粗制滥造的复印机复印、手机翻拍，还是二玄社或西泠印社攻克了无数技术难关才研发成功的精密套印，复制就是复制。复制是孤独的敌人，人们本能地拒之于千里之外。

我们现在进一步来思考这个问题。如果说对复制的疏远是出于对科技模造技术的不信任的话，那么现在有一类产品也是一笔一画出自人类之手，那就是临摹，除了创意之外的一切细节它都可以无限趋近原作。比起机械制造来，人们似乎对这样的产品宽容一些。隔壁小明要装饰婚房了，他一直很喜欢美第奇（Lorenzo de' Medici, 1449—1492）向波提切利（Sandro Botticelli, 1445—1510）订购来作为表弟新婚贺礼的那幅《维纳斯的诞生》（*The Birth of Venus*），但是出于前面提到过的那些原因，他又不屑于悬挂一幅机械制造的印刷品，于是就找一位懂得油画技术的人（请原谅我在这里姑且不称他为"画家"）临摹一张。这样的画，深圳大芬村里有的是，这形成了一种艺术产业现象，美术学院的学生以临摹为必修作业，也偶尔有出售以贴补家用的。看着小明精心装点的婚房，维纳斯在有机玻璃仿古吊灯柔和的光芒下，悬挂在那个网上三百块钱买来的、没有点火功能的石膏假壁炉上方，显得更加圣洁、娇弱、吹弹可破，人们心悦诚服地点点头，觉得还真不赖。这种认可并不是对小明美学品位的赞扬，美学品位在很大一个范围之中都是从众的，小明和他周围很大区域里的大多数人不可能有机会逃出这个公众审美的引力黑洞。他们认可的要点在于，这是一种对敬意本身的敬意：小明出于敬意而选择了《维纳斯的诞生》这个决定本身是值得尊敬的。大家心知肚明，这个天天加班到晚上十一点的公司小职员，再活十辈子也没有机会拥有那幅真正的《维纳斯的诞生》。

我们再进一步，如果说临摹缺乏的是创意，我们现在就把创意给它加进去。这就是"模仿创作",一个足够有经验的艺术家能够完全解读某位前辈的所有艺术技巧,然后他在自己艺术创作生命中的很长一个阶段会不自觉地将这些技巧融入自己的创作。如果是油画,就有它的明暗、透视;如果是中国画,就有它的笔法和皴法。这样创作出来的作品,虽然构图立意完全出自当下的这位艺术家本人的创意,可是手法与他心仪的那位前辈非常近似,看起来好像是那位艺术家重返人间一般。一个似是而非的例子是,马拉美(Stéphane Mallarmé,1842—1898)的一首歌颂早春的诗从形象到声调无不逼似波德莱尔,乃至有一位读者在看了此诗以后万分激动地给马拉美写了一封信说:"假如波德莱尔能重返青春的话,他一定会在你的诗上署名。"其实那个时候波德莱尔活得好好的,甚至并没有像这个路人甲想象的那样特别老态龙钟。不过,在这个乌鸦嘴说了这句没头没脑的话之后,没过两年波德莱尔就死了。

这种方法运用于视觉艺术,格调比起临摹来可以说是高得多了,但严格地说还是没有逸出复制的范畴。我们承认它的主观创作性,但是在前面提到的那场大海选的五个层次之中,它也是早早地就被榜上除名了,因为艺术不允许裹足不前。这种看法引人联想到一个让人为之喷饭的故事,与前面提到的吴昌硕邀沈石友捉刀的轶事相类,出处是《苏州府志》:

> (朱朗)师文徵明称入室。今文笔毕肖,凡有所作多托徵明名,故世知之者少。有客遣童子将币于朗求徵明赝本,童子误送文宅,致主人意。徵明笑而受之,曰:"我画真徵仲,卿当假子朗可乎?"一时传以为笑。

这种模仿创作其实是艺术的必经之路,前文提到过的美术史学家雷德侯教授在他的著作《万物》中曾经探讨过中国传统艺术教育的那种模式——"模件化"的"生产",这种画法在《芥子园画谱》之中名目繁多，树该怎么画、石该怎么画、云该怎么画，然后当你需要创作一幅有树、有石、有云的作品，譬如说《嵩高灵韵图》《一溪云移图》之类的，你只要把你练熟的这几个"模件"按照一定的方式组合拼凑在一起，也就八九不离十了。

这种创作方式，谁都挑不出毛病来，然而并不是说中国画就不需要"两句三年得，一吟双泪流"的创造，恰恰相反，每一个这种"模件"——例如米氏云山、顾恺之（348—409）颊上益三毛等——的被发明都是中国美术史上的一件大事，让人们为之相庆。然而，在艺术家本人之外，这些发明就只是为复制提供了便利，至多是为技巧的研究提供了全新的理解方式，它们对于艺术的继往开来仅仅是一种铺垫。一个艺术家完全学习"四王"或是苏尔·索拉（Xul Solar，1887—1963）的一切技巧，但是画得比他们本人还要"好"，这即便是事实（并不排除这种可能性）也不会得到承认，因为那种模件已经在语言的历时性规律之中被抢注了。任何人都应该追求属于自己的孤独。

现在我们进入最后一个层次，在前面已经认可了复制是可以被注入一点点创意而进入一种似是而非、模棱两可的形态之后，我们现在将这种创意的剂量加大，看看能够调配出什么来。1919年，一个成天游手好闲、在小酒馆吃酒下棋胡吹大牛的艺术家杜尚（Marcel Duchamp，1887—1968）捡到了一张《蒙娜丽莎》的普通印刷品。在与人聊天时，他心不在焉地在蒙娜丽莎的脸上画了几撮令人发噱的山羊胡子，并且随手在下面写下"L.H.O.O.Q"几个字母，这几个字母是一句法语的谐音，原文是"elle a chaud au cul"，意思是"她欲火焚身"。大家哄堂大笑一场，杜尚也几乎马上忘记了这件事——这种无聊之举，我们每个人都常有，翻出小学的课本，难免为自己的少不更事哑然失笑。无怪乎有刻薄人道出实情：什么是名垂青史，还不就是让小学生在历史书上你的头像上画胡须吗？

毫无疑问，杜尚在这么做的时候并不是**为了**艺术创作的，这就是一张无足轻重的涂鸦。但是请不要忘记，确切地说，这是一张出自举足轻重的艺术大师之手的无足轻重的涂鸦。小酒馆一席快晤，尽欢而散之后，当时在场的一位老朋友、达达主义的一位创始人弗朗西斯·皮卡比亚（Francis Picabia，1879—1953）将这张印刷品带了回去，几天后向社会公布，并为之定下一个标注："杜尚的达达主义作品"。杜尚对此欣然接受，之后又创作了好几件这样的《带胡须的蒙娜丽莎》。

这个事件在艺术圈引起轩然大波，艺术家们为此吵成一团。《带胡须的蒙娜丽莎》究竟是不是一件有主观创作意愿的艺术品？说它是艺术品，可画面的主题《蒙娜丽莎》的作者是谁没有人会不知道。而且它本身只是一张简单的机械印刷海报而已，如果这都算艺术创作，那艺术创作未免也太简单了，拆两本小学生的艺术修养课本装上框，就能包下整个蓬皮杜艺术中心。

可画上的胡须又确实是出自主观创作的意愿——来自反方的意见也是针锋相对的——而且它们成功地改变了这件作品的气质，胡须和"L.H.O.O.Q"在整体上给这件作品定下了一个基调，甚至可以说是主题，这个主题就是反主题，模棱两可和自相矛盾。至于那个蒙娜丽莎是出自谁手，是手绘还是印刷品，这是无所谓的事。对于这一点我倒是深表理解的，从严格意义上来说，任何一位画家用过的任何一张白纸都是别人的"作品"，可也没见他们在上面签名的时候露出任何掠人之美的迟疑和羞愧之意。

辩论越来越精彩，杜尚冷眼旁观，乐不可支。为了进一步煽风点火——好吧，是为了进一步将这种思想的碰撞推向极致，杜尚又给《带胡须的蒙娜丽莎》设计了两个补充方案：

其一，一张同等大小的白纸上只有三撇山羊胡子；

其二，那张《蒙娜丽莎》的印刷品上一笔未着，什么都没有。

这两个方案连同《带胡须的蒙娜丽莎》形成了一个三角对位的阵营，填充了统计上的所有可能性。《带胡须的蒙娜丽莎》和白纸上的三撇胡子当然不是达·芬奇（Leonardo di ser Piero da Vinci，1452—1519）的《蒙娜丽莎》，而一笔未着的印刷版《蒙娜丽莎》也不是（虽然很多人觉得它是），它只是一张机器印刷的复制品而已——出于某种癖好，我反倒觉得这张机械复制品是最精彩的：它不是《蒙娜丽莎》，不是《带胡须的蒙娜丽莎》，不是白纸上的三撇胡子，它也不是"另一张"一笔未着的，出自同一家工厂、同一位印刷师傅和同一台机器的印刷版《蒙娜丽莎》，它的孤独同样是不可侵犯的。

这张一笔未着的印刷品，精准一点的称呼应该是"没有画上胡须的《带胡须的蒙娜丽莎》"，它在思想上和杜尚的另一件作品《泉》[1] 接上了轨，因而完全融入了杜尚的达达主义思想体系。那件《泉》和这张《带胡须的蒙娜丽莎》的意义在于，挑战了人们对艺术品价值的固定理解。

什么是艺术品的价值？

大多数人觉得物品的独一无二性是价值，所以他们认为复制品没有价值；

被认为更有品位一点的人认为视觉的观感愉悦是价值，所以他们认为那些看起来沉重压抑的作品（譬如前面提到的那几张出自张病友和李病友之手的涂鸦）没有价值；

被认为更专业一点的人认为艺术的技巧是价值，所以他们认为临摹和模仿的作品没有价值；

---

1 1917 年，杜尚在一个普通的白色陶瓷小便池上签上假名 R. Mutt，并将其命名为"泉"，作为艺术品参加了"独立艺术家协会"展览。

被认为更深刻一点的人认为艺术品暗示的道德要求（深意）是价值，所以他们认为随手轻松涂鸦的无心之作没有价值。

这些众口难调的标准给我们带来了这样两个值得沉思的问题：

艺术品的价值真的这么重要吗？

艺术品的价值和艺术家创作行为的价值（难度、专业性、偶然性）是完全等同的吗？

通过《带胡须的蒙娜丽莎》《没有蒙娜丽莎的〈带胡须的蒙娜丽莎〉》和《没有画上胡须的〈带胡须的蒙娜丽莎〉》（后面两个题目是我自己取的）这一组作品，当然还有《泉》，杜尚在试图回答人们的这两个疑问：

1.《蒙娜丽莎》和小便池的形象并不是出自他自己的设计构思；

2.《蒙娜丽莎》和小便池的创作者另有其人，《蒙娜丽莎》的作者是谁他有所耳闻，但是缘悭一面；小便池的作者是谁他根本不知道，只是确定有这么一个人而已，相忘于江湖；

3.《泉》上签了一个名字"R.Mutt"，这个人完全是虚构的，他也不知道是谁，但从文本标注的习惯手法上看很像是这件作品的作者，可如果 R.Mutt 是《泉》的作者的话，那么杜尚是谁？他和这个事件有什么可以解释的、符合文本原理的因果关系？

4.《带胡须的蒙娜丽莎》的"L.H.O.O.Q"从文本标注的习惯上看像是主题、关键词、铺陈、比喻、隐喻或是起兴一类的东西，但是它完全没有发挥这些功能，"她"这代词虽然符合蒙娜丽莎的身份，但是与"胡须"矛盾，"欲火焚身"这个词虽然中性，但是与该形象在艺术史一贯看法中的端庄高贵气质矛盾，然而剔除了这两种矛盾，"L.H.O.O.Q"本身没有意义。

形式只是艺术的手段，它有价值，但它不垄断价值。但是脱离形式的艺术如何表现价值这个问题就令我们瞠目结舌，可见在艺术和价值之间强行建立联系的举动值得商榷。

一百年过去了，杜尚的问题没有人能回答，他的解释也几乎没有人能接受；一百年过去了，杜尚也不是唯一这样思考过的人。

有一个老朋友，我的师兄、职业艺术家颜磊，在他的创作人生之中有一个阶段痴迷于一种艺术构想，佳作层出不穷。这个令人思慕不已的创作过程是这样的：

第一步，颜磊在一块白画布上勾勒出某个东西的轮廓，在轮廓内部，不同颜色的部分都以细线划分为一个个区域，并且给每个区域都编上编号；

第二步，他将每个区域需要填涂的颜色都调配好，也编上编号，与区域的编号一一对应；

最后，他雇来一个完全没有受过任何艺术教育的村老倌做助手，命令他按照编号，动手将颜色一一涂进各区域之中。

虽然后期可能不免略有修改，但是一件作品的创作确实已经完成了。

呜呼，村老倌一开始手足无措，战战兢兢，颤抖着手生怕错涂一点，不慎一笔到界外都会内疚半天，后来发现那个戴眼镜的冤大头自顾猛灌黄汤，几乎连看都不往这里看一眼。这真是一个怪人，好像并不介意他的那些生硬而外行的错误，有的时候反而有点高兴似的，村老倌也就放下心来。于是乎，越来越随意、越来越漫不经心、越来越出乎意料，而整件作品也就越来越深邃。

等到村老倌越来越熟练、越来越得心应手、越来越踌躇满志、吹着口哨任意挥洒，他开始留长头发、在手臂上文上格瓦拉（Ernesto Guevara, 1928—1967）的头像。在他几乎以为自己也是一个艺术家的时候，他被解雇了。

——好吧，解雇的事是我瞎编的，事实上我不知道是不是这样，但是觉得有可能。

这种深邃性是在一种反传统价值的冲突之间体现出来的，形象的成熟与色彩的幼稚、调色的成熟与笔触的幼稚，欣赏者站立在画布之前失去了耳熟能详的、来自配套的艺术知识和艺术品位的所有标准，他们的思想中出现了一个茫然的真空。就好像偶尔屏息会令人感到氧气更加甜美那样，这种茫然的思想缺氧正是这件作品的境界。泥足深陷于俗世之中，这种境界对于我们而言一票难求。

从二玄社的机械复制到杜尚的小便池，本雅明所谈到的"光韵"似乎在不知不觉之中被重新焕发出来，可是我们依然不知道它是什么。

艺术就是孤独，荣耀为杜尚、凡·高这样的人所独享，当然荣耀也属于毕加索、瓦尔堡、丹纳、颜磊、李病友和张病友，但是唯独不属于那些总是绞尽脑汁思考荣耀是什么并且试图通过调配行为来统计它的成分的那些人。在一日终焉、夜清如水、心无旁骛的安眠之中，我好像梦见了制造《泉》的那个小便池的工人，他叫阿朗·弗朗索瓦·高提耶（Alan François Gautier, 1883—1947），是创建于 1889 年的雅泊丹枫（Jacob Delafon）大厂的骨瓷师傅。在梦中他好像在向我控诉着什么，可是讲得太快，一个字也没听见。当我突然意识到这是我想象出来的一个可能并不实际存在的人物的时候，我不禁笑出声来，然后我就笑醒了。

第二部分

孤独之里象

I　存在之孤独

在上一部分的某一处我们提起过柏拉图的洞穴假象命题，尽管从很多角度来看，这个思考游戏很像是柏拉图的一时兴之所至，也因为限于时代，有一些方向思考得未臻全面，但它确实是改变了欧洲思想史的伟大构想。欧洲哲学数千年的历史，全部存在于对柏拉图思想的再度深思之中。作为本部分开篇的思索练习，它还是能极大地启发我们一些关于永恒和无限的，或是卑微或是狂妄的思考。

洞穴假象在哲学家叙述的最后达到了高潮，有一个不管出于什么原因侥幸走出洞穴的倒霉鬼奔回来兴冲冲地如实报告，引发了"室友"的极大不满，在群情激愤之中被石头砸得鼻青脸肿。这个比喻的寓意也许是发现真理所需要付出的代价，也许什么寓意都没有——如果这个洞穴真的如同我所理解的那样隐喻了这个世界，可以以当代物理学中"视阈"或是"光锥"一类的词语来代替的话，那么结果就非常凄凉：没有人能够离开洞穴，我们都被天赋的巨大孤独牢牢地锁在孤独的岛屿上，从物理性质上来说，那个能够挣脱枷锁的勇士在当下的认知条件之中本来就不应当存在。

与我们理解的"洞穴"不同，"视阈"或是"光锥"并不是一个区域，不像洞穴是可以走出去的，它们是一种感知的极限，而所有能够突破的极限都不成其为极限，充其量是一种可能性，无论它多么渺茫。现在，包括哲学在内的人类思想都有了一定程度的发展，这个洞穴的形状也发生了变化。在爱因斯坦和霍金（Stephen William Hawking，1942—2018）的眼里，将洞穴的构思反过来似乎更能贴切地解释我们生存的世界。也就是说，我们生存在平原之上，但是洞穴是确实存在的。那是一些我们走不进去的洞穴，它们永恒地存在，但是永远不和任何人发生任何关系。

没有人能够证明时空的连续性，我们只是希望它存在。有一些敏锐的人在一些饶有趣味的思想游戏中猜测，我们的时空存在着巨大的空洞，某一秒和下一秒之间并不连续，一种可能存在（至少无法证明其不存在）的停顿或是虚无也许稍纵即逝，也许庞大而漫长得无法想象——言尽于此，其实这种描述并不合理，因为无论是稍纵即逝还是庞大漫长，都是用来描述时间进程的，但是这些虚无不在时间之内。可这无法想象，我们不可能用语言来描述一种远超语言存在的东西。这个例子也完全是想象出来的，我只是以此来思索连续性的相对问题。然而问题在于，在这种停顿和虚无之中，感觉也是停止的，我们无从得知。算算输赢账，睁一只眼闭一只眼，我们还是觉得自己并没有失去什么。

如果以我们能够想象的方式来描绘这种虚无的空洞而又尽可能地不冒犯到时空连续性信仰的话，我们只能想到两个比喻：一个是这种空洞非常大，就好像你在海里游泳的时候遇到一个小岛，你游不过去，但是可以绕过去，旅途被拉长了，也许令人不耐烦，但是没有被颠覆；另一个是这种空洞非常小，好像你在走路时踩到地面上一个针尖大的小孔，它无法对你产生什么实质性的影响。这两种可能，霍金在一次中国之旅中都提到了，在浙江大学的一场令人难忘的演讲《膜的新奇世界》之中，霍金说：

三维空间和一维时间是我们看到的一切。那么我们为什么要相信我们不能想起不能观察到的它的额外维呢？它们仅仅是科学幻想呢，还是能够被看到的科学后果呢？……这个问题传统的，也是迄今仍被普遍接受的答案是，额外维全部被卷曲到一个小尺度的空间中，余下四维几乎是平坦的。它就像人的一根头发，如果你从远处看它，它就显得像是一维的线。但是如果你在放大镜下看它，你就看到了它的粗细，头发的的确确是三维的……然而最近有人提出更激进的设想，额外维中的一维或者二维尺度可以大得多，甚至可以是无限的。因为在粒子加速器中没有看到这些大的额外维，所以必须假定所有的物质粒子被局限在时空的一个膜或面上，而不能自由地通过大的额外维传播。

无法感知参数的决定意义是我们思索连续性的一个切入点，这差不多相当于在晴朗的阳光之下拿起一杯水，尽管只需要小学程度的自然常识我们就能意识到这杯水并不是纯净的，它被看不见的杂质悬浊、三态溶解物、微小的生物乃至天然的同位素化合物所充斥，可是这又怎么样，只要看不出明显的浑浊，我们还是在情感上认同它是一杯"清水"，不至于把餐厅经理喊来大骂一顿。

即便这些杂质并不像我们想象的那样人畜无害，可迄今为止我们最有效的应对方式还是眼不见心不烦。自来水中的毒素已经令人敬而远之，城市空气中的污染已经令人谈虎色变，阳光中的辐射已经令人望而却步，宇宙中的未知物质已经令所有的公式千疮百孔。既然我们轻易就能接受从理论上来说任何纯净都是不纯净的，那么我们同样不应质疑任何真实都不是完全真实的。

对于水的纯净性的质疑要经过纷繁复杂的科学检验环节，至少需要一架显微镜，质疑世界的真实性则不需要，因为理由明摆在那里，只是大多数人选择视而不见而已。这个理由就是，连我们质疑"真实"自身真实与否的意义都是值得商榷的，因为我们根本没有机会触碰到这种构思中的"真实"，我们自始至终接触的，都只是我们自己的感觉而已。

世界认知的唯识问题令哲学家们头痛了很多年。不过这种苦思冥想看起来更像是自找苦吃。观测者独立在被观测物之**外**的固有思维是不正确的，观测行为对于观测结果（甚至对于观测者自身和被观测物）产生的扰动无法计算，但绝非没有。《长阿含经·卷第十》中有这么一段话：

> "阿难！缘识有名色，此为何义？若识不入母胎者，有名色不？"
>
> 答曰："无也。"
>
> "若识入胎不出者，有名色不？"
>
> 答曰："无也。"
>
> "若识出胎，婴孩坏败，名色得增长不？"
>
> 答曰："无也。"
>
> "阿难，若无识者，有名色不？"
>
> 答曰："无也。"
>
> "阿难，我以是缘，知名色由识，缘识有名色。我所说者，义在于此。"[1]

对于大多数人而言，理性就好像是熊孩子加水和泥搓出来的一个圆球，没有人会去关心这个球内部的质地组成、重量分布和泥量掺和是否均匀、是否如同它的外形一样达到了特殊性的标准：只要它从外面看起来很圆，我们就认定它是一种理性的产物。大多数人也就满足了，很少有人会追究这种构造的理性程度之低，仅凭概率的无序枚举也完全能够实现。

1　中国佛教文化研究所：《长阿含经》，宗教文化出版社，1999，第171页。

现在，这个泥球摆在你的面前。我们来看下面的五个问题：

1. 它看起来直径大约二十厘米，颜色是褐色，它**真的**看起来是这样的吗？

2. 它大约有一千克重，它**真的**是一千克重吗？

3. 因为玩耍的损耗，熊孩子给它补了一点点泥，现在的这个泥球**依然**是原来的那个球吗？

4. 它被放置了一会儿，被熊孩子给拿走了，它**真的**曾经存在过吗？

5. 熊孩子玩厌了，泥球被放在室外再也无人问津。它迟早会被太阳晒干、裂开、碎回成一堆土。它只是暂时没有裂开而已，这样的**暂时**能够持续多久？如果这堆碎裂的土放在那边足够长的时间，它会产生自我意识，并且重新变回一个泥球吗？

我们发现自己被一些"正常人"不会去想的问题缠住了，还是让那些看起来不太"正常"的人来回答这些问题吧。

现在负责回答第一个问题的，是英国哲学家洛克（John Locke，1632—1704）。被誉为"经验主义哲学三巨头"之一的洛克认为物质有两种性质，它们共同作为真实的证据，但并非全是不可置疑的。他在《人类理解论》（*An Essay Concerning Human Understanding*）中解释说：

> 物体的第一性质（primary qualities）……不论在什么情形下，都是和物体完全不能分离的；物体不论经了什么变化，外面加于它的力量不论多大，它仍然永远保有这些性质。
>
> ……
>
> 物体的第二性质（secondary qualities）……正确说来，并不是物象本身所具有的东西，而是能借其第一性质在我

们心中产生各种感觉的那些能力。[1]

这就是说，这个二十厘米的直径可能是恒常的，只要这个球不是我们无中生有地幻想出来的，那么这二十厘米的直径在任何条件之下都是不变的（当然，引力波引发的时空涟漪会改变这个数字，这已经在实验中被证实了，不过这一点对于我们这一层次的论述而言并不重要，我们先不用去管它）。它的"褐色"则非恒常不变，因为众所周知颜色是光线作用于视觉神经的一种刺激反应，所以这个"褐色"的真实依赖于一双能够看见它的眼睛。

世界的唯识本质不是没有意义的。我在比现在年轻二十二三岁的时候，对经验主义哲学入了迷，连去公园散步手里都不忘带着一本《西利斯》(Siris)，商务印书馆 2000 年的那个版本真的很棒，果绿色的封面赏心悦目，这种亮色给人以一种鲜艳的、不真实的疏远感，正好和我在那个天智初开的年纪对世界的困惑相配。也就是那段时间，我在一个困居于斗室之中的、阴冷的杭州冬季写出了平生的第一部小说《咪咪》。在这篇小说的最后章节，有一段是这样描述的：

> 身边的小河在平静不显波纹地流动着，偶尔被微风吹皱，可很快就恢复了原样。这就好像一块被打碎的镜子迅速复原，谁说世界上没有这样的事？河对岸远远的厂房时而响起"噼啪"一声，也远得如同天上传来。夏遥看着远方的楼影突然产生了幻觉，感到这些楼房和一块块的大石头其实并没有什么本质上的不同。是的，假如这个世界上突然没有了人类和所有其他生物，那么刚才石破天惊的那"啪啦"一响，还有什么意义呢？没有耳膜，振动就不会

---

1 ［英］洛克：《人类理解论》，关文运译，商务印书馆，2017，第 108—109 页。

变成飘飘仙乐；没有味蕾，化合就不会变成甜酸苦辣；没有感光细胞，光谱就不会变成五光十色……这些都不难理解，但关键在于，如果没有人，那么这个世界上还有什么会存在呢？抑或即使它们存在，这些存在又都有什么意义呢？

若干年后，我读到了凯鲁亚克的《达摩流浪者》，那里面居然也有这样一段话：

> 为什么你一直不相信我努力告诉你的呢？你是因为受到六识的愚弄，才会以为外面有一个真实的世界。如果不是因为你的眼睛，你不会看得到我；如果不是因为你的耳朵，你不会听得到飞机飞过的声音；如果不是因为你的鼻子，你不会闻得到薄荷在午夜的味道；如果不是因为你的舌头，你不会分辨得出甜和苦；如果不是因为你的触觉，你不会感觉得到普琳丝的身躯。事实上，根本没有我，没有飞机，没有心灵，没有普琳丝。难道你愿意自己人生的每一分钟都受到愚弄吗？[1]

我因此而飘飘然，自问是凯鲁亚克的知音，当然，还有伟大的金斯伯格。愿他们在那个绿草茵茵的地方永远安息。我现在还记得写下《咪咪》里的这段话的那个清冷而慵懒的早晨，我喝一杯自己做的粗糙奶茶，烤着火，足不出户，每天只吃一顿饭。在滴水成冰的清晨，把自己隐匿在都市深处一间不为人知的房间温暖的黑暗之中，因为自己想象出来的情景而陷入一种奇异的感动。在二十多年之后的今天，我依然感受到这种感动，它们一直很贴近，从来不曾消失。

1　[美] 凯鲁亚克：《达摩流浪者》，梁永安译，上海译文出版社，2008，第37页。

负责解释第二个问题的是物理学界不世出的奇才希格斯（Peter Higgs, 1929—　）。在这位朴实而低调却真正震惊了世界的老绅士的计算之中，宇宙在多向度的层面上充斥着一种非常古老的、基本而普遍的相互作用，世人称之为"希格斯机制"，这种机制决定了基本粒子被赋予质量与否。有的基本粒子毫无阻碍地通过了希格斯场，这些粒子全都不具有质量，而那些能够与希格斯场发生阻碍反应的粒子则具有质量。希格斯机制被提出之后的三十年间，人们都还是莫名其妙，完全不能理解。为此，有一位希格斯的信徒、英国伦敦大学学院的大卫·米勒（David Miller）教授在1993年作出了一个非常令人激赏的比喻：希格斯场就是一个少长咸集、钗香鬓影的上流社会鸡尾酒会，觥筹交错之际，酒会现场走过了一个穿着酒店侍应生服饰的人，所有人都对他视而不见，没有人走到他面前搭话，他能够不受任何阻碍、宛如透明般地穿过整个会场；而如果这个时候穿过现场的是英国前首相撒切尔夫人（Margaret Hilda Thatcher, 1925—2013），那么毫无疑问，人们就会肃然起敬，马上放下手中的酒杯，中止正在进行的谈话，向她簇拥过去，嘘寒问暖、殷勤致意，老太太也就只好被迫放慢脚步。这个比喻中看起来很像是势利小人的构成希格斯场作用的希格斯玻色子（Higgs boson）登场于宇宙诞生的十几秒钟后，它们堪称物理世界的冷眼旁观者，人们为此给它们起了个江湖诨号叫"上帝"。希格斯玻色子也确实像那位游手好闲的上帝，置身于我们所能理解的物理法则世界之外，落落寡合，没有质量，自旋为零，没有电荷，没有色荷，一旦出现随即在极短的瞬间（$1.56×10^{-22}$ 秒）内衰变……它甚至不占据某个范围——这并不意外，不同于费米子（fermion），玻色子自旋为整数，本来就免疫于泡利不兼容原理（Pauli exclusion principle），一个以上的希格斯玻色子可以在一个量子状态同时并存，我们将之称为低温玻色-爱因斯坦凝聚（Bose-Einstein condensate），所有粒子共享一个宏观的量子态。在宇宙大爆炸的初期，所有物质都以光的形式存在，光子在极小的范围内以极高的速度横冲直撞，如果没有希格斯玻色子的掣肘，夸克不可能沉淀为质量，那我们的宇宙至今都还是一个沸腾的量子海洋。希格斯认为，这种场作用之中的运动的相对性就是质量的真相。

如果说希格斯玻色子真的就是上帝，那么这位上帝的所作所为与口耳相传的故事就正好相反，他没有创造光，而是阻止了它，从光的肆虐中夺下了质量，赋予世界。如果按照我们一般的逻辑，光的反义词被直观地认为是暗的话，那么黑暗就是世界之母。

这种"实有来自某种更纯粹存在的受限状态"的思考，也为我思索张载（1020—1077）《西铭》中"故天地之塞吾其体"这句话提供了一种别开生面的佐证思路。有人认为这个"塞"字作"重要"意解，我觉得此处当通"寒"。《说文解字》曰："寒，实也。"如《诗经·邶风·燕燕》："仲氏任只，其心塞渊。"郑玄（127—200）《〈毛诗传〉笺》注曰："塞，充实也。"此处可以理解为实有。这样就可与下一句"天地之帅吾其性"对应，"帅"解为"主导"，是一种更虚无缥缈的、更非实体的、更机制性的存在，如《孟子·公孙丑》："夫志，气之帅也。"正好一郁一畅，合乎阴阳。当然，张载不太可能确指这种限制究竟是什么，但将之推测为依然包含于体系（天地）本体之**内**是没有错的。这样，我们将一种机制（帅）在纯粹和受限制状态看成是基态和激发态，那么世界的基本算法就被构成了。

也许希格斯玻色子真的就是上帝，与一般人的想象大相径庭的是，上帝的意义并不是像很多教徒的睡前祷告那样，赋予人以贪得无厌的自由，而是抑制我们原本近乎无限的自由，"因为美无非是恐惧的开始"，上帝的工作是防止我等溺毙在自身光明、阳刚的无限之美中。

上帝从不掷骰子。宇宙大爆炸就是打开一瓶香槟时的喷发，现今的宇宙就是这些依然在空中飞散的碳酸泡沫的余烬，总有一天所有的泡沫都会变得谁也挨不着谁，因而完全热寂。上帝就是一个顽童，他毛手毛脚地打开了这瓶香槟，造就了一时泡沫飞散的盛景，因而受到了泡沫们的膜拜。可是这又怎么样呢？他还是只能眼睁睁地看着香槟漏光，一点办法都没有。

负责回答第三个泥球疑问的是《比较列传》（βίοι παράλληλοι）的作者喀罗尼亚人普鲁塔克（Πλούταρχος，约46—120）。何谓世界的"连续性守恒"？这是我们此章节思考的主要问题。我们的思索可以试着从"忒修斯（Θησευς）之船"悖论着手。这个问题最早出自普鲁塔克参观忒修斯曾经乘坐过的三十桨船时的沉思。譬如我们拥有一艘船，航行得久了，船上的一两条木板总难免因为发生破损而被我们换掉。船渐行渐远，木板随坏随换，从理论上来说，总有一天船上原来的木板会全都坏掉并且被我们先后替换一遍。船是由木头构成的，忒修斯之船的悖论体现了宇宙的统计学性质，统计是一个（至少是在名义上）以连续性为根本条件的过程。那么，我们不妨思考下面清单里的这些问题：

1. 这艘船还是原来的船吗？如果说它还是原来的船，可它身上已经没有一块木板和打造它的造船厂有关系了。

2. 可如果说它不是原来的船，我们却确实从来没有任何一瞬间开过一艘"新船"，而且我们的网购账目明细表中也从来没有任何购买新船的交易记录。

3. 第三个推论则来自霍布斯（Thomas Hobbes，1588—1679）

的沉思：如果我们将忒修斯之船拆掉，用拆下来的木头原封不动地重新造一艘一模一样的船，那么现在这艘船还是原来的那艘忒修斯之船吗？

4. 第四个推论不知道来自谁，不过现在也口耳相传，在极致的思想游戏之中也很有市场：如果我们将忒修斯之船拆掉，用这些木头造一间小木屋，小木屋肯定不是船，可是它的组成部分完全是原来的那些造船材料，那么小木屋和忒修斯之船之间有什么关系？（流行的比喻是将小汽车的钢铁熔掉铸成一尊雕像，我们还是改回船的这个形式。）

其实早在普鲁塔克之前四百多年，亚里士多德就觉得自己解决了这个问题，虽然这个问题当时根本就还没有被提出来。根据亚里士多德的世界观，船虽然越来越老化，不断换木板，但是木板是船的质料因，船是船自身的形式因，质料因换了，但是形式因没换。这个分析简化了问题在因果关系上的层次，我们因此而明显看出霍布斯的那个补注的答案，霍布斯的演绎的价值在于，虽然如以前命题那样，质料因变了，形式因没变——亚里士多德的形式因观点受到他的老师柏拉图"理念说"的影响，这艘船虽然变了，但是没有脱出船的理念的范畴——但是连续性被斩断了。亚里士多德的这个公式倒是从另一个侧面回答了他的一位前辈赫拉克利特（Ηράκλειτος，前535—前475）的问题：人两次踏入的就是同一条河流。因为河的质料因（水）虽然换了，但是它的形式因（河）并没有换。"四因说"里的形式因和质料因虽然不好说谁比谁重要，但是我们由此也基本得出结论，这个过程的"基本性转换"至少并不是颠覆性的。

至于后来那个无名补注，把船改造成小木屋的那个，在亚里士多德的公式里层次也非常井然：船和屋子的质料因虽然没换，形式因换了，更有甚者，船是航行的，房子是住的，这两者的目的因是完全不同的。

我们继续将这个思考游戏做下去。在这个悖论里有一个问题，无论是亚里士多德还是普鲁塔克自己，都把"木板"看成一种纯粹的观念，不可再分，类似德谟克利特（Δημόκριτος，约前460—前370）——另一位古希腊哲学大师，比亚里士多德又要早差不多一百年，不知道为什么，就好像荣格在梦中看见的幽深地穴，我发现我们的哲学论述是反着来的——的原子学说，或是前文提到过的维特根斯坦所谓的"简单对象"。然而问题在于，"四因说"是普遍的，木板不是简单对象，它也有它自己的形式因和质料因。所以，在思考这个问题的时候我想到了（但我肯定不是首创，这几个问题只是没有出现在阅读范围之内而已）下面的问题：

5. 木头（质料因）被锯（动力因）成长条（形式因）以便钉造船身（目的因），现在我们把"四因"中的两个改掉。每当忒修斯之船上的一块木板坏掉，我愿意换掉它，但是我懒得锯，我就直接拿一段砍下来未经加工的树干直接钉上去堵住破洞。久而久之，越来越多以至所有的木板被更换，这艘船变得越来越难看，成了一个柴堆不像柴堆、木筏不像木筏的怪东西，没有人认得出这是一艘"船"。这个推论和普鲁塔克的原始推论看起来没什么区别，但是它的存在公式配比如下：

组成船的木料——质料因和目的因没变，动力因（砍或锯）和形式因变了；

船自身——质料因、动力因（钉）和目的因没变，形式因变了。

现在我们该认为这艘看起来更像是海上漂浮垃圾堆的"船"在多大程度上是原来的忒修斯之船？

6. 现在我们把材料的"四因"换掉三个。每当忒修斯之船上的一块长条形木板坏掉，我就给它换成两块方形铁板焊上去。久而久之，木船变成了铁船，钉造变成了焊接。现在这艘船是这样的：

组成船的材料——目的因没有变，质料因、动力因和形式因都变了；

船自身——目的因没有变，质料因、动力因和形式因也都变了。

无怪乎在"四因说"里亚里士多德最为眷爱目的因，只要这东西还能在海上漂，上面还能坐人，它就是一艘"船"。只是还是那个问题，它究竟还是不是那艘"忒修斯之船"？

我们回到这部分思考游戏最开头的那句话，现在关于忒修斯之船悖论最有市场的解释是，只要一个存在的连续性不被破坏，我们就承认它存在的统一性。但是——我发现我自己到哪儿都闹别扭的毛病大概是无药可治了——连续性只是存在的一个指标，我们至多将它加到"四因"之中去，它的决定性意义也并不比"四因"更重要，从忒修斯之船最原始的论述我们就能看出这一点。我们来看下面这第七个假设：

7. 普鲁塔克参观忒修斯之船的时候，这艘船已经被雅典人看成一种城邦荣耀的象征，它有可能（这一点并不确定）还停在港湾里，也有可能已经被捞出来、放在为之新建的广场上陈列，他们对它的不断修缮就是为了使这种荣耀的回忆历久常新。这些都不重要，关键是，它现在其实是一座纪念的丰碑，而不是一艘船，目的因变了。但是它的连续性没有被破坏，它并不是从城邦议会签发致敬状的某个时刻，或是从水里拖到岸上行至某个位置开始，从一艘船"变成"一座纪念碑的。

现在这座纪念碑的情况是：质料因、动力因和形式因没有变，连续性没有被破坏，但是目的因变化了。那么它在多大程度上**依然是**原来的忒修斯之"船"？没有人能够证明时空的连续性，我们只是希望它存在。

负责解释第四个泥球疑问的是薛定谔（Erwin Schrödinger，1887—1961），这是一个比前三个怪人更负盛名一些的……怪人，一个维也纳人，苏黎世大学和柏林大学的教授，1933 年因为一个偏微分波动方程斩获诺贝尔物理学奖。世人对薛定谔的印象无不出自他那个脍炙人口的实验。我在还是少年的时候，第一次自比利时先锋作家图森（Jean-Philippe Toussaint，1957—　　）写于 1986 年的小说《先生》中得知这个实验的存在，在这篇伴随着少年时代的我度过了无数个流光溢彩的午后的、才华横溢的佳作之中，图森是这样描述这个实验的：

他正在对路易讲述舍罗丁格的实验，这是一种理想化的实验。有人把一只猫放进一间关着的房间里，里面有一小瓶氰化钾和一个检测器，在检测器里有一种不稳定的放射性原子，只要原子一发生裂变，检测器就会触动一个装置将玻璃瓶打碎，然后猫就会死去（人嘛，都一样）。但事情并没有完。不。那种原子在一个小时之内发生裂变的可能性是一半对一半。所以问题是：六十分钟之后，那只猫是活还是死？它不是死就是活，不是吗？请看着路，先生说。但是，根据哥本哈格的解释，先生接着说，一小时过去之后，那猫就处于一种虚无缥缈的境地，它有百分之五十活的机会，也有百分之五十死的可能。你会说，可以去看一看，了解一下，看上一眼不会将它看死，它如果死了也不会将它看活。但是，还是根据哥本哈格的说法，只要看了它一眼，就从根本上改变了对它所处状态的数学描述，使它从虚无缥缈的境界进入一种新的状态，在这种状态中，它或者是活着，或者是死去，这要看情况。[1]
描述薛定谔猫实验的文字汗牛充栋，我还是最喜欢图森的这一段。图森先生是我的偶像，不知道他老人家现在是否一切安好。在这段文字中有几个有待商榷之处，不知道是出于原著还是译者，"舍罗丁格"是薛定谔的一种非常规的译法，"裂变"这个词应该是"衰变"，"哥本哈格"这个词应该是"哥本哈根学派"。不过这些都不重要，我们都知道它想说的是什么，这就够了。顺带一提，在这一段之前几十页处也有一段冷漠而幽邃的描述冲决过我当时年轻的胸膛，那是一个关于威尼斯的浪漫故事：

> 我低着头，两手插在大衣口袋里，使双脚压在人行道上，目的是让这个城市沉到水中去。每当我走完一段台阶，我总是并起双脚，小心地跳到地面，并在下面等候爱德蒙松。我请她也这样做。我解释给她听：威尼斯这个城市每世纪要下沉三十公分，也就是说每年下沉三毫米，每天下沉零点零零八二毫米，每秒钟下沉零点零零零零零零一毫米。所以每当你用力踩踏人行道的时候，就可以推理说你在城市的下沉中也算起了点作用。[2]

图森的描述帮助我建立了最初的宏观和微观之间的连续性观念，但这两个例子，我想了很多年，恰好一个是连续的（威尼斯的故事），另一个是不连续的（关于猫的事我们接下来再说）。

在我读完这本书之后不久，我的某位老师居然请到了图森来我们学校演讲。当时我兴奋不已，带上这本书兴冲冲地赶向会场想请他签名。可是遇到他时他正在一群人的簇拥下从会场出来，

1　[比] 让-菲利普·图森：《浴室·先生·照相机》，孙良方、夏家珍译，湖南美术出版社，1996，第109—110页。

2　同上书，第63页。

从他们的交谈中我听出，他们要带他去"喰哳乜"——像是要赶向一个宴会，行色匆匆。他又高又壮，可能有一百九十公分甚至更高，皮肤白中透出粉红色，头已经完全剃光了，比书上的照片要胖很多。他们飞快地从我身边掠过，没有一个人注意到我，看他们大步流星的样子，我也没敢开口。我就像那个被希格斯玻色子选择无视的没有质量的胶子（gluon），觉得有点失落，在黑暗的楼道里发了一会儿呆，回到了我的寝室。那真是一段无忧无虑的日子，那时候的我特别年轻，才二十刚出头。我白天写作，下午读书，晚上喝酒玩电子游戏。我怀念在广州美术学院求学的日子。我经常储备一些食物，几天不出寝室的门，躲在放下窗帘的房间里写我的《咪咪》《阴天》《秘密的奇迹》以及其他一些宛如梦呓的文字。二十年过去，那本曾经拿去想请图森签名的《浴室·先生·照相机》已经翻卷了边，我想我此生大概很难有机会找他签名了。现在我年近半百，还是白天写作，下午读书，晚上喝酒玩电子游戏。我现在由夫人负责搜罗食物，还是经年累月不出门。我怀念在广州美术学院求学的日子。

好了，我们别管这位又高又壮的图森先生了，还是回过头来接着谈薛定谔和他的猫吧。令大多数人大跌眼镜的是，薛定谔构思这个祸害猫咪的实验并不是为了证明哥本哈根学派的量子选择理论，而是为了讥讽它。这种误解和对"哥特式""印象派"等名词的误解一样，在言说的历史之中变成了一种超脱正误的存在。

1913 年，哥本哈根学派的开山祖师玻尔（Niels Henrik David Bohr，1885—1962）在观察氢光谱的发光规律时发现，氢原子外围的电子因为某些原因处于基态，也会因为另一些条件原因处于第一激发态，但是这两个能级的转变之间没有过程，没有阿基利斯追不上乌龟的那种过程，而是彼此相互跃迁。玻尔因此而得出结论，基本粒子的能级是分立的，彼此之间不连续，世界的连续性本质就此被质疑了。也正因为此，对量子的数学状态不能像对自然世界的描述那样以一个常数来统计它，因为它太小、太过瞬息万变，所以测不准（uncertainty）。对于量子的状态只能用一个取值区域的概率来描述，然而概率是一个地地道道的相对观念，不像数字是恒定的，概率只能通过主观观测得出。所以这自然而然地引出了哥本哈根学派的核心观点：微观世界的物质在没有被观测之前是不确定的。

"微观世界"这个四字前缀非常重要，哥本哈根学派从来没有想过用量子选择的观点来诠释宏观世界。但是坚持物理规律的连续性不容侵犯的薛定谔对此耿耿于怀，马上想出了那个举世闻名的猫实验来针锋相对。既然宏观世界是由微观世界组成的，而宇宙的统计学性质决定了整个物理世界的存在都是无法脱离连续性的，那么这只猫的存在也应该是一种概率，至少是若干概率的集合。基本粒子就好像一堆胡乱摆起来的葡萄，它们摆到多大的一堆**开始**变成一只猫？天晓得。薛定谔生性好辩，提出这种争论并不意外。1926 年初秋，他受邀去哥本哈根讲学，从和老朋友玻尔一起乘火车直到在玻尔家下榻，两人就世界的连续性守恒问题辩论了几天几夜，痛快淋漓。后来他在玻尔家病倒，玻尔就搬一张椅子坐在床边，两个人还是唇枪舌剑，都舍不得少说几句。

这次辩论之后，薛定谔对于哥本哈根学派的看法宽容了许多。然而这个实验中有一个问题，既然出于欲擒故纵而虚情假意地接受了量子的普遍选择状态，因而导出了猫"既死又活"的状态，那么原子也应该是"既衰变又不衰变"，检测器也应该是"既触发又不触发"，玻璃瓶也应该是"既破又没破"的，所有的可能性被普遍选择了，这样才算是真的没有触犯物理世界的连续性原理。可是你猜怎么着，所有可能性的普遍枚举，这还是一种必然。你在一间房间里藏起一把手枪，无论是放在床底还是抽水马桶的水箱里，都脱不出这间房间的范围。警察只要包围你的房间，结果准是没跑。这把手枪可能永远都找不到，但是也永远都不会遗失。如果你把藏枪的范围扩大到了整个宇宙，枪只是对警察而言变得难找了一些而已，但是描述并没有变化：它可能永远都找不到，但是也永远都不会遗失。

世间的万物，"会发生"是一种事实，"不发生"同样是一种事实。就如同博尔赫斯在《布罗迪报告》里说的，人们既然对三千年前横渡红海记忆犹新，那么对于五分钟之后将要发生的事情也应该心有所感才对。这就好像我们在剧场看到帕里斯（Πάρις）被菲罗克忒忒斯（Φιλοκτήτης）用毒箭射死的时候，大家都心知肚明，木马计此刻并不是"不存在"，只是还没有演到而已；同样的道理，征服伊利昂的计策还有其他千千万万条，只是没有被选用而已。对于这种不确定的未来，我们最大的让步是将它们定义为一种"可能性"或一种"趋势"，或者说是一种"信息"——这个后面会谈到——但是说它们"不存在"是绝对不可接受的。

基本粒子的本质是波粒二象的，所以物质从本质上来说也是一种波，这决定了在量子层面上所有的可能性都是确实存在的。我们让一个波通过障碍上的两个洞，它会在洞后各自形成波，但它们既不是两个波，也不是一个波的两个部分，就是原来那个波，这种现象称为波的双缝叠加。既然物质的本质是波粒二象的，那么它们就必须遵循波的叠加、干涉和衍射原理。现在我们根据现实经验将这两个洞一个取值为"是"、一个取值为"否"，那么这个存在的真伪状态就是同时被选择了的。

在这两个洞后面，位于它们两者中间的那个区域，这两个波（姑且认为它们是"两个"波）会同时存在。情形有点像在第一部分的第三节我们提到马远《水图》时所说的那种波的干扰，但是是水波波峰变成尖顶的那种可见的干扰，相互干扰的其实是波的传播介质，并非波本身，何况它们本来就是同一个波。所以在这两个洞中间的关键区域，这两种状态——选择"是"的波和选择"否"的波——是叠加的。

我们绕得远了，薛定谔的那只猫开始舔爪子、踹痒痒，已经等得不耐烦了。这里有一个概念非常模棱两可，引发了我们的思考。哥本哈根学派认为低于观测级别的基本粒子是测不准的，只能估算一个概率然后予以观测，因为这些粒子太基础，差不多被我们看成简单对象，不可再分。一只猫看起来虽然是由这样的东西"累积"而成的，但它不是一种求和运算的结果。请注意，猫虽然是宏观世界的概念，它其实也是简单对象，如同维特根斯坦说的，不可再分，一只猫就是一只猫，不可能被分成猫头、猫肚子、猫尾巴这一系列的部件。你不能说头加脖子加肩膀加胸口加肚子加四肢加尾巴，加到哪里**开始变成**一只猫。一只猫就是一只猫，它没尾巴也是猫，没有四肢也是猫，没有头……这个比较严重，但它还是一只猫。虽然它是由这些部件组成的，但是"猫"的概念和"猫部件"的概念是"不连续"的。

这种思索，古已有之。我将这个关于猫的推断看成连锁悖论（sorites paradox）的一个变种，即量变到质变过程的非连续、非可知和非实有。古希腊麦加拉学派（Μεγαρική σχολή）的一位宗师、米利都人欧布里德斯（Εὐβουλίδης，生卒年不详，约活动于前4世纪）认为，如果一粒谷子、两粒谷子或是三粒谷子都无法在概念上脱离前一个数字的"谷子"概念而构成"谷堆"，那就是说，无论多少粒谷子都无法构成谷堆。

这样说似乎有点荒唐，我只是想说明一个存在的基本与否与它是宏观还是微观没有关系，一个东西的连续性与它的组成部分的关系也不是必然的。我们现在假设下面的三个命题：

　　　　a：一只完整的猫具有某种功能；

　　　　b：一只完整的猫是累积了一些短暂的时间而持续发展为现状的；

　　　　c：一只完整的猫是由一些微小的部分拼加累积成现状的。

这样就不难看出，综合 a 和 b，我们可以肯定这只完整的猫的功能在每一个时间单位里都存在，也许猫跑得越来越快、力气越来越大，但是这个过程没有间断过；然而综合 a 和 c，我们却很难说这只完整的猫的"功能"是在这些部分拼加到哪一个程度而"产生"的。所以我们可以认为，事物的观念在时间上连续、在空间上不连续。

　　在 a、b、c 这三个命题里，a 命题看似无足轻重，但实际上给整个描述定下了一个基调，也就是猫的存在是正确而无歧义的。这个正确性基调决定了连续性的现状。这一点从另外一个方面证明了猫不是一个简单对象。当那个致命的装置被触发时，猫死就是死，活就是活。如果我们关注的"某种功能"只是毛茸茸或是有尾巴之类，那么这只猫即便是死了，它还是毛茸茸的，无论是死还是活，这种连续性都没有被打破；可如果我们关注的"某种功能"是捉老鼠的话，那么这个连续性就被打破了，而且是不可逆的。

　　在这个实验里，连续性的断裂就是，我们假设死亡是一个瞬间突然发生——当然它并不是——的话，那么这个瞬间和它的前一个瞬间（也就是猫还活着的最后一个瞬间）是没有关联的，连续性到这里就断裂了。当然有人会反驳说，因为猫活着，所以它才会死，这种说法也没有错，但是如果一定要用这种空泛的因果关系来解释否定之发生的话，那么否定本身就变得模棱两可了。

"死"是"生"的否定，这个连续性断裂的瞬间必须是斩钉截铁的，而非一种暧昧的转换，逻辑自身才有可能存在。在宇宙之前并不一定是没有东西的，但是宇宙还是从零开始的，Im Anfang war die Tat（泰初有为），宇宙原生性的意义不在于它是最早的，而在于它的发生和与比它先出现的东西之间没有关联，在连续性上彻底割裂。

而如果我们并不做出这个假设（死亡是在一个瞬间发生的）的话，连续性依然无法统计，一只猫就是一艘忒修斯之船，你不可能算出它百分之多少的部件坏了之后它"开始"算是死亡了。如果死亡是这样的一个过程，我们假设它由无数多足够短（甚至是无限短的）的瞬间组成，那在这个过程之中，每个瞬间与上一个瞬间都具有连续性，但是我们还是不知道**到了**哪个瞬间猫才真的被判定死亡了。情况还是没有发生改变：这个导向猫的死亡的、不断虚弱的过程被看成"死亡"本身的过程，可是这个过程之中的每一个瞬间猫却都还是活着的，那个判定死亡的瞬间出现的条件可能是这些瞬间在某个程度上的累积，这样即便并不破坏连续性，但也是偶然的，不恒常且不可知。

最后一个问题。在这个实验里，装置触发，猫会死，这是一种必然；装置不触发，猫活着，这也是一种必然。这两个分支的因果关系是完整的，没有超出任何人的经验常识范围。关键在于，被争论叠加与否的是驱动那个装置的那种衰变概率 50% 的元素，这种元素的衰变与否彼此无关联且不连续。这就是说，在这个实验里，装置、毒药乃至于猫自身在"触发＝死""不触发＝活"这两个运算之中都只是一种辅助运算，甚至仅仅是说明运算性质或是放大便于观察运算结果的附加数据，它们都是可以被省略的。因此，这个实验的实质性部分的描述就是这样的：

　　　　一种元素一个小时之内的衰变概率是 50%，一个小时

149

之后它的状态是衰变与不衰变两者叠加的。

这个描述……好像是哥本哈根学派的原话，没有证明什么，也没有反驳什么。

负责回答第五个问题的是霍金教授和奥地利物理学巨擘玻尔兹曼（Ludwig Eduard Boltzmann，1844—1906）。从某种程度上来说，玻尔兹曼算是普朗克（Max Karl Ernst Ludwig Planck，1858—1947）的老师，至少是前辈。他以"熵"这个概念重新思索热力学第二定律的时候，将概率问题的重要性放大了，因此而得出玻尔兹曼熵定理，一切事件的发生遵循从小概率向大概率变化，从有序向无序变化。

一个相当形象的比喻是，一杯被放在桌上的热茶会慢慢变冷，但一杯冷茶不会自己变热，我们将这种概括宇宙连续性进展特色的数学模型称为熵的增量统计结构，事件总是遵循着熵的规律，从有序向无序跌落。

我家的小狗惧怕洗澡，我们给它洗澡总是在下午，当然不会事先和它商量。凭借简单的已知事实不足以让它精确预测洗澡的时间——实际上，本来就不存在这种"精确"，我们只是觉得它够脏了就给它洗，并没有一个可以预判的时间计划——但是能够模糊地总结出一个规律：总是在下午发生。所以，它每个下午都会表现得很紧张。而且如果隔了一段时间没有给它洗澡，它就会越来越紧张，因为它知道，越不给它洗澡，给它洗澡的可能性就会变得越大。熵的原理和连续性的原理是一把利剑的两面刃，熵以连续性为依托，连续性以熵为表现，它们精确地计算乃至预测了我们这团宇宙香槟泡沫逐渐消散的前世和来生。

在一个封闭的系统之中，事件的发生总是由有序向无序逐渐递增。这种无序性渐渐增量的极限是什么？无序的极限可能是另一种秩序的开始，但这两者不连续。我们试着用一种易于理解的方式来思考这个问题。譬如在城市各个角落里有一群从事不同工作、隶属于不同生活层次的人，他们拥有不同的人生经历，彼此之间在社会关系上没有交集，这个人群是随机枚举的，也就是说，这个集合是无序、无规律的，没有一个函数能够精确描述它。他们唯一的共通点是都在这个城市。每天晚上七点钟，这个城市的人都下班了，包括这个随机集合的成员。他们都汇聚到了一个地铁枢纽站，准备各自回家。这个车站此时汇集了庞大的内部个体互不相干的人群，还有人在不断地加入；也有人临时改变了主意，离开了车站；人们基本上互相没有扰动，也可能突然邂逅故人……总之所有事件都有可能发生，这些可能性自身也是均态分布的，仅仅遵循随机枚举的原则，毫无悬念。系统的无序到达了极限，这个站台的现场就是一个沸腾的量子海洋。

漫长得宛如无穷无尽的煎熬和等待之后，车来了，所有人挤进车厢，车站变得空荡荡的。无序被强行挤压进一个秩序的集合内。十年修得同船渡，那个一盘散沙的随机集合里的人在车厢内屏息而立，摩肩接踵，不敢造次，对于偶尔一个趔趄者援之以手。车厢相对于外界而言是隔绝的、自为孤立（Isoliertes）的系统，没有人能够上车，也没有人能够离开。

现在，我们假设这辆车就此离开了这个城市，或者干脆就不知道开到哪里去了，再也不回来了，那么它，还有上面的一车人，对于这个城市而言就变成了不存在——没有意义了。如果是这样，那么我们就说刚刚站台上世俗的沸反盈天、截至上车为止的那个熵的最大化瞬间，是我们的那个随机集合的成员留给这个城市的最后印象。

此后他们在车厢里发生了什么，依然留在站台上和城市里的观察者不可能知道；跟着一起走进车厢的观察者全都知道，但是不可能把消息传播出来。这样，我们就把踏过车门的最后那一瞬间称之为"视界"，视界两边的两个系统是隔断的。这就是说，无论系统的连续性如何明晰、确凿、无可置疑，穿越视界的一瞬间也必须断绝。

不同意见认为，除了车厢内和车厢外的这两个观察者之外，我们的那个随机集合里，成员自身也是具有主观意识的，他们作为自我观察者的身份也不应该被忽视，他们清晰地记得从车站上车的那一瞬、之前之后都发生了什么事，他们观察的连续性没有中断过，足以引发态函数的塌缩来确定事实。

这种想法看似鸡毛蒜皮，实则很有深意，而且其重要性可能远超我们的想象，这是霍金生前思考的最后一个问题。

我们认为一个人在踏入车厢之后还是一个人，那是因为信息没有断绝。霍金在去世前十天于《高能物理通讯》(*Journal of High Energy Physics*) 上发表的最后一篇论文中还在思考这个问题。很多人认为信息是守恒的，它不会被消灭。我们焚烧一张纸，直至它变成灰烬，但是这个过程中的每一步物理变化从理论上来说都是可以被记录的，没有什么玄虚。这就是说，如果我们的科技足够发达，而且足够粗暴，我们对这被记录下来的每一步进行反操作，可以用一堆灰烬还原出一张纸来。纸可以被毁灭，但是这个记录本上的每一步变化却无法被毁灭，因为它只是一种发生的可能性，本来就存在，甚至已经发生了。

你可以喝干、倒干、烤干、擦干……用任何粗暴的方式消灭一把壶里的水，但你不能取消这把壶可以装水的这个事实；你可以用压路机把一台电脑碾成齑粉，但是你无法毁灭里面的程序；同样的道理，秦始皇有权力烧尽天下所有的数学书，但是他无法禁止 1+1=2；除非像《假话国历险记》里的那位贾科蒙国王那样明确立法禁止猫咪喵喵叫，否则它们就得喵喵叫，快到晚餐时间还叫个不停。

宇宙在某种层面上遵循着一种"幺正法则"（Unitarity）。对于它的算法我也不甚了了，可在哲学层面上我们差不多可以简单理解为信息的转换必定会发生，但是信息自身稳定且始终有效。譬如有一个班的学生分数排名，在两次统计中，第一名和第二名的分数都刚好一样，可是两个人的名次换了个位置（这次的第一名是上次的第二名，这次的第二名是上次的第一名），那我们简单统计班级分数质量和分数分布时就会发现，谁考第一其实对于信息的质量没有什么影响，信息只是被转换了，并没有创生和毁灭，两个第一名都是货真价实的。因为一次只允许一个冠军存在，所以在这个位置——任何一个位置上两个人彼此不相容，但必定有一个。任何一个粒子在任何一个时刻总能在宇宙的某个位置被找到；反过来说，一个事件在一个时间占据了一个位置，那其他事件就无法在这个时刻和这个位置发生了，可是这些时刻、位置，也就是允许事件发生的条件，是恒定的。宇宙就像是一个有很多格子的抽屉，一个格子一次可以放一件东西，不断拿出放进，但在此基础上必须保证所有格子在所有时刻不能为空。这就是信息，信息就像是柏拉图的"理念"，它的存在优先于也基本于现实，很多人认为信息是守恒的，无法创生，更无法被消灭。

信息守恒似乎可以成为证明连续性守恒的一个重要线索。

然而很遗憾，根据现有的计算，宇宙的结局是黑洞的蒸发，然后只剩一片虚无的世界，在那之前很久，黑洞也是宇宙中唯一的存在。所谓形者必灭，看来一切存在的归宿是，一个物体穿过视界进入黑洞，它就会变成黑洞自身——但并非它的一**部分**，如果这个黑洞是我们理解的、目前所有运算结果和想象力极限指向的黑洞，那它的实质就是一个无限小的点，它没有**部分**。因为这个点是无限小的，它不可能拥有任何结构和可能性，也就不可能保存信息。物体在进入黑洞的瞬间，我们姑且允许它保留三个数据——质量、角动量、电荷，可其他的信息就彻底失去了。放到前面的那个比喻中就是，那个随机人群集合里的乘客，我们假定的那个任意自我观察的主体，假设他在上了车之后立刻就死了，那么他作为自我观察者也就没有意义了。信息守恒是不可靠的。

退一万步说，即便进入黑洞的信息被通过某种我们不可能想象的、与数学规律相悖的方式保存下来了，黑洞自身也是会消失的。这种黑洞消失的机制早已被观测证明，我们将之称为"霍金辐射"。狄拉克（Paul Adrien Maurice Dirac，1902—1984）推测，宇宙中的真空并非如我们想象的那样什么都没有，而是会不时无中生有地成对产生某种神秘粒子。这一对物理极性恰好相反的粒子在诞生后的极短时间内随机彼此中和湮灭，因此而保持了真空中稳定的零信息量。

顺带一提，真空之所以被我们根据主观感受定义为**真**空，并不是因为没有东西，而是统计电位为零，不能感知。狄拉克在参考薛定谔方程的基础上将之相对论化，创造了狄拉克方程，堪称惊世之作。可是狄拉克也因此发现，这个方程有一点与日常经验常识相违背之处：它允许电子的激发态低于基态（也就是零），我们可以将此理解为允许能量为负。这种情况下，我们只能推测，那些负能量的能级之所以处于主观的经验世界之外，无法被觉察，是因为它们始终被占用着，根据泡利不兼容原理，就无法追踪到其他粒子向该能级的跌落，所以看起来很像是根本就没有这样一个可供容身的"位置"。我们可以进一步推测，如果一个粒子始终占据一个能级，那么这两者之间的极性必然互反，而中和出一种"真空"的统计结果。我们经验意义上的"真空"——"看起来什么都没有"，也就诞生了。

虽然一对粒子凭空出现看起来似乎不太符合能量守恒定律，

但它符合测不准原理。这就是说，如果这无中生有的粒子对时空现实的影响小到了某个数值，它实际上将无法对宇宙产生任何影响——不是近似于零或者可以被看作零，而是真正等于零，不携带任何信息，没有任何影响。

这个数值现在也并非什么不传之秘，$6.626\,070\,15\times10^{-34}$，我们将这个数字记为 h，正式名称是普朗克常数。当一种能量行为的质能和时间（或是动量和位移）的乘积小于普朗克常数的时候，它就是测不准的，无法对经典物理的世界产生任何影响。我们可以打个比方，假设任何质能信息都通过某种输送行为来对现实世界产生影响、造成改变，可是当数值小于 h 的时候，这种影响就会小于和它自身现实世界的接口。所以，凭空出现的正反粒子不造成任何结果，因为它们的出现没有任何原因。它们符合因果律，符合测不准原理，所以也并不违背能量守恒定律。它们就是一种微不足道的幽灵，我们可以称之为"虚粒子"。宇宙——至少是现实——从统计上来说并不是可以无限分割的。

霍金补充说，可当这对哥们生不逢时，出现在黑洞视界边缘，然后其中一个粒子被黑洞吞噬之后，情形就会发生变化。如果黑洞吞噬了两个虚粒子中的一个，破坏了湮灭作用，那么剩下的那个就会因为逃避了湮灭而变成长期存在，因为持续时间的延长，它最终超越普朗克常数，进入现实世界，成为一个实粒子，这一次看起来似乎真正凭空产生了一个粒子的质量（能量）。为了遵循能量守恒定律，黑洞也只好付出与之相对的一个粒子的能量（质量）。我们只能把黑洞付出的这部分能量算到那个无中生有的实粒子头上，这种时候就可以说，黑洞的一部分能量被那位歪打正着的"宇宙黑客"给带走了。这一次，黑洞这种我们所认知的天体中最可怕的宇宙恶霸当了冤大头，做了赔本买卖。虽然单独粒子的能量小到无法想象，但是我们拥有足够漫长的时间，而且宇宙中虚粒子湮灭可能比我们想象的还要普遍，甚至是必然的，所以黑洞最终会变得不复存在。无序止步于视界，一切存在的结局都是不存在，无序是最大的秩序。

这是一种极大和极小的碰撞，自然的伟大有的时候足够将凡人逼疯。这个过程，非常漫长，但并非永恒。一个与太阳同等质量的黑洞要经过 10^{67} 年才会在霍金辐射中蒸发殆尽，在佛经的数学中这个数位应该是"千不可思议"——可是我们都知道，就凭太阳那点儿质量根本无法坍缩成黑洞。而一个星系级超大质量黑洞完全被霍金辐射蒸发掉的时间则是 10^{100} 年，就是 1 古戈尔（googol）。这一时间究竟有多漫长呢？打个形象的比方，我们现在有一个沙漏，里面的沙子和宇宙中的基本粒子数量相等，每隔 10^{10} 年，上面的沙子落下来 **1 粒**，我们要将这个沙漏颠倒 **50次**，一个星系级的超大黑洞才会被霍金辐射挥霍殆尽。自然的伟大有时就是这样蛮不讲理，足够将凡人逼疯。

这种纠缠和湮灭作用因为它们的超时空性而看起来非常玄妙，其实也没什么不可理解的，你用圆规在一张纸上划来划去，它与纸面接触的是两个点，一头是针，一头是笔。从纸面上来看，这两个点是无论如何都不相干的，圆规足够大，它们就离得足够远。可是当你移动圆规时，只要不以这两个点中的任何一个为圆心，结果必然是一个动，另一个也跟着动，引发纸面上二维宇宙中的那些扁扁的爱因斯坦的困惑。世界的本质是一种维度印象。

然而这一切运算都基于一个推论，就是这个统计系统自身是孤立的，它从秩序开始，经历了逐渐增熵的统计，至于无序的最大化，然后结束，我们将这看作一段孤立的、往而不复的旅程。一杯热水之所以会变冷，是因为水分子的动能被不断传给空气分子，当两者的动能落差趋零时，热传递就停止了，我们也就说这杯水变凉了。之后我们的统计工作就终止了，我们在熵最大化的瞬间停止了观察，将截断于此刻的统计定义为一个"孤立"的系统。

可是问题在于，这杯水还在那里，它没有消失，只是我们选择了无视它；水分子和空气分子的动能转换也没有停止，只是不再像热传递那样大概率，而代之以纯粹的偶然。这就是说，当水温高于室温的时候，动能统一由水分子向空气分子传递，这是一种低熵态的**必然**；当水和空气温度一样的时候，有时水分子主动碰撞空气分子传出动能，有时则被空气分子撞击接受动能，这两种事件的发生完全是**偶然**，我们将之定义为高熵。因为纯粹的偶然在概率上的取值是均态的，所以我们认为高熵比低熵要稳定得多，甚至是死气沉沉、一成不变的。

但是请思考，出于对概率的尊重，我们既然认同"随机发生的空气分子主动撞击水分子并给予动能"事件的合法性，那就等于说承认"一杯已经凉了的水自己变热"这个事件已经发生了。虽然在随机枚举中，一个或几个空气分子撞击水分子所输入的动能微弱到几乎可以忽略，但是不可否认水温确实升高了"一点点"。概率就是概率，在无限的枚举之下，一只猴子能够在打字机上胡乱敲击而打出《莎士比亚全集》的可能性尚且是存在的，只是十分微小而已。也就是说，我们既然肯定一个（或少数几个）空气分子对水分子的动能输入是允许且必然发生的，那么我们就必须承认在一个瞬间之中，所有空气分子都主动撞击水分子因而造成在主观印象中这杯水"自己"突然变热，这个事件也是允许发生的。

为此，玻尔兹曼在晚年重新思索他的熵公式的时候，以"涨落"这个词取代了原木的"变化"的矢量状态。低熵必然向高熵变化，但是处于高熵状态之中时也有可能向低熵状态变化，其原因有可能是系统外的外力的介入，也有可能仅仅是一种公事公办的概率构成。

这一字之差的思路变化，可能是解开我们当下宇宙的熵取值困惑的关键。如果说"低熵"就是"必然"而"高熵"是"偶然"的话，那么我们必须注意到的一个事实是，我们当下的宇宙被必然性充斥，熵值低得难以置信。且不说物质维持在聚集成天体的状态，就算是人体，DNA 结构中的任何一个微小部分发生变化都会造成整个系统的崩溃。如果说人体结构的妙到毫巅是低熵而高秩序的代表，而宇宙的终极虚无是高熵的最终态的话，那么毫无疑问这两者之间的落差肯定大于一杯热水和室温之间的几十摄氏度温差，那杯水只要十五分钟就凉透了，宇宙没有理由在上百亿年间都维持现在的这个样子。

为此我们根据玻尔兹曼的思路，只能将之解释为，在宇宙遥远的过去，那杯热水已经凉了。那个绝对的、低熵向高熵跌落的"大进程"已经完成了，那个进程的熵势能之宏大、演变之辉煌、信息之壮阔，凡人难以想象。现在的宇宙的熵值变化只相当于水凉之后和空气分子的眉来眼去、半推半就的那点点偶然，确实在这个过程之中发生了一些事，这些事也确实令我们击掌相庆激动不已，但只对我们来说是百分之百而已，和那个辉煌的大进程相比也就相当于几个空气分子随机撞击水分子而使得水温稍微变高了一点点。宇宙的熵在整体上还是均态分布的，被允许存在相对长的一段时间。

既然一杯冷水能够"自己"变热，一只猴子能够"自己"在打字机上敲出《莎士比亚全集》——玻尔兹曼将这种思考游戏继续下去——那么在一次熵的涨落之中恰好无中生有地"自己"诞生某种精确如吾等大脑一般的自我意识体系，这也并非不可能，也仅仅基于一种概率的取值罢了。我们将这种纯粹基于概率诞生（而不是像人类大脑那样基于连续性进化）的自主意识称为"玻尔兹曼大脑"。这种设想虽然极端，但没有脱出宇宙尺度的概率范围，所以解释起来也没什么玄妙之处。如果说我们宇宙当下的和谐现状诞生于熵涨落的概率是 $1/10^{100}$ 的话，那么仅凭熵的涨落而随机诞生一个自意识体的成本要低得多，这个概率玻尔兹曼已经计算出来，是 $1/10^{28}$。既然当下宇宙已经出现了，那么任意一个这种玻尔兹曼大脑的出现率是我们眼下的现实出现率的 10^{72} 倍，这在人类理解的尺度上几乎已经可以等同于必然。

这就颇为令人满腹狐疑了，所以我们仅仅将之看成一种思想游戏。因为如果按照玻尔兹曼演算的这个数量级，宇宙里现在应该充斥着这种无中生有的自我意识。在这些自我意识之中，肯定有很大一部分在能够意识到自身存在之前就随着另一次涨落而消逝了，就好像他（选用"他"而不是"它"是有必要的，这是一种起码的尊重）的出现一样不可捉摸。可是剩下的那些具有了自我认知，他们的存在就变成了另外一种基调，在这个问题上我们突然发现笛卡尔（René Descartes，1596—1650）说的"我思故我在"这句话也不是空穴来风的。

这应当如何解释呢？"降熵"是认知到自身存在的自我意识所共有的一个特性，他们据此来提高或是刷新有序度，降低混沌程度，维持自身当下的存在。我们吃饭、睡觉和治病都是最典型的降熵行为。尤其是治病，那些在古代致死率百分之百的疾病，现在哪怕手术成功率也只有百分之十，我们也得治，这种时候我们不会去思考玻尔兹曼熵公式里面那种低概率服从高概率的自然事实。我们其实并不能确定眼下的"低熵"和放任不管的"高熵"究竟哪个更"好"，但是我们还是本能地那么做。如果宇宙中真的像玻尔兹曼的计算结果显示的那样有那么多的自主意识的话，他们肯定无时无刻不在全体展开这种自主行为，足以与宇宙无意识增熵的天性相抗衡。

我们至多承认这一切都只是一些思考游戏，通过游戏来思考，这没有什么不好。有的人很少思考，大多数人从来不思考。

我们的思考游戏开始进入经验无法企及的、难以自圆其说的境地，令人白头搔更短，也是我咎由自取。不过至今为止的思考围绕着世界的连续性守恒展开，虽然从泥球到船再到猫，最后到了无须证明的热力学第二定律，我们到底也无法证明这些事物在连续性上是确凿的。我们对这个思考游戏的过程进行一个简单概括的话，得到的提纲无非下面这几条：

1. 经验性质有什么意义？
2. 质量有什么意义？
3. 忒修斯之船有什么意义？
4. 薛定谔的猫有什么意义？
5. 增熵算法有什么意义？

这串晶莹剔透的问题的露珠项链还能够接续下去，直至地老天荒。但是限制于连续性之**内**的存在永远无法撼动它的根基，有一个问题到了我们必须面对的时候了，它由上面的这几个问题派生而来，并不深奥，甚至很基本，它就是：

"意义"本身有什么意义？

长久以来我们都用"意义"这个词来维系我们认知体系中的一切存在，以营造一种踌躇满志的、大一统的全息图景。我们在这一努力上得出的最为自豪的结论就是：世界是有意义的。

我们现在继续将这个游戏做下去。假设我们捕获了一只刚刚说到的那种玻尔兹曼大脑，或者更极端一点，我们自己就是那只形影相吊的玻尔兹曼大脑。现在我们要思考的问题是，这只大脑的思考行为应该以怎样的方式作为开端，才能一路通顺地在逻辑上演化至"自我存在认知"？这个问题看似简单，但是一般人以为的直接就开始认识"我在"实际上是行不通的。证据再常见不过：我们每个人的大脑都是一出娘胎就有了的，但是记忆通常都是从三四岁开始的，我们通过记忆才能觉察自己的存在，在此之前的我们自己，就是一片混沌。弗洛伊德和拉康都同意这种混沌是思想的开端，在生命形成之初，婴儿和母体是不可分割的一个整体，婴儿既无能力也无必要体认自身，这种自我状态在脱离母体之后依然会持续一个阶段，然后，思想开始了，多样化的自主降熵[1]开始了，一切都开始了。

如果我们将这个思想的历程看成思想自身的结构化进程的话，那么这个问题会变得容易理解一点：思考应该以思考逻辑也就是思考的基本结构的构建作为开端。而我们的思想的基本结构是（甚至可以假设所有具有思想的思考结构都是如此），在一个思考阈之中，将观念自然分成主要和次要很多层次，在一个时间内单一思考当下的主要观念，在一段时间内多线程同时处理不同的主要观念。譬如说小明在做作业，偶尔走神，想一会儿昨晚电视剧的剧情，过一会儿又把思绪拉回到作业里的方程式上面。他在思考作业的时候不会想电视剧的问题，在想电视剧的时候也就把做作业的事情抛到九霄云外去了。意识、意义或者说注意力，就好像一个鼠标指针，但是这两个观念不可能被同时点选。然而过了一会儿我们再来统计这段时间里小明的专心致志和心猿意马的总体效率值，我们会发现这两件事——思考作业和思考电视

---

[1] "多样化"这个形容词是在本能自主降熵的基础上加的一个补注，这是有必要的。譬如一个婴儿，他天生就会进食，但并非生来就会在马路上躲汽车，可见降熵的行为是一种多样化观念，并不全部来自本性。

剧——都被做到了，谁也没有耽误了谁。有了这两点，自然可以推算出第三点的位置，这个第三点就是那个思索这两点的大脑，也就是小明自身。我们据此而得出结论，如果真的如同维特根斯坦在沉思那次模型再现车祸现场时发现的，观念就是图像的话，那么这一段时间（做作业和回味电视剧）的总体观念之中，因为个别观念的远近投射在一段时间内先后发生，所以在图像上是立体的。在这种立体的、图像性的意识阈结构之中，投射出"自我"就变成必然而且是有意义的了。意义就是一个鼠标指针，依靠它游移的指向我们才能认识这个世界，而它的游移自身则令我们认识到了自己。

世界既不是物质，也不是精神，世界是一种机制。围绕在这种机制周围，每样东西都在一个范畴的条件下具有某种意义，这种以意义为中心构建范畴的算法，就是我们认识中的世界的基本秩序。我们走进一间房间，里面摆放着一百张各种各样的桌子，我们就会说："哈，一房间的桌子。"我们之所以认为它们都是桌子，是因为我们认得桌子，桌子是有意义的。那么我们现在可以设想这样一种结构，就是在这个房间里，以"桌子"的这种意义（理念）为核心形成了一个"场作用"，统御了房间里的所有存在。因为是同一种"存在意义"的"场"，所以我们将这种认知结构称为"在场"（Anwesenheit）。在场就是被显现了的存在，不管以什么晦涩不明的方式，意义表达了自身，我们就承认它是具有意义的。

这个时候房间里被放进了一张床，一百张桌子对一张床，还是会有人说"一房间的桌子"，不算过分，黑格尔这样严谨一点的人会说"一房间的桌子和一张床"，都不违背（至少不严重违背）来自外部世界的经验。然而问题在于，现在这个"场"已经不纯净了，那种统御"桌子"概念的核心存在意义对"床"是无效的，世界由纯净开始转向现实和无序。

我们利用增熵算法，继续把东西加进去，也许再放一个镜框、一架梳妆台、几座书架，"桌子"的场意义正在不断地减弱，很明显，"一房间的桌子"这个结构已经快要失格了。可是这难不倒我们，因为我们可以概括出新的概念来统御当下的场，我们可以说："一房间的家具。"于是世界又被拉回秩序中，但是熵的整体程度已经增高了，只是我们选择无视它而已。所谓无视它，即我们忽略了"一房间的桌子"和"一房间的家具"是两个不同的孤立系统的各自算法这个事实。场的边缘意义开始逐渐侵蚀中心意义，这被看成一个有效的增熵过程。关于这种边缘意义我们等等再谈。

这种行为——概念修正，被看成一种发现意义的过程，可是它自身有什么意义？我们回到最原始的在场观念，什么是"桌子"？如果我们定义它的意义（理念、目的因）是可以承载和在上面操作——比如说，写字——的话，难道在床上不能写字？我小时候家里局促得仅供容膝，一张桌子都放不下，我就在床板上写作业——什么是"床"？如果床的意义是可以在上面睡觉的话，难道躺在桌上就会失眠？

在这一房间的桌子围绕着"桌子"的意义形成的场氛围之中，床无疑是边缘的。在这样的情况下，毫无疑问大多数人会认为这张床是"不对"的——因为它不是桌子——至少也是不合时宜的。这就是说，虽然桌子和床只是两种再普通不过的、无优劣的、几乎完全平等的存在，但是"一房间的桌子"这种纯粹是为人类记忆便利而设计出来的"场"，还是产生了一种专权的、排除异己的作用，让人看到一张床会产生觉得它格格不入的、鄙夷的、必欲除之而后快的想法。我们将这种认知困境看成一种"意义的霸权"，因为它基于构建一个意义统御整个结构，

163

我们将之称为"结构主义"。根据它与欧洲经典哲学的一脉相承性，我们用一个来自赫拉克利特的希腊文单词，来指代这种居于中心且可被理解的核心观念，现在中文世界流行的是它的音译，逻各斯。

结构主义的逻各斯中心观点代表了理性主义，也就是增熵算法中我们一直坚持的秩序的那一部分，对于认识世界起到的作用是积极的。但是它还是一种霸权，这一点我们已经从上面说到的那张落落寡合、形影相吊的床所遭际的境遇上看出来了。1966年，德里达在美国巴尔的摩的约翰·霍普金斯大学的一次结构主义哲学研讨会上舌战群儒，发表了一篇题为《人文科学话语中的符号、结构与游戏》（*Structure, Sign, and Play in the Discourse of the Human Sciences*）的演讲，引起了轩然大波。德里达认为，对世界的认识和描述过于倚重传统机构中接近中心的主要意义和概念是值得反思的，因为这种主体结构会掩盖边缘的思考。人类文明即将发展到关键时刻，我们不能继续选择无视来自混沌的扰动。而事实也确实是，无论在孤立还是不孤立的系统之中，这种扰动都将会，而且正在被无限且加速地放大。

我们看到一个单词"writing"，几乎不用思考就能理解它的意义，我们几乎不用先看 w，再看 r，再看 i，一个字母一个字母拼起来，这个认识过程是在电光石火之间就发生了。这是一种"瞬间意义"，就像苹果或者山茱萸花，意义和第一印象之间几乎没有间隙，汉字的这种特性尤为明显，就像前面章节提到过的，一个字入眼，认识就是认识，不认识就是不认识。这就是说我们看到"writing"这个单词，几乎所有人都会立刻认为这个单词本身是有意义的，而它里面的那些字母则不具有这些意义。甚至有时候我们拼错了单词，把 writing 写成了 wriing，少了一个字母，或是 wriding，错了一个字母，一般都会获得人们的谅解。稍稍对比上下文，我们就能洞察其中的玄机，然后就会说："这个粗心的家伙，少（错）写了一个字母。"可现在让我们换一种写法，或者说，换一种"犯错误"的方式，把它写成 wriTing，其实一个字母也没错，可是人们却越看越不舒服，有人开始思考这种拼法有什么意犹未尽之处、有什么欲说还休之处、有什么指桑骂槐之处，惊诧和争论一发而不可收。这就是说，比起前两个错误，这个错误融入主体的阅读连续性的过程绝不平滑，人们不会对它视而不见。究其原因，文字大写是有意义的，这里这个 t 不应当被赋予这种意义，它被赋予这种意义的行为本身对结构产生了威胁。

我们用这么简单的一个实验就测试出了意义结构的霸权性，在一个孤立的、具有一定警觉机制的、统一"在场"的意义结构之中，边缘的意义可以被无视，可以被遗忘，但绝对不允许被增量，也不允许在任何程度上对结构主体产生任何忤逆。

然而问题在于，边缘的位置是相对的，存在互为止境。一张桌子在满是椅子的房间里是边缘，这等同于一张椅子在满是桌子的房间里是边缘。在结构的霸权之中，我们永远都会失去一些什么，只能寄希望于失去的那些东西无伤大雅。既然它们是边缘的，那么它们的失去就不至于对于整个结构的核心机制起到什么颠覆性的影响，有的时候这种牺牲甚至是值得的。

处于边缘位置的观念在大多数情况下会被结构主体牺牲、无视，有的时候则会被结构主体吸收，这也是这种结构霸权的特性之一。有时候独自向隅的边缘观念即便是被发现了甚至是被深思了，语义的吸收和合并也会强制进行。这种特性在我们的阅读习惯之中表现得淋漓尽致，与前面所说的那个"writing"的例子类似，不要以为这种吸收仅限于低层次的条件反射错误，我们来看下面的这个例子，出处是《韩非子·外储说左上》：

> 郢人有遗燕相国书者，夜书，火不明，因谓持烛者
> 曰："举烛。"云而过书"举烛"。举烛，非书意也。燕相
> 受书而说之，曰："举烛者，尚明也；尚明也者，举贤而
> 任之。"燕相白王，王大说，国以治。治则治矣，非书意
> 也。今世学者多似此类。[1]

在这个例子里，"举烛"这两个字受到的尊重和崇拜毫无疑问是一种非分的殊荣，因为它们本来就是一个不折不扣的错误。可是如果我们认同它本来的含义，那这就是一个毫无疑义的边缘观念，不客气地说，就是一个错误，至少是一个阴谋，是应当被质疑和被牺牲的。但是因为这句陈述句的核心概念暗示性太强，读者通过阅读错误地消化了这种边缘观念。它在这个结构之中得到了和结构主体一样的尊重，但这绝非它的本意，它冒领了这种尊重。两千多年前的中国哲学家就注意到了语言的这种逻各斯特性：理性是可以解释万物的，所以我们大多数人选择无条件相信它，可是很多人没有想过，理性自身也是需要被解释的。

解构主义的思索其实是古老的，德里达将它用现代性的语境诠释出来了而已。我们来看《涅槃经·卷十》中的这样一段话：

> 先陀婆者，一名四实：一者盐，二者器，三者水，四
> 者马……有智之臣善知此名，若王洗时索先陀婆，即便奉
> 水；若王食时索先陀婆，即便奉盐；若王食已，将欲饮浆，
> 索先陀婆，即便奉器；若王欲游，索先陀婆，即便奉马。[2]

不管一个名词概念是不是核心的，它都永远不能脱离上下文系统而存在，从这个意义上来说，"名"是"义"的傀儡。

我们在论述之中使用了"尊重""崇拜"和"殊荣"这些词，

1　高华平、王伏玲：《韩非子》，商务印书馆，2016，第435页。

2　宗文：《涅槃经》，宗教文化出版社，2011，第153页。

看起来似乎在强烈地暗示这些概念具有人格乃至神格，这从某些角度来说是没有错的。就好像前面章节说过的，维特根斯坦在一次沉思中突然发现了命题的图像本性那样，社会结构就是语言结构的具象化，观念命题的结构关系具有生态性质，观念从理解层面来说具有生物的活性。它们会追逐、会吞噬、会伪装、会吸引注意、会欲擒故纵。就像猫和狗，也许还有豚鼠和天竺鼠，有的温顺，有的凶猛，有人喜欢它们，有人害怕它们。不管是喜欢还是害怕，人们越关注，它们的生命力就越强大，而实际上它们也确实非常擅长利用人们的这种喜爱和敬畏——就好像我在这几本书中统一将人类文明最核心的那个观念想象为一个形如野兔的、隐秘派系的神，或者说干脆就是一只拥有神格的兔子那样，我似乎想要崇拜这个神，但是它完全按照啮齿动物那种混沌、贪婪而固执的本性行事，完全无法被崇拜……将这个比喻看成危言耸听的人当然可以选择一笑了之。

在一个结构霸权的在场环境之中，边缘的观念没有任何权力，只能选择为主体观念服务。现在德里达这样的智者站出来为它们说话了，可是也没有办法对情形带来任何改善：一个封闭的、拒绝外力介入的结构一经生成，就无法接受任何改造，这是语言结构的天性，无法从内部改变它。每个系统都是封闭的，每个故事都是孤独的，一切都追随着某种古老而不可置疑的法则孤独地运转着。

2011 年日本福岛核电站泄漏事故之后，极简主义音乐大师坂本龙一（Sakamoto Ryuichi, 1952— ）教授在一次考察灾区的时候捡到了一架被海水泡得糟朽不堪的报废钢琴。他出于好奇弹了几下，居然还能响，但已经没有一个音是准的了。老先生不由得大发思古之幽情，对记者感慨说："造一架钢琴要用模具压实木板、用成吨的力量拉紧钢弦，这就是我们的'调音'，可这是不自然的。现在海水把琴弦泡松了，发出这样的声音，这是大自然在调音。"在这个荡气回肠的比喻里，这两种调音的交错正是一次熵的涨落，它是宇宙增熵和自我意识自主降熵之间的斗争。从第一声婴啼开始，这种斗争就会永远持续下去，代表了宇宙的基态、往昔和未来，它悬挂在一根孤独的、锈迹斑斑的琴弦之上。

　　终于又提到"孤独"这个词了，从哲学层面上来说，存在是孤独的，孤独就是整个世界。本节围绕世界的连续性守恒问题进行探讨，是在思考层面上理解这种孤独性的一个侧面。对于世界的连续性本质的探讨，我们从经验主义开始，通过独立事件的枚举概率，然后谈到了结构主义的牢固和封闭性本质，我很想证明世界是连续的、我们不是孤独的，可是我无法做到。世界就是一片沙漠，每粒沙子与旁边的沙子之间没有连接、没有粘连、没有吸引和排斥，它们彼此之间的关系就是一种纯粹的重力累积结构。思考的最后结果必然是不可理解，我们越是接近某个我们试图理解的结构核心，受到的拒力越大。而理解臻于极致之时，我们发现我们自身也是孤独的，无法自证，宛如那个茕茕独处的玻尔兹曼大脑。对于不可理解之物我们可以选择思考，但是思考自身也是不可理解的。如果一个大脑简单到了可以被理解，那么它所产生的思想必然简单到了不足以理解它。

II　人境之孤独

　　我们继续关于解构主义的思考吧，但是视野不用再那么辽阔，收回到这粒比沙砾还要微不足道的行星上来。在谈到将不同的观念按照核心和边缘进行区分，并且将不同的区分方式以多线程分别思考的时候，我们其实已经从无限的星空之海坠落凡间。那种生于无极的玻尔兹曼大脑看似十分玄妙，令人着迷，但它毕竟只是一种比喻，因此穿凿出了许多近似的睡前故事，比如"缸中之脑"那样的，引发一代代天问者的深思，但是沉思的结果依然是什么都得不到。如果真的有一种思想的结构生来就是孤零零的，没有我们习惯的感觉器官，这也没什么稀奇的，这种不基于器官体验的思想称为"超验"，在我们思索诸子百家深意的时候，在我们想象拉尼亚凯亚超星系团（Laniakea Supercluster）的卷曲结构的时候，甚至在我们为了一出肥皂剧欲擒故纵的细节暗示而大费思量的时候，我们大脑的全部活动都是基于超越感觉体验的想象力。思考一个大脑的意识是否超验，不在于它的形式如何，而在于它的思考方式和思考广延至于怎样的极限。符合标准的大脑眼前就有一颗：我们自己就是那颗孤独、忧郁、渴望着但又不知道自己渴望何物的玻尔兹曼大脑。

　　想象力就是这颗玻尔兹曼大脑的兴奋剂。与之相比，我们的感官体验在全部思想中所占的比重非常小，而且这个百分比从新石器时代开始一直在下降，这种下降目前没有减缓的势头。另一种粗劣的统计结论是，在思维层次上跃居于形而上阶层的人，他们的大脑分配给"身体生活"的扇区就越小。这其实非常不便，但也只能忍了。我因此而回想起了许多先贤浮光掠影的往事：雪莱（Percy Bysshe Shelley，1792—1822）在恍惚中把河边的小树林当成书房，尼采抱着老马的脖子号啕大哭，卡夫卡把自己锁在悔恨的迷宫里喃喃自语，还有维特根斯坦在当老师的时候对一个不听话的熊孩子饱以老拳，这是他在下奥地利州当乡村教师时发生的事，为此他丢了这份差使……在凡人眼里，这好像是一群回家的路都找不到、出门衬衫永远扣跑偏的瓜汉子，这种看法也并非完全没有道理：一些凡人永远不会思索的事情占据了他们几乎整个大脑，在这些事情令人咋舌的运算量挤压下，用于身体生活的思考几乎没有容身之地。因此，系统崩溃频繁发生，有的时候——例如尼采恸哭老骥或是莱索·塞莱什（Rezső Seress，1899—1969）在布达佩斯纵身一跃——则是毁灭之火焚尽了所有的数据。

说起数据，我最喜爱的一首希姆博尔斯卡的诗《发明》里就谈到了焚烧数据的事情，我在一个滴水成冰、雾气氤氲的冬日读到它，为之掩卷长吁、击节称叹。这确实是一首难得的佳作，我甚至到现在都不明白她想说的究竟是什么，这证明了它真的是一首难得的佳作。她是这样写的：

> 笔记本被烧毁了，
> 烧成了灰烬，
> 烧得一本不剩。
> 我相信数据的失散，
> 一点也不感到惋惜。[1]

---

1 ［波］希姆博尔斯卡：《诗人与世界：维斯瓦娃·希姆博尔斯卡诗文选》，张振辉译，中央编译出版社，2003，第 147 页。

句读可能不是这样的，我记不清了，我也想不起这首诗的题目，连她的诗集我都找不到了，但肯定还在书架的某个角落里。

顺带一提，昨天，也许是前天，我歪打正着地找到了一本希姆博尔斯卡的书信集，随即忘记了要找诗集的事，津津有味地读了起来，乐不可支。确切地说，那是一本退稿信书信集，在几百封短信之中，这位渊博、优雅、一丝不苟的老太太的那些尖酸刻薄但又和蔼可亲的言辞有时令人觉得涵盖了人类最古老的智慧，但有时——这很奇怪——又让人觉得鸡毛蒜皮，一无所获。

她在回复一封来自弗罗茨瓦夫的读者来信的时候说：

十六岁半的儿子这几个月开始写诗，他情绪低落，想要留胡须，手指上戴着很大的玻璃戒指，脖子上围着一条围巾，把自己的作品放在小提琴箱子里走遍全城去炫耀。您把我们看作解决这一问题的专家，问我们发生在您儿子身上的这一切是必然会发生的吗？有没有可能某一天他就从这一阶段中走出来了？他会走出来的，当然会。小伙子现在想尽各种办法吸引别人的注意，他也刚好处在这样一个年龄，相信道具的效力。我们只是怀疑，这一切是否从写诗开始，目前来看这一切都是突然开始的，通常也会突然消失。如果小伙子真是当作家的料子，他很快就会经历另外一个发展阶段，他会尴尬地发现自己真的与众不同，而这一点在生活中一点也不方便，他会不惜一切代价试图改变或者隐藏自己的不同。《托尼奥·克律格》这本书中曾提到这一点，这绝对不是标新立异的幼稚表现，而是真正有异于常人的性格，以及这种预示着生命复杂性的内在敏感。[1]

1　［波］希姆博尔斯卡：《希姆博尔斯卡信札——写给文学爱好者的信》，李怡楠、龚泠兮译，东方出版中心，2019，第80页。

与众不同没什么好羡慕的，被旁人看成一个怪胎——无论这种看法是出于鄙夷还是出于崇敬——真的一点也不方便。

看起来，这些人好像另外有一个人世，他们过于沉湎于那个世界，而忽略了在**这里**的生存。那个世界也有山河和故人，就好像但丁在梦境里遇到了卢卡努斯（*Marcus Annaeus Lucanus*，39—65），只是**这里**的人将之看成幻想，嗤之以鼻而已。沉湎于空想或许是不求上进的铁证，但并不难以理解，因为思考模式的基本算法是，大脑在处理任何一个核心观念的时候，首先都是将其想象成真实的，至少以一种面对真实的态度真诚地对待它，否则思考就无法发生——但丁真的觉得自己见到了卢卡努斯，后者出现在荷马（Ὅμηρος，约前 9 世纪—约前 8 世纪）和贺拉斯（*Quintus Horatius Flaccus*，前 65—前 8）之后、维吉尔（*Publius Vergilius Maro*，前 70—前 19）之前，维吉尔之后的是但丁自己，煞有介事。观念是一种图像，想象力是我们这颗玻尔兹曼大脑的兴奋剂，这两点我想我都已经说过了。

请思考，我们在捧着《红楼梦》的书本阅读或是在电影院观看《指环王》的时候，毫无疑问都是将宝黛或灰袍甘道夫看成**人**来思考的，不这样做，对剧情的理解就无法完成。可是，你猜怎么着，它们都不是人，只是一个人物设定，一个观念而已——那又怎么样，就是有人将它们看成同类，甚至是一种理想化了的同类，为之黯然神伤，掬一把英雄泪。历史消费层次越是基础的观众对这种观念就越执着，而在结构之中越是居于主体位置的核心观念给人带来的这种诱导也越强大。

但即便是在这种拟人化、情境化了的结构主义之中，核心对边缘的百般压榨、边缘对核心的腾挪闪避一样在进行，没有一刻消停。在想象力的层面，命运同样是一个沸腾的量子海洋。所以炎魔被甘道夫讨伐了，所以黛玉自动为宝钗腾出了路。在这两个例子里，大多数人的共识是，炎魔是**应该**死的，而黛玉是**不应该**死的。这就证明了《红楼梦》技高一筹，阴谋更加深邃，强化了情感乃至沉思的各种效果。黛玉当然不是为了宝钗的幸福而让路，它（这个观念）死心塌地地服务于一个核心观念，这个观念就是"宝黛的爱情是悲剧"，与此相比其他一切都不重要，黛玉那小肚鸡肠、苟延残喘的命运更加不重要，何况它（一个枉自嗟呀，一个空劳牵挂）本来就是虚构的。

我们可以再举一个例子来阐述这种边缘为结构而牺牲的义务。同样按照我们一贯的风格，例子要求足够基本，不能超出太多人的知识范围。今天的这个例子就是无人不知的世界名著，英国作家夏洛蒂·勃朗特（Charlotte Brontë，1816—1855）出版于1847年的《简·爱》（*Jane Eyre*）。

时至今日，我们谈起这部精神性不朽的佳作，所用最多的话还是女主角在各种磨难中不断追求自由与尊严、坚持自我、摆脱一切旧习俗和偏见，小说的成功之处在于塑造了一个敢于反抗、敢于争取自由和平等地位的妇女形象云云。这也使得在男权专制社会的基本结构边缘，无论是对于女权主义（《简·爱》观念消费的最大思想阵营），还是对于爱情自由思想，或是性别经济平等思想而言，《简·爱》的精神追求都成了一种具有撼动核心结构潜力的边缘观念。这一点是没有错的，《简·爱》的人文关怀价值在于，在女权受到压迫的十九世纪异军突起，以边缘对结构中心的抗争至少营造了一种抗争的意向，但是我们今天要谈的不是这个。

一部小说，无论它在社会上产生了多么深远的影响，它首先是自成结构的，而且它所自成的结构是封闭的。我们在这里选择的是《简·爱》这部小说里的一个边缘人物，罗切斯特的原配夫人梅莎，在小说的进程之中她几乎不出现，只是作为一种背景而存在，大多数人记不住她的名字，只记得她的代号，也就是这个观念的性质本身：疯女人。

毫无疑问，疯女人是作为简·爱和罗切斯特结合的障碍存在的，这种障碍的作用在于欲擒故纵，所以为了"勇敢地追求爱情"这一结构的核心观念，它（她）在完成任务之后必须被牺牲掉。这种牺牲有各种实现的途径，刺杀、谋杀都在此列，但前提是不能在道德的天平上造成失衡，不能给结构核心惹上任何麻烦。所以，疯女人一把火烧死了自己，她的牺牲是咎由自取，简·爱乘虚而入的道德压力被降到了最低点，她的牺牲是值得的。

这令人联想到，我在前作中介绍父系社会的头生子顾虑时举的《旧约·出埃及记》里天使屠杀埃及人长子的例子，某种原始的长子血统疑虑——很可笑，但确凿无疑，即便在今天的亲子关系中也能看到痕迹。我在谈到这种基本焦虑的时候还以成吉思汗（1162—1227）的长子术赤（1177—1225）为例，表明父亲对于长子的自然死亡非但不以为忤，甚至是乐见其成的。如果人性的黑暗还不足以令我们痛下杀手的话，我们也至少希望被猜忌者自己死去，因此"亲族死亡之梦"也被弗洛伊德定义为一种欲望满足的基本语法模式。毫无疑问，这种自行消失在任何方面都不违背道德准则，是天造地设的最令人释怀的答案。

疯女人究竟死于什么罪？她横亘在男女主角之间，阻挡了命运的车轮，所以她必须消失。她是一个边缘观念，她的存在就是**为了**核心观念——简·爱的命运——而存在，这已经够了；她的消亡也同样是为了核心观念而存在，她的存在就是为了消亡。

现在，勃朗特（作者、小说人物的上帝，或者说是那位唯恐天下不乱的兔子神）递给疯女人一支无中生有的火炬，一切冲突都被弭平了。现在我们再做一个思考游戏，如果说火炬并没有交给疯女人，而是递到了简·爱的手中呢？故事会变得惨不忍睹，但必须承认，这样，这里的勇气才是那种"勇敢追求爱情"的勇气，没有被偷换概念。我们的思索变得越来越不像话、越来越令人难以接受，但是越来越接近真相：疯女人确实被烧死了，不用管她是被谁烧死的；简·爱确实变成罗切斯特夫人了，不用管她是怎么实现的。我在这里强烈地暗示了一个令人无法卒读的故事，这样的故事在《三言两拍》《施公案》或是《洗冤录》里多得是。

此外，之前说过"wriTing"的那个例子表明，从理论上来说，边缘观念的存在不仅是为核心观念的存在而服务，而且在这个服务过程之中，还要尽可能地不给核心观念带来任何麻烦和削弱。这种麻烦，一方面是前面说过的道德规范层面的界限和准则，而另外一方面，这是一部文学作品，边缘观念即便在吸引读者的注意力和创造性焦虑方面，也不能对核心观念有任何忤逆、威胁和喧宾夺主。我们再思索一个推论，即这个疯女人并不疯，她是真心地、自愿地自焚，为简·爱让路，这样行吗？——很遗憾，这也不行。虽然这种边缘观念自主意识有效地规避了对核心观念的任何可能的道德审判，但是不要忘记这一点：她如果是一个智力正常的人，这种自愿的选择就不会是没有代价的。如果让一个智力正常的人自愿让出自己的配偶并且一劳永逸地解决自己这块绊脚石，我们就必须付出很多诸如"善良""崇高"一类的次级边缘观念作为代价，才能在利己和利他这个天平上达到平衡。可是，你猜怎么着，这样，以疯女人为核心的这个次级观念生态圈就会变得肥大臃肿，不管是否有意与核心抗衡，突如其来、本无必要的惆怅、牺牲和黯然神伤会分割核心观念的注意力资源，这一点也绝非简·爱所喜闻乐见的。

看来简·爱要实现逆袭，变成人生赢家，必须马勺里炒菜，汤水不漏。现在好了，兔子站出来又帮了她一个忙，疯女人一把火烧死自己的行为是出于无意识，没有动机，所以和仇恨、怜悯这些正常动机的代价都扯不上关系，读者心如止水，连惋惜都没有一点。疯女人在自己不知情的情况下烧死了自己，让书里书外的所有人都大松了一口气。疯女人的自我毁灭是边缘观念为全局牺牲的第一个侧面。

这把大火还有一个好处在于，它强行拉平了简·爱和罗切斯特的爱情之间的另一重障碍：两人社会地位的落差。如果单独分析罗切斯特这个"人"的话，那么他与简·爱的感情是核心观念，他的社会地位则是边缘观念，后者必须被牺牲掉。毫无疑问，在故事的前半段，简·爱面对家财万贯、风度翩翩的罗切斯特是自卑的。疯女人的存在是一种显性的伦理障碍的话，那么两人处于不同的社会权力阶层这一障碍无疑是隐性的，它比疯女人的存在还要固若金汤，甚至更具决定性：正是社会权力关系的壁垒决定了罗切斯特即便娶疯女人为妻，也比和简·爱双宿双栖更加"合理"。这无疑是一种凡人（读者）绝对无法接受的合理，但是，它确实是合理。

现在，如何消灭这种壁垒成了简·爱的又一个诺曼底登陆任务，可惜如前所说，核心观念的正义性不容任何来自边缘观念的卑微玷污，这个任务依然无法由她自己完成：她既然不能亲自下手除掉疯女人，也就同样不能策划某个令人热血沸腾的火烧赤壁火烧连营火烧藤甲兵，来毁灭作为障碍存在的罗切斯特的所有优势。

这个时候，就该那位助人为乐的兔子绅士登场了。手段，不必外求，同样是那把火，烧掉了罗切斯特的万贯家财，把他烧成了残废。如果这样还不够——显然兔子沉溺于自己的任务，有点热心过头了——的话，之前出现的另一个边缘观念即圣约翰传教

176

士的求婚无疑在天平倾向简·爱的这一端增加了一个砝码。顺带一提，他放下这个砝码，完成了他作为一个边缘观念的使命，便消失在印度洋彼岸的茫茫人海。

现在，简·爱成熟而美丽，不再青涩，带着一个真诚的传教士的爱，再度站在了已经家道中落、独臂独眼、半人半鬼的罗切斯特面前。落差之势倒转，一切障碍都无影无踪。她得到了她的幸福，掩卷长吁，读者们都为她感到心安理得——虽然到头来算算输赢账，似乎简·爱有点吃亏，可那又怎么样，她本来就不是一个真实存在的人（很多人读到这里已经忘记了这一点），被别人亏欠总比亏欠别人好。

我以这些具有强烈暗示性的、莫须有的善恶观念来分析这个故事的原因在于，它们就是事实，虽然令人大倒胃口，但它们确实是事实。简·爱的道德看起来是无懈可击的，那是因为已经有人替她扫清了一切障碍，已经有边缘观念自愿为她牺牲，她已经达到目的了。所以我们说，虽然这个故事恰到妙处、干干净净，可它还是一个关于善恶的故事——隐藏得很深，可它确实是。实际上，只要有两个人相处，善和恶的观念就一定会诞生，因为我们的天性是孤独的，我们对于孤独以外的一切都会产生强烈的排异反应。

没有人认为简·爱不是善良的，虽然我在上面的解释之中强烈地暗示了一个其他版本的故事，不过即便是我，也没有勇气将那个故事说出口。好吧，我承认我胡说八道的老毛病又犯了，吃了药之后，我的思绪正常了许多。我随即想到，我们纠结了一万年的善和恶的问题，可能只是像《简·爱》里这样的观念的核心和边缘的位置问题。"善"的基调是利他的，"恶"的基调是利己的，在一种选择的观念生态圈之中，它们没有谁好谁坏，只有谁更加核心。

这种两个人足够接近就会产生的拒斥力或是吸引力被我们称为善恶，它就是一种物理当量（的两个方面），一对核心和边缘的超距纠缠命题。

这种看法可不是我为了哗众取宠而别出心裁的创举。我在前面章节举过一个例子，色诺芬在《回忆苏格拉底》中记载的那一段妙趣横生的小小辩论，在苏格拉底和尤苏戴莫斯之间展开的那段愉快而令人忍俊不禁的对话，令我们思考了"善"这个词的广延，可是，不管怎么说，它只是一个词而已。

对苏格拉底的思绪，把握的难点在于，柏拉图和色诺芬的记载和诠释经常是矛盾的，公说公有理，婆说婆有理。对上面色诺芬的那段记载，我们只能根据柏拉图的"理念说"来予以佐证，苏格拉底并非不相信绝对的"正义"，但是这种具有实际观念生态环境的、有条件的正义显然不在他青睐之列。因此，亚里士多德也解释说，苏格拉底从来不思考"自然世界"的伦理问题，因为自然的伦理来自某种更高尚之物的投射，遮挡和扰动也随之而来，从来都不是纯粹的。思想会受到来自法、术、势各个方面的冲击，条件、因果和在场是这片孽海上永远汹涌的波涛。

毫无疑问，这已经成了我们思考的常态，而苏格拉底和柏拉图试图找到一种纯粹"正义"的想法反而是人类思想过于古老的、夸父追日式的、浪漫却吃力不讨好的空想。为了证明自己时代的善恶观是更加成熟的，晚辈们想出了很多越来越刁钻且不近人情的推论，来证明苏格拉底对绝对正义的痴情只是一种孩子气的意气之争罢了。从叔本华、尼采到茨威格，每一次争鸣都是一次思想的阵痛，人类文明就在这样的阵痛之中孤独地成长了。

电车命题是我们在这些善恶的推想之中选择的一个例子。它是这样的：

选择者在一条铁轨上看到五个被歹徒绑在地上的人，

列车正在风驰电掣地向他们呼啸而去。在选择者的手旁有一根改道扳手，如果他扳下扳手，列车就会驶上岔道，这五个人就会得救。然而问题在于，岔道上也有一个人被绑在地上。如果扳下扳手救出那五个人，岔道上的这个人就必死无疑。请问选择者如何做决定？

我在《哀歌》中极偶然地提到了美国第二十四任总统克利夫兰（Grover Cleveland，1837—1908），现在这种完全信手拈来的缘分悄然破土而出：1967 年，克利夫兰总统的外孙女、牛津萨默维尔学院院长、英国哲学家菲莉帕·福特（Philippa Ruth Foot，1920—2010）教授在她的论文《堕胎问题和教条双重影响》（*The Problem of Abortion and the Doctrine of the Double Effect*）之中，首次提出了这个电车难题来思考人类道德的统计性质。

顺带一提，她在牛津大学和加州大学的同事伯纳德·威廉姆斯（Bernard Williams，1929—2003）教授也提出过一个与此类似的"枪杀原住民"的思想实验，大意是一个独裁者在杀死二十个原住民之前，向求情者提出了一个赦免方案：求情者自己亲手枪杀一位原住民，然后就可以赦免其他十九人。这时求情者的决定是什么？

用功利主义的哲学观点来看，这个选择一点也不难做出：无论如何，救五条人命都比只救一条人命要划算太多。我曾经试着以功利主义的思路来理解这个问题，即两条岔路反正无论怎样选择都至少会死一个人，为此我得出的不等式是这样的：

现在铁道改道扳手在你手中，你如果选择不去扳动它的话，就会多死四个人。请问你的决定是什么？

这样看起来似乎变成了连幼儿园小朋友都会的选择题了。但是请注意，这道题目并不是而且从来都不是在考你五和一两个数哪个大的问题。

电车难题的核心是，这五个人是歹徒绑在地上的，如果选择者不改动列车的轨道，这五个人身亡而引发的道德责任是不需要选择者承担的；而岔道上的那个人本来没有杀身之祸，如果选择者扳动轨道，那他的死是选择者直接导致的，所有的道德压力就全都转嫁到了选择者的肩上。虽然拯救了五个人带来的道德褒奖也有相当的分量，但是这种褒奖无法抵消杀死一个人的道德批评：这个人还是死了，再救多少人他也活不过来了，这个错误永远无法补救了——所有的错误都无法补救，不过这个错误显然是所有无法补救的错误之中最无法补救的那一个。

我们可以把电车难题代入福特一生的学术处境之中来思考，这会更有助于我们把握问题。简单地说，置身于二战之后漫山遍野、有井水处皆歌的分析哲学的大流之中，福特以坚持自然主义的道德哲学独树一帜。我们可以把分析哲学看成功利主义的理性升级版：符合逻辑而可以分析的，就是可以被解决的；那些不可分析的混沌系统，则被看成基于语言的表面欺骗性和表达的错误。福特却认为，过于理性对公众社会无益，一个问题能不能求解，或者说它有没有某种最理性的解析模型，和它符不符合道德规范，这两者一点关系都没有，不能以其中之一作为可以置换另一个的完美解答。她提出的电车难题是对这种量化思想的反击，人命就是人命，一条人命和五条人命不存在某种代换关系，道德是不能讨价还价的，至少这种讨价还价是进退维谷的。

然而，电车难题并不是选择者面对当前局面的二元问题，也不是选择者和一个还是五个牺牲者之间关系取舍的三元问题，选择者既然面对道德压力以及将要置身于这种压力之下的自己，那么很显然道德及其预判也是参与其中的两个变量。这是一个"选择者—选择 a—选择 b—道德规范（社会）—道德压力预判"之间的五元运算，没法不讨价还价。

所以，我们就像探讨忒修斯之船一样，再来思考这个问题的几个变种：

1. 基本推论一：如果铁轨上的目标是某种财物，譬如珍贵的元青花瓷器或是惠斯勒（James Abbott McNeill Whistler，1834—1903）的画，它们有价值但是没有生命，不需要被同情（"同情"二字的字面意思就是设身处地）。这样的话选择并不难以做出，因为没有任何物品的价值高于人的生命，这是，至少从理论上来说是，现代文明社会的伦理基石。

2. 基本推论二：如果岔路铁轨上被绑着的是一个毫无知觉的植物人，他有生命但是没有价值（这样的描述令我感觉非常不好，不过鉴于既然并不真的有这么一个人，为了推想的纯粹性，只好忍了），他的死不会引起社会的实质性惋惜（情感同情或许有）、他自己也不会（没有能力）感到惋惜。选择者把铁轨扳向岔道，虽然会承受道德压力，但是动机可以解释并被人接受。

3. 进阶推论一：如果岔路铁轨上被绑的那个人是一国总统或是一位对现代科技发展影响举足轻重的诺贝尔奖得主，他的价值（我是说，如果真的存在这样一种量化的社会价值算法的话）是那边五个人价值总和的很多倍。这时候虽然人的生命平等的想法依然深入人心，但是选择者不扳下岔道承担的道德压力会轻很多：虽然不便明言，社会自身对于牺牲那五个人拯救这个精英的态度是默许的，甚至是乐见其成的。

4. 进阶推论二：如果岔路铁轨上被绑着的是一个罪行累累的恶人，他有生命，但是他的价值是负面的，社会乐于看到他死亡。这时选择者面对的是社会是否假手于自己来实施判决这样一个授权问题：如果他获得了授权，那么就不用承担任何道德压力。

5. 进阶推论三：如果岔路铁轨上被绑着的是一个一心求死

的人，在选择者进退维谷的时候他一直在要求选择者结束自己的生命（这在当代伦理学中叫作仁慈助死或是仁慈杀死，争端仅限于探讨执行者自己的道德瑕疵问题，但是执行者在道德上并不亏欠死者）。选择者如果应其所请扳向岔道，获得的是死者自身的授权，他也同样不会承担太大的道德压力。

6. 进阶推论四：在进阶推论三的基础上，如果岔路铁轨上被绑的那个人确实想自杀，但他又是一个对社会极有价值的人，比如诺贝尔奖得主。这时选择者在扳动扳手的时候虽然获得了死者自身的授权，却没有获得社会的授权：这个选择就格外艰难，如果他扳动扳手，铁轨上的六个人一齐感谢他，但是从此社会就会视他为眼中钉；如果他拒绝扳动扳手，那他就会招致铁轨上六个人共同的仇恨，但是社会的感激会适当地减小（甚至有可能抵消）他的道德压力。

7. 进阶推论五：以上推论基于一个前提，即选择者自身是逻辑中立的。现在我们再来看这个推论：如果岔路铁轨上被绑着的那个人是选择者自己特别喜欢或者特别讨厌的一个人，他有生命，但是价值认定取决于选择者一己之私。选择者根据自己的情感好恶做出了选择，这种选择会受到道德压力，但是选择行为的情绪回馈会影响并减轻这种压力，如果情感足够强烈，能够取得社会将心比心的理解，甚至能够直接抵消道德压力。关于这一点有一个近似的例子是，陆威仪（Mark Edward Lewis, 1954— ）在《哈佛中国史——早期中华帝国：秦与汉》中提到过，血亲复仇是产生社会性律法的前提，而且它完全不违背道德规范。

8. 深层推论一：如果岔路铁轨上被绑着的是选择者自己，他通过手中握着的一个遥控器控制分道，他有价值也有生命，一心求生而任由那边五个难友丧命。这个选择其实并不会招致我们想象中的道德压力：他是为了拯救自己的生命，这看起来似乎自私，但是不损人（那五个人不是他绑的）前提下的利己并不违背道德规范。

9. 深层推论二：如果岔路铁轨上被绑着的是选择者自己，并且他一心求死，但是他对社会还有价值，我们可以把他想象成一位想自杀的总统。他选择改道并不是社会价值观和基督教义所赞许的，会受到一些道德苛责，但几乎可以置若罔闻，因为人死为大，他挥霍的毕竟是自己的生命，他不用再考虑道德压力预判的问题。何况综合涂尔干（Émile Durkheim，1858—1917）和伯林（Isaiah Berlin，1909—1997）的观点，自杀是一种值得被尊敬的、天赋的人权，它属于消极自由的范畴。

10. 深层推论三：这个推论来自深层推论二。如果铁路上绑着的那个落单的、想自杀的人自己掌控遥控器来确保自戕行为不出什么纰漏，而选择者是一个有能力夺下他的遥控器来阻止他自杀的旁观者，见义勇为是他做出选择（阻止他自杀，这个推论里我们暂且不考虑那五个人）的唯一动机，而且见死不救是不符合道德的，会受到苛责。这样，选择者自己坦然，社会赞许，皆大欢喜。虽然自杀者不乐意——谁管他呢，理智社会本就不承认他意愿的合理性。然而，既然涂尔干认为自杀是一个人自己的权利，那这种干涉就不是没有问题的。前面说的那些动机，某种道德或者良心或者设身处地的幻想，都是虚幻的，可是行动冒犯他人的自由（自杀）是实际的，它不违反凡间的道德规范，但是经不起道德性质的仔细推敲，与损人不利己（如果见义勇为得到了道德表彰则是损人利己）在逻辑上同质。

11. 终极推论：如果选择者是上帝，或者说那位运营人间如布棋子的兔子神，那么无论选择救一个人还是救五个人，对于他老人家来说都没有道德压力——道德的层次是很高，但并没有高到这个地步。有趣的是，这个强加于上帝的困惑令我们神奇地回到了基本推论一：孤独的上帝面对两边的人，就相当于孤独的选择者面对两边的瓷器和艺术品——他不在乎。他们（这群倒霉鬼）对于他（上帝）而言完全不存在设身处地——我前面说过了，"设身处地"是"同情"的情感基础——的置换算法，而仅有价值，甚至完全没有价值。

孤独者徘徊于核心观念和边缘观念之间，道德终究还是一种精打细算。

电车问题就是人置身于社会之中的一个善恶问题。就好像福特思考的自然主义的道德哲学那样，我们曾以为一个向"道德"方向靠拢的观念是"善"的，因为道德本身是"善"的。善恶问题本来很简单，在福特看来属于自然主义范畴，讨论这个问题简直不啻是对道德自身的侮辱。

但就是这样一个幼儿园小朋友也对答如流的问题，也被我们的沉思弄得面目全非，这似乎已经成了我们的一种思想仪式——也许只是我个人的一种趣味而已，我们暂且不去管它。请思考，"道德至善"这个命题本身是预设的，我们的一切思考基于一个假设，就是"道德"这个东西真的存在、具有指导性、被定义为我们需要的。就好像前面说过的苏格拉底和尤苏戴莫斯的辩论那样，我们将一些**我们认为对**的道理统计为"善"，但是**我们认为对**是不是真的对？——我们只是**觉得**这个命题**应该是**不辨自明的而已。

如果说这就是道德，那它的本质就不是理性，而是情绪。

就像简·爱的那些秋肌稍觉玉衣寒的顾影自怜那样，道德本来就不理性。

一种更深层的沉思来自一句无心之言，在一次关于电车难题的闲聊中，中国美术学院的老同事余本庆教授说了这样一句话：

"这种伦理道德原则问题不解决，类似 AI 自动驾驶的现代技术发展方向能清晰吗？"这句清谈令我目瞪口呆了很久，一直以来类似电车难题这样的哲学命题，我们都将它看作一种纯粹形而上的思想游戏，从未想过它有什么现实性。而这突如其来的联系令我觉得电车难题与现实之间的距离难以置信地无比贴近。这不由得令人掩卷长吁，文明的进化不仅有量变，还有质变，很多类似惠子（约前 370—约前 310）的"历物十事"这样的，在古人看来只是形而上、与现实完全隔绝的思想命题，都在和现实挂上钩。那么，一些在现代人看来依然形而上的思索，例如芝诺的"飞矢不动说"或是黑格尔的"纯有"，是否也暗合了未来人类将会认知的某种宇宙的现实呢？

宇宙，或者说现实自身，也只是一种"道理"。

这只是杞人忧天的长吁短叹，我们暂且不去管它。

在《简·爱》这个虚构的例子里，我们已经将自己认可的观念定义为核心观念，并且认定边缘观念**应该**为核心观念牺牲；

在电车难题这另一个虚构的例子里，我们已经认可道德的选择是精打细算的结果，谋求在现实标准下利益最大化的结果；

综合这两点我们可以得出一个结论，这种基于自私和贪婪算法的处境预判也完全符合那些不那么虚构的时空情境：溢出思想实验的假想范围而入侵现实，它完全有可能这么做，而且已经这么做了。

综合这两个例子我们得出的结论是，每个人对"身处于他人之中的自己"这个概念的把握基于这样两种基本算法：

1. 自己是核心观念，他人是边缘观念；

2. 自己对资源的获得以效率最大化为善。

这就好像是在某种电子游戏之中，玩家只认可那个被操控的游戏角色是自己，此外都是为这种操作行为服务的边缘概念。这种自我的中心视角绝不猥琐，甚至很形而上，它的终极推论是著名的"缸中之脑"命题。这个命题的有趣之处在于将观念的核心和边缘问题绝对化了，然而这种**绝对**的结果却是使得存在变得无限**相对**。某种起源于英国经验主义的观点认为世界本来就是一种经验，"真实"是相对的。不过我们今天暂且不去谈它。

道德的真相就是，在一块有限的"地"（区域）之中共生的个体之间的资源让渡协议，尼采对此的看法可谓入木三分。道德既不是真理，也不是理想，它就是一种双方都能接受的现实，赤裸裸的现实。而谈到道德多少有点令人感到勉强、感到道学气、感到如坐针毡的原因是，它是在有限的"地"之中发生的，这一点首先就冒犯了我们孤独的天性。

这个"地"该怎样划分才能最大限度地观测道德的波长干涉效果？太小不行，两个人相处，你把对方灭了也不会受到什么苛责；太大也不行，上升到全部物种范畴根本无法建立一种大一统的道德算法：你同情羊而把它们保护起来，狼就会饿死。所以，一个行之有效的范围是人类物种自身、文明程度落差（现代人和穴居人就算有道理也讲不清楚）在三千年之内的全体成员，落实到现实的物种结构之中，城市这种自然的聚落是最好的采样范围。

在聚居行为上具有一定密度特性的城市环境之中，我们再综合前面提到的这两种基本算法，得出城市生活的一个基本预判是，城市生活中的旁人都是相互利用的关系，至少是资源的竞争者，他们的存在基于一种迫不得已的敌意。这种机智的对敌我实力的闪电式预判是人类城市生活的不二法门，被我们看成文明或理性，至少是秩序。陆威仪在《哈佛中国史——分裂的帝国：南北朝》中曾经这样谈过城市的意象：

> 这个女人沿着水路行走，既有自杀的可能，也犹豫不

决。城墙标志着有序世界的边界，在这类诗歌中，走出城门，接下来通常会是绝望与死亡的场景。[1]

而对于城市之中的便利生活和牺牲自由的不可分割性，陆威仪也觉得是必须付出的代价，针无两头利，中国文人在"出山"和"归田"一把秤上首鼠两端了几千年时光。他接下来说：

自先汉时期以来，山岳被看作对世俗世界的否定，既是野蛮的，也是神性自由的领域。[2]

如果说历史是人类文明的灵魂，那么城市就是它的肉身。对于自由的灵魂而言，血肉是一种诅咒，失去自由、步步自危是必须付出的代价。

既然有了灵魂的神（兔子），就必然有肉身的神。肉身之神绝无兔子那种阴森的优雅，而是狂暴、贪婪，充满了黑暗的攻击性和阴郁的妄念。孤独而至大的美是消极的，我们随时有溺亡于其中的危险。

这……算是信口开河，不过并非我的创举。最早在这个问题上发表惊世骇俗之论的是霍布斯，他给城市（社会）例举的一种规则比喻是"利维坦"（Leviathan），一种看起来像是蛇一样的庞然大物，在中东的一些传说中，它也类似一条大鱼，每天除了胡吃海塞之外无所事事。这个东西也像是某种具有神格的存在，和我们的兔子差不多，但和兔子的纯精神性不同，利维坦是一种纯粹的肉身欲望的扩张。霍布斯注意到，它不是不朽的。它们（兔子和蛇）之所以不追求不朽，是因为不朽对于它们而言没有用。它们是一种新兴的肉身的神，是永生者（一直被掩盖的）肉身

1　[美] 陆威仪：《分裂的帝国：南北朝》，李磊译，《哈佛中国史》丛书，卜正明主编，中信出版社，2016，第 87 页。

2　同上书，第 94 页。

特性的外化表现。这差不多相当于，只要有一个人没有死，"孤独"这个概念就会一直存在下去，这个概念就是寄身于某些非不朽的存在之上的不朽存在。永生的精要不在于永远存在，只在于永远被延续。至于霍布斯的晚辈萨特（Jean-Paul Sartre，1905—1980）也来凑趣的时候所说的"他人即地狱"，我反而有点不太满意，地狱这个概念虽然很形象，但实在太次生，根本算不得一个基本概念，无此传说的文明完全无法弄明白这句话的意思……还是兔子和蛇更好，我们的神谱似乎有点向着野生动物科普节目转变的趋势。

除此之外还有贪得无厌、自私自利、胆小如鼠、狐疑不决……都是挥之不去的，它们是与人性共生的阴森的诸神，只要人类存在、人性存在，就没有什么东西能够撼动它们的永远延续，这也是一种不朽，比肉体蓬勃的鲜活更加不朽，比神庙石质的不朽更加鲜活。

但是，却没有勤奋、乐观和博学。这些东西只要人不想要——确切地说是不强迫自己要——它们就没有了，不会像某些阴魂不散的电商广告那样死缠着你不放。所以，我们意识得到的"道德"实际上是一片区域，它是阴森的诸神都愿意接受的一个结果，说它是精打细算是没错的，道德就是一种谈判桌上的和平。这种道德的边界压力决定了我等居于城市之人时刻要将旁人当成假想敌来看待，每个人都是有罪的（区别只在于是否犯下），哪怕他只是一个看起来人畜无害的快递送货员，防人之心不可无。聚居者每个人都在画地为牢，这个圈的区域范围在于道德边界压力（及其行为）和自身扩张欲望（及其行为）恰好达到平衡的点，有大有小，但总体上都不大，我们都是置身圈中的自己的囚徒。

这种每个人都有罪的看法非常有意思，契合了福柯总结的现代社会的"负语词性质"。这次我们讲的故事可以暂时不从历史、文学或艺术中去寻找，我们来看看下面这个例子：

在一档面向全社会的科技节目之中，主持人以模拟黑客攻击的方式公开测试密码保护系统 AlphaRisk，它的使命是尽可能保护那些不拥有或未设置指纹、声纹、瞳纹等活体认证系统的纯密码用户的安全。这种保护基于对交易情况的评估，如果发现疑点，会立即警告甚至强行关闭交易。这种评估在每一宗交易开展的时候都会进行。AlphaRisk 面对盗窃及黑客技术应激机制的激活基于以下两个条件：

1. 用户的身份泄露严重，包括身份证、银行卡等信息都被盗窃者掌握；

2. 用户的手机遗失，已被盗窃者获得。

在这种情况下，盗窃者也会步步跟进，进行以下两方面的尝试：

1. 根据已经掌握的数据，主观猜测用户的密码，例如大多数人把生日作为密码（这个数字身份证上直接有，即便是陌生人也能掌握）或是亲人的生日，甚至和开机密码相同。这些数据虽然可以秘不告人，但它们都不是加密数据，破译的难度不大。

2. 盗窃者获得了遗失的手机，也可能会尝试重置密码。

AlphaRisk 就趁这个时机介入事态的发展。这是一套基于观察而后作出判断的预警机制，它首先会通过一些参考数据观察一笔交易的合法性，设备、环境、偏好、行为、关系、账户、身份、数额等都是 AlphaRisk 作出结论的参考数据，而评判标准是用户的习惯以及事件的逻辑。这些逻辑判断完全基于人类思考模式的推理习惯，毫无深奥之处，例如以下的几个问题：

1. 支付软件是在陌生的手机上登录的吗？

2. 支付软件的登录密码以及支付密码是刚刚被重置过

的吗？

3. 转出账户和转入账户之间是否具有真实的人际关联？

4. 转出账户所在地和转入账户所在地，在该用户的使用中曾经存在转账行为吗？

诸如此类的问题还有很多。这些问题我等普通人在深思判断的时候也会想到，但是人类无法面面俱到，而且很容易懈怠；同样的道理，盗窃者除非也是一个算法精妙一如 AlphaRisk 的电脑程序，否则无论思维如何缜密，血肉之躯总会有忽略的地方。其中任何一个或者多个数据有异常，都会引起 AlphaRisk 的警觉，直接强制操作者进行活体验证、手机验证码验证，或者干脆就截断交易。

而算法判断还有一个远超人脑判断的优势是，它永远不会被主观情感所左右。工程师接下来向观众介绍，第二大类的案情是，转账行为是主观自愿的，但转账人不知情，也就是我们通常所说的受骗。工程师例举了一个真实发生过的事件：

一位大妈接到了一个陌生电话，对方告诉她在异地当送货员的儿子出了车祸，急需抢救，需要她转账。大妈开始没相信，但是身边的电视正好播出了一条新闻，报道她儿子所在的城市有一个送货员出了严重车祸，不由得她不信。大妈急得六神无主，随即信了骗局。就在转账操作的时候，AlphaRisk 判断出风险，并且弹出了提示，告诉她有可能是被骗了。可是大妈救子心切，选择无视，数度关掉弹窗，坚持转账。三分真七分假，这是一个标准的骗术实施过程，激活了 AlphaRisk 的强风险应对机制。它为此而罗列的参考证据是：

1. 根据大妈日常的支付习惯，其支付都是小额的生活耗费，突然出现大额转账，非常可疑；

2. 收款方账户是新注册的，且近几日只有大额收款和提现，无日常消费，非常可疑；

3. 两个账户之间从未有过直接转账，非常可疑。

大妈还在锲而不舍地关闭示警弹窗，力图完成转账。AlphaRisk 恶向胆边生，直接强行阻断了交易，而且锁死大妈的账户两小时，图个耳根清净。

工程师在节目中坦言，和人一样，对这种诈骗的判别最怕的同样也是误判，电脑算法基于概率，并不是不会犯错，虽然它犯错的概率比人类低得多，但同样存在。就像上面这个例子里，AlphaRisk 做出判断的几个依据只是"概率不合理"，但也全都能够找到小概率事件予以解释：大额转账可能是为了购买昂贵的物品，新注册的账户可能是儿子单位发了一张新卡，两个账户未曾交易可能是儿子还没来得及启用这张卡……这些解释虽然牵强，但都不违反基本逻辑。所以如果 AlphaRisk 判断失误，那可是跳进黄河也洗不清了，这种情况几乎不会出现，但并不是完全不会出现。

即便如此，在社会生活中预设一个他者是恶意的，这虽然有失忠厚，但是也安全得多。防人之心不可无，小心驶得万年船，无数的古谚告诉我们，人类就是这样一种动物，懦弱、狐疑而自私自利，我们几千年的城市社会生活就是这么蹚过来的。对每一个人小心提防会令我们的生活变得不太愉快，但这也没什么，不愉快总比不安全好些。现在，这项杯弓蛇影的工作由生硬而斩钉截铁的逻辑算法代劳了，也算人类的一大进步。不用怀疑，每个人都是敌人，每个人都有罪，这就是城市。我们人类——尤其是像中国人这样崇尚祖先崇拜的文明——总有一种假想，一代不如一代，现代社会这种人人自危的城市感似乎背叛了某种田园牧歌式的古老道德理想，那个时代水碧山青，人人揖让有礼，人们白天耕作中午饮酒晚上载歌载舞……现在它们被证明了完全是叶公好龙。这种预设每个人都有罪的想法被制度化了，我们也不用再为之心怀歉意。可以这样认为，AlphaRisk 的尽忠职守将人类社会的一个隐性特质揭示在我们眼前："安全"和"安全感"是两个概念，它们之间是一片难以名状的灰色区域。

谈到这个"安全"和"安全感"的实际区别问题，我想起了我某一天突然设想的一个无稽的命题（我现在经常莫名其妙地思考一些无聊的问题，比如有一天我躺在床上突然想，狮身人面像有尾巴吗？事实证明是有的，不光狮身人面像，卢克索狮身羊面像和大英博物馆的狮身鹰面像也都有，而且尾巴千篇一律挂在右后胯，这是他们的营造法式）：两个人的牙刷一起放在盥洗室，这是可能彼此用错的，想到用别人的牙刷或是别人用自己的牙刷在嘴里鼓捣，就有点不寒而栗。为了避免这种情况的发生，两位主人选择了颜色不一样的两把牙刷，一把红一把绿，这就令人安心了许多。可是，请思考，一红一绿两把牙刷，除了证明它们自己颜色不一样以外，什么都不证明，还是会用错。因为颜色不同和使用不同之间没什么逻辑联系，就算它们的联系是人的记忆和判断，但人的判断是没有逻辑的，相当靠不住，存在出错的可能，而且这可能性还非常大。综上所述，事实只能是，我们用了两把不同颜色的牙刷，觉得不会再用错了，但我们又不便在对方刷牙的时候次次都加以监视，所以我们只能相信，应该不会用错了。在这里，用不用错的事实是"安全"，对会不会用错的推测是"安全感"，这两者之间浑身不搭界，没半毛钱关系。

从一方面来说，刑侦、司法、数据跟踪技术等所有社会科技的发展尽可能保证了每一笔交易都是"安全"的，即便马失前蹄，至少法网恢恢。而 AlphaRisk 依然锲而不舍地追踪每一笔交易，对我们在支付界面上遇到的每一个人虎视眈眈，这虽然不近人情，但是令我们感到非常有"安全感"。在日常生活中，如果我们对老朋友老同事的提防之意溢于言表，可能面临着一段友情的终结，但是现在好了，不近人情也被制度化了，逻辑算法替我们承担了很多忧虑，从而优雅而不动声色地拱卫了我们的孤独。

从另一方面来说，AlphaRisk 的强大、不眠不休和无孔不入也保证了那些隐藏在庞大人群之中的真正具有恶意的来犯者不得不瞻前顾后，考虑清楚再动手。这一点令我们联想到福柯所思考的"全景敞视主义"，这种社会基于普遍监视机制的构思最早是由杰里米·边沁（Jeremy Bentham, 1748—1832）提出的，我们可以将它的情形简单再现一下：

> 在一个位于圆形建筑中的监狱的正中心，有一座高塔，高塔顶端的瞭望室可以清晰环视监狱一周，监视所有囚室犯人的行为。如果犯人出现违规行为就会被重罚。瞭望室的窗户也是环绕一圈，玻璃是特制的，从里面可以看见外面，但是从外面看不见里面。从名义上来说，瞭望室全年无休，一天二十四小时都有人值班，但是外面的人因为看不见瞭望室里的情形，无法验证这一点。就是说，犯人在任何一个时刻，其实都并不知道他们究竟是确实暴露在狱卒的监视之下，还是仅仅面对着一间空空如也的瞭望室。但是人们都选择了不冒险，因为误判的代价是巨大的。

我们知道一种监视机制的存在，即便它并未作用到我们身上，它对于我们而言也是危险的。圆形监狱的亮点在于，监视无所不在，却是隐性的，因而很可能被夸大了，甚至很多时间（大部分时间）是无中生有的，人们因为自己的恐惧而裹足不前。而AlphaRisk 在此基础上的进化在于，它只是一种算法，它不是人，它不会累、不会休假、不会牢骚满腹、不会因为无尽的加班心生怨念而叽叽歪歪，它对每一笔交易的监视真的是锱铢必较的。如果说圆形监狱中胆子特别大的囚徒尝试违规是一种带有赌博性质的铤而走险的话，在面对 AlphaRisk 以及以后将会出现的监视算法时，这种行为就不应该出现，没有人愿意在一场胜率为零的赌局之中下注。我们回到刚刚谈论的那个话题上，每个人都有罪，至少假设每个人都有可能犯罪，虽然有失厚道，却是值得的。人们并没有太多的损失（这要视情况而定），但是对安全的拱卫却始终处于未雨绸缪的应激状态之中，安全的实现是一种事实，不用去管它是怎样实现的。普遍的监视是现代城市生活的一种规则上的标注。兔子对我们的虚伪和懦弱已经了如指掌，何况基于道德的揖让有序、夜不闭户过了千百年依然停留在陶渊明（352 或 365—427）、托马斯·莫尔（St. Thomas More, 1478—1535）和康培内拉（Tommaso Campanella, 1568—1639）书桌上的手稿里：它从来就不是一个可实行的方案。

像 AlphaRisk 这样的大数据监控体系还有一个优势在于，它的如影随形虽然谈不上真正无远弗届——对一些没有使用智能电子产品习惯的人鞭长莫及——但也算是最大限度地无孔不入了。抛开血肉属性的自然性不谈，从人类文明的次生性角度来看，只有一种非自然的观念是如此挥之不去的，那就是道德。虽然数据监控依赖于技术，与道德的真正根植人心还有一定差距，不过两者的气质很相近，都是人们自愿围于其中，形成一种逻辑判断，以这种逻辑去判断他人，进而形成一种相互监控的、自洽的运行体系，我在《睹物》这本书中谈到互训机制的时候曾经思索过这个问题。

这就是说，一种普适于这个时代整个人类社会的数据统计思维即便在很多场合下依然为人所质疑和诟病，但是已经不可逆转地建立起来。就好像柏拉图时代的本源思想、康德时代的人文思想、黑格尔时代的理性思想和维特根斯坦时代的语理思想，数据统计思想就是当今时代的普适哲学。何谓普适哲学？就是一个时代的人对于"人是什么"和"世界是什么"这样的问题做出的回答。这就是说，无论你是怎样的人，才华横溢或是资质平庸，无论你的贡献如何，名垂青史或是默默无闻，数据统计思维都不会介怀。数据统计思维既不会像马克思（Karl Heinrich Marx, 1818—1883）一样强调个人对世界的影响，也不会像叔本华一样强调世界对个人的影响，它就是一种数据。你多久买一次菜，你买的菜中重复频率最高的是什么，你最偏好的食物中主要包含哪些微量元素，这些微量元素摄入过量或其他微量元素缺失会对你的身体产生怎样的影响，这种身体的伤痛和病灶会对你的性格产生怎样的影响，甚至这种性格在你的深思之中可能会产生哪方面的哲学看法……一个人只是一条数据线，因果关系虽然并不是必然的，会受到其他因果关系的影响，但总体上可以演算，高于某个概率就可以被定义为"正确"，你很难挣脱它。这种统计早在2015年已经完全成熟，最早被运用于电子商务系统自动向适合的买家推送量身定制的广告。

而反过来说，掌握了这些线索之后向上逆推，很容易就能还原出这个人的性格、特质甚至是内心一些更深层次的东西，比如说哲思和政见。数据统计虽然还没有这么做，但迟早会发展到这一步，只是时间问题。这种对人性的理解，其特点就是从条件、结果到分析全部数据化，而且全方位覆盖，包含了体质学、心理学、概率学等很多门类的加密算法。任何心智健全的人只要进行过三十次以上的网络行为，在数据统计面前就没有太多的秘密。

一种颇为悲观的看法是，数据统计思想实现了从奴隶社会开始所有阶级社会的统治阶层的梦想，即尽可能深刻地了解治下的每一个人，至少知道他们的弱点是什么。这在以往显然是不可能做到的，基于"1+1=2"的经典统计算法其实办不成什么事，上帝在一夜之间杀遍了埃及人的长子，这场战役要调动的天使兵力肯定也不是一个小数目。但现在不同了，天使们只要在开罗自来水厂的蓄水池里做点手脚，很容易就能达到自己的目的。这个比喻意味着，"平台"的精确远超统计的精确。一种平台思维的出现往往会带来一次深层的思想革命。基于互联网这个虚拟的统计平台，每个人每天无时无刻不在自觉地将自己的数据、自己的弱点和自己的想法呈上，源源不断地填充着这本权力的宝典。

这就是说，数据统计思想实现了权力关系的"精准化"，至少实现了这种精准化的思路。我比你强，我就能统治你，这是人类社会的普遍价值准则。拉美西斯二世法老（Ramesses II，约前 1303—前 1213）在卡叠什（Kadesh）与赫梯一战天昏地暗、流血漂橹，但这没什么大不了的，这只是他在培尔-拉美西斯城（Pi-Ramesses）的寝宫里盯着天花板发呆时想出来的一个游戏。一个人同时比所有人强，他就能统治整个世界。可是这种普遍性改变不了权力比较的一一对应关系，所以统治全世界和统治一个人的本质是一样的，只是更烦琐、更枯燥，仅此而已。而且当人数足够多的时候，权力的效果永远只能追求对**大多数人**有效而非对**每一个人**有效，就好像严刑拷打令大多数人害怕，但是无法令勇士害怕。所以权力的真相是一种统计面貌上的枚举算法，而且因为数据级别很低所以非常低效。如果说现在有一种方法能够恢复到小国寡民状态下的权力的原始形态，那种一一对应的权力角逐，那权力的施行就会实现难以想象的效率化。

但是数据统计思想的问题在于，因为基于数据统计，它的个案推演无比精准，但是它的统计推算却难以锚铢必较，这同样是因为基于数据统计。何谓统计推算？依靠数据统计在一群人乃至世界范围之中"找"到一个人。目前依然力有不逮，原因很简单，数据统计思想基于一些鸡毛蒜皮的小事，我们根据浏览购物网站的频率可以定位一种喜欢养猫又同时喜欢吃花椰菜的人，可这样的习惯，在普通人中重复率也高到几乎无法统计；即便将这些数据组合起来形成例如"又喜欢养猫又喜欢吃花椰菜又……"的句柄链，也只是将目标总量降低了几个数量级，在人类总人口的庞大基数面前，它还是没有太大的统计意义。我们不能寄希望于将这个句柄链无限细节化，这样就和挨家挨户去敲门找人没什么区别了。这就是说，数据统计思想提供了一种权力精准的思想，但是无法提供权力精准的具体办法。

当然，我们也没必要像怨妇一样成天絮絮叨叨这些负面的看法，数据统计思想的一个令人激赏的优点在于，基于它对个人更强的监视能力，它也同样具有更强的便利和保护能力。我想起了一个有趣的例子，有一次我和夫人在一家饭店用餐，有一道剁椒鱼头滋味绝伦，惜乎太辣，夫人吃得满头大汗。这时她戴的Applewatch检测到了她脉象的异常，开始狂吠。Applewatch就是这样的，婆婆妈妈，对我们毫无信心，这盘鱼头再吃下去只怕它会自说自话呼叫救护车——这样的事是真的会发生的，那种孤寡老人在家昏倒无人知晓终告不治或是儿童失踪不知去向之类的事件，在技术的日新月异之中、人类社会发展到万物互联时代的早期或中期，就可能接近完全被避免。

这是一个最好的时代，这是一个最坏的时代；这是一个智慧的年代，这是一个愚蠢的年代。在数据统计进化到无比精确——并不会在太久之后——之前，我们生活在一个恰到好处的时代，既拥有数据的保护，又可以安然隐匿其中，宛如沉睡碧海。

就是说，一种包括安全感以及其他很多生活状态在内的"舒适圈"，正以城市这种形式为依托被建立起来。在最初的时分，这些技术或者说是城市生活的规则真的只是为居住于城市之中的人提供生活便利而已，这是"舒适"二字的原意。但是便捷这种事，一方面达到了但没有其他方面的配合还是个不行，所以适宜这些生活便捷的"配套便捷"也就纷纷建立了。这就好像想要AlphaRisk这样的程序的便捷成立的话，程序制造工业也非得便捷高效不可，乃至于为这种工业提供适配服务、人事服务的配套设施，这种人事构成的管理规则……而最终形成了一种网状结构的存在。从狭义上说，这种结构决定了一个区域的生产特色，就好像美国底特律被称为"汽车城"，圣克拉拉谷被称为"硅谷"那样；从广义层面来说，它们决定了这个区域的一种生活态度、一种文明气质，新潮或传统，忙碌或悠闲。

当一个城市中有若干个这样庞大的生产—生活体系，在最初时分它们可能是风马牛不相及的，却必须在同一个地域共存，所以最终会形成一种融洽的因果关系。可以比喻为一个人，他的工作是工厂会计，他的爱好是周末钓鱼，这两者之间没有什么相似性，甚至是相互抵触的，却荟萃到一个人身上，久而久之也就会形成一种因果关系。这种因果关系我们可以理解为因为想去钓鱼而对工作心生厌烦，但为了保证兴趣的供给不得不认真工作……以及长期处在这种生活之中而产生的患得患失的心情，我们将之称为性格。人的性格是生活创造的，确切地说是他生存地的社会体系创造的。

从这个比喻发散开去，如果一个城市（生活区域）的社会体系固定，那有可能在那里谋求衣食的所有人在生活态度上也具有相似性，如果说生活态度就是人的性格，那我们不妨将这种相似性看成一个城市的性格，它们确实存在，有目共睹，各自散发魅力。

无怪乎美国作家尼尔·盖曼（Neil Gaiman, 1960—　）在一篇题为《模拟城市》的散文之中感慨道：

有的时候，我会幻想如果城市是人，它们会是什么样子，用来打发时间。在我眼中，曼哈顿说话语速飞快，满心猜忌，衣冠楚楚然而胡子拉碴。伦敦身形巨大，糊里糊涂。巴黎优雅迷人，显得比实际年轻。旧金山疯疯癫癫，但并无恶意，非常友好。[1]

这种印象我们也有，北京、深圳和我所居住的杭州都有城市性格，被大多数人认同。接下来，盖曼谦逊地认为这种联想是一个"愚蠢的游戏"，但是他并没有打算终止这个游戏，而是顺着思路思考下去，随即意识到了这种城市性格的成长和人生一样，时间在其中扮演着至关重要的角色：

　　　随着时间流逝，城市积累下自己的性格。曼哈顿还记得自己曾是土了吧唧的农田。雅典回忆着旧时光，那时还有人认为自己是雅典人。很多城市记得自己曾是乡村。其他的城市——当前平平淡淡，没有什么性格——还在等待属于自己的历史。[2]

回想自己曾经是乡村这种事，对深圳这样的城市而言已然是一种辉煌。这真有趣，城市或小区域的国土就像是一个长寿得多的人。在历史赋予一个地方以性格之前，它是没有灵魂的。亚历山大大帝（Ἀλέξανδρος Γ' ὁ Μακεδών，前356—前323）建立了一个庞大的帝国，却来不及统治它——他庞大而分散的驻军不算是统治，只是维持而已。你从别的地方连根拔起一朵花，把它种在你的花盆里，划定它开枝散叶的区域，这都没什么大不了的，接下来你怎么灌溉、让它活下来、为你开放，才是关键之所在。如

1　[美]尼尔·盖曼：《尼尔·盖曼随笔集：廉价座位上的观点》，四川人民出版社，2020，第186页。

2　同上。

果亚历山大能活到七十岁，哪怕五十岁，总能找到一个维吉尔这样的人，通过历史的叙述、传说来羁绊人心，建立一种地域上的共同情感，数百年以降，人们彼此认同是父老乡亲，而非一次军事行动之后被征服者立法强制滞留的战争受害者。这是一种无形的疆土，比有形的领地更加重要，有了地域的情感，文明才能开枝散叶，就像河水滋润沙砾最终变成沃土。

如前所说，一个区域（城市）的人因为区域的社会体系而形成相似的性格，这句话反过来可以理解为，一个人形成怎样的性格、他怎样和邻人相处，乃至于他要过怎样的人生，都不是可以自由选择的。小到家庭、社区，大到城市，这些人生的选择受到非此即彼的生存环境限制和诱导，想要走出不同道路的人必须付出很大的代价，到头来算算输赢账，很多人觉得得不偿失。

当然，现在并不存在这样的一些规则，规定一个人从小开始在生活非此即彼的方面只能如此这般，这个过程是在逐渐形成的条件的限制之中完成的。它们可能开始于某个突发事件，譬如说我还清晰地记得我小学五六年级的时候，一纸文件决定小学升初中的遴选规则由考试择优改成按照学生居住地分配。这个决定看似就事论事地仅仅是一套生源分配方案，可是它影响了居住地、房价、购房资格……最终影响了城市的经济和在这种经济环境中生存的生活性质。可是，这又怎么样，城市的记忆已经形成，现在没有人会关心学区制度的制定因果，他们只会为了一套学区房而上下奔走。与此相似的还有碳排放中和（汽车限购）、房地产限购等，同样没有太多人会去自由思考它们自身的因果。生活给你划了一条道，你就只能在上面摸着石头过河，不然还能怎样？

这就是说，环境对人生轨迹的限制和诱导分成两个层面的意义，一方面是刚性的，一方面是柔性的。刚性的环境限制可以理解为历史的骨架，它包括了国家的战争、民族的征服、王朝的更迭和领土的让渡，这些都会对生存在历史之中的个人产生无法估量的影响。面对历史的浪潮，个人是无法凭借自身意志决定接受还是拒绝的，就像一条鱼无法选择自己是否生存在水里、生存在哪一片水域里，所以有的时候我们反而感受不到这种至大的震荡，只会觉得理所当然。

也许是因为这种理所当然，大多数人在大多数时间选择忽略，反而相安无事。这就牵扯出一个问题，像宋铁岩（1909—1937）烈士、章西女王（Rani of Jhansi，1828—1858）还有"午夜骑士"保罗·列维尔（Paul Revere，1735 — 1818）的人生对当今世界的后人产生实际的影响了吗？这一点是毫无疑问的，没有他们在历史中的作为，国土就不可能夺回，民族就不可能独立，可是还是有很多人并不知道他们的事迹。虽然遗忘历史意味着背叛，可是遗忘是历史之塔的基础。建造金字塔的奴隶、跟随大禹治水的民夫、开凿苏伊士运河的工人……乃至门口那家给你留下刻骨铭心幸福回忆的滋味绝佳的面馆的创始人，更是没有一个名字被后人记得，这本身就是天地之间一个血淋淋的大现实。

也许，我们应该这样看，很多先烈舍生取义所力图捍卫的，本来就包括这种凡人遗忘他们的权力——如果这样理解会令你感觉舒服一点的话。

这就引入了另外一对关系，限制和诱导与个人的直接与间接关系。这一点很容易理解，对于很多人而言，解读城市的房产购置政策远比缅怀一位抛头颅洒热血的先烈重要，我们没有必要展开讨论了。

限制和诱导的第二个层面是柔性的，其实质在于个体在面对它们时似乎是"有选择"的，在和平的时代里看起来更加温情脉脉一点，但是它的本质还是难以拒绝的，而且基于竞争、协议还有前面探讨过的技术等一系列问题而更难拒绝。

在举这个例子之前我们可以简单回顾一下前面提到过的一篇小说，奥威尔的《1984》。这篇小说的一个背景是，英格兰社会党（IngSoc）以一种精密设计的语言——"新话"（newspeak）来诱导人们的行为，然后用一种类似电视的双向输出器——"电屏"（telescreen）来监视这种诱导的结果。因为媒体基准于语言，语言基准于传播，看起来，一个人似乎可以选择三缄其口，不与人交流以拒绝传播，可是这种"选择"根本没有意义，对于"想要活下去的人"而言，这种无形的权力无人可以拒绝。

时间流转到了 2021 年，现在人们对这本书重拾兴趣。2021 年 1 月 7 日，脸书（Facebook）发表声明将在平台上封禁当时还是美国总统的特朗普（Donald John Trump，1946—   ）的账号，禁令可能是永久的，至少持续到他任期结束；仅仅在第二天，推特（Twitter）也宣布封禁特朗普的账号。双方的理由都是 1 月 6 日美国国会山骚乱后，特朗普"有进一步煽动暴力的危险"。众所周知，特朗普可谓"推特治国"第一人，他的很多观点在推特上发布，既获得了一石激起千层浪的效果，也以一种个人"有感而发"的面貌规避了行政责任，在这种方法尚属标新立异的时代可谓卓有成效。更重要的一点，在这个人人参与社交网络的时代，自媒体是特朗普和他的几千万拥护者之间最有效的联系，这种联系最具代表性的表现就是他半推半就地对暴动的煽动。现在这种联系被切断了，特朗普的失败不可谓与之没有关联。

特朗普铩羽而归之后，人们有了更多的时间冷静地思考这个问题。尽管脸书和推特这几家传媒企业在"倒特朗普"一役中居功至伟，但是人们的警觉还是被触发了，最早对此提出质疑的还是德国前总理默克尔（Angela Dorothea Merkel，1954—   ）——她和特朗普关系不太好，两人见面连手都不握。老太太以一种政治家的警觉向全世界提出了这样一个问题："从什么时候开始，谁当美国总统由媒体说了算了？"人们悚然惊觉。脸书和推特的举动影响了美国政治进程吗？毫无疑问。可是此举违法吗？肯定没有。而且不得煽动民众做出危险举动是所有自媒体程序注册协议必有的一个条目，当然大多数人都是看也不看就点击同意注册了——特朗普多半也没有。

推特和脸书这种"合法干政"的一个基本理由是，从美国宪法上来看，因为有第一修正案言论自由条款的保护，个人和私人商家拒绝为任何人服务都不需要承担任何法律责任。既然如此，那么从理论上来说，所有的自媒体都同时拒绝为某个人服务也是合法的。这个后果已经很严重了，而当自媒体成为一个政治家和他的选民之间唯一的交流渠道，那这个后果就更是致命的了。

有的思考者开始觉得，传媒所谓的中立很可能只是一种假象，它就像《1984》里的那种"新话"，虽然语言也是中立的，但是"新话"经过精密设计，在某种拼写、描述、排比、指代规则之中，暗自嵌入了一些政治道德的法则。因为所有人都觉得语言是中立的，所以没有人发觉这一点，而且生存在语言环境之中这一点是没有选择的，所以即便有人发觉了个中玄机，也为时晚矣。

奥威尔可能无法想象大半个世纪之后的人类科技，所以《1984》之中充斥着一种不和谐的强迫性，但事实证明自媒体大行其道的身段显然比他想象的那种"新话"高明得多。相比于"新话"的那种政治道德性，自媒体与生俱来的特性——传播性——更加自然，因为符合人类（希望自己被关注的）自然进化规律而更难摒弃。人们选用自媒体，无论是推特发言还是微信发朋友圈，都是求关注，政治家的野心本质也是求关注，两者的合流几乎是必然。

而对于普通民众而言呢？面对自媒体，"就范"也是一种必

203

然。我们能够模糊地感觉到，知识的发布近似某种能量的震荡效应，通过历史知识消费特性的落差，从高能量当量向低能量当量辐射。培根（Francis Bacon，1561—1626）曾经提出过一种"剧场假象"，一个被认为知识渊博的人胡说八道一番，那些聆听者也会如奉纶音，因为他们自己不具备判断信息正误的能力，他们的判断仅仅来自信息发布的场合（剧场、演讲厅）、发布人的身份（教授、科学家）、发布行为的表面观感（慷慨激昂、引经据典）等一系列完全与正误无关的参考细节，人们以此来定义他们正在面对的"正确"。人类知识几千年的传承都是这样走来的，悬挂这把知识之剑的唯一一根细丝就是信息发布者自身的道德内省——我们姑且相信这位发布者是诚实的，但是这一点同样无法以任何方式证实。培根的那句名言"知识就是力量"一直被看成人类的探索精神、伟大情操的表达，此时似乎也露出了一点狰狞面目：这种力量混沌而至大，绝非任何一个血肉之躯所能抵挡。

耐人寻味的是，在思考这个问题之前，我等历史消费阶层似乎从来不曾想到对历史知识还有这种"信任与否"的问题。我们捧着一本封面印着大泽乡起义（前209）插图的小学历史课本读得神游八荒，或是听人讲述裴多菲（Petöfi Sándor，1823—1849）在战场上壮烈捐躯、敌人的那一枪从哪个刁钻角度刺来的故事，宛如亲历，这些时刻我们完全相信，这些历史知识就**等同于事实**。然而当我们接受了某种怀疑主义的论调并且深刻思索之后，却又无端地觉得所有历史知识都非常可疑。我们秉承了兔子首鼠两端的习性，对可阅读的历史产生了深刻的信任危机。这源自我们不太光明磊落的天性，还有某种唯识的认知原理，在这里我不想谈它。我们来看看下面这个例子。

在伊朗克尔曼沙阿城西北30千米、扎格罗斯山余脉的一处山崖上，有一片图文并茂的摩崖石刻，由考古学家罗林森（Henry Creswicke Rawlinson, 1810—1895）爵士发现并展开研究，世称《贝希斯敦铭文》，我在一篇文章中称其为《贝希斯敦靖逆刻石》。它，精美得令人惊叹，所绘是一位气势非凡的帝王征服了十个俘虏，麻绳提螃蟹似的捆成一串，还有一个踩在脚下。对他们的身份，铭文中有着详细的介绍。我们来看看这铭文里的一些重要的话，英文选自罗林森译文，中文是我少年时一次古文课的作业，得分不算高：

I am Darius, the great king, king of kings, the king of Persia, the king of countries, the son of Hystaspes, the grandson of Arsames, the Achaemenian.

（朕大流士帝波斯，诸王之帝，诸地之王。朕皇考曰希斯塔斯帕，朕皇祖曰阿萨姆。朕躬阿契美尼之共主也。）

Thus said Darius, the King: My father is Hystaspes; the father of Hystaspes was Arsames; the father of Arsames was Ariaramnes; the father of Ariaramnes was Teispes; the father of Teispes was Achaemenes.

（帝大流士曰：朕皇考曰希斯塔斯帕也，希斯塔斯帕父曰阿萨姆也，阿萨姆父曰阿里亚姆尼也，阿里亚姆尼父曰忒斯帕也，忒斯帕父曰阿契美尼也。）

......

This Gaumata, the Magian, lied, saying: I am Smerdis, the son of Cyrus; I am king.

（曰高墨达者，一巫耳，托名斯墨得斯，绐称居鲁士皇帝子，僭波斯皇帝。)

This Atrina lied，saying：I am king of Elam.
（曰阿期纳者，僭埃兰王。)

This Nidintu-Bel lied，saying：I am Nebuchadnezzar，the son of Nabonidus；I am king of Babylon.
（曰尼丁图-贝尔者，托名尼布甲尼撒，给称那波尼得斯子，僭巴比伦王。)

This Phraortes lied，saying：I am Khshathrita，of the family of Cyaxares；I am king of Media.
（曰弗拉欧尔特斯者，托名克沙特里塔，给称祖述西拉克拉里斯，僭米底王。)

This Martiya lied，saying：I am Ummanish，king of Elam.
（曰马尔迪亚者，托名乌马尼什，僭埃兰王。)

This Citrantakhma lied，saying：I am king of Sagatia，of the race of Cyaxares.
（曰特里坦塔伊赫美斯者，给称祖述西拉克拉里斯，僭撒迦尔提亚王。)

This Vahyazdata lied，saying：I am Smerdis，the son of Cyrus；I am king.
（曰瓦西亚兹达塔者，托名斯墨得斯，给称居鲁士皇帝子，僭波斯皇帝。）

This Arakha lied，saying：I am Nebuchadnezzar，the son of Nabonidus；I am king of Babylon.

（曰阿拉哈者，托名尼布甲尼撒，给称那波尼得斯子，僭巴比伦王。）

This Frada lied，saying：I am king of Margiana.

（曰法拉达者，僭马尔吉亚那王。）

This is Skunka，the Scythian.

（曰思昆卡者，斯基泰人也。）

……

A great god is Ahura-Mazdah，who created this earth，who created yonder sky，who created man，who created happiness for man，who made Darius king，one king of many，one lord of many.

（丕显胡天有威神也。形厥率土，作厥昊天，育厥黎首，福厥宗绪。盟胡天有恤，尔大流士膺受配命，诸王之王，诸帝之帝。）

《贝希斯敦靖逆刻石》是大流士（Darius I，约前550—约前486）皇帝平息群雄割据的记功刊石。这是一篇非常正统的历史档案，干脆利落得像是一本明账。说它是历史，是确实发生过的往事，没有人会不相信。碑文里面的“胡天”是他们信奉的主神，正义之神阿胡拉（Ahura-Mazdah），可见这篇碑文的伦理基调是自况"正义"的。可是当我们带着刚才那个对历史知识的信任问题的思考去读它，却发现它无论如何都有一种欲加之罪、由胜利者书写的历史口吻，所有的指控都缺乏人证、物证，缺乏第三者的风评。对于这样的历史知识，我们只能判断谁是胜利者，但是难以判断谁是正义的一方。甚至有历史学家根据蛛丝马迹推测，在冈比西斯二世（Cambyses II，？—前522）于兵戈归途之中意外暴死后，大流士的即位很可能并不合法，而是让这碑文里提到的高墨达（Gaumata，生卒年不详）背了黑锅。实际上，大流士的父亲帕提亚总督希斯塔斯帕（Hystaspes，生卒年不详，活动于前550年前后）是冈比西斯的堂弟，一表三千里，这门亲未免也太远了，确实有烛光斧影的嫌疑——这是题外话，按下不表。这就是我们也许早就应该抛弃这种历史评价正义与否的孩提游戏的原因，历史是"自在"的，无论是对于一个历史事实自身还是对于对它的怀疑，历史知识都既不提供证明，也从来没有提供这种证明的义务。

在摄影和影像之类更客观的留证方法被发明出来之前，就现实意义上的"历史"二字而言，首要是思想，其次是修辞，最后才是事实。

但对于我等历史消费阶层来说，《贝希斯敦靖逆刻石》这样的文献都是历史知识，也就差不多等于是历史自身。它们或镌刻于神庙，或深藏于神庙，或传授于神庙。学校就是这样的记忆神庙，黑暗的廊庑仿佛通向世界的脏腑，在黑暗的深处，记忆闪耀宛如微弱的灯火，若隐若现。我们供奉信任，从神庙中换取知识，用以和祖先对话，给自己套上神圣的记忆枷锁。从神庙中获得知识与从剧场中获得故事是一样的，信任是支付的货币，没有讨价还价。

这就是说，面对"剧场性知识"的灌输，一个人选择拒绝

（不信任）的权力是有的，但是没有能力。应该说，前面提到的那些特朗普的支持者大部分是在自由思想的能力上无力拒绝这种"剧场性知识"的低历史消费阶层——这是事实，没什么冒犯之处，人类社会的认知结构就是如此——他们既然无法拒绝对特朗普的信任，仗就只能打到底。

"剧场性知识"在传播的有效性测试中真枪实弹地经过优胜劣汰，也具有自身的语言法则。其中一个法则就是知识的可理解程度不能与接受者（低历史消费阶层）相差太远，最大程度地诱发兴趣和理解是一个原则。与前面那个特朗普的例子存在千丝万缕联系的一个例子是最近几年在美国异军突起的"匿名者Q"（QAnon），这是一个热衷道听途说的阴谋论爱好者团体。2017年10月，一名匿名用户以用户名Q在留言板4chan上发布了一系列帖子。Q将自己描述为一名了解秘密权力斗争真相的政府内部人士，还宣称知道一个由特朗普主导的秘密计划。"匿名者Q"的宣传光怪陆离，比如说宣称美国政府内部存在着一个暗中操控世界政局的"深政府"（deep state），是由民主党若干高层、好莱坞精英、犹太金融家等组成的美国精英集团，他们控制媒体（这一点似乎是被推特和脸书证实了）；接下来的传言更加离谱，"匿名者Q"声称"深政府"是撒旦的崇拜者，他们大量绑架并献祭儿童，作为某种仪式向撒旦致意。只有特朗普可以用他的"秘密计划"与"深政府"进行战斗，弘扬正义。

很快，"匿名者Q"的信徒就遍及美国，他们煞有介事地对特朗普推文和演说里的只言片语进行解读，试图从中找出所谓的深层信息。比如：当特朗普说出数字17时，他们认为这是特朗普在向他们发送秘密信息（Q是字母表中的第十七个字母）；当特朗普戴着粉红色的领带时，他们则理解为他正在解救被贩卖的儿童（美国医院使用"粉色代码"作为儿童绑架的代号）。这些即便放在好莱坞剧本之中都多半会因为粗制滥造而难以获得投资的廉价故事，在"匿名者Q"的信徒之中非常有市场。根据美国民调和智库2020年9月的一项研究结果，近一半的美国人听说过"匿名者Q"，比六个月前增加了一倍。《纽约时报》一项民调显示，17%的人认为"匿名者Q"是真的。

如果说甘愿放弃为文明建设奋斗而选择躺在泥地里得过且过是一种个人选择的自由的话，那美国自诩自由的国民特性就为这种自由提供了肥沃的土壤。很多美国人一听到在公共场合戴口罩的要求就炸刺，认为那触犯了他们的自由；可对于"匿名者Q"如此明目张胆地以如此拙劣可笑的方式冒犯他们理性分析的自由，很多人却选择掩耳盗铃，听之任之。究其原因，一切都基于事实与个人理解层次的落差关系，易理解者逆反，难理解者盲从。戴口罩是怎么回事，谁都明白，可以轻易不信任；但特朗普为何败选，权力内幕错综复杂，难以理解，对剧场性知识的盲从和崇拜应运而生。

由此可见，自由的失去是一个潜移默化的过程。它不是强制的，但是没有别的选择。虽然没有选择通常可以被理解为强制，但社会生活模式的形成和固定确实不是强制的。

平台性思维的成熟使得当代城市生活的秩序来得更容易。一方面，不用你挨家挨户去宣传，人们自动会送上门来。有水就有鱼，你创造一个平台思维的体系，例如某种养生行为理念或是某个早教咨询app，自然会有信徒撞进网里。另一方面，平台性思维的算法是并行的，不同于以往居委会大妈挨家挨户去敲门，一切都在同一时间就绪了。

知识被平台化之后，这种便利无比、便利到连思考都不用进行的平台城市生活所带来的一个必然结果就是，连道德也平台化了，变成庞大数据体系之中可以统计而且俯拾皆是的"罐头道德"。某些慈善募捐 app 里的一个个数字就代表了这种必然的、罐头化的城市道德。"罐头道德"不需要抛头颅洒热血，募捐 app 的那些救命个案里，大伙儿的捐款也很少有超过五块钱的。这当然值得感激，不过值得感激也无法掩盖捐赠者其实并没有付出什么代价这个事实，聚沙成塔，勿以善小而不为，都只是一种说法而已。为什么不？五块钱，一碗豆腐脑钱，几乎可以说是没有成本，并不需要你像塞尔维特（Michael Servetus，1511—1553）那样为了真理而在烈火中不朽。而伦敦大学伯贝克学院人文研究所所长齐泽克（Slavoj Žižek，1949—   ）教授则在一次电视演讲中指出，这种"罐头道德"的作用是对抗消费主义带来的颓废感——消费就是资源的掠夺，是不义且让人愧疚的，这样看来这种说法也有道理。

齐泽克注意到，他天天要去的星巴克咖啡的价目表上经常会印着一行字："本次消费中的一元钱将会被捐助给××××。"这个"××××"通常是天灾人祸，令人伤感。有的时候是用于提升危地马拉儿童的健康条件，有的时候是援助撒哈拉的干旱地区，有的时候是拯救雨林，有的时候是补贴含辛茹苦的咖啡农。一个有目共睹的事实是，星巴克是比其他街边咖啡店贵的，至少不值这个价，可有了这行字之后，人们好像变得不介意这一点了。这些善款的去向我们丝毫不怀疑，人们付出这些代价的情操之高洁，也毋庸置疑。可问题是，顾客们不是**为了**这个目的来喝咖啡的，星巴克也不是**为了**这个目的而卖咖啡的。价目单上没有这行字，顾客们也得喝；不印这行字、不公布这个信息，星巴克也完全可以捐出这笔钱。这就是说，这行信息的公示与否，事实上是没什么区别的，那么它的意义何在？齐泽克总结，印刷这样一行字不会改变事实，但是能令事实变得更易消费、在感知上更舒适。

接下来，齐泽克习惯性地揪揪鼻子——他的老鼻炎看来永远都不会好了——说，我们对这种施舍喜闻乐见的原因是，消费主义是一种陋习，至少所有标榜奋斗的人生信条都是这样教导我们的，它令我们愉悦的同时也令我们愧疚。因此我们需要付出一些代价来平息兔子的愤怒。你喝了一杯泡沫咖啡，你想象中的那个脸上胡子拉碴、皱纹如同喀斯特地貌一般沟渠纵横的撒哈拉老农却连泥浆水都得省着用，道德的公平性使得这种莫须有的不公平令你无地自容。现在好了，他虽然也没喝到和你一样的咖啡（没有消费），但是白得了一块钱；你虽然原本可以以比现在便宜一块钱的价格喝到咖啡（消费），但是你的罪孽也减轻了一块钱，皆大欢喜。最划算的是，你又喝到了咖啡，又买到了那一块钱的天国。

本文探讨的是一个人与其他人共处的时候所面对的一些问题，它们从根本上来说还是孤独主义的。在较早的时分，这种共处不得不以某个特定的时空节点为基础，就像农民向牲口贩子买牛那样，面对面的唇枪舌剑、各怀鬼胎不可避免。很快，这一切因为彼此相似，也就变得形而上了，成了一些伦理问题的基本思考。接下来，连一些并不属于形而上范畴的实际行为也脱离了这种原始的基本接触，农民买牛不需要再去和贩子扯闲篇，只需要找到一些叫供销社、百货公司或者淘宝网的地方，质量、信誉、性价比等这些以往看起来很形而上的概念，现在只是那些地方商品而已，一种基于形而上但是非常务实的平台思想被建立起来。我们前面探讨过的善恶、监视、传播这类问题，感觉似乎有一点陈年八股，那是因为从理想意义上来说它们都可以被固化到生活模式之中去。而这些被总结出来的智慧，一旦发生实际的运用，神秘性也就荡然无存，就好像凯恩斯（John Maynard Keynes，1883—1946）和哈耶克（Friedrich August von Hayek，1899—1992）为之唇枪舌剑的货币和自由，现在只是各个国家积累财富的实际办法而已。关键在于对人性的理解不能不随着文明的发展日新月异。这种发展，无论是科技的还是思想的，意图其实有点猥琐，后来被强加上了对祖先和众神的责任感。在韩少功的小说《马桥词典》里一位虚构（但也可能真实存在，这不重要）的嗫着烟管、裤子上补丁摞补丁的老村长看来，科学，都是人"懒"出来的，这个看法充满了哲人的智慧。城市生活在技术的应用下正在变得越来越容易，虽然有点整齐划一，但确实越来越容易，这个过程看起来像是自然界的某种结晶作用，文明的进程在越来越被整合。平台性思维和万物互联是这种结晶作用越来越显著的证明，城市生活的方便法则从一方面来看似乎将人们团结到地缘意义上的某些方位，但从另一方面来看则要求人们各自安于其位，心无旁骛地为城市输送动力。结晶的这个比喻同样也适用于在城市中生活的个人的自我定位，那种城市生活的方便法则节省了原始人群的频繁流动，赶集、合作、以物易物这些早期构成人类社会的"身体接触"行为渐渐退出了城市生活的视野。城市的生产行为成为一个个节点，与平台的互联维系彼此之间的关系。人们重新回归到足不出户、形影相吊的生活，人类文明在发展出合作、贸易、地理大发现、工厂、大数据、万物互联之后，看起来画了一个大圆，似乎又有回到原点的势头。接下来智者们咬牙切齿誓师攻克的高仿真 VR、脑机接口、虚拟现实，是画完这个圆圈的最后点睛之笔。

我其实是不讨厌这个未来的，虽然它不止一次被妖魔化了。在我还是广州一个老城区里一所砖房上爬满老藤的破旧学院的一个忧郁而无所事事的研究生的时候，一桩轰动的新闻是有好事者组织了一些年轻人，凭借刚刚兴起的互联网，举办了一个"网络生存大赛"。规则，现在看来是不值一提的，参赛者足不出户，用网络订餐（但支付的还是现金，当时没有体系化的电子货币系统），用聊天软件相互联络。遗憾的是，比赛当时的网络技术限制了价值的生产，赚钱还不被包括在这个无接触的消费循环之内。不过那之后不久，证券交易全面网络化，这个问题现在也早就解决了。既然如此，我们完全可以相信，实物的生产（比如粮食的种植）脱离人类身体的这一天也迟早会到来。

虚拟互联是这种现代都市平台化生存的脉络，经济法则是这些脉络之中的血液。以前的一个人面对生活，他总是必须面对和他一样困惑的其他人；现在的一个人面对生活，他面对的是全世界……所有和他一样困惑的人，其中甚至包括美国前总统特朗普。一个孤独的人每天打开电脑，各种资讯（像"匿名者Q"那样的）和广告、引诱和控制纷至沓来，他孤军奋战，对诱惑或抵抗或顺从，因此而变得更加孤独。这种情况令人不由得想起《资治通鉴·卷一九六·唐纪十二》中唐太宗说过的一句话：

> 人主惟有一心，而攻之者甚众。或以勇力，或以辩口，或以谄谀，或以奸诈，或以嗜欲，辐凑攻之，各求自售，以取宠禄。人主少懈，而受其一，则危亡随之，此其所以难也。[1]

这是一个踌躇满志的君王悠闲而幸福的慨叹，我发现将它用到当代城市生活中的每一个人身上，居然都是无比贴切的。在需求和欲求滚滚而来之中，一个孤独的人在十平方米的卧室之中面对他的电脑和手机，就是一位君临天下的王在审视着他无远弗届的永恒国土。旁人？旁人只是在QQ联系人列表里的一个个头像而已，它们有的还不时勃动一下，大多数则了无生机，很快就被遗忘了，经年累月都是灰色的。

1　（宋）司马光：《资治通鉴》，（元）胡三省音注，中华书局，1956，第6185页。

III　灵魂之孤独

　　在本部分的论述之中，我们的视野从一种基于宇宙全息的普遍命理收缩到人类一种之隅的善恶（核心—边缘）基本观念，再收缩到地域限制（城市）之内个人自由在受限于他人自由之下的挤压状态，最后借由二十年前的一次试探性的网络生存竞赛对一种孤独生存的可能性——这种可能性现在正在变成事实，这个我们以后再谈——进行了少许探讨，孤独的至大、孤独的荣耀以及孤独的愚蠢都被包括在这些探讨之中了。从这一脉络的梳理中我们不难看出，其中的逻辑顺序接近一种不断收拢的包含集序列，像是一棵古树的年轮，那些气势非凡的大圈只属于过去。这个年轮的比喻也并非没有道理：外圈的大年轮象征着畅享阳光雨露、神清气全、无忧无虑的过去，越接近中心（现在），树就越苍老、越缺乏生命力，却道"天凉好个秋"。如果说宇宙遵循的是波的扩散原理，也就是一粒石子投入水中扩散出一圈圈波纹，那么孤独就是一种反向的涟漪。隔壁老王又一个人在阳台上抽闷烟了，极目远眺之处，透过都市千楼万宇的溶溶夜色，孤独已成包抄之势，无处可逃。

　　那么这个持续被包含于上一个集合的数列还能继续收缩下去吗？应该是不能了，因为它已经收缩到我们自己了，它的内边界与"我"这个概念的外部边界相重合，对于两个概念边界重合（也许是模糊，这并不重要）的情形，我们可以将之看作"唯一"

可能存在的唯一形式，我的意思是以我们能够理解的形式。在《浪漫主义的根源》这本书中，伯林注意到了这样一句话："*Jovis omnia plenta.*"语出维吉尔《田园诗》第三章第六十行，意为"朱庇特大神充盈一切"。在维科看来，这句话令人颇为纠结：一个投掷闪电的大胡子如何"充盈"一切？维科将此看作古人思维结构与现代人迥异的证据。布鲁诺（Giordano Bruno，1548—1600）在《论原因、本原与太一》这本小册子的第三篇对话中也曾经做过这样的描述，不过这个描述自身也是模糊的：

> 它不是较大的，因为它是最小的；它不是较小的，因为它是最大的。[1]

这个翻译似乎不太准确，这里的"较大"是指"在大小的概念上可以与某物进行比较"，但是这么说太拗口，而且汉语乃至原文的语言之中一时都找不到更准确的词，也只好这样了。对于一个范围之内的唯一存在而言，"绝对"有意义，"相对"无意义。在第四篇对话中，他承认形式（范畴，也可以理解为柏拉图的"理念"）是相对的，但是唯一是绝对的：

> 至于大小，它是按照它所得到的形式而取得的，当作为人的形式时，它具有某种大小，当作为马的形式时，它具有另一种大小，当作为橄榄的时候，它具有的又是一种大小，当作为桃金娘时，它则具有另外一种大小。[2]

这样看来，我们的这个持续被包含的、连续不增集合序列到了我们自己这儿真的应该停止了。"我"是"我自己"的范围、范畴、形式——但非理念——在这个范围之中应该是被"我自己"充盈

1　[意]布鲁诺：《论原因、本原与太一》，汤侠声译，商务印书馆，1984，第85页。

2　同上书，第104页。

了，"我"既不比"我自己"大，也不比"我自己"小，无法再被分成更小的部分了。心肝脾肺肾，也许可以，可那只是物而非"我"，你会感到孤独，可是你的脾不会。"我"是我们在宇宙间坚守的最后一个堡垒，孤独是它的材质，也是它的领地。

可是对于"我自己"而言，果真没有比"我"更基本的存在了吗？

关于"我"成为一种范围、范畴甚至形式之余，是否能够成为一种理念的问题，其实柏拉图自己也思考过。早年他当然是坚决否认这种看法的，根据他在《斐多篇》和《理想国》中的意思，"我"应该是"模仿"了"人"这种理念，又不可避免地掺杂了一些"错误"而产生的一个"东西"，这符合一般"应理念物"（这个词是我瞎编的）的存在规律。就像我们偶尔包出来的一个饺子破了皮，虽然让人不满意，但是这种错误又不至于离谱到我们否认它是一只饺子——不就是馅里进了点汤吗，爱吃不吃，挑肥拣瘦的干啥？

然而其中一个问题在于，如果应理念物都是来自对理念的模仿以及这个过程中的"错误"，那么这些"错误"是哪来的？它们不可能来自其他应理念物的干扰，因为理念是纯粹的、不可入的。我觉得柏拉图晚年似乎觉察到了这一点，想法出现了改变的迹象，不过这个让哲学家们头痛了四千年的狡猾的老头子却始终没有松口。

在我刚刚提到的那个反向的涟漪问题之中再思考"我"是否属于某种理念的纯粹（或不纯粹）形态问题，我将这两个问题综合成一个，试图将它打造成解决我们这个——而非所有的，我实在无此野心——问题的关键。这个问题就是：

"我"的原因是什么？

如果"我"具有某个原因，或是某种内在驱动体系，那么我们刚刚那个俄罗斯套娃游戏就能够继续做下去。从逻辑上来说，这种原因是在结果之"**内**"的，就像司机在汽车**里面**驾驶。这个想象挺带劲，而且似曾相识。世界各地古老的传说之中，这样的描述层出不穷：灵魂这东西，反正不知道它是什么样的，就把它想象成当事人自己的模样也很合理；它应该在当事人"里面"，就像司机在汽车里面一样，那么它的块头应该比当事人自己矮小一点。

在自己"里面"的一个比自己"小"一点的人。

它才是"我自己"（*ego*），而"我"不是。

一套题为《人类的伟大时代》的丛书中，有一本封面是哈夫拉法老黑曜石像的古埃及画册，它被我老爸从浙江省文联的资料室里借出来，伴随我度过了九岁到十一岁这数年中无数个浮想联翩的不眠之夜。出于怀念，我在孔夫子旧书网上求购到了这本画册。第四个章节"诸神与冥世生活"中配了一幅清晰的壁画照片，画中一个人在底部，仅露出头部，双臂高举占据了整个画面，两只手掌上各站立一位鹰嘴神，他（她）的头上站着一位女神，以同样的姿势双臂高举，在她的双臂之间是一轮红日，画面的左右两侧分别有两具和一具木乃伊。

说明文字是这样介绍这幅壁画的：

> 神秘的"卡"是不灭的灵魂，据说它住在每一个人身体内部，在这儿它以高举双臂、头上站着一个女神的形象出现。[1]

也许对于这幅令年少的我沉思了无数次的佳作，另外有一种解释的可能：画面底部那个绘制得过于巨大乃至于只有头以及双臂进

1　［美］莱昂内尔·卡森：《古代埃及》，《人类的伟大时代》丛书，时代公司，1979，第81页。

入画面的人物形象代表了人的**自己**（肉身，即有意义的自觉生命），头上的那个女神则是人的**灵魂**——卡，她高举双臂，对头顶的太阳致敬颂、追求之意。这个"追求"既是一种情感，同样也可以理解为一种具体的行为，我们来参考这本书随后作出的介绍：

日落时，他（死者）乘坐他的太阳船跟随太阳遨游冥世，这段旅程是从古王国的太阳崇拜借过来的。[1]

"跟随太阳"这一点在这里变得有一点抽象，但是依然不难理解，稍微有一点历史常识的人都能辨认出大人手掌上的两个鹰嘴小神像就是古埃及的太阳神"拉"（Ré），到了埃赫那吞（Akhenaten）也就是阿蒙霍特普四世法老（Amenhotep IV，前1379—前1336）时期，出于限制底比斯阿蒙（Imn）神庙僧侣影响力过度膨胀的考虑，有一个废除了拉的短暂时代，而代之以新太阳神"阿吞"（Aten）。为了推销他的这种信仰，阿蒙霍特普四世将自己的名字都改成了埃赫那吞，字面意思是"吞之灵"，不过在他死后不久，对拉的崇拜就随着阿蒙神庙势力的重新崛起而被他的继承人图坦卡蒙法老（Tutankhamun，前1341—前1323）恢复了。顺带一提，埃赫那吞死时图坦卡蒙还不到六岁，这未免也太小了，时间有点对不上，现在普遍认为他们两者之间还有一位斯蒙卡拉法老（Smenkhkare，生卒年不详）勉强维持了三年法统，直至图坦卡蒙九岁。他与图坦卡蒙可能是兄弟或表兄弟，还有一种大胆的推测是斯蒙卡拉其实是一位来自赫梯（Hittie）的政治代理人。但是关于他的一切无从得知，在横无际涯的历史长河中他只是作为脉络的维持者而存在，只留下了一个名字。

言归正传，阿吞并非在第十八王朝被设计出来的什么新兴的

1　[美]莱昂内尔·卡森：《古代埃及》，第88页。

神，他其实来自一种被冷落很久的、更原始的崇拜，这一点从他的形象上都能看出来。阿吞没有人格化的形象，也不像任何一个动物神，而只是一个写实的日轮，和原始岩画中的太阳形象如出一辙，也许画面中女神双臂之间的那个圆太阳就代表了这个形象。

这样一来，这位女神的形象首先符合"一个小一点的人"这种看法，小到了踩在大人的头上，冷若御风。而如果我们将女神追求太阳看成一个具有指向性的趋向行为的话，那么顺着这个趋向，整个画面我们又可以理解为从下往上的一个"过程"，这种以直观位置代替抽象位移的处理方式在原始绘画、现代的儿童画甚或是大多数不擅长丹青的成年人歪歪扭扭的构图中都很常见，这是一种视觉本能。女神（灵魂）从她踩着的大人（肉身）中向上逸出，指向（朝向、趋向）她崇拜的太阳，还原这个过程，我们一点也不难得出她**本来**是在大人（肉身）之**内**的结论。

历史学家、古埃及历史研究专家、内蒙古民族大学刘文鹏（1931—2007）教授的著作《古代埃及史》是这样介绍古埃及的这种灵肉关系的：

> 在埃及人的意识中，死者之灵有三个形式：卡、巴和阿克，但主要是前两者。所谓卡，乃是一个人的形体的含糊的概念，可以译为"精灵"……卡是在人出生时被创造，似乎代表了个人的生命力。但在人死后，卡被想象为居住在墓中，更确切地说是在木乃伊的遗体中……
>
> 死者之灵的另一表现为巴。"巴"通常被译为"灵魂"。象征着死者仍然活着，其形为人头的鸟。据说，在人死时，巴离开尸体，并且在日间由墓中出来遨游……在夜间却返回自己的木乃伊中居住……此外，还有一个"阿克"，

通常被说成是"美化的灵魂",是对死后的人们帮助的一种超自然的力量。[1]

这样看来,我们以"卡""巴"和"阿克"分别对应东方哲学中的"精气""魂魄"和"功德",似乎也不算太难理解。

卡和巴的一个共同居处是木乃伊之内,木乃伊是永恒保存的身体,所以身体是某种东西的"窠穴"。在人活着的时候,它更像是一个牢笼,这些被缧绁于其中的存在寸步难行;当肉体死亡的时候,这种禁锢的效力就失去了,这些存在终获自由,但是它们也并非一去不返。生与死的区别仅限于此。这种情况有点像我们最终迎来了一个悠长的假期,迫不及待地直奔罗马、普罗旺斯和塔希提,可是在假期结束之后还是不得不回到办公室的案牍之中;也有一些这样的现代长工突然在某次旅行中据说发现了某种真正的、在操作性上更具深度的"自我",然后他们就突然决定留在马尔代夫或是甘托克,开一家小旅馆、酒吧或是租赁登山器材的小店,再也不回来了。

这种肉身对应几种精神性存在且各司其职的世界观在非洲古代传说之中普遍很有市场,我在《哀歌》中引用过列维-布留尔(Lucien Lévy-Bruhl,1857—1939)《原始思维》中的一些西非文化人类学的例子,我们现在可以回顾一下:

> 当一根灌木折了,开始枯萎了,则它的所谓克拉就进到那个实生的灌木里或者进到根里,而灌木鬼则到阴间去了。同样的,当杀死绵羊的时候,则这绵羊的所谓克拉就进到新生的绵羊羔里去,而绵羊鬼则到阴间里去为人鬼服务……阴间本身,它的山、森林、河流,用特西(Tshi)语族的黑人们的话来说,则是那些从前在我们世界上存在

1　刘文鹏:《古代埃及史》,商务印书馆,2000,第229—230 页。

过的类似的自然地形的鬼。[1]

与《聊斋志异》和《西游记》里经常说的那种某人死了，他的鬼魂就是一个和他一模一样（这一点令生者恐惧，可有时甚至生者又是难以察觉的）的人相比，原始人的灵魂观更加丰富和立体。刚刚所说的那种"克拉"很接近于我们现代语言中的"生命力"，从一个个体流传到另一个个体，可是他提到的"绵羊鬼"——这个"鬼"在当地的土语中称为"斯拉曼"——却又很像是柏拉图说的理念或是亚里士多德说的形式。清末民初有一位叫张锡纯（1860—1933）的杏林前辈也在《医学衷中参西录·人身神明诠》中解释过，生命力和生命意志之间没有必然联系，是两种东西："元神者无思无虑，自然虚灵也；识神者有思有虑，灵而不虚也。"[2] 这个观点和亚里士多德不谋而合，在《灵魂论》中，亚里士多德将这两者分别称为"灵魂"和"心识"，以符合它们的物性和意志性特点。所有东西都具有形式——"斯拉曼"，所以所有东西都能变成鬼，这一点和它有没有存在意识没关系。在《封神演义》里，一件乐器（玉石琵琶）也能变成精怪，《美国众神》中的互联网之神是一个喝着健怡可乐的肥胖高中生模样，《西游记》里的白骨精设定更妙，很多没明白个中玄机的电影导演将她设计成一个类似于聂小倩那样的人鬼形象，其实它并不是人，那个人早就死了，它是那个人死后留下的白骨这件"东西"变成的鬼，之后清初的"同人作品"《后西游记》里的角色媚阴和尚也沿用了这种构思。通了电的电灯才是完整意义上的"电灯"，可不能否认没通电的电灯也是电灯，电灯的"斯拉曼"没有意义但是具有形式。它会亮，或曾经会亮，或迟早会亮，在前面的章节

1　［法］列维-布留尔：《原始思维》，丁由译，商务印书馆，1981，第 76 页。

2　张锡纯：《医学衷中参西录（中）》，中医古籍出版社，2016，第 537 页。

中提到过，这个宇宙的"信息"是没有生灭的。它虽然眼下断电不亮，可是总有一个地方能够给它提供足够的电力令它大放异彩，不负那个将它创造出来的大全能者和他永恒的花园——在我的想象中，那是一个有着昏昏欲睡的传达室老头和残缺不全的水泥紫藤花架的神圣的灯泡工厂。

为此，这些西非土人认为：

> 克拉是在人出生以前，大概作为一大串人的克拉而存在着的，人死后它仍将继续自己独立的存在，它或者是进入一个新生儿或动物的身体，或者将作为西萨（Sisa）或者作为没有住址的克拉而徘徊于宇宙间。按照通行的观念，西萨总是力求返回人体中，重新变成一个克拉，它甚至企图利用其他克拉暂时不在的机会以侵占它的地盘……[1]

"一大串"的意思是，这个克拉是没有意志的，不分所有格，对于这个问题，列维-布留尔总结说，原始人的世界观依托于一种互渗律，这种物性的原生力就像是灯泡里的电，有了它灯泡的"生命"才有意义，可它又无所谓是"属于"哪个灯泡的。

看起来，一个自然意义上的"人"的产生过程和我们包饺子差不多，面皮擀完之后，从旁边早就准备好的那一大堆肉糜里揪一小块包进去，一个名实相符的饺子就诞生了。这个时候肉馅就会想，"我是**这个**饺子的馅"，或者这个饺子自己会想，"我就是我，我是一个**饺子**"。可是刚才这个饺子还没有包好的时候，旁边的那一大堆肉糜却不会觉得"我是等会儿将要包出来的**那个饺子**的馅"，更不会认同"我**就是**等会儿将要包出来的那个饺子"。灵魂和身体都没有主格，意识是"一次诞生"的附属品，荣格则

1　[法]列维-布留尔：《原始思维》，第 75 页。

认为具有某种"二次诞生"，这个我们暂且不谈。这相当于电脑配件组装完成以后，一次性安装操作系统和必要软件，一段玄妙莫测的开机音效之后，从此通天彻地，无所不能。

为此我们可以参考古印度哲学中对灵魂的描述，《摩奴法典》第十二卷"轮回和解脱"中是这么说的：

12. 此身的动力——生元，被识者称为劫陀罗撖那（Kchetradjna），而完成任务的此身，被贤者称为佛多多摩（Bhoûtatma，由元素构成者）。

13. 另一个叫作撖跋（Djiva）或智元（Mahat）的内在心神，是和一切生物一并产生的。此心神演变成为感觉与意识，通过它，在一切出生中，苦乐才被灵魂（劫陀罗撖那）所感受。[1]

传说中的古印度智者耶吉纳伏格亚（Yajnavalkya）在《广林奥义书》（*Brihadaranyaka Upanishad*）中也表述过相同的观点：

一个人从这些原素生起，一当逝去又回归于其中。死了之后再没有意识存在。[2]

中古乃至近古的人缺乏这种原始的唯物主义修养，对于克拉的物性特性这一点认识不足，所以他们认为克拉在西萨的状态下也继承了生前的意志，类似《西游记》里的乌鸡国国王这样的。这种看法也能够理解，而且这样的话，这个过程对于我们而言就一点也不算陌生了：我们普遍相信有一个名叫李玄的英俊倜傥的求道者在一次冒失的灵魂脱体尝试之后发现自己的身体被毁坏了，面

1　[古印度]《摩奴法典》，[法]迭朗善译，马香雪转译，商务印书馆，1982，第291页。

2　[印] 德·恰托巴底亚耶：《顺世论：古印度唯物主义研究》，王世安译，商务印书馆，1992，第57页。

对成为孤魂野鬼的危险，他不得已将自己的西萨依附在一个刚刚死去的乞丐的尸体上，以求重新"克拉化"，虽然这个乞丐浑身癞疮，一条腿还有残疾，从此他只好一瘸一拐地走路，可是也无法可想了。

对于佛教徒而言，西萨同样不陌生，人在死去后至于轮回前的一段时间，什么都不是（不在六道之中），可总也要有个说法，所以一般被称为"中阴"（Antarabhava）。关于西萨也就是中阴阶段持续时间的问题说法不一，一般认为是四十九天，也有一些派别认为只有七十五分之一秒。

回到刚刚的话题，灵魂或者说卡、克拉看起来像一个居于人体之"内"的小一点的人形的说法也具有相当的相似性。《原始思维》里是这样介绍它的这种特性的：

> 它往往是不可触和看不见的，但它能够表现物质力量，特别是能够作为一个脱离了身体的、与身体在外貌上相像的幻象而出现在睡着的或醒着的人们面前……[1]

这里没有特别说它的体积大小，而道教的理论就具体多了。明清之际伍守阳（1574—约1644）、柳华阳（1736—?）两位真人这一派的修道者相信，人体就像是一个丹炉，人的灵魂就是这炉中的丹药，需要反复熬炼。伍守阳在著作《内炼金丹心法》之中描述，这种灵丹炼制到完美阶段并不是世人想象中的小圆球形的丹药状，而是在各种特性上都很像一个婴儿，故而敬称为"元婴"——一个小一点的人：

> 神未壮健，如婴儿幼小……若夫乳哺谨慎，能还虚于三年，则阳神始得老成，自可达地通天，入金石而无碍矣。[2]

1　[法] 列维-布留尔：《原始思维》，第74页。

2　（明）伍冲虚、（清）柳华阳：《伍柳仙宗全集》，宗教文化出版社，2013，第232—233页。

小孩子的意象似乎对所有精神性的修道者而言都是一种返璞归真的了不得的境界。东晋龟兹高僧帛尸梨蜜多罗（Srimitra，？一约343）翻译的《灌顶随愿往生十方净土经》之中则认为：

所以然者命终之人，在中阴中，身如小儿……[1]

当然不能简单地将这里的"小儿"二字直接解释为"一个小一点的人"，但是不管怎样抽象的发挥和诠释，其根源都来自直观印象上的"小儿"、小一点的人，这应该是没有什么可质疑之处的。

这个小家伙是居于人体之内的，这同样受到各种求道者的认同。前面引用的《原始思维》中的那段话提到的"或者作为没有住址的克拉而徘徊于宇宙间"这句话揭示了这一点。古埃及人在制作木乃伊时将尸体掏空，这一方面固然是出于防腐的技术需要，另一方面人体自古就被理解为一个容器，像皮口袋（皮囊），中空的结构更符合这种收容、居住的意象。当然，这些容器都不太完美，譬如说我们刚刚提到的那位九岁就君临天下的图坦卡蒙法老，在某些齐东野语中他好像是法力无边，死了几千年还能用一种令人谈虎色变的诅咒去收拾那些打扰他永恒安眠的来犯之敌……其实考古学者研究他的木乃伊发现，图坦卡蒙法老的健康情况非常堪忧，还不到二十岁就浑身是病，一口烂牙，腿还是瘸的……好在灵魂居于其中，不会也没条件挑肥拣瘦，这是出场配置，原汤化原食。

这一点（作为容器的灵肉关系）可用以对比的文化人类学案例也很多，一个例子来自我研究生时听过的芝加哥大学巫鸿教授的一次演讲。巫先生认为将金缕玉衣看成一种"衣服"是不对的，证据是玉衣的面具上都如同古埃及人形棺一般雕刻着五官，还有一点是玉衣分男女，男性的金缕玉衣有放置阴茎的罐子，它

1　体法:《净土宗临终助念法》，宗教文化出版社，2018，第10页。

看起来像一个可口可乐罐，非常画蛇添足（这一点并不是他提到的，而是我听到此处随即想到小时候参观金缕玉衣展览时注意到的）……这些都不是一件衣服所应该有的。

所以，巫先生认为，金缕玉衣并不是衣服，而是死者身体的一种指代。而里面的遗体"尸解"的这个过程是从有到无的，可以理解为指向某种精神存在的转化。"尸解"并不是单纯的腐烂，北周宇文邕（543—578）在《无上秘要·卷八十七》中说："夫尸解者，形之化也，本真之练蜕也，躯质之遁变也。"而这种转变之后的存在，不管它是什么，我们想象它上无片瓦遮身，总还是需要一个容器的。鉴于它原来的那个容器已经损坏了，我们就为它打造一个，这个容器用金丝玉片缀成，笨重不堪，就像断了电以后的钢铁侠盔甲般寸步难行，连拿双筷子都费劲，虽然还不如原来那个好，可总比一个瘸腿流脓的死掉的叫花子强多了。

例子是层出不穷的。印加和阿兹特克的木乃伊采用的都是屈身葬，有的葬于瓮内，是一种居于容器（房屋）之内的意象。这一点给予我们的启示不可谓不是点睛之笔：屈身的姿势暗示胎儿、容器或房屋的意象，来自女性的子宫。生与死在一瞬间重合，一个圆画完了。一个大一点的人里面套了一个小一点的人，没什么玄异的、属灵的幽邃，司空见惯，地铁上遇到了别忘记给她们让座。

好吧，啰唆了那么多，总算解决了两个问题：1. 在身体之内；2. 一个小一点的人。我们解决这两个问题的目的是用它们来解决上一级的那个问题，现在我自己都快把这个问题忘记了。我们来回顾一下：

"我"的原因是什么？

根据刚刚引经据典求解的那两个问题来看，这个小矮子就是"我"的原因，那么接下来的问题是：它这个原因是如何造成我这个结果的？

我们来看亚里士多德在《灵魂论》中的这样一段话：

> 让我们姑且说痛苦，愉悦，与思想都是运动，其中每一个项目都可以说它各是一个运动（动作）；让我们姑又承认，运动是由灵魂导引起来的——例如愤怒与畏惧是心脏部分的个别（特殊）运动，思想（理解）则是心脏或另有某个机能的［一般］运动。｜这里，当然该应辨明有些是位置的运动（移换），另些是品质的运动（变化）；至于这些运动属何种类，以及经何途径以致此运动，这是和我们当前的辨析无关的另外一些问题｜。即便这么说［承认上述两个前提］，"灵魂恰在愤怒"这样的言语，正同于话说"灵魂在织布或造屋"一样，这是不妥帖的。也许较为聪明的是，不说灵魂在悯怜，或学习，或思想（理解），而毋宁说，那个人因应于灵魂而织布而造屋。揆其实义，运动不行于灵魂，但有时透入了灵魂，又有时乃缘起于灵魂。[1]

这么短一段话用了三种括号，亚里士多德学说的弯弯绕可见一斑。其中小括号是希腊文直译但译者觉得意思不如中文的某个词更精准而笺注的；中括号是原文没有但译者觉得应该补入的；大括号是作者自己的括号，在商务印书馆 1999 年版的书中是小括号，我把它改成了大括号，否则这一句话在小括号里又套了个小括号，未免不合逻辑。这位操碎了心的翻译家是哲学译著大师、大树山房主人吴寿彭（1906—1987）先生。吴先生是无锡人，号润畲，中国翻译引进亚里士多德的第一大家。就在世人对他的

1　［古希腊］亚里士多德：《灵魂论及其他》，吴寿彭译，商务印书馆，1999，第68—69 页。

印象停留在翻译大师的层面上之时，2012年，润斋先生的遗作《唐诗传》出版，上下六卷，一百二十万字，对一千多首唐诗详加评注，丰神俊朗，美不胜收。

言归正传，亚里士多德比起西非土人的优势在于，在他身上可以看到积累了三百多年的古典唯物主义素养，从米利都学派开始至于乃师柏拉图为止。朴素唯物主义的锤炼使得他虽然信誓旦旦地在谈论"灵魂"这种完全基于想象的东西，却不卑不亢，没有那种不问苍生问鬼神的迷信色彩。我们从这一段最后这句话的总结"运动不行于灵魂，但有时透入了灵魂，又有时乃缘起于灵魂"来看，在亚里士多德眼中，灵魂并不像古埃及法老想象的那么神圣，它更像是一种看不见的器官，至少是一种功能。"透入"这个词证明了我们前面论证古埃及、古非洲、佛教文明以及中土的道家学说时归纳出来的两个结论，至少其中的"灵魂在肉体之内"这个观点，在亚里士多德看来也是可以接受的。我们试图来理解一下他的这句"运动不行于灵魂"，灵魂与外部世界无法直接接触，即便灵魂裸露在外部世界之中，它与外部世界之间也不存在一个彼此协议的"边界"，不会直接受到外部世界的影响。就像前面说过的那个挑肥拣瘦的希格斯玻色子一样，对于无法接收它实施的影响的存在而言，它完全是透明的。所以，影响都是"透入"的。灵魂没有人格，它不会愤怒或哀伤，它看起来像是一个总体提调的体系，它的工作流程分成三步：1. 外界刺激通过感官"透入"给灵魂，灵魂会根据刺激的性质做出是哀伤还是愤怒的决定；2. 灵魂将回应愤怒的判断下达给产生愤怒的器官心脏，由心脏产生愤怒；3. 心脏产生的愤怒以一种差不多的方式"透入"给灵魂，灵魂由此而知其愤怒。有时这个过程是"缘起"于灵魂，而非缘起于外界，这种情况省略了第一个步骤，这也司空见惯——忍一时风平浪静，有时候过个十天半个月想起来，越想越气。

所以说，亚里士多德对"灵魂的愤怒"这种文艺腔十足的拽文嗤之以鼻，认为这种说法和"灵魂在造房子"一样是无稽之谈。我们不难看出，在他眼中灵魂其实已经类似人体的一个器官了，当时的人不明白大脑的功能，所以亟需设计这样的一个器官来解释"什么是人"这个问题。可是，即便科学昌明如当下，现代人理解大脑，也不会觉得大脑**就是**人，现代人同样不会认同"大脑的愤怒"或是"大脑在造房子"这样的命题。大脑不是人，即便它负责产生思想、主宰肉体的行为，它也最多是这种思想的载体而已。现在有一个带有调侃性质的悖论命题若有若无地触及了某些这样的根本问题，令人忍俊不禁。对其表述有时候逻辑上不太清晰，其实给命题的各个部分加上编号就一目了然了：

1. 大脑判断一切，所以大脑是人体最重要的器官；

2. 命题 1 的判断是大脑自己做出的，大脑真不要脸；

3. 然而命题 2 的判断也是大脑自己做出的，看来这家伙还是有些自知之明的；

4. 综合上面的三个命题，虽然大脑判断一切，但它似乎无法判断自己究竟是厚颜无耻还是有自知之明。

其实不光大脑，每个人都是如此：这个悖论类似前面例举过的维特根斯坦的方框命题，当他判断自己厚颜无耻的时候，他就是有自知之明的；当他判断自己有自知之明的时候，他就是厚颜无耻的。

虽然"人"的主要功能是大脑完成的，但是一个人可以判断"我是人"并不等于一个大脑可以判断"我是大脑"。因为这两者的判断工作是完全重合的，他既然判断"我是人"，就等于否定了"我是大脑"。可如果"我"一开始就判断自己是大脑，那就等于承认其他支撑大脑活动的器官是"我"之外之物，这显然与现实更加相悖。现在我们将这个推论极致化，既然外部观感都是"渗入"灵魂的，我们完全可以通过某些技术手段来掌控这个渗入过程。这个构思是人类哲学思索中非常疯狂的一个命题——"缸中之脑"，一个孤零零的大脑在培养皿中维持生命，并且通过电流刺激脑区的方式模拟感觉的渗入。因为持续有感觉渗入，大脑就能认识"世界"，有时候香，有时候辣，有时候硬，有时候冷。可是最关键的一步其实恰好是大脑所不能判断的，即这些感觉刺激的真实性。所以，即便它是一个被泡在缸中的大脑，它还是自信满满地做出了"我是人"的判断。然而，"缸中之脑"的精华集中在该命题的最后一句话：既然大脑无法判断感觉刺激的真伪，那何以见得"你"，现在为了这个命题而白头搔更短、掬一把英雄泪的"你"，是一个真正活在感觉世界之中的"人"呢？

现在，我们的判断出现了反转。"我是人"的判断虽然符合常识，但不符合理性，所以这是一个相对的结论；反而是"我是大脑"的判断，符合理性的最低标准，我思故我在，所以这是一个绝对的结论。也就是说，"我"是不是"人"这件事可以从长计议，但"我"**至少**是一个"大脑"，既无杰夫·贝佐斯（Jeff Bezos，1964—　）的富可敌国，也全无格里高利·帕克（Gregory Peck，1916—2003）的龙凤之姿、天日之表，皱巴巴的，貌不惊人。

也许"我"只是一个程序、一束电波。还有，博尔赫斯在《小径分岔的花园》里不也早就说过了吗？"再在另一个时刻，我说着目前所说的话，不过我是个错误，是个幽灵。"[1]如果真的是那样，这个错误可真是够离谱的，离谱到了我们以为它**从来**都是真实；然而那样的话真实又有什么意义呢？

1　[阿根廷] 博尔赫斯：《博尔赫斯全集》，小说卷，第 132 页。

为了把握住越来越飘忽的思绪，我命令自己冷静下来，重新变成那个漠视一切真实的自己。因此我背诵起博尔赫斯的这样一段散文：

> 亚历山大三十二岁时并没有死于巴比伦。一次战役后，他迷了路，在森林里闯了好几夜。最后，他望见了营地的篝火堆。长着丹凤眼、黄皮肤的人接纳了他，救了他命，后来让他参加了他们的军队。他忠于军人的命运，在他不熟悉的沙漠地区长年征战。一天，军队关饷。他辨认出一枚银币上的侧面头像，说道："当我是马其顿的亚历山大时，为了庆祝阿尔贝拉的胜利，我下令铸造了这种纪念币。"[1]

伟大的波斯帝国灭亡于一朝一夕（公元前 331 年 10 月 1 日）之间，从此归入永恒的梦幻，它留下的回忆只是引发了另一个人关于"我是谁"的思考而已。当然，这也足够重要，至少我们很难说两件事（波斯帝国灭亡和一个流浪汉想起自己是谁）哪件更加重要一点。这个故事曾让少年的我感到一种陌生的苍茫和感动，一种至大的自我在虚空之中向这个涉世未深的、我以为是自己的"我"眨眼，送来一阵令人沉醉的悚然之意，宛如冰凉的露水沁入肌肤。我在一篇差不多二十年前的、已被遗忘很久的、题为《乐观者》的散文之中还介绍过这个故事，其中还有一点青涩的、自以为是的画蛇添足：

> 亚历山大大帝路过巴比伦以后重病不起，他于是在一个月亮很亮的晚上悄悄离开了部队。后来，他病重得失去了一切记忆乃至几乎死去，但是他没有死，而是在流浪中被收编进了中国人（粗粗算一下，应当是秦穆公时代）的

1 ［阿根廷］博尔赫斯：《博尔赫斯全集》，诗歌卷·下，第 344—345 页。

一支部队。此后，他就作为中国人军队里的一名小士兵南征北战来度过他的余生。只有在月亮很明亮的晚上，他的眼前才会偶尔浮现出往昔的一些浮光掠影，如同水泡一般地模糊不清，好在他对此也并不在意，也乐得听之任之，因为他觉得他现在很好，好得无与伦比。而在以前或许有一个驯服烈马的少年皇帝、亚里士多德的学生和巴比伦的宇宙四方之王存在过，不过他想，那个人应该和他没有关系。

我感觉好些了。虽然亚里士多德在探讨灵肉关系时绕来绕去，总觉得自己没有把问题说清楚，其实现代人借助一个比喻就能理解明白。灵魂与肉体的关系就像是电子游戏软件和电子游戏机的关系——我从小到大为此没少挨父母、老师和夫人的骂，总算弄明白了亚里士多德的微言大义：小明对小强说"来我家玩游戏机"时，并不代表他俩靠着一台没有卡带的游戏**机**也能玩得不亦乐乎；可是如果只有游戏卡带而没有游戏机，那甚至还不如什么都没有。"人"是灵魂（或大脑）作用于肉体的一种综合"效果"，说灵魂在人之"内"是没有问题的，至于它是否像一个"小一点的人"，这种猜测就能免则免了。

在还不能想象电子游戏机之为何物的南朝，范缜（约450—约515）声称他是这样理解这个问题的：

> 神之于质，犹利之于刃；形之于用，犹刃之于利。利之名非刃也，刃之名非利也。然而舍利无刃，舍刃无利，未闻刃没而利存，岂容形亡而神在？[1]

耐人寻味的是，范缜撰写《神灭论》所针对的佛教，在它的故乡古印度早就有人说过类似的话，商羯罗（Sánkarācārya，约

1　张文治：《诸子话要》，南海出版公司，2015，第266页。

788—约 820）曾在对《梵经》（*Brahma-sūtra*）的注解中（为了驳斥而）这样转述过他们的观点：

> 如是他们主张知识类似于致醉的性质（那是由于某些物质材料按某种比例混合而发生的），而人也不过是被意识改变了的身体。因此，照他们看来，没有脱离身体而能够进入上天世界或者得到解脱的自我，就是说通过它意识才存在于身体之中的那种自我；而身体本身就是有意识的，就是自我。为了这个论断他们援引经文中所陈述的理由，"只要有自我的存在就有身体的存在"。因为不管在哪里如果有其他事物存在就有某种事物存在；如果没有其他事物存在也就没有该事物的存在，我们就认定后者为前者的属性。如生命、运动、意识、记忆等等，所以自我无异于身体。[1]

反复出现的"存在"二字揭示了顺世论（Lokāyata）哲学的原始唯物主义特性，而后学的哲学家从吠檀多派（Vedānta）的商羯罗本人、康德一直到叔本华、马克思，则更多关注事件的"意义"而非其存在本质，因为存在本质是不可入的。还是那个电子游戏机的比喻，我们发现没有人只拥有游戏机而不拥有游戏卡带，可这种人不存在的原因并不是某种强制的法则规定"不允许"只买游戏机而不买游戏卡带，而是那样做没有意义。顺世论认为自我就是身体本身，这一点反映到小明对小强的邀请里面，我们来看看这两句话：

1. 来我家玩**电子游戏**。
2. 来我家玩**电子游戏机**。

谁都知道这是两句话，但是它们表达的意思是完全相同的，这种

1　[印] 德·恰托巴底亚耶：《顺世论：古印度唯物主义研究》，第56—57页。

相同是一种意义而非存在的相同。但在顺世论的观点里，这两者就是一样的。《歌者奥义之书》（*Chandogya Upanisad*）第八篇中记载了一个有趣的小寓言：有两个求道者（因陀罗和毗卢遮那）相信自我就像是自己身体的倒影，无论在水中还是在镜中都是不变的。于是导师（生主）就让他们梳洗打扮一番，盛装之后再照一次水盆——当然水盆里的倒影看上去也变得"霓裳羽衣"了起来。这两个人觉得找到了自我，"怀着寂静的心"走开去，生主看着他们的背影若有所思地说：

> 他们并没有领会，并没有找到自我。[1]

身体穿上了华服，水中的倒影也就穿上了华服，可见这个倒影——我们姑且认可它就是"自我"——并非恒常不变的，它变得光鲜亮丽的"原因"是身体穿上了漂亮的衣服。身外无物，自我无异于身体。

综合范缜和顺世论的观点，灵魂是身体的一种"功能"，就像运动、意识、记忆等，没什么大不了的。我们回到电子游戏的话题上来，根据常识，我们同意电子游戏机有一种功能，趋求且可以读取电子游戏卡带，电子游戏卡带也有一种功能，趋求且可以被电子游戏机读取，那么这种存在的意义才算是完成了。这些功能都是隐性的、固化的法则，你把游戏机拆成零件也找不到。只有当时机契合（游戏机遇到卡带），意义才会彰显。

可是问题在于，我们认为一台没有卡带的游戏机"没有意义"只是它**对我们**没有意义。如果说"能读取卡带"是它的一种有意义的法则的话，那么"通电能开机"也是一种有意义的法则，没卡带的时候不能玩，但通电一样能开机，可如果电源烧坏了，有卡带也玩不成，这时候我们就说这游戏机不存在（变成

1　[印] 德·恰托巴底亚耶：《顺世论：古印度唯物主义研究》，第55页。

废品）了。灵魂（或自我）会不会是一种更基本的东西，它不仅影响意义，也同样影响存在，这样朴素和古典的两派就能走到一起了。

那种将整个游戏机拆成渣都找不到的原始机制很可能是这种思索的答案。我们在之前的章节谈到过，这个宇宙在根本上存在一种信息守恒，譬如说木柴会着火，这种信息在大多数情况下不能生灭，隔绝一切扰动。只要是木材，它就会着火，同样道理，只要是游戏机，它就能够读卡带来玩，这是某种上升到决定论的视角，一台游戏机具有读取卡带来玩的趋求，这是它作为一台游戏机的存在或者说理念所决定的。也正因此，在它没有读卡带的时候，或者买来之后从来没读过卡带的情况下，它也是一台游戏机，而不是什么因为"意义"打了折扣而影响其存在的其他东西。与这个比喻相近的，一个人会思考，只要是生存在某个平均思考层次（古典、文艺复兴、启蒙运动、互联网）时代的人，他就会思考。只要能吃饭会喝水来维持自身的存在，他就具有思考的趋求。

对此持保留意见的看法认为，就算人是游戏机、思考是游戏卡带、灵魂是一种功能，这种功能也不是没有承载的。前面说过，人只要会喝水就能存在，从而就能思考，可是喝水这种功能是没有承载的，不需要学，出生就会，我们将之称为本能。柏拉图认为有的"思考"也是先验的，这个观点虽然受到很多诟病，但是这些本能的先验性一直没有被人质疑。

我们还是用一个柏拉图和商羯罗都不能理解的比喻来使得这个结论变得更加形象吧。我们买了一台电脑之后可以自由决定安装哪个操作系统，是 Windows 还是 Linux，在决定这一点之后我们又能自由决定安装哪些受此系统支持的软件，是电子游戏还是音乐制作软件，不同的主操作软件倒映出主人不同的人生，在巴黎、西雅图和上海的夜景之中五光十色。

操作系统可谓电脑的灵魂（或是思想）。可是，我们将这个过程逆推上去，在连操作系统都还没有的时候，你的电脑也并非铁板一块，而是已经有一些程序在其中。它们的使命是使得"安装操作系统"这个行为成为可能，这也没什么耸人听闻的，我们将它们称为"主板程序"。所以"安装操作系统"自身也是电脑的一种功能。这些主板程序是如此之基本，乃至于它们与电脑使用者之间的关系基本是"阻断"的。除非你是一个电脑科学家，你买这台电脑是为了以它为实验对象研究主板程序本身，否则，你想成为音乐大师还是电玩高手，主板程序都毫不关心，它们只保证电脑存在，并不对使用者的那些毫无自知之明的意图负责。主板程序是斩钉截铁的，信息守恒。它出自一种基本算法的无限复制，或者来自某个母体的无限分裂——这是否又回到了刚才探讨克拉时的逻辑结构了？主板程序虽然是基准，可它毕竟是程序，只是被用在了重要的逻辑位置才显得它很重要，灵魂也是一样。主板程序决定操作系统的安装运行，可主板程序也是根植于某个操作系统的应用程序编写的；喝水的功能你生来就有，它保证思考的运行，可是你的出生也是另外两个人喝着水——好吧，就算是香槟，这样浪漫一点——深思熟虑的结果。如果没有主板程序，你连操作系统都装不上，你想在电子配乐领域追随米歇尔·雅尔脚步的理想也就泡汤了；同样道理，如果不会喝水，你连一周都活不下去，多彩的人生和深邃的思想也只是痴人说梦而已。是程序就会受影响，电脑因为主板程序受损而无法工作的情况司空见惯，维修铺子天天见到，一点也不新鲜；一个自然人丧失喝水这种功能的情况也一样普遍，每家医院都有，植物人和昏迷者都不能自主喝水。"坏了"的电脑不能执行主板程序、不能执行应用程序，"坏了（生病）"的人不能喝水、不能思考。

思考（及其内容）是一种功能，喝水同样是一种功能，如果人有可能不会思考，那么就同样有可能不会喝水。这两种功能的区别在于，喝水的功能是先天的，思考的功能是后天的，出厂顺序不同，本质都是程序的功能。

然而，反驳者认为，这个电脑坏掉的原因是对电脑主板程序的误操作或是误删除，这种蠢事屡见不鲜，我们却没有办法删除一个人喝水的功能。情况果真如此吗？我们来看下面的这段话，出处是弗洛伊德和他的师兄、歇斯底里症研究大师布洛伊尔（Josef Breuer，1842—1925）合著的《癔症研究》：

> 夏天在特别热的日子里，病人口渴异常，没有任何理由突然发现她不能喝水。她原来本会喝下所要的一杯水，但当她的嘴唇碰到杯子时，立即推开杯子，就像患了恐水症一样。当她这样做时，她明显地有数秒钟的"失神"。她仅仅依靠如西瓜之类的水果为生，这减轻了她痛苦的口渴。这种情况持续了约六周。有一天，当她被催眠时，她抱怨过去未曾关心的那个讲英语、患同病的女士，并且以厌恶的神情不停地描述有一次她如何进入那个女士的房间，她的小狗——如此讨厌的家畜——在房里喝光了杯子中的水。那个女病人因出于礼貌，对此没说什么。[1]

两人的老师布吕克（Ernst Wilhelm von Brücke，1819—1892）始终以一种物理主义的观念认为，观念是且仅是中枢神经系统的功能，但是在这个案例里，患者从神经到消化道都没有受到任何器质性损伤，这是一种"控制"问题。而这一歇斯底里症状的痊愈也绝非有赖于任何器质性的疗治，痊愈突如其来，极具戏剧性：

1　[奥] 弗洛伊德：《癔症研究》，《弗洛伊德文集》，车文博主编，九州出版社，2021，第 184 页。

当她在生气中进一步消耗了精力后，她停止了抱怨，要求喝水，毫无困难地喝完许多水，当杯子接触到她的口唇边时，她从催眠中醒来；从此这个紊乱的现象就消失了，不再重现。[1]

　　布洛伊尔虽然绝无弗洛伊德那样前无古人的显赫声望，但是两人合作《癔症研究》这件事对弗洛伊德的影响是开创性的，至少令他与物理主义坚决地划清了关系。通过对歇斯底里的研究，弗洛伊德意识到，在身体之中有些因素依然未知，那是一个神秘的领域，掌控着身体，而非被身体掌控。前面比喻中的那种误删主板程序的情况也并非不会发生。弗洛伊德为此开始关注这些根植于这个领域且在身体上有所反映的行为，在《日常生活的精神病理学》这本书中，他记录了这样一个病例，其中强烈的潜隐情绪影响了身体的固有机能：

　　她正在路旁走着，猛然看到对面一家店里挂着的图画很漂亮，想着可以买一幅来装饰育婴室。当时购买的欲望十分强烈，她匆匆忙忙地走过去，顾不得注意路上东一堆西一堆的乱石子，终于被一块石子绊倒，撞了墙上。奇怪的是，她竟然没有用手去保护脸部，而任凭它伤得惨不忍睹。[2]

　　这个病例非常耐人寻味。按理说人因为跌倒而自然而然地伸臂撑地或是横臂保护头部，这种行为并不经过大脑，和聪明或是愚鲁无关，而是一种（符合物理主义法则的）应激反应。但是这位 X 夫人的摔倒却非常古怪，应激反应并没有被触发，甚至

　　1　[奥]弗洛伊德：《癔症研究》，第 184 页。

　　2　[奥]弗洛伊德：《日常生活的精神病理学》，王威威译，国际文化出版公司，2000，第 188 页。

有可能因为某种原因而被强行中止了。作为弗洛伊德的老朋友，她鼻青脸肿地来到诊所，看到弗洛伊德大为震惊的样子，苦笑着说：

> "如果你一定让我说，我只能说这是报应。你还记得上次我告诉你的那件事吗？"

> "直到现在，你还在为那件事难过？"

> "是的，我实在很后悔，总觉得自己罪恶深重，毫不道德。我寝食难安，痛苦得简直要发疯了。"[1]

对此弗洛伊德向读者解释说：

> 她所说的那件事，是指一次人工流产。最近她发现自己又怀孕了，就和丈夫商量。两个人都觉得在当前不宽裕的经济条件下，不能再要孩子了……

> 她说："我经常想，你杀死了自己的亲骨肉，这样的滔天罪行，能逃得了上帝的惩罚吗？天网恢恢，报应终于来了，弄得我这么惨……"[2]

弗洛伊德宽慰了她几句，两人客客气气地分了手。他随即将这个病例记录在笔记本中，在《日常生活的精神病理学》这本书里，他是这样解释 X 夫人的行为的：

> 这样的想法并没有上升到意识的层面，它只是利用了当时外在的环境——我说"利用"，也许把心理活动拟人化了一些——利用了那块很适于达到目的的阻路石来责罚自己。正是因为这个缘故，她在跌下去的时候一点也不慌张，也不用手来保护脸部。[3]

1　[奥] 弗洛伊德：《日常生活的精神病理学》，第 188 页。

2　同上书，第 188—189 页。

3　同上书，第 189 页。

"拟人"这个词是弗洛伊德的原话，不管他在这里用这个词是出于有意还是无意，都非常发人深省。弗洛伊德意识到这种心理活动并不是人、不是身体所有者"自己"的，否则不会害自己摔个嘴啃泥；可它也不是他的老师布吕克所认为的那种"物"，这个过程在逻辑上的因果关系和语言上的历时性（上帝的惩罚）都是具有鲜明地域文明特色的。

　　这个"它"究竟是何方神圣？在弗洛伊德的观点之中，这种心理活动就像一个区域，黑暗而无法介入；他的学生荣格则认为，它像是一个古老的神，挥舞着记忆的锁链；而在他另外一个学生阿德勒看来，它则是一个属于过去的垃圾堆，类似我们在城郊常见的那种，所有没有用的东西都会自动聚集到这个地方。垃圾代表了文明（及其参与者）的过去。

　　综合他们师徒三人心中阴郁的妄念，我将这个"它"总结为一位深居于黑暗渊薮之中的垃圾之神。

　　这位神对凡人的态度暂时还不好说，至少并不全是善意——我以前经常举的一个例子，荣格在幼年曾梦见过一位阴茎之神，并由衷地感到了危险。在接触了若干这样的例子之后，弗洛伊德意识到，喝水和摔跤自救是动物性的"求生"本能，就像你一脚踩下去，蟑螂拼命逃窜那样，倾尽全力，没什么道理可讲，不需要设计一个滴水不漏的行动计划。现在，至少有一位"它"强大到了能够与之对抗，它能够这样做，故意这样做，而且已经这样做了。如果说"它"有能力令人摔倒而不自保，那么就同样有能力让人濒死而不自救，这只是一个程度的区别。我们姑且认为这个"它"也是一种本能，完全违反"身体"和"意识"的意愿，一有机会就会破坏前面说到的那些主板程序来让整机瘫痪。这种"病毒"并不是外来的，它更像是一种秩序的衍生物，有光就有影。1901 年弗洛伊德对此总结说：

你如果相信有所谓"半有意"的自我伤害——如果可以用这种含混的词语——你也不难认为在有意的自杀以外，还有着"半有意的"自我毁灭……

……无意识的自杀意向则必须等待一个预期的机会，来打消本身的自我防卫力量，排除施于它的层层压制。也许你不喜欢这种话，但是我的所见所闻却真的不少。许多事件乍看似乎纯属意外的不幸，细究起来，竟是自杀。[1]

这个"它"居于人体之内，可它既不像西非土人认为的那样是大自然的恩赐，也不是古埃及法老眼中的肉体的主宰，更不像范缜和顺世论宣称的只是肉体的一种功能。弗洛伊德以降，它看起来越来越像是一个身体"不认识"的人，一个在你之内的居心叵测的陌生人。

"自己"是靠不住的，"灵魂"是陌生的，孤独的边界并非如我等以往一直以为的那样与身体的边界重合，而是变得虚幻，无限广延，不可捉摸。

为了强化这种印象，我们再举若干例子，都是法国精神病学泰斗雅内的诊断记录。原文暂时找不到，我们转引朱光潜（1897—1986）先生《变态心理学派别》这本小册子里的记载：

一个十九岁的女子看护她的病危的父亲。他临死之前，她曾用右手支持他的气息奄奄的病体。他死了以后，她觉得异常疲倦，她的右半身便逐渐失去了运动和知觉的能力，成了半身不遂。

一个洗机器的男子在工作时被油布溅污了面孔。他用水去洗，但是睫上油污很不容易洗去。他的眼睛并没有污损，可是两点钟以后，他变成青光瞎，过了四年这病才

---

1 ［奥］弗洛伊德：《日常生活的精神病理学》，第185页。

痊愈。

　　一个四十岁的男子居住在一个小乡镇上，颇有一点资财。他的妇人劝他移居巴黎，他们住在巴黎旅馆里。有一天他自外回寓，发现他的妇人已卷款潜逃了。他精神上受了大刺激，歇十八个月不能说话。后来他虽恢复原状，每逢情感发动或疲倦时，仍然不能说话。[1]

说这位"它"对我们**不全是**恶意也并非空穴来风，能致病也能愈病，我们来看看雅内遇到的另一个病人。孟实先生这样简介了这个病例：

　　他的医院里曾有一个三十二岁的男子，因为双腿麻木，整天睡在床上。有一天深夜，他忽然很轻便地跳起，抱着枕头开门逃出室外，立刻就爬上屋顶，比平常人还要灵活百倍。他把所抱的枕头看作他的孩子，因为怕他的岳母要残害这孩子，所以抱着他逃上屋顶。但是他醒后双腿依旧麻木，而对于他自己在睡中抱枕头上屋顶一幕戏，也完全忘却。[2]

雅内对此解释说：

　　吾人的一切经验都在心中留有观念（idea）。比如走路有走路的观念，吾人能记得这个观念，所以能走路；倘若把它遗忘了，双腿便会麻木。[3]

这几个例子里，病人的这些症状器官都是没有损坏的，但就是不能用。我们还是重拾那个特别好用的比喻：你有一台电脑，声卡是崭新的，可是你电脑里的声卡驱动程序损坏或是被误删除

1　朱光潜:《变态心理学派别》，安徽教育出版社，1997，第31页。

2　同上书，第27—28页。

3　同上书，第30页。

了，所以即便你的声卡完好无损，电脑还是发不出任何声音。

如果说这种观念是电脑的应用程序，或是前面说过的"自己"的"功能"，那么那个虚无缥缈的"灵魂"就是操作系统。这种操作系统的一种基本算法就是"综合作用"。我们有很多观念，但是不会争先恐后地同时诉诸行动，人在跑步的时候不会看书，这就是因为综合作用根据当下的时空环境排比出各种观念的优先级，看书的观念在运动场上的优先级非常靠后，所以无法取得诉诸行为的许可。这是根据对外部环境的观察——例如现在的场地、旁人的行为、肌肉的剧烈运动和颠簸——而得出的结论，眼睛的功能此时都是打折扣的。

而这种综合作用的一个死穴，也就是造成前面那些千奇百怪病症的元凶，已经被雅内找了出来，他将之称为"分裂作用"。雅内的观点是站得住脚的，所有精神疾病方面的症状用分裂作用来解释都非常通顺。那么这个神秘的分裂作用究竟是何方神圣呢？就在写下这一段文字的前一天晚上，我做了一个梦，它是这样的：

> 我在一个类似少年时外婆家一样的地方，厨房里已经包好了一大笸饺子。我想起两点十五分有客人要来相会，看看钟已经一点四十分了。我和妻子赶紧张罗吃午饭。我打开一个猫罐头，那是我的猫平常爱吃的一种吞拿鱼碎肉，用勺子舀了一大勺送进嘴里。猫食进嘴之后，我幡然惊觉："我怎么把猫食吃到嘴里了。"我赶紧跑到厕所，在去厕所的路上我还怕妻子笑话我，腮帮子不敢鼓出来，装作若无其事的样子。最后，对着马桶把嘴里的猫食全都吐出来，吐着吐着就醒来了。

害怕被笑话的想法看似无足轻重，其实也是一个重要的细节，它恐怕来自白天的一段谈话，就在前一天妻子还在和我开玩笑说我怕是有老年痴呆症，中饭吃了什么记不得，几千年前的事倒记得清清楚楚。这是有道理的，就是它诱发了我的梦境。我从梦中惊醒，因为害怕将它忘记，摸到桌边，用平板电脑将梦的内容记录下来，然后回来安然入睡。为了防止再一次将它遗忘，我现在又写下了上面的话。

尽管平常我们吃饭和喂猫确实差不多在同一个时间，但是两者互不干扰，综合作用排出来的优先级序列里，吃饭的时候不会喂猫，喂猫的时候不会吃饭；而且，在综合作用的另外判断之中，"猫粮不是我的食物"这种简单的判断也是将各种单独观念坚壁清野的标准。可是现在，我睡着了，理智沉寂，综合作用被阻断了。所以这个"吃饭—喂猫"的双重观念单独分裂出来成为一个情境，而综合作用的其他判断依据都被排除在外，所以出现了梦中混乱的一幕。也正是因为这一幕太过惊世骇俗，我的理性在强大的情感刺激（吃猫食）下被惊醒了，综合作用马上开始发挥作用，所以梦中那些正常的逻辑判断——跑着去吐、害怕被嘲笑——也就全都回来了。这也是很多看似美好但又不太符合逻辑因果和社会规范的美梦都会自己惊醒、春梦了无痕的原因。

"分裂作用"这个词是精神病被称为"精神分裂症"的词源，符合大多数精神病的症状和原理，小到强迫症，大到彻头彻尾的疯子。在《变态心理学派别》这本书中，对这种病态的原理是这样解释的：

意识分裂即意识范围之缩小（restriction of consciousness）。健全的人所有一切观念都翕然安于同一意识范围之内（即受同一自我管辖），所以意识范围很大。意识范围兼容并包，每一言一动都受完整人格的控制，所以是有理性的。分裂后的意识好比大家细分的财产，每重人格所有的范围都比原来的缩小。患精神病的女仆幻想自己是皇后，就因为她心中的"皇后"一个观念分立开来，独占一个很狭小的意识范围，不受"女仆"经验中诸观念之控制或纠正。[1]

之所以认为"害怕被嘲笑"这个不起眼的细节非常重要，是因为这是一个纯粹的社会观念。在梦中做了傻事，惊醒了综合作用的防范机制而马上进行补救，这种补救就是一种社会性行为。"人不能吃猫食"，这是一个人成为一个"社会的人"之后才有的观念。由此可见，这种综合作用是后天的、经验的和社会的，这个结论也验证了我们的那个比喻，尽管电脑里的主板程序、驱动程序乱七八糟的一团，但是操作系统令它们变得井井有条，这个操作系统——综合作用——因为符合社会生活的原理，在我们自己也是可以理解的。这就牵出了弗洛伊德晚年的一个绝大的学说结构——这是毫无疑问的，弗洛伊德是一座高耸入云的雄峰，长虹飞瀑、苍岩树海，美不胜收。我们在意识流的思考中闲庭信步，总会走到他的脚下，尚未靠近已经感到那扑面而来的森森寒意。

人吃猫食，这其实没什么不对的，这是本能，我们看到什么都想试试它能不能吃。我如果将梦中自己的身份改成一个三四岁小孩，这个场景就司空见惯了，小朋友不知道猫食之为何物，捡到了就往嘴里塞。弗洛伊德将这种追求本能欲望满足的趋向称为"本我"，本我是一种最原始的动物性本能，它没有智力和逻辑，不分时间和场合，只遵循"快乐原则"，盲目地追求眼下欲望的满足。

现在，这个熊孩子（也就是我）的妈妈——老太太现在身体很好，远住在南国，因为调皮而被她责备对于我来说已经是三十多年前的往事了——看不下去了，拎起他的小屁股狠狠地给他来

1　朱光潜：《变态心理学派别》，第33页。

一下，长点记性。小朋友意识到了这是一种攻击行为，也明白了这个行为和之前吃那个东西的行为在逻辑上是连在一起的，它是那个行为的后果。那个东西淡了吧唧的，一点也不好吃，而且以后但凡吃那个东西就要挨打，非常不值得。弗洛伊德将这种规避行为危险性的趋向称为"自我"，自我在本我追求快乐的基础上，思考的是怎样规避危险，这些危险来自外部世界（当然，来自外部世界的危险并不一定全都来自人类社会，你吃了猫食，可能会被猫挠），你必须与外部世界和平共处。可如果是这样，本我追求的满足就不能再是盲目的、不问时间场合的了，必须牺牲部分的满足换取安全。自我遵循着"现实原则"，追求与外部世界的和平共处。

再大一点之后，这个熊孩子（依然是我）被告知说往嘴里塞猫食的行为是"不对的"，即便不挨打，它也是不对的，"好孩子"从来不会这样做。而我这样做了，就必须被告知"别人"——譬如说我的妻子，从某种程度上来说，妻子都是母亲的延续——成为反面教材而被嘲笑，被嘲笑是耻辱（不好）的，"被嘲笑不是件好事"同样是被建立起来的一种观念。弗洛伊德将这种更高级的、追求形而上的敬佩和典范位置的趋向称为"超我"，它是一个人格最文明的部分，一般形成于孩提八岁到十岁之后的时间。超我追求一种完全来自外部世界的人类社会，而且完全来自区域文明的习惯。超我遵循着道德原则，它驱使个体追求一种道义上的人格完满，这一点在弗洛伊德的学生阿德勒那里被称为"在上意志"。

可如果是这样的话，这三种"我"哪一个是"自己"呢？都不是。它们之间的综合作用使得一个人格显现，可是综合作用又仅具一个框架——你不仅是孤独的，甚至有可能在这孤独之中找不到自己的存在。孤独就是萦绕身边的一片伸手不见五指的黑暗，你什么都看不见，连自己都看不见。

这个无边的黑暗意象一直令我着迷，在"消极美学三部曲"之中它不止一次出现。在我的描述中，它更像是一个黑暗的深渊，有不知名的古老神祇，比如说荣格梦到过的那个阴茎之神，在其中游弋。这些神已经被文明的理性、被道德化了的光鲜自我遗忘，只有在理性沉睡的时候它才浮出水面透一口气，给我们带来一片摩天接地的、洪荒的、空白的惊惧。这些神差不多相当于刚刚提到的"本我"，或是某种（荣格所说的）原始的共有意念在"自己"之上的某种投射，它由一些原始的欲望和恐惧混合，这些欲望永远无法实现，所以焦虑永远存在，而这些恐惧更是光怪陆离，令人噤若寒蝉。我们害怕到了不得不遗忘它们的存在以求心安。偶尔有人，譬如说马克斯·恩斯特和罗斯科，在画布上大致涂抹一个印象，已经足够令人战栗。而它们存身的深渊，宛如倒悬在天上，黑暗不见边界，黑暗宛如有形之物，浓稠而古典。弗洛伊德将这个深渊称为"潜意识"，弗洛伊德的两个人格结构理论（意识—潜意识理论和本我—超我理论）以这样一种不太和谐的方式被综合起来，思之令人神往。深渊容纳了一切不美好、不道德、不和谐、不善良的存在，阴郁而腐殖，成为人性之花扎根的沃土。这个腐烂的深渊为人性提供了源源不绝的养分，充沛而不知疲倦，它越阴郁、越腐败，在上面绽开的人生就越绚丽。创造力是人生的绮丽之花，它来自腐败的养分。也有的人生好像一座空空的房子，里面连垃圾都没有，没有垃圾的人性是可悲的，他们就好像在一所毛坯房里面迫不及待地度过了自己并不体面的一生。

然后，我唾弃你的坟墓。

上面一些话来自我以前的一篇小说。我该吃药了。

我刚刚说到哪儿来着？对了，分裂作用。这种"分裂"有的时候就是一种切切实实的字面上的分裂。从精神分裂开始，直至人格分裂，学名是"人格分裂障碍"，在此方面不世出的权威是莫顿·普林斯（Morton Prince, 1854—1929），一个波士顿人。他毕生精研的多例人格分裂的病例中，我们看到了心理学上一个令人战战兢兢不敢轻涉的巨大的混乱区域，似乎接近了某种答案，但出于某种不可名状的古老恐惧，真相很有可能令人裹足不前。

普林斯一战成名的代表作《一个分裂的人格》中记载了一位病人博向（Sally Beauchamp）女士罹患人格分裂障碍的心路历程。这本书暂时也找不到原著，我们谨引用《变态心理学派别》中对此案例的如下描述：

> B 在幼时遭遇极不幸。父母不和。她虽然极力博母亲的欢心，而母亲待她常极苛刻。她尝遭家庭变故，母亲死后，她更觉得家庭乏趣，所以私逃到一个医院里去当看护妇。在她十八岁时（1893），有一夜大风暴，她坐在看护妇室里，猛然看见窗外有人伸头探望。她初以为只是幻觉，但是仔细一看，发现伸头的人就是她的爱人 J 君。原来 J 君并不住在那个镇上，那晚到纽约去，路经此地，随意走到医院门口，看见旁边靠有梯子，便翻过墙进来探望。大风雨之夜突如其来的男子面孔，本可叫神经衰弱的女子受惊。况且她平时很纯洁自好，和 J 君也只有一种"柏拉图式的爱"，J 君这种举动又是她良心所不允许的呢？结果，她经过一番极强烈的情感激动，以后她的性格便完全变过，较从前恍若两人。

> 这个新性格保持到六年之久（十八岁到二十三岁）。她就诊于普林斯就在这个时期之末（1898）。他把这一个时期 B 的性格简称为 BI。

> 普林斯用催眠术来疗治她。在催眠状态中 B 的性格

与 BI 无大差异。他把催眠状态中的 BI 称为 BIa。

但是后来在较深的催眠状态中 B 又露出另一个新性格，与 BIa 完全不同。BIa 只是 BI 受了催眠，而这个新性格则与 BI 相反，而且不在催眠中也常出现。在 B 这第三期状态中自称为 Sally，而称 BI 则为"她"，把她看作不是自己而另是一个人。普林斯称 Sally 为 BIII。此后 BI 和 BIII 常相更班交替，此来则彼去。

可是 B 的性格变化还不仅如此。她在二十四岁时（1899），即就诊的第二年，有一晚普林斯去看她，她忽然把他误认为七年前使她受惊的 J 君。这种幻觉又叫她经过一番情感上的激动，而 B 又露出一个叫作 BIV 的新性格，与 BI 和 BIII 都不同。此后 BI、BIII、BIV 三重人格互相更班，一个现在意识阈则其他两个便退到潜意识里去。BIII 常讥嘲 BIV，说她是"傻子"。

······

B 已有三重人格，后来 BIV 受深催眠，又另有一重人格出现，普林斯称之为 BII。就性格论，BII 是 BI 和 BIV 综合而成的。她（BII）一方面没有 BI 的羞涩颓丧和宗教热，而另一方面也没有 BIV 的暴躁轻浮和自私。她处世很和平坦白，言动也自然合度。[1]

现在我们来分析一下这几重人格的互相关系。

BI 和 BIV 互相完全不认识，作为 BIV 时，她对 BI 时代也就是十八岁到二十三岁的六年生活完全没有记忆；她回到 BI 时，也没有作为 BIV 时的全部记忆。

BI 和 BIV 都不认识 Sally（BIII），但是 Sally 却认识她们

---

[1] 朱光潜：《变态心理学派别》，第 96—97 页。

俩。Sally 承认，BI 和 BIV 的所有记忆她都历历在目，不过她说："她们的情感和知觉我虽能意识到，可是那些究竟是她们的。我自己的意识之流和她们绝不相混。"[1]

至于 BII，她能意识到 BI 和 BIV 的经验，但是 BI 和 BIV 意识不到她的经验；她不能意识到 Sally 的经验，但是 Sally 能意识到她的经验。BII 非常独立，在全局中承上启下。

这就是说，螳螂捕蝉黄雀在后，她们的逻辑关系是这样的：BI 和 BIV 是"群氓"，被观察而不主动观察；BII 是"布道者"，既观察也被观察；Sally 是"大全能者"，洞察一切但不被观察。

对此进行总结，得到了如下的分析：

> 普林斯称 BI 为"圣人"（saint）的性格。她很虔信宗教，刻苦自励，虽不好社交而却温文有礼，不易动气。她在学校里成绩最好，得了奖品，觉得自己更应特别用功，教师们劝她游戏，她总是不肯丢开书本子。

> BIV 所具的是"女人"的性格。她性情很暴躁，稍不如意，便和人争吵，她很自私自利，而且野心很大，好社交，喜活动，对于宗教和学问，丝毫不感趣味，与 BI 恰相反。就体格言，BI 很脆弱，易感疲倦；BIV 则极强健，很能耐劳。

> BIII 或 Sally 所具的是"孩子"的性格，她极好玩，对于游水、踢球种种户外运动特别起劲，她很粗俗不知礼貌，欢喜恶作剧，比如称 BIV 为"傻子"。B 原来受过很高的教育，通拉丁文和法文，Sally 则完全是一个没有受过教育的女子，拉丁文和法文都不知道。B 平时写字很清秀，Sally 的笔法则很粗拙。

1　朱光潜：《变态心理学派别》，第 98 页。

......

（BII）兼有 BI 和 BIV 的优点而没有她们的劣点。至于 Sally 或 BIII 的性格在 BII 中完全没有痕迹，这就是说，BII 现于意识时，BIII 整个的退到潜意识里去。[1]

在此总结基础上也就不难发现，这几种性格在分岔结构上的相互关系：

普林斯把 BII 看作 B 的真相。BII 经过分裂作用而后有 BI 和 BIV。B 的精神病就由于 BI 和 BIV 不能和翕。BI 和 BIV 复合为 BII 以后，则 B 的精神恢复常态。普林斯以为医生的任务即在由分裂的人格中求出原来健全的人格，换句话说，即在把已分裂的两重或多重人格综合还原到一重人格。

我们没有解释 BIII。BIII 或 Sally 是如何发生出来的呢？我们上文已说过 BIII 是"孩子"的性格。普林斯以为 B 在孩子时，BII 尚未形成，其性格为 BIII。BII 既形成以后，BIII 的孩子气与 BII 的成人心理不相容，所以退后于潜意识里去了。如果 BII 不分裂，BIII 永无出头希望。BII 既分裂，原来排挤 BIII 的性格不复存在，所以 BIII 又常露头角。BI 和 BIV 复合为 BII 时，排挤 BIII 的力量又还原，所以 BIII 遂不复出现。[2]

我突然想起《古代埃及史》中刘文鹏教授记述的一段话，一直没有引起我足够的重视，可是现在它如同闪电般地击中了我：

所谓卡，乃是一个人的形体的含糊的概念，可以译为"精灵"，它是作为活着的人的"替身"而出生。卡是在人

1　朱光潜：《变态心理学派别》，第 97—98 页。

2　同上书，第 99 页。

出生时被创造，似乎代表了个人的生命力……卡在墓中接受对他的葬祭品，一件铭文写道："1 000 个面包和啤酒壶与一切好的和清洁的东西送给死者的卡"。最初人们仅有一个卡，但是神和王则有几个卡。[1]

在这个并不引人注目的细节之内的一个并不引人注目的细节是，当需要指代作为活人"替身"或是"精灵"的卡时，刘教授用的是"它"；而当需要指代死后的游离状态的卡时，人称变成了"他"。尚不知此举是否有意为之，抑或只是一时的笔误。这个我们暂且不去管它。不过古埃及人早就相信一个人有好几个卡，这是明文记录的史实。有好几个卡的一般是法老这样社会地位特殊的人，这很有可能是他们的误解之处——而不在于这种看法的真伪。有好几个卡没什么了不起的，不一定是天选之人，博向女士就是一个名不见经传的普通护士而已，见到意中人连口大气也不敢出。

这种情形也似曾相识。同一台电脑安装了两个操作系统，两个系统从壁纸、主题到应用程序都彼此独立，所以从用户体验视角看来就是两台电脑。最初人们用硬盘分区来实现这个功能，后来直接用 ID 密码区分用户。一个家庭里的同一台电脑，父亲打开的时候是森严不苟的公司管理工作系统，产品迭代测试和数据分析不舍昼夜地在后台运作不息；而儿子打开的时候，它的壁纸是《尼尔·机械纪元》(NieR: Automata) 里那些酷到不像话的海报，里面装的都是各种游戏和社交软件，装点着东京、孟买和休斯敦闪耀着五光十色的幻梦的暗夜。

有的时候不当的操作系统也会造成物理配件的功能退化乃至损坏，早期有些用不惯 OS 系统的用户纷纷反映，他们在

---

1 刘文鹏：《古代埃及史》，第 229 页。

Macbook Air 上强制安装 Windows 的双系统，运行时整台电脑就会发烫。这差不多相当于博向女士作为 BI 时手不释卷，对于去操场上做游戏丝毫不感兴趣，爬个楼梯都气喘吁吁的。

多重人格障碍好像在普林斯的眼前打开了一扇关于灵魂真相的大门，很多人犹豫着觉得似乎还是让它关上比较好。以下的不收费信息属于齐东野语，姑妄听之。

1927 年，普林斯认识了当时在美国社会名噪一时的珀尔·柯伦（Pearl Curran）夫人，一个住在圣路易斯、只有小学文化程度、平时对任何科学历史和文学都漠不关心的家庭妇女。但是在某种被诱发出来的精神状态下，她手中的笔会流畅地、无意识地自动书写，写下一些不同风格的令人吃惊的作品，这些作品中的语言文字技巧完全超越了她有稽可考的受教育历史。其中较为著名的两部古英语作品，据柯伦夫人自己说，其真正作者是一个叫"佩兴斯·沃思"（Patience Worth）的人。这个人究竟是谁，没有任何历史学家知道，柯伦夫人自己更是一头雾水。但是在这几部作品中，一部题为《特克拉》的古英语小说没有使用诞生于十七世纪以后的任何一个词语；还有一部题为《悲哀的故事》的小说记述的故事发生在业已湮没在历史洪波之下的、公元 30 年前后耶路撒冷周围的一片巨大区域。这些故事都给读者带来一种一望无际的、恍惚的历史空白感，宛如凝视阴沉的天野，清凉、忧郁而令人遗忘一切。其中的历史知识考证都远远地超越了柯伦夫人本人的阅读能力和兴趣范围，但是她——或者说是佩兴斯·沃思——却能够义无反顾地一直写下去，几乎不需要修改，时而峰回路转，时而铺泻而下，时而从前面纷乱的章节里又清晰地收拾出早已被遗忘的头绪。

我此刻也感到恍惚了，为此我吟诵海子（1964—1989）的诗《九月》来冷静自己：

目击众神死亡的草原上野花一片

远在远方的风比远方更远

我的琴声呜咽　泪水全无

我把这远方的远归还草原

一个叫马头　一个叫马尾

我的琴声呜咽　泪水全无

远方只有在死亡中凝聚野花一片

明月如镜高悬草原映照千年岁月

我的琴声呜咽　泪水全无

只身打马过草原。[1]

有理由相信，海子在生命的最后阶段似乎发现了某种危险的真理，因而感到被一种黑暗的存在入侵或者蛊惑了，也许只是一种幻觉，现在已不好说。我不想再重复这个悲哀的故事了。

弗洛伊德发现潜意识是藏匿于人性之底的伸手不见五指的深渊，阿德勒认为这个深渊是一切不愉快的——因为焦虑未曾得到释放，所以它是不愉快的——回忆的垃圾场，而荣格则发现，这个深渊很可能是无底的，无边无际，不以个人孤独的边界为止境。人生的真相就是一个人站在悬崖边缘俯视黑暗的大海，他是他自己的边界，边界之外是虚无，边界之内是孤独。

深渊之于人永远有一种吞噬的意向，我们只能祈祷这件事（吞噬）并不像看起来那么糟。荣格在他的自传里回忆过，当他还是一个怕黑的孩子时，有一个突如其来的谵妄念头是这样的：

母亲教我做祈祷，每天晚上都要做。我很乐意祈祷，

1　海子：《从明天起，做一个幸福的人：海子经典诗全集》，江苏人民出版社，2019，第 198 页。

因为它使我在深沉不安的暗夜面前有一种舒服的感觉：

> 展开您的双翼，慈祥的耶稣
> 把您的小鸡，您的孩子咽下。
> "如果魔鬼要吞食他，
> 那只会是白搭。"
> 请让天使就这样唱吧！

耶稣能给人安慰，他是个善良仁慈的先生，像城堡里的维根斯坦先生似的，富有、威严、庄重，对夜里的小孩子特别关心。至于他为什么会像鸟那样长着翅膀，却是一个谜，不过我并没有过多地去考究这个。我觉得更有意思、更为耐人寻味的是，小孩被比作小鸡，耶稣显然很不情愿地、像吃苦药一样地"吃了"他们。这不大容易理解，后来听说，魔鬼也喜欢小鸡，为了免得小鸡被魔鬼吃掉耶稣才这样，我才恍然大悟。虽然耶稣并不喜欢那味道，可他还是把孩子们吃了，这样，魔鬼就抓不着他们了。这么一想，心里就觉得很安宁。可是现在我又听说耶稣还要"吃"别的人，况且，这"吃"同样是把他们埋在地上的坑里。

这种不吉利的类比产生了不幸的后果，我开始对上帝产生了怀疑。他失去了那令人安适的、慈祥的、大鸟的特征，却和那些身穿礼服、头戴高帽、脚穿闪光的黑靴、抬着黑盒子埋葬死人的阴郁的黑衣人们联系了起来。[1]

1　[瑞士] 荣格:《荣格自传》，刘国彬、杨德友译，国际文化出版公司，2005，第4页。

深渊是一种极致的洞穴意象，在集体无意识的表征之中，在人类采用埋葬的方式处理尸体之后，洞穴就暗示了祖先的寓意，越深的洞穴埋葬的尸体越古老，当然离祖先也就越近。而这种无限深邃的深渊当然也是洞穴，唯一的区别在于它大到了将所有的祖先都联系在了一起，成为一种至大的存在，对活着的人予取予夺，它完全有资格成为生者膜拜的唯一的真神。

荣格幼小的心灵里第一次对价值产生了怀疑：耶稣和魔鬼做的事情在实质上可能是一样的。他接下来回忆说，他之后甚至很害怕黑袍的耶稣会士。这种想法看似荒诞不经，其实并不违反宗教的逻辑规范，只是未经神话、传说和文学的修饰而显得粗糙而已。幼年荣格的这种猜测只有三种思路：

1. 有一种"好深渊"，它与"坏深渊"对峙，就像我们走在街上，伤脑筋是进肯德基还是麦当劳一样，这取决于一种选择。这个结构对应的是天堂和地狱的区别，我们说一个人"进了天堂"或是"下了地狱"，就是说他被哪种深渊吞噬了。

2. 深渊都是一样的，但是有一种"好的吞噬"，其目的是防止"坏的吞噬"（魔鬼）的发生，可那毕竟也是一种吞噬。这个结构对应的是面对一神教选择信与不信的区别，我们说一个人"被拯救"或是"沉沦"，就是说他遇到了哪种吞噬行为。

3. 深渊和吞噬，所有都是一样的，关键看你怎么理解这件事，虽然一种思考的角度对于结果来说于事无补，不过它能让你感觉舒服一点。

我相信正是这儿时的一点点遐思让荣格在垂垂老矣之时终于看清了世界黑暗的真相。天完全黑了，星辰在宇宙的磨砺之中激烈地碰撞，世界就像你童年的旧居，黑暗的廊庑通向它黑暗的脏腑。世界绝非我们所想象的那样，甚至不是我们所看到的乃至感受到的那样。我们不认识世界，所以我们不认识自己，面对一片茫然，什么都不会、什么都不理解、什么都不知道。这就好像固执的苍蝇在玻璃窗上撞击两个小时或是更多时间，试图飞出房间，事实上它完全不知道那根本就不是一条通道。

天完全黑了，月色和星辰都被雨夜的黑暗吞噬，这凄迷的雨夜突然让我感到一阵寒意。出于某种古老的恐惧，我将两只衣领拉扯得更紧。

> 无极是存在的。它就在那里。如果无极之中没有我，我就是它的止境；它也不成其为无极了；换句话说，它就是不存在的了。因此它必然有一个我。[1]

这是《悲惨世界》里的一句话，一个脾气古怪的癫老头在临死前几秒钟发现了这个秘密，他急于向前来送行的大主教倾诉，可是来不及了，没等主教听明白，他就断了气。

---

[1]　[法] 雨果：《悲惨世界》，第46页。

第三部分

孤独之大轻蔑

Ⅰ　孤独罪

　　我们讲到这里似乎越来越有一种自说自话的味道。看起来，我就像那种在开题报告中既无写作经验也缺乏思考诚意的研究生新生（我以指导他们为业，养家糊口），先入为主地设定了一个强加于人的孤独主义，然后在各种论述之中逐渐夸大它的影响——这是真的，我确实这么做了，百口莫辩。这种自我怀疑来自一种想象中的且随便都能想象到结果的社会调查，如果我们在街上拦住一位路人老王，现场采访他对孤独主义或者说万有孤独的看法的话，得到的答案很可能是这样的："我有美满的家庭、体面的工作、心仪的爱好。我和家人相互爱护，和朋友肝胆相照。我并不觉得孤独。"

　　我们姑且相信他说的是真的。不过他口中的"孤独"和我们一直在探讨的"孤独"显然是两回事。

　　究竟是哪两回事呢？我为此陷入了思考。康德在《纯粹理性批判》中露出的一层意思是，凡是在理智之中的，就在感觉之中。然而这一点多少误导我们夸大了这个世界的真实性，那就是说让我们以为反过来也一样：在感觉之中的就在理智之中，这是这个误解的核心部分。

　　与此相似的（当然这种相似性很可能只是我的想象），尼采在《历史的用途与滥用》中引入了一个新的观念"历史感"，它和历史知识本身也完全不是一回事。担夫争道的大多数人（我在《睹物》中称之为"低历史消费阶层")毫无历史知识的任何专业训练经历，但这一点并不妨碍他充满"历史感"。尼采认为这种"历史感"具有主观情绪的性质，它不是没有破坏性的，它的泛滥甚至会毁掉个人乃至一个民族的整个认知体系，从根本上撼动历史的根基。在结构上与纯粹理性相同的是，凡在历史之中的，必在历史感之中，但是反过来则不一定。所以历史感充满了误读和滥用。但是这种历史感知识因为与情感紧密联系，在传播上更加平滑，也更容易取信于人。我们举个最简单的例子，对于美国前总统特朗普而言，陈列在费城的独立钟高 3 英尺、重 2 080 磅、钟壁厚 1.25 英寸、底部周长 12 英尺、底部厚 3 英寸，这些数据都是斩钉截铁的史实，但是他不会感兴趣；而本·拉登（Osama bin Mohammed bin Awad bin Laden, 1957—2011）依然活着的传说是彻头彻尾的无稽之谈，他却兴致勃勃地转发在推特上。历史感变成了历史知识消费的癌症，它就是一种历史的滥用，因而难以治愈。这种仅有历史感但是没有事实根据的知识，徒具传播性，模棱两可，既不说明什么，也不反对什么。

我们现在来捋一下至此为止的思索中的因果关系。康德认为"凡在理智之中的，就在感觉之中"——然而反之不成立；尼采认为"凡在历史之中的，就在历史感之中"——然而反之也不成立。而此四者——理智、感觉、历史知识、历史感自始至终无一不在与本书对孤独主义的论述休戚与共。鉴于此我可以——仅仅为了这本书——设计一对逻辑关系"孤独和孤独感"，这样，我们借鉴两位先贤的逻辑结论提出这样一个命题："凡在孤独之中的，就在孤独感之中"，它的反证依然应该是不成立的。孤独是一种境界。前面谈到过的那位拥有美妻娇儿的路人老王对于自己是不是"孤独"这个问题的认知，可能与我们在书中探讨的孤独主义风马牛不相及。——对比第二部分里我们探讨的几种孤独的母题来看，在彻始彻终的永恒孤独面前，老王的志得意满可能是不值一提的：他觉得自己傲然于天地之间，却永远无法确定自己是真的存在，还是一个泡在缸中仅靠想象消磨永日的玻尔兹曼大脑；他觉得自己宏图伟业，可是一切努力却只是一种动物性贪婪本能的投射；他觉得自己鹿车共挽、宜室宜家，可是……还记得这本书开头的那句诗吗？

　　　那时，两个人互相憎厌，

　　　他们却不得不，躺在同一张床上。

孤独包容一切，可他用以判断自己的孤独感的那几个人生赢家标准，还真就和我们探讨的孤独主义不沾边。可是这又怎样呢？微风托送着淡蓝色的香烟袅袅飞升，吞云吐雾之中老王还是觉得天下之事无不可为者，自己是踌躇满志的。

　　顺带一提，这首《寂寞》曾经是我最爱的一首诗，我同样景仰博尔赫斯的《沙之书》，为了同时向这两尊神像致敬，年轻时的我模仿《沙之书》里那个瞎眼的老家伙的做法，郑而重之地将一本翻卷了页的《里尔克诗集》放在汗牛充栋的藏书室里鳞次栉比的大书架中较为中间的一架上的较为中间的一层中的较为中间（但并非正中）的一处位置。可是现在呢？我突然发现年近半百的我现在连藏书室都很少进去了。

　　我现在临老倦勤，不太去藏书室。所以，凡在孤独之中的，就在孤独感之中。但是反之不成立。

　　即便除去前面所说的那位老王的证供，这个观点也不是我最早提出的。老王口中吐出的一缕香烟犹如被摒弃的孤独，可是孤独是无法摒弃的。我相信这缕轻烟就是尼采在《孤独》这首诗中提到过的那一缕，宛如在伤感凡人为了躲避孤独的那向日葵人生。尼采曾有此一叹：

　　　你注定要在这寒冬中迷失方向，

如同那直上的炊烟

　　在不停地寻找更加寒冷的空间。

因为试图躲避寒冷而努力探求并且不断发现的，只是越来越寒冷的空间，这很可能就是宇宙的真相，我在探讨宇宙的熵矢量意义的时候已经思索过了。在艺术品《洛伦佐·德·美第奇彩陶胸像》和《韩熙载夜宴图》中洛伦佐·德·美第奇和韩熙载（902—970）落落寡合的神情，现在又成为阐明这首诗的绝佳佐证。按照世俗的眼光，洛伦佐·德·美第奇和韩熙载这两个人富可敌国、权势熏天、娇妻美妾、夜夜笙歌，应该是最不应该有孤独感的两个人。可也正是他们，他们的孤独，被两件永世流传的艺术品传承下来了，至今仍令观者唏嘘。只要人类的历史还在书写，这种传承就会永远持续下去。

　　孤独是永恒的，尘世只是过眼云烟而已。为了消去这种沉思带来的寂寞之感，我默诵了泰戈尔（Rabindranath Tagore，1861—1941）诗圣的一首小诗，感觉好了很多。那是写于1924年的《赠林徽因》：

　　蔚蓝的天空俯瞰

　　苍翠的森林

　　他们中间

　　吹过一阵喟叹的清风。

我以泰戈尔的孤独消解里尔克的孤独。

　　林徽因（1904—1955）也是世人眼中永远不应该有孤独感的那种人。而另一方面，这种自命清高的孤独也很容易引起草根的反弹，也就是我们进出不离嘴的"凡人"，他们虽然看似人微言轻，但是人数最多，所以从看法到舆情，都是能量最大的。

　　所以，毫无疑问像老王那样毕生追求没有"孤独感"的人，会认为"孤独"——这里的"孤独"其实就是孤独感，并不是我

264

们探讨的孤独，但是老王觉得孤独感就是"孤独"——是一种必须剪除而后快的痛苦，是一种病毒，是一种罪孽；安于孤独的人简直不可理喻，他们都得了不治之症。这就仿佛是福柯笔下的"愚人船"的情节，他们都是应该被和谐而克己复礼的社会摒弃的，孤独是一种罪，孤独的人都有罪。

至少，孤独的人都是怪胎，必须小心翼翼地处理与他们的关系。上一节提到的《悲惨世界》里的那个怪老头，离群索居，因为某种早年生涯的原因，被平庸的人们看成避之唯恐不及的怪兽：

> 一个国民公会代表，那还了得！那种东西是大家在以"你"和"公民"相称的年代里存在过的。那个人就差不多是魔怪。
>
> ……
>
> 他的住处离城有三刻钟的路程，远离一切村落，远离一切道路，不知是在哪个荒山野谷、人迹不到的角落里。据说他在那里有一块地、一个土洞、一个窝巢。没有邻居，甚至没有过路的人。那条通到他那里去的小路，自从他住在那山谷里以后，也就消失在荒草中了。大家提起他那住处，就好像谈到刽子手的家。[1]

在革命时代以前人们一般不用 toi（你）这个词，而代之以 vous（您），这当然是出于尊重，但是所有场合都适用敬语的话，那尊敬也就没有意义了，前文提到过的掘墓人格力比埃对割风老汉说的"您是乡巴佬"这句话就是证据。伏尔泰（François-Marie Arouet, 1694—1778）笔下的路易十四时代就是这种时代，路易十四时代荣耀至于顶峰的表象过于自负，类似中国的开元盛世，

---

1 ［法］雨果：《悲惨世界》，第36页。

其实是一种尊敬被滥用、投射在历史中的整体印象。在这个时代的晚期，人们反而更喜闻乐见那个早已陌生的"你"，因为这个词虽然不如"您"恭敬，可着实亲切，更何况那个时候那种虚情假意的尊敬已经不值半文钱。作此推测的证据是故事后期出自爱潘妮之口的那句抱怨之语。尽管优雅早已没什么用，可革命政府时期在一朝一夕之间强制将第二人称变回"你"的行为毕竟还是粗鲁的。这是一点题外话。

想到要去探望这样的一个人，卞福汝主教也有一点惴惴不安，不过他壮壮胆还是上了路：

> 当他走到那无人齿及的地方，太阳正往西沉，几乎到了地平线。他的心怦怦跳动，他知道距那兽穴已经不远。他跨过一条沟，越过一道篱，打开栅门，走进一个荒芜的菜圃，相当大胆地赶上几步，到了那荒地的尽头，一大丛荆棘的后面，他发现了那窝巢。[1]

卞福汝大主教除了严于律己之外基本上是一个凡俗之人，他对于G姓老人的恐惧很能代表一般人对孤独者的普遍态度，保守而怯懦。如果这个孤独者卓尔不凡——例如G姓老人曾经担任国民代表投票废除过暴君这件事，这种印象会更加刺眼。主教以为克服这种恐惧的方法是信仰和虔诚，可是到了目的地发现满不是这么回事。这次走访之后，主教似乎也被这种孤独感染了，至少变得更愿意理解它：

> 第二天，几个胆大好奇的人，想方设法，要引他谈论那个G代表，他却只指指天。[2]

主教可能已经意识到，无极之中有一种至大的孤独轻蔑一切人间

1　[法]雨果：《悲惨世界》，第37页。

2　同上书，第47页。

的善恶。这种轻蔑也许代表某种更伟大的真相，也许什么都不代表，但是在凡俗看来，这种轻蔑总是离经叛道的。

孤独和阴谋风马牛不相及，但是它的漠然看起来确实很像居心叵测，所以凡人本能地以一种阴谋论来理解虚无，而实际上这两者确实很难区分，干脆一并厌恶了事。对于孤独的负面社会印象不能简单地以一句"竖子不足与谋"来一网打尽，凡俗的孤独与人间的背离相互胶着，更接近问题的真相：孤独者都是可耻的。我们来看下面一个例子，区别在于这次的孤独者没有老国民代表那种波澜壮阔的人生，而是真的心怀鬼胎，他因为心怀鬼胎而趋避于孤独的森林，因为这种躲避而更显得心怀鬼胎：

> 最初，他开始那样做时，有些头脑单纯的人都说："这是个财迷。"过后，别人看见他在替自己找钱以前却先繁荣地方，那几个头脑单纯的人又说："这是个野心家。"……
>
> ……不久就会由国王任命为滨海蒙特勒伊市长了。从前说过这新来的人是"野心家"的那些人听到这个符合大家愿望的消息时，也抓住机会，得意扬扬地喊道："是吧！我们曾说过什么的吧？"……
>
> ……在那小城里又有过一番新的轰动。"呵！他要的原来是十字勋章！"马德兰伯伯又推辞了十字勋章。
>
> 这人真是个谜。头脑单纯的人无可奈何，只得说："总而言之，这是个想往上爬的家伙。"[1]

这个孤独的人很少与人交流，人们对他的印象全来自一些旁观：

> 他经常只和少数几个人谈话，他逃避寒暄，遇见人，从侧面行个礼便连忙趋避；他用微笑来避免交谈，用布施

1　[法]雨果：《悲惨世界》，第165页。

267

来避免微笑。[1]

> 往后，大家仍旧照样传说从没有人到过他那屋子，说那是一个隐士居住的岩穴，一种梦游的地方，一个土洞，一座坟。[2]

没人到过市长家的传闻是不实的，几个市井妇人曾经拜访过，可是那里家徒四壁，没有什么给人留下印象的地方。对马德兰市长的家和 G 姓老人的隐居所都用了"洞穴"这种比喻，在自诩文明的人看来，洞穴是野蛮的，了无智慧的踪迹；这差不多相当于在自诩"社会"的人看来，孤独是可耻的，孤独是社会的对立面。

我们以这部浪漫主义的扛鼎之作中的几个例子勾勒出本书的这一条脉络：孤独的社会印象以负面为主，带有一点猎奇性，但只能远观，孤独的人是有罪的。为什么会这样认为？

都是兔子教的。

兔子似乎很久没有露面了，其实一直没有离开过，吧唧着毛茸茸的小豁嘴儿，暗中窥视。正如尼采曾经总结的，人类的道德是一种合作协议，但是逐渐被赋予了神格，变成了历史的意志。当时过境迁，即便在某种条件下一个人不再需要这种合作协议也能活下去，它也已经不是依靠个人的意志就能够抛弃的东西了。历史意志，或者说道德意志，或者说生存意志，或者说权力意志，或者说人本主义，或者说语言的历时性，或者说统计规律，或者说超我意识，或者说在上意志，或者说集体无意识，或者说镜像理论，或者说解构阐释，或者说文本的可写性，或者说公众

1　[法]雨果：《悲惨世界》，第 167 页。
2　同上书，第 169 页。

社会的契约性质，或者说基于网络的数据归纳效率，或者说文明的日神精神……或者干脆说就是这位翻手为云覆手为雨的兔子神，已经将人类文明的历史变成了他的一神教派，这个教派来自一份弱者的协作契约，如今已经圣典化，不符合契约的存在俱为有罪。

从一枚淡蓝色的精子开始，直至时间的尽头，神圣的契约规定我等永远都是弱者。

必须说明的一点是，无论是"有罪"还是"可耻"的说法，看起来都很像是一种判决。其实它们都不是判决，更不代表我的态度，只是为了阐述我的思索所选用的意思上最接近的两个词语，一时权宜之计而已。"有罪"或是"可耻"都只能判决人世的命题，但是孤独比人世更大。作为准则，它们无法判断一个比它们大得多的东西。我们借用中世纪经院哲学的思考方式来做个比喻：天堂没有"可耻"，因为天堂是完美的，可是天堂**没有**"可耻"，所以它并不是完美的，所以，天堂的完美是因为它的不完美，天堂的不完美是因为它的完美。对这个悖论的唯一解释就是"至善"和"尽有"的真正意义和我们想象的相去甚远，矛盾在我们的逻辑世界无法并存，但是在一个更大的世界里则可以。由此可见，任何准确超出了它的范围都是不准确的，世俗君王的法律不能审判无边无际的孤独世界，所以，它审判来自那个世界的人，效果也是大打折扣的。大打折扣的意思是，它毕竟还是能有一部分效果的，对 G 姓老人那种内心自由的孤独者无效，对冉阿让这样真正亏了心的世俗之人还是有效的。如果孤独的世界和凡俗的世界之间有一道边境的话，那么这两个人一个已经跨越了这道边境，一个则正在想方设法跨越它。

如果他们真的是两个世界的两种居民的话，那么他们彼此之间是否有某种进化论上的优劣落差呢？尼采认为是有的，证据是

《查拉斯图拉如是说》里的这几句话：

> 直到现在，一切生物都创造了高出于自己的种类，难道你们愿意做这大潮流的回浪，难道你们愿意返于兽类，不肯超越人类吗？
>
> ……
>
> 现在，我教你们什么是超人！[1]

"比较"和"超越"也是前面说的那种属于凡世的动词，孤独者和凡人之间是不能比较的，不过既然他自己已经说了"愿意赠送与布散我的智慧……查拉斯图拉又会再做人了"[2]，那就得让凡人懂，至少要用凡人的语言。不过查拉斯图拉的那种沾沾自喜感贯穿全书这一点是毋庸置疑的，我们谨慎地觉得孤独者和凡人之间仅仅存在的那一种"不同"，在他这里显然毫无疑问是一种"超越"，超越的人就是"超人"：

> 你们能体验到的最伟大的事是什么呢？那便是大轻蔑之时刻。那时候，你们的幸福，使你们觉得讨厌，你们的理智与道德也是一样。[3]

结果可想而知，街坊对这个什么劳什子"大轻蔑"（Verachtenden）提不起兴趣来。他们一直以为眼前这个衣衫褴褛的穷汉子是个走钢丝卖艺的，纷纷七嘴八舌起哄着让他来上一段。这是一种对轻蔑本身的轻蔑，这是理所当然的：对于那位志得意满的人生赢家老王而言，这个扪虱而谈的癞子正在向他极力推销的"大轻蔑"可不让人觉得是什么荣耀。

1　[德]尼采：《尼采文集　查拉斯图拉如是说》，王岳川编，青海人民出版社，1995，第 5 页。

2　同上书，第 3 页。

3　同上书，第 6 页。

前面谈到过的横亘于 G 姓老人和冉阿让之间的那道若有若无的边境线成为区分这两个世界的界线，联系查拉斯图拉口中这神秘莫测的"大轻蔑"，这两者（孤独的界线和大轻蔑）很可能有着千丝万缕的联系。我们来看两人，轻蔑肯定都是有的，G 姓老人轻蔑人世，离群索居，既然主教代表人世前来探望，这轻蔑理所当然地就降临到了后者的头上，他在言语中有意无意地透露了他对自己和人世关系的理解：

> 呀！对！九三！这个字我等了许久了。满天乌云密布了一千五百年。过了十五个世纪之后，乌云散了，而您却要加罪于雷霆。[1]

他觉得自己有资格宛如天上的雷霆般轻蔑一切，因为他已经越过了某个边界，不再属于人世。而冉阿让呢？他轻蔑的是自身，因而沉默寡言，抢在别人之前审判自己，觉得自己不洁净，觉得自己有罪——这完全是应该来自旁人的看法：

> "不对！难道男人便应当挨冻受饿吗？"
>
> "某些男人。"[2]

冉阿让对自己的苛刻和对旁人的加倍谦恭是他对自己的轻蔑，主教对他的影响——主教在面对 G 姓老人时曾无比谦卑地自抑说"Vermis sum"，Vermis 在拉丁文里的意思是"蠕虫"，翻译成"蛆"也无不可，所以这句话的意思是"我是一只蛆"——令这一点变本加厉。主教和冉阿让都因为某种罪而轻蔑自身，主教是因为一种虚幻的罪（sin），冉阿让是因为一种实际的罪（crime）。

G 姓老人轻蔑人世，冉阿让轻蔑自己。而冉阿让其实是以一种他者的目光来轻蔑自身，他觉得自己应该被旁人轻蔑的罪行在

---

1 ［法］雨果：《悲惨世界》，第 41 页。

2 同上书，第 887 页。

一开始可能是某种偷窃和越狱的实际前科，所以他的轻蔑从本质上来说就是自卑，旁人亦然，所有人世的轻蔑都是自卑。参考心理大师阿德勒的观点，所谓人性就是一叶孤舟漂浮在自卑的海洋上。

大轻蔑是纯粹的，它轻蔑一切，无法被轻蔑，这一点符合前面所说的那个理智—感觉、历史—历史感的逻辑结构。这两种轻蔑的区别可能就标志了那条边界线两边的两个世界。在人世的对面，是孤独者的世界。套用我们前面的那对辩证关系来看，G 姓老人的世界是孤独的世界，而冉阿让的世界是孤独感的世界。所以冉阿让渴望爱，渴望行善积德，渴望人世的认同、忘记他的过去；而 G 姓老人则什么都不渴望，在临死前的几个小时还支走了一直照顾他的那个小厮，让他去"睡一会儿"，如果不是主教这位不速之客的突然闯入，他本已经做好准备独自迎接那个终焉的时刻。

可问题在于，孤独者本来看起来就像一个个怪胎，落落寡合，现在他们居然还要轻蔑这花团锦簇的人世，以一种凡人不能理解的视角，这一点不可能不招致凡人的敌意。所以，孤独是有罪的，必须奋起反抗。为了让凡人更加坚信这一点，兔子在制定法则的时候刻意避开了孤独者的所有气质，这种量身定制使得孤独者无论怎么看都与这个契约世界格格不入。仅凭迪涅和蒙特勒伊那几个家长里短的市井婆娘，恐怕难以对抗来自大轻蔑的天上雷霆，可是千百万人的呼喊还是形成了另一股风暴。这种法则的不传之秘是要求每个人在有所行动之前都预先审判一下自己，三省吾身，可是这种自我审判所倚仗的却是他者的视角，就像上一节提到的我的那个梦，误食猫食的时候首先想到老婆会怎样笑话我。这样一来，所有人就不可避免地组成了一个网络，手拉手真热闹。

小狗疑心大宇宙阴谋篡夺它的位置。

这是诗圣泰戈尔的一句话，《飞鸟集》，其一八九。

孤独被最大可能地摒弃了，孤独是应该被摒弃的，因为孤独是有罪的。

种种迹象表明这种摒弃很可能只是掩耳盗铃而已，可是……顾不上这一点了，尘世还是很好，隔壁老王和其他人的人生还是花团锦簇的。法则制定了，判决的下一步是如何执行。连根拔起扔出墙外是一个不错的选择。正如福柯所言的"愚人船"，眼不见心不烦。

最好兔子不出手，让孤独者"自己"消除，这是一个最不伤大家体面的选择。就像以前例举过的诗人海子，他充满尊严的消失也只是换来一些茶余饭后的喟叹而已，就像泰戈尔诗里说过的那样，喟叹是一阵清风，春梦了无痕。现在海子的故事好像在另一个场合又被上演了一遍，剧本让兔子改得七零八落，更深沉、更黑暗，黑暗便如同横无际涯的水面，不堪寂寞地摇曳着黑暗的波光粼粼。

我有此一叹的原因来自不久前看的一部纪录片，片中提到了英年早逝的诗人许立志（1990—2014）。为此我特地寻来一首他的作品《流水线上的兵马俑》，一首讴歌手拉手真热闹的诗：

沿线站着

夏丘

张子凤

肖朋

李孝定

唐秀猛

雷兰娇

许立志

273

朱正武

潘霞

苒雪梅

这些不分昼夜的打工者

穿戴好

静电衣

静电帽

静电鞋

静电手套

静电环

整装待发

静候军令

只一响铃工夫

悉数回到秦朝

这首诗，我是在网上找到的。不知道这位诗人许立志有没有出版过诗集，我估计至少在他生前是没有——他并不像海子那样是大学老师、知名诗人，他只是广东富士康工厂流水线上最普通的一个装配工人。他的人生也接近对很多人的简单重复：1990年出生，2010年开始诗歌创作，2011年进入富士康成为一个工人，2014年从富士康厂房的顶楼一跃而下，结束了仅仅二十四岁的生命。

他生前只是在富士康的厂刊上发表过二三十首作品，这本片言只语而敷衍了事的薄薄小册子，毫无疑问他身边没有任何工友会表示有兴趣。兔子的恶意表现得淋漓尽致：他发现和他真正憧憬的世界之间隔着一层触手可及的现实，当他试图横渡这片现实因而伸手触摸它的时候，他又发现他和这层现实之间隔着一层触手可及的冷漠。

274

除了这点遭遇之外，他的作品和海子的作品之间有一种令人着迷的、说不清道不明的相似，阴郁、战栗、焦躁、走投无路，沉湎于深渊黑暗的引力而难以自拔。我们再来看看这首《悬疑小说》：

　　　　去年在网上买的花瓶

　　　　昨天晚上才收到

　　　　实事求是地说

　　　　这不能怪快递公司

　　　　怪只怪

　　　　我的住处太难找

　　　　因此当快递员大汗淋漓地

　　　　出现在我面前时

　　　　我不但没有责备他

　　　　还向他露出了

　　　　友好的微笑

　　　　出于礼貌

　　　　他也对我点头哈腰

　　　　为了表示歉意

　　　　他还在我的墓碑前

　　　　递上一束鲜花

可是这一切，司空见惯，又怎能打动他身边那些和他一样每天工作十四个小时、连上厕所都限定要在十分钟之内完成的邻人呢？那个曾令海子心旌动摇的孤独的大轻蔑重现世间，写完了一个一模一样的故事，宛如数学公式一般精准不移。这种与前人的神似和暗合不能不令人联想到前文提到过的马拉美的诗被认为逼似波德莱尔的那件逸事。可是波德莱尔也只是一个厌恶俗世、厌恶道德、厌恶比利时人的孤独者而已，与他的相似只能是忧郁和压抑——当然那是一种荣耀，可它也还是忧郁和压抑，它是一种忧郁和压抑的荣耀。比现在年轻一些的时候，那句点评（"假如波德莱尔能重返青春的话，他一定会在你的诗上署名"）曾令我击节称叹，可是现在，口中喃喃吟诵着许立志的诗歌、思考着它们与海子的诗之间的神似而任由窗外清凉的夜色如同浮光掠影般逝去的现在，它却只令我感到悲哀。

　　纪录片里还短暂地采访了许立志的父母，老两口对于儿子的去世一直难以释怀。他们只是觉得写诗是没有前途的，而且进一步认为很可能就是因为写诗，他产生了那么多的思想，才会走上这条绝路。许父许母的这种看法可圈可点，完全能够代表俗世对孤独罪的一般定论，孤独者是有罪的。他们当然不会认为他们的儿子有（那种世俗意义上的）罪，可是所有的探讨都毫不犹豫地指向了这一点；他们深切的悲哀当然是真实的，无比真实，那是一种不予理解的悲哀，始终宛如乌云密布般聚满着两张被平庸侵蚀得沟壑纵横的老脸。对于许立志在诗歌上的成就、在诗人中的地位和被人纪念的方式这些话题，两位老人显然不甚了了，也可能是漠不关心，也可能是刻意回避，也可能是口是心非。

　　他们的这种表情令我想起了第一部分中引用过的洛夫克拉夫特在《翻越睡梦之墙》那篇故事中说的那句话，有很多人永远无法适应柴米油盐的行星生活。他们之间也略有区别，有的人能够调用行星的力量来超越这种生活，譬如消失在新几内亚秘境之中的小洛克菲勒（Michael Rockefeller, 1938—?）。可大多数人呢？束手无策。只能选择在一个自己并不喜欢的区域之中慢慢地沉没。这些无法有效适应行星生活的人自然形成了一个在行星生命看来居心叵测的隐秘派系。

　　这种所有人手拉手的行星生活看起来又像是一种类似重力的东西，所有的轻灵最终都会被它拉回现实的地面。越是轻盈，坠落就越沉重，毁灭不可避免。北村的小说《玛卓的爱情》里面那个才貌出众的女诗人，就是这种轻盈毁于重力的例子（后面我们还会提到她），多少与许立志的情形有一点相似。这种坠落本身就是凡俗对孤独者的判决，就像卡夫卡《审判》里的那个神秘莫测的黑暗的法院那样，被审判者无从幸免。但是可以选择悔罪，回到手拉手的大家庭中来，从此融融洽洽。

耐人寻味的是，从纪录片里对许立志父母的访谈中，我们听出了一点对许立志某种选择的质疑。他的人生悲剧在选择上有两个层面，我们分别将它们标注为：

1. 许立志不应该去富士康工作，资本主义剥削是不人道且毁灭性的；

2. 许立志不应该写诗，写诗使得他"清醒"，因而造成了悲剧的发生。

按照逻辑枚举来说，还有第三个选择：揭竿而起，一把火烧掉那个血债累累的富士康厂房。可现实就是现实，这个选择甚至没有被列入表格，完全不存在。无论怎么归纳，我们都觉得第二个层面的选择与事件的关系是间接的，理由非常莫须有，可许立志的父母所质疑的却恰好是第二个层面的选择——许立志不应该写诗。这个在逻辑上说不通但是在现实中却顺理成章的看法，向我们揭示了一个一直被掩盖的事实，那就是，第一个层面的选择（该不该被富士康［社会］剥削）其实根本就不是一个**选择**。

这种麻木并不是没有被预见到。一位接受过胡塞尔与海德格尔（Martin Heidegger，1889—1976）共同指点，曾经在美国哥伦比亚大学、哈佛大学和圣地亚哥大学任教的哲学天才马尔库塞（Herbert Marcuse，1898—1979）教授，在他的代表作《理性和革命：黑格尔和社会理论的兴起》中探讨了这样一个历史现象，即到了资本主义晚期，社会剥削的程度不断加重，可令人意外的是针对这种剥削的对抗意识却越来越弱。可以说，资本主义社会已经度过了社会的对抗性阶段，进入了一个死气沉沉的麻木时期。这个发现令马尔库塞吃惊，也引发了他的沉思，这种麻木是社会的一种单向度的体现，在这样的社会里，任何对抗都是缺乏的。

关键在于社会的科技性转变。马尔库塞分析说，文明的发展使得科技在社会构成里的分量逐渐超过了政治。对于苹果公司或者惠普公司的生产线来说，是民主党还是共和党主政、是老布什（George Herbert Walker Bush, 1924—2018）还是杜卡基思（Michael Dukakis, 1933—   ）当总统，生产流程不会变。这种所有领域的单一生产过程对生活造成的影响是实实在在的，不像总统竞选演讲那样云山雾罩。久而久之，人对政治的对抗变得既无兴趣也觉得无必要，社会运动也因为缺乏活力的填充而逐渐沉寂。一个单向度的社会，和谐但是缺乏活力，必会影响人类文明的发展。

而且，马尔库塞认为，科技的稳定操作性和绝对的政治中立会影响工人阶级的生活态度，过于按部就班的操作会令人忘记自己是人的这个事实，变成社会机器的一个结构部件。在单向度的技术社会之中，工人阶级受到剥削，但是剥削的强度又不似宪章运动（The Chartist Movement）时代那样敲骨吸髓、一点活路都不给人留。这种温水煮青蛙的过程会磨蚀工人阶级的斗争性和先进性，甚至令他们觉得现状很好。马尔库塞为此警告说，单向度的资本主义社会之中，工人阶级非但不是一种对抗性力量，甚至会演变为一种良性因素，主动维持资本主义社会的稳定。

在这个手拉手真热闹的单向度社会之中，一些依然拥有经典时代思维模式的人就显得非常不合群，他们对于平静的生活而言甚至是一种颠覆性的危险力量，应当被判决和定罪。那些印有许立志佳句的厂刊被工友们拿去登厕，就表达了这种单向度公众社会对孤独主义的潜隐敌意。许立志的父母宁可认为他不应该写诗，也不觉得他不应该去富士康工作，更不可能认为他应该勇敢地站出来反抗社会的压迫性。这个例子很好地证明了单向度价值观之固若金汤，甚至超越了血肉亲情。

至于许立志应不应该一把火烧掉富士康的厂房，这一点不用过多探讨，马尔库塞自己也不赞成暴力革命，可他同时也不赞成温和的社会改良和修正主义，难伺候得很。正如他代表作的书名所说，革命不能完全是理性的，然而至于爆发性的情感背景，则又不会始终具备这样的历史条件。科学共产主义的主观情感性、个人心理性以及马克思主义在这些方面的不足可以说是马尔库塞理论沉思中最精华的部分。马尔库塞因此而思索，资本主义是人类文明自然进化出来的，所以也应该由一种更接近于自然天性的力量来对抗它，而非头痛医头脚痛医脚的一个个具体的行动计划。这种理论上被设计出来的对抗思潮虽然还没有成为现实，但是它一旦成功，力量是无远弗届的，马尔库塞充满憧憬地将这种社会变革想象为一种"大拒绝"。"大拒绝"的基本能量不应该来自拿着工资单对账时的讨价还价，而是一些更根深蒂固的力量，马尔库塞认为"爱欲"和"艺术"都是这种力量，人们对它们的追求从天性中来，不需要被煽动，生命的激情随时为革命填充能量。嬉皮士运动从形态上很接近这个"大拒绝"，可是从强度上根本当不得一个"大"字，"大拒绝"的旅游纪念品版，完全不够看。

这种能量来自天性中的激情的看法，就和我们接下来要思考的一位前辈的观点联系上了。哈贝马斯与马尔库塞的思想是碰撞的，有的时候甚至对立，但是有的时候则雪月交辉、琴瑟和鸣，这种思想的碰撞令人击节赞叹、夜不能寐。法兰克福大学社会研究所所长哈贝马斯教授认为，人类建设文明、完善知识传承的需求来自"旨趣"（interesse），就是兴趣，这同样不需要外界的推动。"旨趣"的三个方面，分析、解释和批判，构成人类思想史的主体基调。许立志对诗歌的旨趣一点也不难理解，诗人和自杀之间也不存在什么逻辑联系，按照哈贝马斯的观点，是他和周遭的"交往行为"出现了偏差。

这种解释在第一层面上来说是，许立志的悲剧是两种生活身份（打工者和诗人）之间的"交往障碍"。许立志的打工者身份得到了身边包括父母和工友在内的很多人的认同和支持，诗人身份则缺乏这些认同；这就类似于我们认同陶渊明的诗人身份，却不太在意他每天如同农民一样耕地，连酒都喝不起。这两种身份都是合理的，都具有自洽的内在价值标准，但问题在于它们的互相沟通之中缺乏一个有效的过渡层次。这个层次的缺乏使得批评变得不可接受。就像许立志的父母悲叹许立志不该写诗，他的诗友和读者却悲痛他不该殒落在一个机油味呛人的车间里——那不是一个诗人的死地。而在一身之内，打工者许立志不接受诗人许立志默默无闻的批评，诗人许立志也不接受打工者许立志好高骛远的批评。这就是说，缺乏一个普遍性的标准来比较它们，并使它们服从于批评。

许立志的悲剧在交往分析的第二个层面可以理解为，当行为者本人已经为他的行为设定了理由时，社会是否认同这种理由，也就是社会罔顾一个人的主观意愿，给这个人下达一个什么"任务"的问题。也许许立志的理想是当一个诗人，社会却只肯承认他是一个工人，对比这两个任务，我们最大的让步是承认许立志是一个"以写诗为'业余爱好'的工人"。而社会对于个体的认知又是符号化的，一个人要么是工人，要么是诗人，至少两者以一个为主。我们认为一个人的行为是合理的，其实是认同这个人的行为是"可辩护"的，如果辩护难度过大，就会被认为不合理。

所以，哈贝马斯认为人和人的交往是以一种知识的**形式**，但不涉及这种知识的**内容**，这种形式是一种一厢情愿的、假想中的量化数值，作为统一各种不能理解的知识内容在权力意志方面权重的一般等价物。但这只是理论上应当如此而已。一位设计铃木大拙纪念馆的工程师——实际上，这个人叫谷口吉生（Taniguchi Yoshio，1937—　　　），一个金泽本地人——和一位参加卡塞尔文献展（Documenta Kassel）的抽象画家在社会上受尊敬的程度是差不多的，这无关他们掌握知识的内容；可是一个蓬莱文章建安骨的诗人和一个满面尘灰烟火色的流水线工人受到的尊敬却绝无可能相同。同样的道理，一位著名作家的书法我们片纸难求，但路边西瓜摊牌子上一个老农的书法我们却视若无睹，尽管两人都完全没有受过书法训练，没准西瓜大爷的书法还更加质朴天趣一些，没有附庸风雅的名人那种矫揉造作的妖气（书法理论家、波士顿大学的白谦慎教授有一本著作《与古为徒和娟娟发屋：关于书法经典问题的思考》谈的正是这个问题）。其实，这种理性权重的公平思想古人早已思索过，但是在人类斤斤计较的势利天性面前一败涂地、无疾而终。我们来看看这个例子，这是一则很多国人都会背诵的寓言故事：

> 陈康肃公善射，当世无双，公亦以此自矜。尝射于家圃，有卖油翁释担而立，睨之久而不去。见其发矢十中八九，但微颔之。
>
> 康肃问曰："汝亦知射乎？吾射不亦精乎？"翁曰："无他，但手熟尔。"康肃忿然曰："尔安敢轻吾射！"翁曰："以我酌油知之。"乃取一葫芦置于地，以钱覆其口，徐以杓酌油沥之，自钱孔入而钱不湿，因曰："我亦无他，

惟手熟尔。"康肃笑而遣之。此与庄生所谓"解牛""斫轮"者何异。[1]

而事实是，我们（作为旁观者的公众社会）不懂建筑设计，不懂当代艺术，不懂流水线工序，不懂诗性思维，不懂书法理论，也不懂西瓜栽培，我们其实根本无从判断这几个人做的事在"知识内容"难度上的高下和匹配他们身价的尊敬。我们只能以"交往合理性"的概念来弥补"工具认知理性"的不足。而当合理性无法被辩护的时候，冲突是不能弥补的。一个打工者和一个诗人可能今生无法相见，可是当这打工者和诗人共享一个身体的时候，我们只能认为这是他面对的行星生活的悲剧，毁灭无法避免。

一位我非常景仰的作家前辈苏童（1963—　）在他较为早期的一篇题为《白沙》的作品中介绍了一位诗人雪莱在面对自己的孤独和即将到来的行星生活的审判时做出的选择。书中有一段宛如布道般的独白令人闻之色变，在撼动着所有人心神的至大的战栗感之中，雪莱傲然于自我的悲剧，毫不掩饰他对凡人的那种大轻蔑：

> 老毕向雪莱提出了他所关心的一系列问题，但他很快发现雪莱不在听他的问题，雪莱沉浸在他自己的思绪里，他用一种非常悲伤的音调谈到死亡，同时对老毕和他的朋友发出直言不讳的抨击：你们的脸上洋溢着快乐，但这种快乐只能暴露你们的愚昧，你们容易感到饥饿，那不是健康的标志，那只能说明你们是一群胃口很好的行尸走肉。雪莱的眼睛里闪烁着锐利的光芒，他说，我与你们不一样，我从八岁开始思考死亡，从十岁开始拒绝世俗的生长，你可能想象不出，我十岁那年就走上流浪之路，风餐

---

1 （宋）欧阳修：《归田录》，韩谷等校点，上海古籍出版社，2012，第14页。

露宿，浪迹天涯。十二岁那年我学会了弹吉他，学会唱歌作曲，十八岁那年我迷上了诗歌。你别误会，我不是你们认为的那类诗人，我所有的诗歌都写在山坡上，荒原中，还有这些沙滩上，它们从不发表。到了二十岁我开始在太阳和月光下思考，我思考了整整七年，你猜我得出了什么结论？说出来你会吓一跳的，我厌倦了生命，我想结束自己的生命。[1]

这就是雪莱的选择，与其让俗世判决，宁可自己判决自己的毁灭。真理是耀眼的，当你凝视黑暗的时候，你以为那里什么都没有，相安无事。可是一束羽毛般轻盈的微光可能改变你的视野，这轻盈反射出它背后的黑暗摩天接地，这黑暗一直存在，乃是有形之物，浓稠而古典，而且你无法继续视而不见。来访者中有一个叫"小林"的粗鲁而轻浮的年轻人不知道为什么总和雪莱两口子过不去，一会儿和豆豆（雪莱的女友）斗嘴，一会儿又对雪莱送给他们的食物挑肥拣瘦，他自己也说不清楚为什么要这样做。小林不是坏人，这种针锋相对甚至都谈不上有什么恶意，只是一种行星生命在面对和自己不同的，甚至有可能比自己庞大和深刻得多的生命时，自然流露的色厉内荏而已。然而那并没有什么用，我之前所说的凡俗者对孤独者的审判看似稳操胜券，可那是因为他们人多，一片大海对一滴水的审判总是不会出什么意外的。可是现在，小林和老毕带领的一支摄影兴趣小队在一个叫"金寨"的海滩上迷了路，食宿无着，非常窘迫，最关键的是他们和那个庞大的俗世被分割开来了。一片一望无际的沙滩——在月光下它看起来像是白色的——的对面是无法被月光照亮的黑暗的大海，"金寨"的这个夜晚形成了一个完全封闭的时空秘境，

---

1 苏童：《白沙》，江苏凤凰文艺出版社，2021，第 260 页。

小林他们在孤立无援、毫无人数优势的此时遇到了一种他们难以理解的生命形态，尽管对方若有所思，对他们不屑一顾，可他们还是感觉到了某种危险。那种以往背靠整个俗世才能抗御的孤独的大轻蔑，此刻在他们面前宛如类星体般辉煌、阴郁而平静地放射着无穷无尽的幽微的精神力量，陌生、茫然、恐惧和悲哀纷至沓来，人们发现自己承受不住这个无尽幽邃的大秘密的分量，场面开始失控：

> 那确实是一个疯狂的夜晚，老毕后来也这么对我说，他说那个夜晚有一种神秘的魔力在推动他们，女孩豆豆在海滩上吹响了海螺，在海螺的呜咽声中他们像一群鱼扑向大海，纷纷跳进了冰凉的海水之中。所有的人，包括两个女孩，都向着夜空和海洋发出了青春的呐喊，后来一个女孩先对着月亮哭泣起来，另一个女孩接着也号啕大哭。女孩们突如其来的哭声受到了小林他们的嘲笑，但是他们的笑声没有持续多久，夜海中就响起了男人特有的粗哑低沉的哭泣声，老毕坦率地承认，那天夜里他也哭了，他不知道自己为什么哭，老毕强调说那天夜里金寨海滩上存在着一种神秘的魔力。[1]

事实证明，小林的负隅顽抗在某种无与伦比的感染力面前没有什么意义。凡人背靠着（在这里也暂时被阻断了）整个俗世，孤独者背靠着整个宇宙，强弱之势立判。雪莱就如同洛夫克拉夫特小说中的那个回归宇宙生命的奇异者，豆豆轻描淡写地宣布说，他决定在二十七岁生日那天蹈海自绝。老毕和小林他们顿时炸了锅，试图劝说雪莱放弃这个决定，但是说辞贫弱无力，他们发现用自己日常的价值观无法衡量眼前这个酒气冲天的古怪生命，何

1　苏童：《白沙》，第 261 页。

况在这个封闭的时空环境之中他们对于自己以往坚信不疑的那些价值观也产生了一丝不可名状的怀疑。正如孟德斯鸠（Charles-Louis de Secondat, Baron de La Brède et de Montesquieu, 1689—1755）曾经说过:

> 我们竟然这样尊重自己，那就是我们由于一种自然的和朦胧的本能而同意结束自己的生命，这种本能使我们爱自己甚于爱自己的生命。[1]

老毕和小林他们用以规劝雪莱的主要是生命宝贵这一类的平庸理由，没有半点用，原因在孟德斯鸠的这句话中已经被揭示了：凡人以为"自己的生命"就是"自己"，可是孤独者并不认同这一点，就像前文说过的，身体是"自己"的"边界"，但是没有任何一种自然法则规定自己只能在边界之"内"。时光，时光宛如指缝里的沙子一般飞逝而去，你能掬起一捧，却留不住分毫。老毕说得口干舌燥，思绪渐渐变得飘忽不定，他开始神不守舍，他发现连自己都无法说服。

这个故事的结局在意料之中，但是又令人震撼无比，雪莱真的在他二十七岁生日的那天晚上穿上一身豆豆亲手缝制的洁白长袍，平静地走进海中，一个浪头过来，随即不见了踪影。黑暗的海水如同黑暗的深渊，无边无际，海的意象就是死亡本身。这次海葬事件所特有的仪式感和触手可及的强烈精神性，震慑得海滩上观礼的送行人说不出话来。

然后故事就在摄影兴趣小组成员们的闲话中突兀地结束了，意犹未尽，但又令人感觉似乎本当如此。面对不可言说之至大深渊，我们还是掩耳盗铃比较好，相安无事。这个故事和我所同样

1　[法]孟德斯鸠:《罗马盛衰原因论》，婉玲译，商务印书馆，1962，第68页。

景仰的另一位作家格非（1964—　　　）教授的《褐色鸟群》一样，给我忧郁而无所事事的青春带来震撼，它们鼓励我踮起脚尖，高举双手，触摸阴霾的天空。这两篇作品超脱了一般的架空历史的题材，直接架空了整个人世。而且我发现无论是在《白沙》(类似的还有《纸》)还是《褐色鸟群》之后，他们好像都不太爱再写这一类的题材了。

　　如果说孤独有罪，那么像雪莱这样就是自己对自己的判决，这个"罪"是俗世意义上的，所以这个"判决"也是俗世意义上的，没有耻辱，只是一种非暴力的不合作而已，马尔库塞那样的。与雪莱这样完全避免俗世的生长不同，许立志毕竟是生存在俗世之中，不可能不受影响。旁人的期许、现实的落魄、理想的脱节，都给他带来无尽的干扰。这两个故事（雪莱的和许立志的）是相同的，我们从许立志的诗中看出深受海子影响的痕迹，说明海子的故事也是相同的，有所区别的只是一些细节而已，无关紧要，我们不必去管它。

　　有的时候，向着目标的冲击比预计的更加坚毅不拔，这就怨不得兔子果断出手，对那些敢于挑战边界的不识好歹的家伙降以雷霆一击。前文提到过的塞尔维特就是一个例子，1553 年他被绑在日内瓦的火刑柱上，身边堆满了为了助燃而被淋湿的木柴，以及他的那些关于心肺循环（塞尔维特循环）的著作——无论是宗教裁判所还是被告自己，都觉得不会有比它们更合适的引火之物了。

　　这个（以及无数个与之近似的）例子可以证明，兔子本质上是安于现状的，有一种食物链中段及底端动物的因循守旧天性在主宰着一切。没有狼性，狼是兔子的死敌。不断有孤独者接近边界，边界是具有开拓性的，确实有可能使得所有人（包括兔子自己）生活得更好，但那仅仅是可能而已；边界也是危险的，同样的可能性是，一不留神一切都有可能在未知的世界里灰飞烟灭。这种豪赌显然不符合食物链底端的动物——兔子和人——谨小慎微的天性。权衡再三，兔子选择安于现状，并以此警示他的信徒，理性的边界就是他容忍的边界，不要试图挑战神威。

尽管塞尔维特发现的心肺循环模式、布鲁诺思考的宇宙无限推想、达尔文提出的自然选择理论以及其后的一系列链状反应使得人类的文明更辉煌、人类生活得更好，兔子的威能扩大到了这些人（塞尔维特或布鲁诺）所处的时代难以想象的境界，可兔子对此毫不感激，而且丝毫不觉得当时对他们的压制是错误的。除了在历史记录冷漠、理性而公事公办的修辞中露出一点谨慎的、纯粹出于礼貌的惋惜之意之外，看不到兔子丝毫的悔悟。

这种公事公办的冷漠最能体现兔子拒人于千里之外的性格，这个惯例有的时候会被兔子的信徒打破，但很快就会被扭回正途。我们来看这样一个别致的小错误：

> 一个西班牙饭桶一天的食耗比印第安人十口之家一个月的食耗都大。[1]

这句话出自西班牙教士卡萨斯（Bartolomé de las Casas，1474—1566）的历史学著作《西印度毁灭述略》。这是一个塞维利亚人，虽然他随着殖民者前往美洲的目的也还是宗教扩张，但是殖民主义者的凶暴残忍还是激发了这位老神父的义愤。在这一段之中，前文描述的是德国殖民占领军在委内瑞拉的印第安部落如何烧杀抢掠、背信弃义、恩将仇报，这里却突兀地出现了一个"西班牙饭桶"。毫无疑问，这是一时的笔误，我们几乎都能想象得到那个发白如雪的老教士（姑且如此认为，他写这本书时是 1542 年，

1　[西] 卡萨斯:《西印度毁灭述略》，孙家堃译，商务印书馆，1988，第69 页。

已然年近古稀）在写下这些文字的时候气得连手都在哆嗦着。当然，这句话是不符合规矩的，所以本书的译者立即在下面加上了一个斩钉截铁的注解："原文如此，疑为'一个德国饭桶'之误。"无论是指鹿为马，还是义愤填膺，都是公事公办的"兔语"所不能容忍的错误，所以它立即被修正了。

这只是一点题外话。我读到这一段的时候也怒不可遏。好了，我们言归正传，别管这些德国饭桶了。

　　名山大壑登临遍，独此垣中未入门。

　　病间始知身在系，几回白日几黄昏。

这首题为《系中八绝·老病始苏》的诗出于一个著名的试图冲击边界者之手。李贽（1527—1602），字宏甫，号卓吾、温陵居士，福建泉州人，嘉靖三十一年（1552）进士。这首诗里的"独此垣中未入门"一句，是万历三十年（1602）他七十六岁因异端邪说被捕入狱时，环顾萧然的囚室发出的感叹。

这位曾为国子监博士、姚安知府的大才子为何身陷囹圄？我们来思索一下他的观点。有一封题为《答周二鲁》的书信，收录在《焚书·增补一》中，里面的一句话很能代表李贽的自由主义哲学思想：

　　士贵为己，务自适。如不自适而适人之适，虽伯夷、叔齐同为淫僻；不知为己，惟务为人，虽尧、舜同为尘垢秕糠。[1]

这句话在哲学层面上谈到了"为己"和"为人"的相对关系。不同于大多数哲学家认为的，这两者之间是一种单复或是从属关系，李贽揭开面具，直指它们的关系是对立的。这里的"人"，

　　1　（明）李贽：《焚书·续焚书校释》，陈仁仁校释，岳麓书社，2011，第442页。

一种解释是他人，另一种解释是人类或人类社会，这两者无论哪一种都是自我的敌人，他人即地狱，它们都是在自我认知上派生出来的寄生概念。尧舜无疑是传统道德之中被树立的毫不利己的典型，但李贽认为他们连自己的欲望（自适）都不愿满足，失去了人的自然天性，至多是服务于历史意志（兔子）的工具而已，甚至不能算是人，当然不能作为人而享受尊敬。在李贽的思想之中，"人"字是大写的，个人的自由——从某些意义上可以理解为我们所探讨的孤独主义——高于一切，至少高于那些因为文明的语言历时性而派生出来的虚妄概念，"正义""团结""顺从""隐忍"都是这样的概念，也是滋生阴郁的兔子神的土壤。他并非不愿承认人类文明的团结性，至多只承认它是一种现实、一种手段，绝不愿承认它是文明的目的。在李贽的《老子解·下篇》之中有一句话：

> 致一之理，庶人非下，侯王非高。在庶人可言贵，在侯王可言贱。[1]

他承认人群的"致一"（集合）是可以接受的，并不冒犯孤独的天性，但是"集合"只能是字面解释，它应该是中性的，是一种现状，不能被形而上化而变成一种教条。而这种教条也绝非什么人类思想进化的完美理想，它更量身定制的作用是一种借口：一种实为利己但又狡辩否认利己的借口。李贽丝毫不反对个人的利己主义（自适），但是对这种口是心非的借口非常反感：

> 本为富贵，而外矫词以为不愿，实欲托此以为荣身之梯，又兼采道德仁义之事以自盖。[2]

1　（明）李贽：《李贽文集》，第七卷，张建业主编，社会科学文献出版社，2000，第 17 页。

2　（明）李贽：《焚书·续焚书校释》，第 455 页。

这句话出自《复焦弱侯》，也在《焚书》这个集子里。人的利己主义符合孤独的天性，无可厚非；人为了利己而在竞争之中力图阻止他人的利己，这也是自然的本性，就像狮虎以利齿争夺食物；可是人明明利己却要标榜自己不利己，进而攻击别人的利己，这就是虚伪而丑恶，不能忍受。所以他从来不觉得"正其谊不谋其利，明其道不计其功"——此句出自《汉书·卷五十六·传第二十六·董仲舒传》，原句"正其道不谋其利，修其理不急其功"则出自《春秋繁露·卷九·对胶西王越大夫不得为仁第三十二》——这样的标榜是出于肺腑之言。总而言之，他所反对的一切——合作主义、权力阶级、道德思想，恰好都是兔子掌控人世的不二法门。是可忍孰不可忍。毫无疑问，李贽的这些思索动了兔子的奶酪。

李贽的结局，可想而知。虽然也算是前文提到过的孤独者的"自行消失"，不过他既然已经缧绁于狱中，兔子毕竟是出了手。1602年3月15日，囚不数日，李贽突然提出要理发，狱卒不疑有他，安排剃头匠进来时，李贽趁旁人不备夺下对方手中的剃刀，自刎身亡。

前文提到过，历史记录对他们这些人的态度是一种公事公办、毫无真情流露的"官方惋惜"，这个说法是我们现在要拾起的潜隐的头绪。公众社会（兔子）围剿孤独主义的第三方面的手段是极高明的，非常形而上，不在柏拉图、康德和李贽这些人对世界的思索之下，乃是一种无形无质的"话术"，宛如《1984》里的"新话"，将价值体系溶解于语言的历时性之中，在神不知鬼不觉之中倒向历史意志的价值。李贽这样的孤独主义者反对历史意志的方法是言说，可是语言并不是中立的，语言的诞生晚于历史意志且服务于历史意志。兔子的价值观在最平常的语言之中都有所流露，语言是人类世界和无限世界之间的一层屏障，是所有禁锢之中最为精妙绝伦的，全景敞视，永远无法挣脱。

孤独的界线是由语言划定的，孤独罪可以由个人上升到群体，就好像"先进"的白人文明抹杀"落后"的印第安文明一样，这同样是由语言的边界决定的。

孤独罪也可以是群体犯罪。

群体犯下的孤独罪，就是群体孤独。

有一位声名卓著的、令我非常景仰的哲学家前辈，哥伦比亚大学教授、清华大学客座教授斯皮瓦克女士（Gayatri Chakravorty Spivak, 1942—　　），她也是一位后殖民思想的研究者。她曾经思考过的一个问题是"殖民地人民能否言说"（Can the subaltern speak），与我们今天探讨的问题有着一点遥远的呼应关系。语言的历时性决定了一个民族灭绝另一个民族的历史就是一种语言吞噬另一种语言的历史，只要将一种语言完全清除，这个民族的历史也就不复存在了。都德（Alphonse Daudet, 1840—1897）的《最后一课》我们都熟悉，它思索的其实就是这个无比深邃的问题。殖民地的人民能否言说？现在美国的非裔和印第安人说的英语或者西班牙语和基督徒没有任何区别，顺带地，他们对自己民族的历史，泰半也毫无兴趣。这并不是他们不好学、没有民族情感、数典忘祖或是其他诸如此类的原因，而仅仅是一个惰性的问题：他们自己的语言他们都得从头学，学习过程和一个基督徒儿童毫无二致。他们自己的语言被覆灭了，他们现在使用的语言则完全不能也不适合描述本民族的历史。巴克森德尔（Michael Baxandall, 1933—2008）例举过的一个约鲁巴（Yorubas）文化的专门名词，或是拉丁文中 *Lacrimosa* 这个词，再或者是汉语里的"气韵生动"这个词，这些词离开了本民族历史语言的体系，到哪儿都没有用。当然，这样的词语并非不能以其他的语言来阐释，但是解释过程引经据典、无比繁复，认知效率的降低显而易见。这些殖民地人民的后裔在本民族语言被排除之后，大多数人面临的就是这种面对本民族历史的态度在无形中从回顾行为变成了阐释行为的问题，困难无处不在，几乎没有人能够坚持下来。

我是不是又跑题了？其实并没有。我举这个例子就是试图描述语言对于文明而言的基础性，人类文明就是一种语言文明，这是我一直坚持的一个观点。因此，语言无法脱离文明及其参与者的共性，更无法脱离其个性。我和朋友们也一样注意到了这样一个事实，当我们用和普通话相差很大的方言（主要是南方方言，在我是杭州话）交谈的时候，如果遇到某个专业术语或是外来词，就必须读出它原本语言的读音，至少切换成普通话。就好像"迈克尔·杰克逊"这个词，拆开来每个字在方言中都有对应的读音，但是连起来且言说者意识到他是在表达这个意思的时候，却无论如何说不出来。这种情况的出现是因为这个词语不够古老，没有足够的时间融入方言，成为历史记忆的一部分，它依然非常孤独，被区别对待。这种情况并不是绝对的，我记得我小时候街坊里的长辈将弹簧锁称为"司匹灵锁"，虽然"司匹灵"这个词就是 spring，但是它变成了主体语言的一部分，就不会有这种别别扭扭的感觉。同样的道理，香港因为西化得早，已经进化出了一种翻译系统，"迈克尔·杰克逊"这个词在广东话里写成"米高·积逊"，方言发音没有任何困难。普通话是官方的、印刷体的、没有任何乡土情感的语言，用普通话言说表示一个事实在存在上被承认，但在情感上则没有被接受。所以，说普通话的人被排除在"自己人"之外，没有在地缘意义上融入手拉手真热闹的大家庭。语言就是历史，但是语言的历史和书面文字的历史有一定的区别，确切地说，语言是一种有血有肉有个性的历史，更接近于一种"往事"。关于这个细微的差异我想我不用过多举例了。

而在书面文字的历史之中，这种鲜活性被隐藏起来了，但并非不复存在，仔细思索能得端倪。历史首先是一种修辞，其次才是一种事实，意会和言传才是历史的主体框架，而非框架。如果一种语言想要将一个孤独的概念或是一个孤独者排除出去，或至少令他引人注意，方法俯拾皆是，这种区分性是历史意志的直接体现，是我们语言的基本特性。

有一个名叫理查德·罗蒂（Richard Rorty，1931—2007）的纽约人，生前是斯坦福大学比较文学专业的教授，是美国极有影响力且坚守知识分子良心的一位哲人。在其代表作《偶然、反讽与团结》（*Contingency, Irony, and Solidarity*）中，罗蒂教授意识到，（也许是为了对抗孤独罪）人类纷繁芜杂的历史哲学流派始终在试图缔造一种超级语言，以求将公众意义的"正义"和个人意义的"完美"统一起来。而这种行为的存在正好证明它们原本就是两码事，其动机也很容易理解，个人意义的"完美"或者说孤独主义是有罪的，但又是有动力的，所以在正视它的能动意义之前必须过滤掉它与公众社会的敌对性。这种尝试几千年来没有间断过，也并非没有成果，它显然无中生有地创造了一个名叫"道德"的东西，它吧唧着三瓣嘴儿，被看成（无论是公众还是个人意义上的）"完美"的代名词，号召所有个人认知的"完美"标准都向它看齐。

然而现实相当冰冷，很多这种一厢情愿的理想主义思想，被设计出来的唯一意义就只是证明它不可能存在。这种"超级语言"毫无疑问也是这样的空中楼阁，早在两千多年前就被思想家证明根本不可能，各种思想和语言各有优劣，分别部居不杂厕，谁都不可能以偏概全。我们来看看这样一篇文论，题为《论六家要旨》，作者是汉武帝时期的历史学家司马谈（约前169—

> 《易·大传》："天下一致而百虑，同归而殊涂。"夫阴阳、儒、墨、名、法、道德，此务为治者也，直所从言之异路，有省不省耳。尝窃观阴阳之术，大祥而众忌讳，使人拘而多所畏；然其序四时之大顺，不可失也。儒者博而寡要、劳而少功，是以其事难尽从；然其序君臣父子之礼，列夫妇长幼之别，不可易也。墨者俭而难遵，是以其事不可遍循；然其强本节用，不可废也。法家严而少恩；然其正君臣上下之分，不可改矣。名家使人俭而善失真；然其正名实，不可不察也。
>
> ……[1]

罗蒂教授认为，这个尝试（以为能发现某种超级语言）及其失败之中最大的误会在于，"道德"不是被**发现**的，它是被**设计**出来的，是一种统计结果。这种设计性隐匿非常之深，乃至于人们会以为它**本来**就在那里，为此罗蒂自己举了个例子，是这样的：

> 粗略地来看普鲁斯特和尼采的差异，我们会注意到普鲁斯特变成他这个人，他所采取的方式是对他亲身遇到的活生生的人们，加以回应和重新描述；相对地，尼采则是对他在书本中所遇到的人们，加以回应和重新描述。两人都撰写叙述文，描述那些提供他们描述的人，企图借此来创造他们的自我；都企图把他律描述的根源，加以再描述，以便达到自律。[2]

---

1 （汉）司马迁：《史记》，胡怀琛、庄适、叶绍钧选注，马乾、周艳红校订，商务印书馆，2018，第 384—385 页。

2 ［美］理查德·罗蒂：《偶然、反讽与团结》，徐文瑞译，商务印书馆，2003，第 142 页。

尼采比普鲁斯特（Marcel Proust，1871—1922）更沉着痛快、更直指人心的原因在于，尼采的所有史例都是被设计出来的，至少是被**有预谋**地详加遴选的；但是普鲁斯特忠于自己无序列性回忆的写作艺术，甚至难以保证他**遇到**的事实不会和主体言说捣乱，所以叙述就陷入了峰回路转之中。在坚持了几千年的那种动物性的自然崇拜的世界观习惯影响下，道德产生于阴谋诡计的看法令大多数人无法接受，所以这个有预谋的产生过程被尽可能地隐去了。这种基于统一价值观的"超级语言"主宰了几千年的历史，前面举的这些例子都被包含其中。偶尔遇到不属于这种价值规范的历史事实，语言首先会产生一些**模糊概念**试图消化这些变故，例如"超时代性""历史局限性"这些模棱两可的词语。这种话术，妙到毫巅。

"历史局限性"这个词，在我们国家很长的一个历史修辞时代里，涉及历史问题的时候，通过肯定现在来批判过去是一种必然的选择。这一点并不难理解，从历史发展的观点来看当然是新胜于旧的。在一个时期，"历史局限性"这个词是历史学家在编写编者注时最爱用的，它似乎确实有使得单调的、充满偶发性的历史知识描述变得严谨、学术和具有全局视野的魔力。千万不要误会，从字面上来看"历史局限性"更像是一个带有贬义的、明正典刑的评语，实际上恰恰相反，它所适用的反而都是一些为主流意识形态所肯定的历史人物。所以，历史分析中如果用"历史局限性"来总结一个历史人物，那对他的评价通常是以谈功绩为主的。我们来看看以下的几个造句：

1. 刘邦（前256—前195）出于历史局限性，起义的目的是个人的荣华富贵，但是他推翻秦朝暴政是具有进步意义的；

2. 陶渊明出于历史局限性，没有努力尝试去改造社会，而是退缩到东篱菊园去消极避世，但是他洁身自好，不与封建统治阶级同流合污的志趣是高尚的；

3. 李贽出于历史局限性，不能认识到世界的唯物辩证本质，但是他的学说针锋相对地否决了"存天理灭人欲"的理学价值观，这是具有跨时代水平的；

4. 光绪皇帝（1871—1908）出于历史局限性，没有找到拯救中国的正路，但是他变法求富强的意愿是符合历史潮流的。

历史意志就是这样翻云覆雨地将个人意志玩弄于股掌之间。历史人物是孤独的，现在兔子向他们伸出了橄榄枝，这不是没有条件的：历史是局限的，不允许任何个体的卓越非凡超过某个限度，想要回到这个手拉手真热闹的大家庭来，犯有孤独罪者必须在"历史局限性"的认罪书上签下自己的名字。

罗蒂相信历史是偶然的，带有一点点受历史虚无主义影响的痕迹，但这并不重要，要点在于历史知识是有意识且有选择的人类文明的遗存。偶然性的历史本质就像普鲁斯特的小说，那些别有用心的孤独观念会不时地冒出来，给主体叙述造成影响。而兔子可没有普鲁斯特那样的好脾气，对不符合主题叙述的这些犯了孤独罪的异己者，一定会毫不留情地剪除。也许有时候不像对待塞尔维特那样残暴，但是拒绝的坚定态度是不会动摇的。罗蒂意识到的一个真相是：权力意志的交锋就是一种语言的交锋，打得过固然要打，打不过，不惜技术性犯规也要打。

以社会权力威胁思想是技术性犯规的方法里比较好用的一种。我们来看看下面三个例子：

孔子去曹适宋，与弟子习礼大树下。宋司马桓魋欲杀孔子，拔其树。孔子去。弟子曰："可以速矣。"孔子曰："天生德于予，桓魋其如予何！"（《史记·卷四十七·世家

第十七·孔子世家》)[1]

> 惠子相梁，庄子往见之。或谓惠子曰："庄子来，欲代子相。"于是惠子恐，搜于国中三日三夜。
>
> 庄子往见之，曰："南方有鸟，其名鹓鶵，子知之乎？夫鹓鶵发于南海而飞于北海，非梧桐不止，非练实不食，非醴泉不饮。于是，鸱得腐鼠，鹓鶵过之，仰而视之曰：'吓！'今子欲以子之梁国而吓我邪？"（《庄子·秋水》)[2]

> πόλις 规定着"政治"。这种作为结果的"政治"，决不能决定希腊人的基础，即 πόλις 本身及其建基。希腊人的虚弱之处在于，他们面对命运及其遣送的过度不能把握自己。希腊人的伟大之处就是，他们已经学会对他们来说异己的东西，即自我把握能力。[3]

海德格尔阐释荷尔德林的这段话，作为例子不算准确，姑妄听之。他缩小了命运的范畴，将政治（历史意志）排除了出去。这并不重要，我们就将它看成一个诗人以为已经成真了——然而当然没有——的美梦吧。

甚至还有一些更客气一点的方式。对孤独罪的隔离作用并非全都是攻击性的，但一定会在独特性上被和语言主体分离开来。就像《古文观止》里描述那些隐逸大贤的美文，尽管通篇都是溢美之词，却无法掩盖一种历史文献的主旨：那不是"普通人"能

---

1 （汉）司马迁：《史记》，第 96—97 页。

2 （战国）庄子：《庄子》，方勇评注，商务印书馆，2018，第 300 页。

3 ［德］海德格尔：《荷尔德林诗的阐释》，孙周兴译，商务印书馆，2000，第105 页。

够达到的境界。

我们来看看这一段文章：

> 白闻天下谈士相聚而言曰："生不用封万户侯，但愿一识韩荆州。"何令人之景慕一至于此！岂不以周公之风，躬吐握之事，使海内豪俊，奔走而归之，一登龙门，则声价十倍！所以龙蟠凤逸之士，皆欲收名定价于君侯。君侯不以富贵而骄之，寒贱而忽之，则三千之中有毛遂，使白得颖脱而出，即其人焉。[1]

这只是随便翻开《古文观止》看到的一段文章。例举它也并不是为了说明李白盛赞韩朝宗（686—750）的话是别有用心，而是这种叙述方式才符合历史叙述的修辞法则。语言文明的注意力原理是，为了凸显一种历史人物独特性（孤独性），必须将它抬高，与凡人区别开来。

> 必若接之以高宴，纵之以清谈，请日试万言，倚马可待。今天下以君侯为文章之司命，人物之权衡，一经品题，便作佳士。而今君侯何惜阶前盈尺之地，不使白扬眉吐气，激昂青云耶？[2]

接下来李白流露出来的真正目的——自我吹嘘也还是这一层意思：想要成为他们这样的人难度极大，凡夫俗子还是被劝退了。历史修辞本身就带有夸大（意义及独特性）的特性，这样的语法规则，在人类历史修辞的浩瀚无垠之中俯拾皆是。李白在《与韩荆州书》中的自吹自擂是一种为了跻身孤独者俱乐部的真正尝试，这种尝试是从语言上的同调开始的，这种同调的基本法则是

1　（清）吴楚材、吴调侯：《古文观止》，施适点校，上海古籍出版社，2016，第286页。

2　同上书，第287页。

我们在日常语言之中不会使用的：参考历史修辞的语法，以第三者的角度，通过客观评论的形式，来夸大自身。

除去这种借用之外，在自诩为客观的、描述一般事实的、自称"还历史以本来面目"的历史修辞自身的领域，孤独者与历史消费者之间的距离也有被刻意拉大的迹象。我们发现越是原始的文献记载之中，这种迹象越是明显，它们最终流传为各种英雄主义的史诗、传说和话本。这种习惯至今不能为历史学家所摈除，随便找一本历史学著作，随便翻开一页，比比皆是。历史其实是并不安于描述简单事实的。实验得以被继续下去。我又从书架上随意选了一本书，是美国历史学家瓦西列夫（Alexander Alexandrovich Vasiliev，1867—1953）那部惊世骇俗的《拜占庭帝国史》，我几乎是闭着眼睛从这本厚达一千三百页的巨著中翻到某一页，这种完全随机选取的结果是这样的一段话：

> 阿那斯塔修斯的宗教政策引起了维塔利安（Vitalian）在色雷斯的起义。维塔利安率领着一支由匈奴人、保加利亚人（也许还有斯拉夫人）组成的大军，在一支舰队的掩护下，向首都进发；他的目标是政治性的，即他希望废黜皇帝。但是他却对世人说，他的起兵是为了捍卫受压制的正统教会。经过长期而艰苦的战斗，起义最后被镇压。但这次起义仍具有重要的历史意义。Th. I. 乌斯宾斯基曾评论道："维塔利安通过三次率领他的成分混杂的军队接近君士坦丁堡，又从政府那里攫取了巨量钱财的举动，向蛮族揭示了帝国的弱点和君士坦丁堡的富裕，并教给了他们有关水陆联合作战的技术。"[1]

---

1 ［美］瓦西列夫：《拜占庭帝国史（324—1453）》，徐家玲译，商务印书馆，2019，第 176 页。

在人类往事纷繁芜杂的、下克上的历史之中，色雷斯的维塔利安（Vitalian，？—520）这样一个连百度百科上都找不到简介的蛮族军事领主，他的这次冒险行动在重要性上的排名甚至进不了前五百。然而，读者在阅读这段文字的时候，还是产生了一种严肃的、大事临头的宿命之感。当然，兵凶战危，这次战乱不是一件小事，对拜占庭的历史也有一定程度的影响。可是，对于那些在空调房里喝着冰水作掩卷长吁状的读者而言呢？历史修辞尽可能地让他们觉得，了解这件事真的**对他们自己**也是很重要的。我们来看看从这段话里精粹出来的这几个词语：

宗教政策、起义、率领、大军、政治性、废黜、捍卫、正统教会、长期而艰苦、镇压、具有重要的历史意义。

这些词是这段历史叙述的骨架，给它定下了一个出乎意料但又在俗套之中的基调：夸大但恰到好处。这种夸大的目的在于反复提醒这段历史的消费者一个事实，即像阿那斯塔修斯（Anastasius，约430—518）和维塔利安这样的历史人物，他们所做的事情处于一个绝非芸芸众生所能达到的境界。出于奇货可居的市井本性，在历史学家的反复强调之中，这成了一种事实。对这一点，兔子是喜闻乐见的。对于权力的争夺，从宣称观念开始至于实践行为，本来就是它制订的一个行动计划，这为兔子的生命力填充了源源不绝的养分。

然而问题在于，权力本身就是一种抽象的存在。世界上都是先有了权力的利益效果，然后才有了权力和权力斗争。所以在人的认识模式中，权力永远只是获得某些利益效果的过程和途径。对于我们大部分历史知识的消费者而言，我们永远不可能享受到这些权力的利益效果，这些利益对于我等而言反而是虚幻的。另外一方面，历史也会自动地将某些权力的利益效果隐去，譬如说从拉美西斯二世占领叙利亚、成吉思汗建立大蒙古国到拿破仑

（Napoleon Bonaparte，1769—1821）征服埃及，兔子不愿意人们看到他们追求权力是为了占有很多女性和占有更多的女性、享受奢华的生活和享受更奢华的生活这些方面，所以兔子将他们塑造成英雄。（历史知识中的）英雄信仰是（接受历史知识的）历史消费层级的一种心理层面的补偿机制，他们需要英雄，而出于对孤独罪的顾忌，他们大多数人却又难以下定决心自己成为这样的英雄。

拜此所赐，历史既然暗示凡人不朽是一种不可轻易问鼎的境界，凡人（历史消费阶层）对历史修辞产生某种抵触、反弹的情绪，至少觉得它们事不关己，也就完全可以理解了。历时性是历史的深度，贯穿了很多层次，而且要求每个层次各安其位，这种要求以对孤独罪的过度宣扬为手段，而它造成的后果则在语言的共时性层面上表现出来。这个后果就是：在语言的共时性层面之中，一种语言层次所适用的修辞，泰半只对其本身所属的那个阶层才能发挥预期的效果。一如我前面例举的诗人许立志的身份交往问题那样，壁垒很难被冲破。这造成了每个历史消费阶层的每个人只对和自己的历史消费身份相近的人感到亲切，在阶层之外，则是"位卑则足羞，官盛则近谀"，无论如何都难以取得他们的信任。一个出名的概括出自《道德经》第四十一章：

　　　　下士闻道，大笑之。不笑不足以为道。
这种情形，我身边的朋友，那些哲学家、音乐家和艺术家恐怕大多深有体会：你衣锦还乡，一位从你很小的时候就在街角水龙头旁的水泥洗衣台上用木槌敲打衣服、几十年来丝毫未变的邻居大婶的几句乡音俚语就足以一下子剥光你笔挺的西装，浑身本事马上就没有了用武之地。你高谈阔论的托马斯·阿奎那（Thomas Aquinas，1225—1274）、勋伯格（Arnold Schönberg，1874—1951）和弗朗茨·马尔克（Franz Marc，1880—1916）只能换来她们豪爽的大笑，至少是指指点点的窃窃私笑。不用多心，她们没有恶意，一丝一毫都没有，她们只是觉得好玩，明明是那个挂着一条皱巴巴的红领巾、脸上两块农村红、睡眼蒙眬地捏一根瘪油条上学去的"小把戏"，现在会是这样光鲜、人模狗样地满嘴外国话。她们只是唏嘘于这样朝花夕拾的感慨而微笑，或是苦笑，对你卖弄的专业知识则完全不感兴趣，非但不感兴趣，还有一点点敌视。你的毕生所学对于她们（的感知）而言没有用，但至少可以肯定的是，你是非常脱离群众的，你和她们不再是"自己人"。如果你没有那么卓著，你泥足深陷于现实，让她们可以策划将自己娘家姑表侄女介绍给你认识，她们的态度则会和善很多——你是孤独者了，孤独者有罪。这些可恶的笑容里的每一条皱纹都在向你和善地表达着一种排斥的意向。

据我所知，这位可能存在的邻居大婶平素并没有这种拒人于千里之外的皮里阳秋的恶习，她从来不会在老师讲课的时候缩在教室后面的一个角落里偷偷吸烟或是点燃练习簿，也不会在路过商场看到橱窗电视墙上播放央视《百家讲坛》的时候大声呼哨喝倒彩：她并非敌视**知识**，而是敌视**拥有知识的人**。我们思考得更深入一点：甚至假如遇到易中天本人，她也会是毕恭毕敬的，局促得像个小学生似的，两只手都不知道该往哪里放——她也并不完全是敌视**拥有知识的人**，而是敌视眼前这位**曾和她在同一个层次，但是因为拥有知识而改变了这一状况的人**。

这位手脚麻利地剥着冬腌菜、斗大的字认不全一箩筐、毕生没有迈出过杭州拱宸桥区域一箭之地的大婶正在用一种审判的眼神看着我，我却无法否决这种审判的崇高性，正如我无法否认兔子的神圣性一样。

罢了吧。

在俗世与孤独的世界之间有一道界线，不同于大多数安于现状者，总有人试图冲击这道边界。在这些人看来，迈入那边的世界就是迈入了永恒。如果这些人的这种尝试无法挽回的话，至少要保证其余的人安于惰性之内。这种"捧杀"是历史叙述对孤独者常用的一种方法，突出他们的独特性以及达到这种独特境界的难度，让凡人知难而退。就算兔子对孤独者没有恶意，可为了防止他们将桀骜不驯的孤独瘟疫传染给大多数人，将他们与手拉手真热闹的大家庭隔离开来还是有必要的。这种做法可谓算无遗策：既填充了历史思想发展的动力，也可以有效地防止任何毫无自知之明的东施效颦之举。

> 过去，人类郑重称道的东西，都是不真实的，纯粹的臆想，确切地说，是出自病态的、有害的（最深刻意义上的）天性的恶劣本能——诸如"上帝""灵魂""美德""彼岸""罪恶""真理""永恒的生命"等等，所有这些观念……但是人们却在这些概念中寻求人性的伟大，人性的"神性"……这样一来，一切政治问题，社会制度问题，一切教育问题，都从根本上弄错了……[1]

我们谨以尼采在《瞧，这个人》这篇文章中这一段振聋发聩的、傲立于天地之间的呼啸来结束本节的思索。

孤独者有罪，兔子审判；兔子有罪，孤独者审判。

这是分庭抗礼的两种境界。错的既不是孤独者，也不是兔子。

错的是谁？

"我的生存使体内流着卑劣血液的人恼怒不已……"[2]

1　［德］尼采：《尼采文集　权力意志卷》，王岳川编，青海人民出版社，1995，第267页。

2　［德］尼采：《尼采文集　权力意志卷》，第268页。

2009年除夕，四位有故事的中年绅士组成了一支临时乐队，登上了春节晚会。他们献唱的歌里有一句歌词是"有一种预感，路的终点是迷宫"，可这颓废的语境似乎不符合万象更新、普天同庆的节日气氛。在节目可能面临夭折的关头，主唱李宗盛急中生智，将这句话改成了"有一种预感，路的终点是晴空"。这下可好了，这下就没有问题了。觥筹交错，群英会上满座欢笑。

当车声隆隆，梦开始阵痛；

它卷起了风，重新雕塑每个面孔。

夜雾那么浓，开阔也汹涌；

有一种预感，路的终点是迷宫。

邻居家的半导体响着，沙拉沙拉的，一直在播放着这首歌。这一曲可真长，也许整个晚上就这么一曲，陪伴你无眠的一舞，唱得好像要将人的灵魂都掏空似的。阴霾的暮色渐渐挤进窗棂，令人有一种昏昏欲睡的倦怠感。浮光掠影之中，偶尔会有稍纵即逝的、飘忽的梦境，但是依然睡不着。我在昏昏沉沉中想到，做梦和睡眠没有因果关系。想到这一点，我反倒立即就睡着了。在睡眠的渊薮中，张震岳谱写的旋律挥之不去，宛如黑色晶簇绽开尖锐的花朵，正在迎风开放，罗大佑和李宗盛才气逼人的歌词侵入了我的梦境，我梦见的依然是黑暗的平原上伫立在无尽坦途前方的、摩天接地的黑色之城。

II　孤独之附庸风雅

如前所言，既然孤独是有罪的，会招致整个社会的敌对，孤独者的生活宛如惊弓之鸟也就不足为奇了。这在孤独者是十分尴尬的。孤独者之所以孤独，是因为在引起旁人注意力这一点上没有多大的兴趣，因而显得落落寡合。现在他的孤独是一宗罪，受到整个世界的敌视。这一点使得他的生活几乎没有办法继续下去，吃足了苦头。因此孤独者变得愤世嫉俗、谨小慎微、担惊受怕。连带地，孤独者对引起旁人注意这件事也深恶痛绝，因为被注意就意味着接踵而至的围追堵截。

但耐人寻味的地方在于，孤独者虽然有罪，可也足够引人瞩目。这句话，我们完全可以就字面理解为"是具有吸引力（attractive）的"，这是兔子始料未及的。这就像上一部分中提到的那几个滨海城市蒙特勒伊的市井蠢妇，她们一方面道听耳食得知市长马德兰伯伯是个怪人，他的房间是一个"兽穴"，令人害怕，可是另一方面又抑制不住对那个兽穴的好奇心，非要去一探究竟不可。人类首鼠两端的可悲习性一目了然。

这种人，环绕在孤独者之外围，对生活缺乏开拓的精神，得过且过，仅余的一点好奇心也非常无聊，刺探明星绯闻、坊间传言、齐东野语，从来不会将其浪费在思索宇宙的无限和存在的相对性向度上面。这样的人生彼此相似，因而彼此融合，成为一潭死水、一种类似胶水的非牛顿流体，令孤独者窒息，文明也为之窒息。尼采将这样灭绝了"大规模的不满与求变"精神的人类称为"末人"（der letzter Mensch），即终末之人，尼采认为，"末人"的大规模出现并壅塞人间而造成的文明迟滞时期，成为某些人转变（为超人）的酝酿阶段，在本节里这个概念我们不妨暂且借用一下。

这一切都拜兔子自己对孤独罪的过度宣传所赐，尽管他成功地引发了末人对孤独者的惊惧，但是作为这种结果的伴生效果，他们的好奇心也被激发了。要知道，我们生存的凡间就是一个由好奇心和注意力维系的世界，这个观点更严肃一点的说法来自阿德勒的"在上意志"，获得邻人乃至全社会的注意力在这个世界等同于获得了权力。这片幽暗的人心的孽海，兔子于其中游刃有余如弄潮儿。

现在，孤独者和末人的世界之间的关系变得很耐人寻味：孤独者害怕世界，对之没有兴趣；世界害怕孤独者，对其有一点兴趣。抛开兴趣这种情绪问题不谈，麻秆儿打狼两头怕，孤独者和世界相互恐惧。

这个结论，隐藏在两千五百年前市井间一件鸡毛蒜皮的小事里，我们来看看下面这段话，出处是《列子·黄帝第二》：

> 子列子之齐，中道而反，遇伯昏瞀人。伯昏瞀人曰："奚方而反？"
>
> 曰："吾惊焉。"
>
> "恶乎惊？"
>
> "吾食于十浆，而五浆先馈。"
>
> 伯昏瞀人曰："若是，则汝何为惊已？"
>
> 曰："夫内诚不解，形谍成光，以外镇人心，使人轻乎贵老，而齑其所患。夫浆人特为食羹之货，多余之赢；其为利也薄，其为权也轻，而犹若是。而况万乘之主，身

劳于国，而智尽于事，彼将任我以事，而效我以功。吾是以惊。"[1]

列子（约前450—约前375）去十家店铺喝粥，其中五家给他在别的顾客之前先上菜，"馈"字的意思也可能是饭店赠送的小菜，这并不重要，反正是得到了特别照顾。对于孤独者而言，这种特别照顾，先上菜或者是送一碟子焦圈儿之类的小便宜，根本占不得，它们都是自己孤独者身份被泄露了的蛛丝马迹，危险可能尾随末人的关注而至。至少，他的独特气质可能引起"万乘之主"的注意，死乞白赖地延请他去治理国家，让人累得死去活来……虽然列子想得很多，他的担忧却不是没有道理的。他的晚辈惠子受到魏惠王（前400—前319）的邀请，兴冲冲地去魏国为相，遇到的对手却是秦惠文王（前356—前311）和张仪（？—前309）这一对活宝，闹得灰头土脸。末人的便宜占不得。

列子由此而想象那种被末人捕捉而注意到了的孤独者的气质"形谍成光"，它类似一种光环，英文叫作 halo 或者 aura，后者（在德语之中也是这个拼法）更为贴切一些，因为 aura 在一些密教典籍（显教偶尔也有）中被译为"灵气"。这是一种宛如光芒一般会由内而外散发的气质或是能量，密教认为有灵性的生物都有，贵人、高僧大德或得道高人则更加强烈一点。灵气在造像艺术中表现为"背光"，为了表现这种灵气有的时候是刺眼的、具有侵略性的，有些菩萨，如不动明王（Acalanatha）和马头观音（Hayagriva），背光就是一团耀眼的火焰。总之，这种灵气强烈到了几乎肉眼可见，易于引起观察者的注意。

在列子看来，这种灵气是一种应该被掩盖的东西，就像一把刀，它的锋利越是被人注意，它就越容易因为被频繁使用而折

1　白冶钢：《列子译注》，上海三联书店，2018，第81页。

损。孤独者的最高境界是保全自身。但末人可管不了那么多。现在，有一些人明明古里古怪、格格不入，却意外地令兔子寝食难安，在他的宣告之下弄得人尽皆知。这不能不令末人吃惊，他们虽然也明白这些人其实是进了黑名单，成了兔子的敌人，却十分艳羡那些看起来是不劳而获的关注目光。在小饭店吃饭可以插队先上菜，偶尔还受赠一碟子大头菜什么的，这不管怎么说都是一件好事。目睹了孤独者受到的区别对待之后，末人会起艳羡之心，这也是人之常情。虽然孤独者有罪，可是这种受人关注的境遇也是令人向往的。所以很多末人开始挖空心思在这两者（孤独和凡俗）之间摇摆不定，大多数末人虽然没有冒天下之大不韪、冒犯孤独边界的勇气，可是打打擦边球也还凑合。

这就应运而生了一种出于模糊的在上意志本性而对孤独主义的不完整形态的模仿意识。我的一位老师、美术史大师范景中教授曾经在一次演讲中探讨了一种观点：附庸风雅是推动艺术史发展的动力。如果说"风雅"是小众而孤独主义的，那就我们探讨的凡俗对孤独主义的东施效颦而言，"附庸风雅"四个字可谓量身定做之语。

不难想象，这种附庸风雅当然是由浅入深的，从一个小目标譬如在卤煮火烧店获赠一碟炸豆腐开始。我们根据其层层推进，将孤独之附庸风雅分成两个层次来讨论，分别是附庸风雅的物化层面和行为层面。

对于孤独主义附庸风雅的物化层面是很容易理解的，我们其实在前文举的例子中涉及过。前面说到希姆博尔斯卡在一封回信中坦言她对于一位读者"十六岁半的儿子……想要留胡须，手指上戴着很大的玻璃戒指，脖子上围着一条围巾，把自己的作品放在小提琴箱子里走遍全城去炫耀"这种种行为的困惑。很显然，这个涉世未深的年轻人并不明白孤独与世界之间的关系，但是他艳羡这种孤独，所以将一些孤独的意象物化了以后当成孤独主义自身来顶礼膜拜。在他单薄的人生阅历之中，（尼采或是托尔斯泰那种式样的）胡须、玻璃戒指、围巾和小提琴箱子都是他理解的孤独的意象，拥有了它们几乎可以等同于拥有了孤独自身。尽管作为一个诗人，写出流藻垂华芬的佳句是更重要的，可是那难以把握，两句三年得的境界对于一个十六岁半的孩子而言太遥远，还是眼前的这些小道具更能切切实实地把握。成为一个诗人是一辈子的事，可是打扮得像个诗人只要半个小时就够了，何乐而不为。

　　这种行为在年轻人的生活中很常见，也很能得到他们的理解。对于现代的年轻人来说这叫"酷"，虽然不好说在希姆博尔斯卡回这封信的时候"酷"这个词有没有流行起来，可这个年轻人的行为就是这个意思。年轻人标新立异的行为在任何时代，只要不过分，都是可以被原谅的。有一个脍炙人口的故事发生在半个世纪以前的中国，1971年美国乒乓队应邀访华，受到了周恩来（1898—1976）总理的接见。运动员中有一个来自加州的愣小子科恩（Glenn Kowan），是嬉皮士运动的死忠粉，成天甩着一头长发招摇过市，见者无不笑骂。在周总理接见的时候，科恩突然指着自己的长发问眼前这位清瘦的老人有什么"看法"。大概在他的刻板印象中，中国人都是保守而不苟言笑的，他的长发和玩世不恭已经挑战了他保守的父母和老师，他想试着挑战一下这位"保守民族"领袖的看法。根据新华社中国特稿社原副社长熊蕾女士在专栏中的回忆，周总理的回答目前有两个版本，较为流行的一个版本是科恩自己回忆他和老总理交流对嬉皮士运动的看法，但是美国的媒体记载的则仅仅是头发问题，更加一字千金。这位智慧老人，慈爱地看着眼前的毛头小子，巧妙的回答博得了满堂喝彩，充满了人生的睿智："无论是东方还是西方，年轻人对社会现状不满的表示，好像都是从头发开始的。只不过我们那个时候是把头发剪短，而你们现在是把头发留长。"

标新立异是一种境界，很容易达到，但是很难坚持。而最常见的就是从一些旁人能够心领神会的小道具开始，这种道具很大概率是服饰。我们来看一下《新唐书·卷八十·列传第五·太宗九王·李承乾传》中记载的一个古代"老嬉皮士"标新立异的行为：

> 又使户奴数十百人习音声，学胡人椎髻，剪彩为舞衣，寻橦跳剑，鼓鞞声通昼夜不绝。造大铜炉、六熟鼎，招亡奴盗取人牛马，亲视烹燖，召所幸厮养共食之。又好突厥言及所服，选貌类胡者，被以羊裘，辫发，五人建一落，张毡舍，造五狼头纛，分戟为阵，系幡旗，设穹庐自居，使诸部敛羊以烹，抽佩刀割肉相啖……左右私相语，以为妖。[1]

如果不是因为这种乖戾的性格，李承乾（619—645）不会失爱于父皇唐太宗（598—649），他对魏王李泰（620—652）的猜忌完全是无中生有。失势之后，成为天下第一人的希望已然失去，他就以种种特立独行来招引旁人的关注。他言突厥语，着突厥服，居突厥帐，食突厥餐。他痴迷于自己的这种种怪异行为，却唯独没有想过不能成为天子的原因是自己恰恰不具备天子的素质。

"左右私相语，以为妖"这句话是凡世对孤独者最常见的评价，只怕科恩在加利福尼亚的家中也没少听，列子光顾的那些粥店里的伙计和顾客估计心里也是这么想的，没有说出口而已。

一些服饰，例如百衲衣和竹杖，可能原本只是孤独者限于物

1　（宋）欧阳修、宋祁：《二十四史　新唐书》，中华书局，2000，第 2910 页。

质条件（穷困）的唯一选择；一些用具，例如拂尘和麈尾，可能原本只是孤独者日常生活普通行为（保洁）的道具；一些器物，例如古琴和围棋，可能原本只是孤独者再简单不过的自娱自乐（这样能够尽量避免与人接触）的游戏。可是因为它们与那些"酷毙了的"孤独生活牵上了千丝万缕的联系，所以都成了人们（包括末人和孤独者自己）理解的孤独主义的物化意象。拂尘原本是一种洁具，后来变成了高人的道具甚至变成了一种兵器（武当山的道士有一种"太极拂尘功"）；如意本来是一种武器，类似欧洲的短柄战槌（mace），后来变成了高人的道具，这笔账乱得很。总之这些道具被赋予了一些与其本来用途无关的文化寓意，就像拂尘，它的功能与现在的鸡毛掸子相近，可是人们看到它就是油然而生一种世外高人的敬畏感，其实高人想要清理灰尘，鸡毛掸子大约也是一样有用的。

与拂尘类似的还有麈尾。顺带一提，现在其实已经没有太多人知道这是什么东西，到购物网站上搜索"麈尾"，出来的都是拂尘。这两者功能相近，但是形态不同。"麈"是一种动物，有可能是麋鹿的古称（但是"麋鹿"这个词三代就有，《孟子·梁惠王》中就有"顾鸿雁麋鹿"的句子），尾巴扁而短。麈尾是形如扇子的短刷，边缘一圈毛，兼具刷子和扇子（这个功能拂尘不具备）的效用。说到麈尾，《世说新语·言语第二》里还有一个故事：

> 庾法畅造庾太尉，握麈尾至佳。公曰："此至佳，那得在？"法畅曰："廉者不求，贪者不与，故得在耳。"[1]

这里的"庾法畅"当为"康法畅"之笔误。康法畅生平事迹流传不多，只知道他与康僧渊、支敏度等胡僧深交，可能也是一个胡

---

1 （南北朝）刘义庆：《世说新语》，岳麓书社，2015，第19页。

僧。梁代释慧皎（497—554）的《高僧传·卷四·义解一·康僧渊传》中描述他："畅亦有才思，善为往复，著人物、始义论等。畅常执麈尾行，每值名宾，辄清谈尽日。"[1] 手持麈尾高谈阔论是他的形象符号，尽管麈尾只是用来刷尘和扇风，还有口若悬河之际不自觉地挥动，与他的"清谈尽日"没有直接的合乎逻辑的关系，但是这两者还是形成了一种捆绑印象。

就是说，康法畅的生活之中可能还有很多其他的道具同样是"廉者不求，贪者不与"的，就像《卡耶坦·退尔》这首诗里说的，"一把椅子、一口兼作书桌的衣箱、一张床、一个水罐、一把木头十字架"——好吧，不可能有十字架——但是人们综合其功能（清扫），以及对这种功能的进一步联想（高洁），以及当时很多文人麈尾不离手的习惯，最后还是把最适合表达这个故事崇高寓意的一票投给了麈尾。

无怪乎魏晋时代人手一柄麈尾，苏格拉底的时代连游女接客都要来一场哲学清谈。跟着孤独者的选择学样，对于末人而言即便占不到什么便宜至少也没损失。洛阳纸贵成了流行，也就不复初衷。这样的故事还有很多。1880 年，学者杨守敬（1839—1915）作为公使何如璋（1838—1891）的随员远度扶桑，他在此行后留下的《日本访书志》中记载，截至动身时，"日本维新之际，颇欲废汉学，故家旧藏几于论斤估值。尔时贩鬻于我土者，不下于数千万卷"[2]。在日本汉学经籍被弃如败屣之机，前往寻求其中珍本也成了杨氏此次东行的目的之一。然而事与愿违的是，趁在日本公务之余按照平日的习惯流连书肆时，杨守敬发现这一

1　（南朝梁）慧皎：《四朝高僧传》（第 1 册），中国书店，2018，第 56 页。

2　杨守敬：《日本访书志》，浙江省图书馆古籍部收藏号 081.2760.2.0930，第 1 页。亦可见于辽宁教育出版社，2003，第 4 页。

工作越来越难以开展。其具体情况，我们可以参考《日本访书志·缘起》中的这样一段描述：

> 余之初来也，书肆于旧版尚不甚珍重。及余购求不已，其国之好事者遂亦往往出重值而争之。于是旧本日稀，书估得一嘉靖本亦视为秘籍。而余力竭矣。然以余一人好尚之笃，使彼国已弃之肉复登于俎，自今以往谅不至拉杂而摧烧之矣，则彼之视为奇货，固余之所愿也。（近日则闻什袭藏之不以售外人矣。）……[1]

这样一个令人哭笑不得的抢购过程，居然使得日本汉学几近停止的脉搏重新跳动，其中末人的附庸风雅之举实居首功。

时至今日，麈尾已经没有人用，但是它并没有如同春秋时代的踞织机一样退出历史的舞台而渐至无人可识。因为末人附庸风雅的推动，它已经超脱了庸俗生活用具的范畴，宛如鸡犬升天，进入了一个永恒的意义界面。这个界面，已经收容了很多这样的道具，除了前面所说的琴棋书画之外，外国的道具也有。例如葡萄酒，原本是一种普通的饮料，因为基督在最后的晚餐时说的话，被认为是"圣血"；盛这葡萄酒的杯子，原本是一件普通的餐具，但是被看成"圣杯"，在丹·布朗（Dan Brown，1964—　）的小说里还被穿凿附会成了抹大拉的玛丽亚（Mary Magdalene）某段不为人知的秘史，直接导致了墨洛温（Merovingian）王朝的建立……我们再来看一个例子。下面这五个条目是加尔文派的五大教义：

> Total inability（完全无能力）或 Total depravity（全然败坏）：人类由于亚当的堕落而无法以自己的能力做任何灵性上的善事；

1　杨守敬：《日本访书志》，第4页。

Unconditional election（无条件选择）：上帝对罪人的拣选是无条件的，他的拣选并非因为人在伦理道德上的优点，也非他预见了人将发生的信心；

Limited atonement（有限之代赎）：基督钉十字架只是为那些预先蒙选之人，不是为世上所有的人；

Irresistible grace（恩典不可抗）：人类不可能拒绝上帝的救恩，上帝拯救人的恩典不可能因为人的原因而被阻挠，无法被人拒绝；

Perseverance of the saints（圣徒蒙保守）：已经得到的救恩不会再次丧失掉，上帝必能保守其拣选的。

这五点教义和我们的论述没有什么关系，我们主要来看它们的英文名词：五个词的首字母连起来刚好组成一个单词"tulip"，郁金香。又一件晋升到意义界面的神圣之物诞生了。

这些物为何能够成为介入孤独的道具？或者说，为什么麈尾能够青史留名，而扫帚不行？其中的根源在于，我们以为它们是**物**，这是一个主观经验上的错误。它们不是物，它们是**名词**。物和名词是不一样的。

前面谈到过，我们生存在一个名词的海洋之中，而且我们一直以为名词是中立的。一只橘子就是一只橘子，尧舜得之、桀纣索之，皆一橘耳。而现在看来显然不是如此，在"廉者不求，贪者不与"这个问题上，人们给予一柄麈尾的敬意显然要比给予一把扫帚的多得多。

名词并不是中立的，名字的寓意来自其历时性，虽然与自身（眼前的"这件东西"）没有直接关系，但是无论是言者还是闻者都必须承担、必须领悟，否则就是语言的叛徒，至少是不学无术的。语言独立于事实之外。

在我最早对写作发生兴趣的初中时代，我爸爸为了勉励我的这种志向，给我买了一本名为《全国微型小说精选评讲集续集》的小册子，它至今还被我郑而重之地放在书架上最重要的位置。不久前再次阅读的时候我发现，最后一页居然收录了一篇博尔赫斯的微型小说，在附录"国外微型小说"的篇目下，题目是《包赫时和我》（《诗人》集，1960 年）。这真有意思，我想，我一直以为自己第一次知道他的名字是通过《小说月报》1997 年第十二期刊登的麦家的《陈华南笔记本》这篇小说的题记，事实证明我遇见博尔赫斯居然比自己记忆里还要早十年。然而对这本小册子里的这篇小说我全无印象，当时还不到十五岁的我显然对这个名叫"鹤赫·路易斯·包赫时"的、后来塑造了我一生志向的外国作者并没有表现出多大的兴趣。

对于当时尚处于青葱年华、在最初的文学体验中成天构思忍者大战外星人的我而言，这篇不知所云、令我掩耳而逃的古怪小说里，有一段话似乎很适合我们今天的思索：

> 我可以坦白说，他也确曾写过一些金言玉语，但这些金言玉语并救不了我，因为个中精华都不能算属于任何人的——甚至不属于我说的另一个人，归结是属于西班牙的语言和传统……史宾诺沙说：万物恒常自持不变，石石、虎虎是也。[1]

这篇小说的翻译是一位笔名叫"野未林"的作者，我一直觉得它可能就是《博尔赫斯全集》的主要译者张广森教授（翻译《博尔赫斯全集》时笔名"林之木"）的另一个笔名，不过这已经难以考证了，也没有那个必要。这段话的最后一句令我费解，我为此专门查阅了浙江文艺出版社版的《博尔赫斯全集》（它在书架上就放在这本微型小说集旁边），里面这句话是这样的：

1　卜方明：《全国微型小说精选评讲集续集》，学林出版社，1987，第 338 页。

斯宾诺莎认为万物都愿意保持自己的形态：石头永远都愿意是石头，老虎永远都愿意是老虎。[1]

这种误解令我们认为名词是中立的，但其实中立的是物自身，名词是物与人之间的桥梁，它不可能是中立的。石头并不知道自己坚硬，老虎并不知道自己凶猛，但当我们用"石"和"虎"这两个名词来指代这两样东西的时候，这两种性质却已经包含在其中了。语言就是语言，语言并不是事实。

同样的道理，我们说出的每一句话都有所属，它既不属于我们自己，也不属于我们所指代的那个东西，而是属于浩如烟海的语言体系自身。我们将这种在记忆形态之中并非单纯存在的形态体系称为语言的历时性。因为记忆是由语法构成的，所以离开了语言我们甚至吃不准一块石头和另一块之间的近似关系，离开了语言我们连认知都成问题。

我好像又扯远了，我们回到道具的问题上来。历时性的无孔不入几乎等同于语言自身的无孔不入，这一点在本书第一部分已经思索过了，不过现在不妨继续这个思想游戏。我们将命题结构精简到甚至连主语都不用，仅存一个动宾结构，名词的非中立特色依然难以剔除。我们来看这几个命题：

喝水。这个命题是中性的，接近语言的原始阐述的面貌。

喝茶。这个命题就具有历时性，虽然它的表象是原始的、阐述性的，但它令人联想到了东方性、东方的文人主义、禅茶一味、仪式性等非常形而上的观念，它既不倡议也不禁止这种联想。

喝咖啡。和喝茶一样，它也是朴素的，但是容易令人联想到西方性、殖民主义、地理大发现等观念，它既不倡议也不禁止这

1　[阿根廷] 博尔赫斯：《博尔赫斯全集》，诗歌卷·上，第 148 页。

种联想。

现在我们把主语加上，联想就更加以几何级数增长：

约翰喝茶。外国人喝茶令人联想到东方猎奇、人类学、东方文化兴趣、约翰·凯奇（John Milton Cage Jr.，1912—1992）和金斯伯格等人的东方情结……它既不倡议也不禁止这种联想。

老王喝咖啡。令人联想到崇洋生活、殖民主义派生文化、西学东渐、上海或是香港这些城市中西合璧的生活习惯……它既不倡议也不禁止这种联想。

由此可见，语言的精妙之处已经渗透到了表意的最基本层面，马勺里炒菜，汤水不漏。如果我们把这些命题再拆分，分成"喝""咖啡"这些单个的词，那它的表意结构也就被破坏了。

有了这么多有故事的过去，无怪乎在比现在更早、更保守一点的年代，我们如果听到隔壁王先生说"我去喝咖啡"这个命题，我们本能的反应多半是："唷，挺洋气的嘛……"暗含一丝羡慕，进而转化为对于对方炫耀（不管对方是否确实有意如此）的嫉妒。在一些语言环境极端的时代里，这种嫉妒甚至会转化为对对方在民族主义情感和意识形态上某些操守问题的质疑。可是，显而易见，老王只是声称喝一杯茶的话就不会招致这些是非，上海有的乡镇地方将喝水直接说成"吃茶"，说了几百年，也没见出什么问题。

这就是语言历时性的精微之处，价值隐藏在每一个细胞里，无法拆分，无法剥除。我们可以说，我们对王先生喝咖啡的诟病，这个瞬间根植于无比深厚的历史之中，根植于近现代半殖民地半封建社会开埠之后涌入的那些艳羡、猎奇、蔑视和屈辱之中；再往上回溯，则是西班牙大将皮萨罗（Francisco Pizarro，1471 或 1476—1541）攻灭印加帝国，《西印度毁灭述略》里记载的那一部更悲惨、更屈辱的历史，虽然王先生弄堂里的芳邻的知识体系之中未必包含这些条目，但是他们本能地觉得事情没那么简单。可以说咖啡的历史是一部殖民主义的历史，咖啡的获得和推广是基督教势力扩张中打得最漂亮的一仗。直到现在，很多人看到星巴克那个双尾海妖商标，历史的鬼火都依然在记忆的深渊里闪烁。这一切往昔的浮光掠影虽然并没有在老王声称他决定喝咖啡的那一个瞬间完全再现，但给我们提个醒儿也是足够了。

即便我们承认物是中立的，名词也肯定不是，而这个物承担的那个"道具"使命更是寓意深不可测。末人学习孤独者，乃至末人彼此互相学习、附庸风雅，到最后这种寓意已经没几个人知道了。他们只是无端地觉得这么做比较高深，或者说"酷毙了"，这个理由已经很充分了。

这种对孤独境界的附庸风雅，一个可供我们参考的先贤哲思是苏珊·桑塔格分析的"刻奇"（Kistch）概念，这个词来自米兰·昆德拉（Milan Kundera，1929—   ）的某次演讲；此外还有保罗·福塞尔（Paul Fussell，1924—2012）的"恶俗"（BAD）概念，我想我们不用重复了。附庸风雅源于末人世界对美的不理解，为此我脑补了下面的这个例子。

相对于吆五喝六的酒宴划拳而言，清雅的茶道算是十分美好了，但现在大多数末人认同了这种美好，茶桌取代酒席变成了最受商人青睐的洽谈场所。于是三两旗袍美人抚琴烹茶，几个西装革履的儒商（姑且如此认为）在彬彬有礼地讨价还价。这种做派首先在台湾兴起，现在则已经风靡全国，你想要不以为然都找不出理由。同样的道理，紫砂茶壶是细致精美的文人雅玩，可现在富豪们人手一把，大多数还相当精美。甚至有的能工巧匠为了迎合末人的喜好，设计出各种巧夺天工的奇品，九龙戏珠、三羊开泰，甚至听说还有贵妃出浴形象的紫砂壶。紫砂壶自己并不介意被谁把玩，一样包浆得熠熠生辉。

这个情景美吗？显然不。可是它错在哪里？

它哪里也没有错，我们不能禁止公众的自由选择权，也就同样不能非议末人附庸风雅的权利。刻奇的危险在于除了它自身不美好以外，它的一切细节都很美好。

于是针锋相对地，一个在以往美学框架之中不被关注的隐性标准也被发掘出来，专以对抗刻奇对公众社会审美健康潜在的伤害，即孤独之美首要不在于美，而在于孤独，它的意义不仅在于有人做这件事，更在于其他人不做这件事。

鉴于茶道这样的事除了道具（紫砂壶）之外，不可或缺的还有一些行为，谓之"茶艺"（这个词本身就很可笑），我们的论述就很顺利地过渡到了附庸风雅的行为层面。这些茶道的行为在最初时分可能只是一些出于方便的顺手之举，比如出于记忆上的便利被冠以某个历时性的名字，关公巡城、韩信点兵之类的，而现在都成了一种不可或缺的仪式。你不会这样的仪式或者不履行这样的步骤，就被看成外行，至少是与孤独境界无缘的俗人。所以这些行为失去了孤独主义原本行云流水的自由意向，成了一种繁文缛节、一道枷锁，被某个想要报考茶艺师资格证书的旗袍女孩废寝忘食地苦苦背诵。

无怪乎末人在拥有道具之后百尺竿头更进一步，把某些行为的完成看成获得孤独主义认证的不二法门。还是前面提到过的那个疯疯癫癫的皇太子李承乾，除了选用一切突厥生活道具以外，他与这种道具相配的特立独行之举是这样的：

> 承乾身作可汗死。使众号哭剺面，奔马环临之。忽复起曰："使我有天下，将数万骑到金城，然后解发，委身思摩，当一设，顾不快邪！"……又褏毡为铠，列丹帜，勒部阵，与汉王元昌分统，大呼击刺为乐。不用命者，披

319

树扶之，或至死，轻者辄腐之。尝曰："我作天子，当肆吾欲；有谏者，我杀之，杀五百人，岂不定？"[1]

这不能说是率意潇洒，已经是疯狂暴虐了。里面提到的"劈面"是粟特（Sogdian）的古礼，指在葬礼上为表悲哀以刀划脸，想来突厥人也有这样的礼节。李承乾为什么这么青睐突厥文化，我们不得而知，但纵观他的行为，这些行为中强烈的暗示意味是不言而喻的，正是它们引发了太宗皇帝的警觉。

不独道具是具有寓意的，行为更加具有寓意。对孤独主义的附庸风雅不仅仅要模仿他们的器具，更要模仿他们的行为。其实这一点正中末人的下怀，为了博得眼球，我们每个人或多或少都是有一点表演型人格的。

苏格拉底认为艺术的起源就是模仿自然，而模仿行为在整个人类文明史中的作用是决定性的，没有对开拓者的模仿，文明的进化也就没有意义了。可是我们视角的要点在于，文明中可以无限复制的是创新的内容，但是创新者的荣耀不可复制，这种荣耀将末人的世界远远抛在后面，独属孤独主义的境界。这差不多就相当于灯泡厂的王师傅每天起早贪黑地在流水线上制造出上千只电灯泡，但他丝毫不觉得自己理当分享爱迪生（Thomas Alva Edison，1847—1931）的荣耀。这种荣耀来自百折不回的探索，它是令人羡慕的，也是求之而不可得的，有时候只能通过模仿孤独者的行为来过过瘾。小到孩子们玩官兵抓强盗的游戏，大到纪念法国大革命的化装庆典，人们以行动的附庸风雅来表达对开拓者孤独主义境界的敬意和艳羡。

在我们的生活中附庸风雅无所不在，这是人类的看家本领。在流行领域更加明显，现在的网络用语叫"蹭热点"，这个词一

---

1 （宋）欧阳修、宋祁：《二十四史 新唐书》，第 2910 页。

针见血，相当刻薄。在刘慈欣的《三体》面世前，没几个人知道苏联天文学家卡尔达舍夫（Николай Семёнович Кардашёв，1932—2019）和他发表于 1964 年的文明等级理论。可是《三体》走红后，却有无数人似懂非懂地制作关于这个理论的解释视频，视频里多是两个人对话，一捧一逗，俨然宇宙文明研究者谈话的做派，令人发谑。文明三等级论本来就是一个虚构的观点，甚至谈不上理论，因为无法验证，类似桌边闲谈，可硬是在视频网站里被拓展成了《宇宙七级文明究竟有多可怕》，真是活见鬼，卡尔达舍夫自己都不敢这样想象。什么创建瓶中宇宙、重塑物理法则，反正吹牛皮不用上税，依靠的只是人云亦云的并不高明的想象力。制作一段天马行空、胡思乱想的伪科学视频是低成本的，并不需要清华大学物理系或是麻省理工学院天文系的学术经历和理论修养，差不多把对"薛定谔的猫"理论的字面理解、《时间简史》（*A Brief History of Time*）甚至一些密宗和道教元神论的内容糅合起来就行，四不像也没关系，反正就是图一个乐子，没有人需要为严谨性负责。看来大刘苦心孤诣、奋笔疾书的价值超乎想象，一本《三体》养活了无数拾人牙慧的标题党。

附庸风雅（拾人牙慧）的死穴在于，模仿者可以精准地再现被模仿者的每一步行动，但自始至终其实并不真的理解他模仿的那些东西是什么。这就好像现在很多地方流行让小学生穿上汉服参加祭孔的仪式，孩子们穿上质料很差、缝制粗糙的汉服，在老师的指导下根据事先的排练磕磕绊绊地完成每一个动作。可因为他们根本不知道被祭祀（如果他们意识到了这是一种祭祀行为的话）的对象是谁，所以这些动作——斋立、拱揖、点酒、再拜、三拜，对于他们而言与其说是一种礼节，还不如说是另一套每个动作按部就班的广播体操。这整一出闹剧可以说非常精准地验证了苏珊·桑塔格特别圈出的"刻奇"概念：矫揉造作。

矫揉造作而无灵魂这种毛病可不只有低历史消费阶层才会犯，接下来的例子属于附庸风雅中较为形而上的范畴。雅集是中国古代地位相近的文人之间的一种主要交往形式，对于这种潇洒闲适的文人生活，《宁波府志》中有这样一句话将其描述得更加形象和引人入胜：

　　每良时美景，辄钉野菽园蔬为会，素衣藜杖，散步逍遥，人望之如神仙也。

"人望之如神仙"这句话很有意思，这是一种纯粹的他者印象。这就是说，看到这样一群人，围观者其实并不知道他们的学识渊博与否、气节高尚与否、情操雅致与否、性情敦厚与否，"望之如神仙"纯粹只是一种视觉印象，完全可以由末人纯粹依靠表演再现，可还是引发了旁人的啧啧称羡。

发展到明末，因为政府对文人的思想言论干涉较少，雅集的组织和活动已经成了当时知识分子社会炙手可热的一种流行风潮。这一类的雅集从明朝开始也有了一个正式的名称叫"社"。明朝有个叫吴麟徵（1593—1644）的人，天启二年（1622）进士，他在一篇题为《家诫要言》的文章中说"秀才不入社，做官不入党，便有一半身分"，认为只有参加了雅集活动，文化人的生活才算完整。一个读书人的身份认同来自某种社会交往习惯，这种看法在现代人或是一个完全不理解中国文化的外国人看来，可能不无喜剧效果，可因为它是在中国思想史中逐渐形成的，所以没有人会觉得奇怪。

吴麟徵的这种说法虽然不无夸大其词，但是在当时的文人思想中非常有市场。综观晚明文人的言论，有很多知识分子和吴麟徵有着同样的想法。比如说还有个叫方九叙（生卒年不详）的文人，嘉靖二十三年（1544）进士，他在《西湖八社诗帖序》一文中，写下了这样的一段话：

> 夫士必有所聚，穷则聚于学，达则聚于朝，及其退也，又聚于社，以托其幽闲之迹，而忘乎阛寂之怀。是盖士之无事而乐焉者也。古之为社者，必合道艺之志，择山水之胜，感景光之迈，寄琴爵之乐……[1]

方九叙在这里一口气列举出了雅集的四方面要素，即"合道艺之志，择山水之胜，感景光之迈，寄琴爵之乐"，这可以说也是雅集活动的一种固定模式。如果用另外的一个视角来看待这四条的话，我们不难发现，它们其实并没有什么"技术难度"，至少没有某个我们以为其存在的"士人标准"。一群纯粹为了附庸风雅而来的末人也轻易可以做到。小区业主委员会组织大爷大妈到风景区聚会，大家吃蛋糕、喝汽水、唱歌跳舞也可以看作是"合道艺之志，择山水之胜，感景光之迈，寄琴爵之乐"的。

如果是一次关于夏商周断代问题的研讨会，末人敬谢不敏，决然不会模仿，因为这个行为包含了前面说的那种"士人标准"。我承认我这么说有点刻薄了，可是附庸风雅的一个前提是对象是可以被附庸风雅的。这就是说，"士人"（孤独主义）的本质来源于那种隐性的"士人标准"，符合了这个准则的人再去做出一些并不严格囿于这种准则的行为，就被看成是**高尚**的；而现在有的人不具备这样的资格、没有决心为达到这种标准而呕心沥血，他附庸风雅的那些行为当然不被认为是**高尚**的，可是，它们**看起来很高尚**，这就够了。形式也是令人愉悦的。

这种形式的愉悦感，我们参考司马辽太郎（Shiba Ryotaro，1923—1996）在小说《丰臣家的人们》中这样一段有趣的描写：

> 听太傅劝修寺晴丰讲，这个人物全然没有秀吉那种对艺术的爱好。他既不喜欢精致而华美的衣着，也不喜欢富

---

1 王国平、徐吉军：《杭州文献集成》，第 3 册，杭州出版社，2014，第 63 页。

丽堂皇的建筑。就连他所居住的滨松城里也只有一些极其实用而朴素的房屋。城内连茶室都没有。也有人传说家康不喜欢茶道，还说他连一首和歌、俳句都不曾吟咏过。

可就是这么个人物，今天却滥竽充数，忝列在吟诗作词的人们之中。这倒叫人想看看这位胖大汉究竟如何写出他根本就一窍不通的和歌来。

自从诗会开始以来，亲王一直对此事十分关心。少顷，只见家康将手伸进怀里，掏出一张小纸片，逐字抄起来。

亲王心里想道："在抄啊！"[1]

八条亲王（1579—1629）自己是一个诗人，也可以说是日本重要的美学家，桂离宫即出自他的设计。他用以对比的两个人十分有意思，在他看来，德川家康（Tokugawa Ieyasu, 1543—1616）是一个粗鲁无文的莽大汉，和他的义父，喜爱文学、艺术和茶道的丰臣秀吉（Toyotomi Hideyoshi, 1537—1598）没法比。可是他忘记了秀吉自己也只是穷苦农民出身，靠厮杀征服了江山，他也只是附庸风雅而已。可见即便在八条亲王这样的人眼里，即便两个人都是达不到"士人标准"的那种人，附庸风雅也是更可爱一些的，至少是有诚意的。左右逢源就是附庸风雅在世间的红利，还是相当划算的。

与桑塔格、昆德拉、福塞尔这些大师的口诛笔伐相比，前面提到的范景中教授对附庸风雅的看法比较宽容——这可能是和他的君子心性有关。范老师我很熟悉，他总是微笑和沉思，温柔敦厚地看待一切——在《艺术与文明》这本书的序言中，他是这么

1　［日］司马辽太郎:《丰臣家的人们》，陈生保、张青平译，外国文学出版社，1983，第343页。

324

看待这个问题的：

> 我的意思是：我们学习欣赏艺术不能单靠天生的本能。尽管我们有爱美的本能，但它远远不够，因此我们可以抱着不懂装懂的心理，去听听那些权威人士的见解，也就是我所谓的"附庸风雅"；长此以往，总有一天我们能真的看懂，可以推开权威的意见，得出自己的真知灼见；也许这是我们学会欣赏艺术的最佳途径。但由于"附庸风雅"是一个贬义词，中国著名的思想史家王元化先生非常善意地批评我说，附庸风雅总不是一件好事。我向他老人家解释说，实际上附庸风雅和亲近风雅是一体两面；在当今的社会，我们应该提倡附庸风雅；说得彻底些，我们宁愿附庸风雅，也不要斯文扫地。[1]

不管它是善意的还是恶意的，至少毫无疑问的是，附庸风雅源于末人世界对美的不理解，然而"爱美"是一种本能。我可没范老师您的好脾气，我的直观理解是，这种本能与其说是"爱美"，不如直接认为就是"虚荣"（在上意志），所以附庸风雅的能动性，异常活跃。

虚荣的红利吸引了末人趋之若鹜，如过江之鲫。附庸风雅没什么成本，至少整个过程没有苦其心智、劳其筋骨的那种自虐代价。红利杠杆那一头，是可能谋得天下归心。反正是姜太公钓鱼，没有大鱼上钩，他就在水边坐着，曲终人不见，江上数峰青，总归没什么损失。

南朝宋、齐之际有一个叫周颙（约473—?）的文学家，汝南安城人，在当世很有一些文名。他在钟山西麓隐居之时，拜访

1　范景中：《艺术与文明——西方美术史讲稿（原始艺术—中世纪艺术）》，上海书画出版社，2020，第2页。

者络绎不绝，周颙侃侃而谈，举手投足光彩照人。他的隐居生活吸引了所有世人的注意力。每有人相询，周颙不变的态度永远是夸耀隐居清苦生活的适宜以及表达对世俗社会关系（包括夫妻关系）的厌烦。《南齐书·卷四十一·列传第廿二·周颙传》对此是这样记载的：

> 每宾友会同，颙虚席晤语，辞韵如流，听者忘倦。兼善《老》《易》，与张融相遇，辄以玄言相滞，弥日不解。清贫寡欲，终日长蔬食。虽有妻子，独处山舍。卫将军王俭谓颙曰："卿山中何所食？"颙曰："赤米白盐，绿葵紫蓼。"文惠太子问颙："菜食何味最胜？"颙曰："春初早韭，秋末晚菘。"时何胤亦精信佛法，无妻妾。太子又问颙："卿精进何如何胤？"颙曰："三涂八难，共所未免。然各有其累。"太子曰："所累伊何？"对曰："周妻何肉。"其言辞应变，皆如此也。[1]

周颙茹素而有妻，何胤独身而食肉，看来精心地保留一些人间烟火气息，哪怕只是作为话题，也是很有用的。王俭（452—489）是东晋老丞相王导（276—339）的来孙（五世孙），晚年任太子少傅、中书监；文惠太子萧长懋（458—493）是齐武帝（440—493）长子，去世后被追赠为齐文帝，和这样的人说话一定要小心翼翼，精准地掌控每一个细节。

周公恐惧流言日，王莽谦恭未篡时。就在举世深信不疑周颙是一个高卧山野的清客逸人时，周颙却突然出山当官了。周颙早年曾任参军、山阴令这类低级官吏，在他宣布归隐、文惠太子慕名而来后，出山就担任了太子仆兼著作郎，这是一个为太子撰写起居注的秘书官，不久又升迁担任了中书郎。南朝县

---

1 （南朝梁）萧子显：《二十四史　南齐书》，中华书局，2000，第496页。

令是九品，而中书侍郎是五品，一举超越了常人十数年的奋斗之功。

周颙以这种方式飞黄腾达引发了一些人的不满，其中首推同朝为官的一位文学老前辈、山阴人孔稚圭（447—501）。孔稚圭认为，周颙的隐居之举并非出自真心，而是一种用以引人注目的高调自我展示，以此来收获风评，达到平步青云的目的。孔稚圭因此而认定周颙是一个伪君子，钟山苍茫的风雨幽崖沦为了此人追求荣华富贵的踏脚石，现在他原形毕露，青山翠谷都受到了欺骗，理应与此人绝交、逐之辟易。所以，在流行投送绝交书的六朝，孔稚圭别出心裁地替钟山写下了一篇光照千古的《北山移文》。我们来看看他笔下那位"周子"虚伪的丑态：

> 其始至也，将欲排巢父，拉许由，傲百氏，蔑王侯。风情张日，霜气横秋。或叹幽人长往，或怨王孙不游。谈空空于释部，核玄玄于道流，务光何足比，涓子不能俦。及其鸣驺入谷，鹤书赴陇，形驰魄散，志变神动。尔乃眉轩席次，袂耸筵上，焚芰制而裂荷衣，抗尘容而走俗状。风云凄其带愤，石泉咽而下怆，望林峦而有失，顾草木而如丧。[1]

实际上综观史书，除了孔氏这些缺乏证据的指责之外，周颙的人品好像也挑不出什么毛病来。《南齐书》说："宋明帝颇好言理，以颙有辞义，引入殿内，亲近宿直。帝所为惨毒之事，颙不敢显谏，辄诵经中因缘罪福事，帝亦为之小止。转安成王抚军行参军。元徽初，出为剡令，有恩惠，百姓思之。"[2]基本上也没做过什么昧良心的事。然而面对孔稚圭的指责，人心隔肚皮，千

1　（清）吴楚材、吴调侯：《古文观止》，第 271 页。

2　（南朝梁）萧子显：《二十四史　南齐书》，第 495 页。

余年以降已经很难说双方孰是孰非了。至今没有证据证明周颙如孔稚圭指责的那般是**为了做官**而特地去钟山装模作样，但是因为《北山移文》名垂千古，周颙成了伪君子里的代表。这桩公案也就因此而将一个令人大费思量的名词推入了中国思想史的视野："终南捷径"。这是一桩难以辩白的指控，也就是说，除非一个孤独者入土为安、盖棺论定，否则人们无法判断他的孤独主义人生是出自真情实意还是附庸风雅，当事人自己也百口莫辩。

行为本身具有很大的欺骗性，追究其动机，也许要发掘很多层。读书人胸中包罗万象，意图可能隐藏得更深，因而借口也就更加容易形成假象。鲁迅（1881—1936）先生在一次题为《魏晋风度及文章与药及酒之关系》的文学史演讲之中也提到了这种附庸风雅行为流行的本质：

> 现在有许多人以为晋人轻裘缓带，宽衣，在当时是人们高逸的表现，其实不知他们是吃药的缘故。一班名人都吃药，穿的衣都宽大，于是不吃药的也跟着名人，把衣服宽大起来了！

> 还有，吃药之后，因皮肤易于磨破，穿鞋也不方便，故不穿鞋袜而穿屐。所以我们看晋人的画像或那时的文章，见他衣服宽大，不鞋而屐，以为他一定是很舒服，很飘逸的了，其实他心里都是很苦的。

> 更因皮肤易破，不能穿新的而宜于穿旧的，衣服便不能常洗。因不洗，便多虱。所以在文章上，虱子的地位很高，"扪虱而谈"，当时竟传为美事。

> ……

> 到东晋以后，作假的人就很多，在街旁睡倒，说是"散发"以示阔气。就像清时尊读书，就有人以墨涂唇，表示他是刚才写了许多字的样子。故我想，衣大，穿屐，

散发等等，后来效之，不吃也学起来，与理论的提倡实在是无关的。

> ……他们三人多是会做文章，除了夏侯玄的作品流传不多外，王何二人现在我们尚能看到他们的文章。他们都是生于正始的，所以又名曰"正始名士"。但这种习惯的末流，是只会吃药，或竟假装吃药，而不会做文章。[1]

这些描写可谓将末人对孤独主义的附庸风雅刻画得入木三分，正如引文的最后一段所说，附庸风雅的特点主要在于仅作行为层面的买椟还珠的停留。这种解释可以涵盖迄今为止大部分的附庸风雅行为。

于是，在"终南捷径"之后，"魏晋风度"又成了一个令中国知识分子或者说中国式孤独主义成为不解之谜的文化悬案。附庸"魏晋风度"之风雅，本身具有一定的学识门槛，也因此动机被隐藏得更深、更扑朔迷离，令末人更加无所适从。有了"魏晋风度"四个字，人们似乎能够原谅一个知识分子的一切荒唐不经的举动，这可以说也是中国文化史中一个相当值得关注的课题。晋人之风的提法似乎能够在所有领域中为离经叛道之举开脱。《南亭笔记》里曾提到过近代海派绘画名家任预（1853—1901）的这样一则事迹：

> ……阿芙蓉癖甚深。值窘乡则攒眉而入小烟室，僵卧败榻破席间，涕泗横流，乞主人赊取紫霞膏以制瘾。主人不允。于此有人焉，先密商于主人，俟其至，当其穷蹙，乃谓主人曰："余有数百钱，权为任先生作东道，并无他

---

1 鲁迅:《鲁迅选集 杂感1》，广西师范大学出版社，2018，第183—184页。

求，扇一页，或纸一帧，便愿代请一挥何如？"……呼吸既毕，即假笔砚，就榻间，攒簇渲染，顷刻而成。视之，真佳构也。转售于人，立致重价。故得其画者，十九从小烟室中来也。[1]

这种情形其实并不陌生，在我们身边如果有一个人自称或者被认为是"艺术家"，那么他获得的宽容是等闲难以想象的。很多日常生活中被街坊大妈道德评议会嗤之以鼻、恨不得炊骨寝皮的举动——留长发、文文身、穿乞丐裤、打鼻环和舌钉……还有像我这样蓄一部大胡子——一切都瞬间得到了谅解：那还有什么说的，人家是艺术家嘛。

孤独主义值得被附庸风雅的根源就在于这种更大的自由性，末人们似乎忘记了这种自由是以孤独罪为代价换来的。同样的道理，有的人，介乎末人和孤独者之间，就是前面说的达到了"魏晋风度"学识门槛的那些人，已然享有了一定的自由，但也不介意拥有更多的自由。十几年前我在撰写近代美术史方面的博士论文的时候，曾经翻阅文献搜集了一些模仿行为对其目标的复现，现在不妨略为朝花夕拾一下[2]：

近现代艺术家之行为举动	所暗合之古代文人轶事
（马履泰）时目已病瞽，犹谈笑风生，自称为马老三。与之论当世人物，无甚许可，良久太息曰："好的都死了，惟大儿子梅泉尚可与谈画。"因呼出见曰："非君至，不见。"	桓（温）大司马下都，问真长曰："闻会稽王语奇进，尔邪？"刘曰："极进，然故是第二流中人耳。"桓曰："第一流复是谁？"刘曰："正是我辈耳。"

1　李伯元：《南亭笔记》，山西古籍出版社、山西教育出版社，1999，第204页。

2　见拙著《时代与艺术：关于清末与民国"海派"艺术的社会学诠释》，中国美术学院出版社，2008，第129页。

近现代艺术家之行为举动	所暗合之古代文人轶事
（张曜）酷爱古人书画。有持以献者，重金勿吝也。一日有人持楹帖至，纸色斑烂，作屋漏痕。隶法浑朴，似非伪物。上款书"孔明仁兄大人"，下款"云长弟关羽"。勤果大悦，以二千金易之。悬诸厅事，见者为之掩口。	桓玄尝以一柳叶给之曰："此蝉所翳叶也，取以自蔽，人不见己。"恺之喜，引叶自蔽，玄就溺焉，恺之信其不见也。甚以珍之。
（溥）心畬亦有不近人情事。王福庵弟子某，慕溥名，特为溥精刻二印，由荣宝斋主人梁子衡介绍，踵门贻溥。溥略一瞻视，曰"正缺石头"，即将某印就砚石磨去之，子衡大窘，某潜身遁走。	（文）与可画竹，初不自贵重。四方之人持缣素而请者，足相蹑于其门。与可厌之，投诸地而骂曰："吾将以为袜！"士大夫传之以为口实。
溥心畬，别署旧王孙，清宗室也，佳客往访，辄作书画为赠。其如夫人某却甚吝啬，往往俟客告辞，由后门绕出，追而问之曰："先生！您所持二爷书画，是否付过润资？"若答以此乃见赠之品，即向之索回，曰："明日携润资来取。"	王戎俭吝，其从子婚，与一单衣，后更责之。
（任预）呼吸既毕，即假笔砚，就榻间，攒簇渲染，顷刻而成。视之，真佳构也。	何平叔云："服五石散，非唯治病，亦觉神明开朗。"
德泉道："岂但扯谎的无品，我眼睛里看见画得好的画家，没有一个有品的。任伯年是两三个月不肯剃头的，每剃一回头，篦下来的石青、石绿也不知多少。"	（王安石）衣臣虏之衣，食犬彘之食，囚首丧面，而谈诗书，此岂其情也哉？
（吴昌硕：）江风吹日薄，江气绕林昏。杳杳迷京口，荒荒接海门。平潮吞野岸，一雁点秋痕。空负澄清志，同谁击楫论。	（屈原：）哀南夷之莫吾知兮，旦余济乎江湘。乘鄂渚而反顾兮，欸秋冬之绪风。步余马兮山皋，邸余车兮方林。

近现代艺术家之行为举动	所暗合之古代文人轶事
（李瑞清）性嗜蟹，一日能罄其百，故当时人戏锡以"李百蟹"之号。	予（李渔）于饮食之美，无一物不能言之，且无一物不穷其想象，竭其幽渺而言之；独于蟹螯一物，心能嗜之，口能甘之，无论终身一日皆不能忘之，至其可嗜可甘与不可忘之故，则绝口不能形容之。此一事一物也者，在我则为饮食中痴情，在彼则为天地间之怪物矣。予嗜此一生。每岁于蟹之未出时，即储钱以待，因家人笑予以蟹为命，即自呼其钱为"买命钱"。自初出之日始，至告竣之日止，未尝虚负一夕，缺陷一时。
（胡公寿）旅沪之时尝眷恋一妓，而此妓自高声价，视胡为措大一流人，待遇疏形落寞，不令得傍妆台，胡因是悒悒思有以博其欢心，乃书一极工整之双行便面配檀香扇骨以贻之。	（董其昌）为之（薛青青）作小楷心经，兼题以跋。
袁项城少时，见所亲某家藏古人书画真迹爱不忍释手，求以金易之，某有难色，袁乃潜入其书斋，深夜疾呼曰："邻舍火起矣。"一家老弱从睡梦中惊醒，手足失措，袁从容携件而出。及觉，问之曰："何人目睹？请语我来。"	（钟繇）与魏太祖、邯郸淳、韦诞等议用笔。繇惜问蔡伯喈笔法于韦诞，诞惜不与，乃自捶胸呕血。太祖以五灵丹救之，得活。及诞死，繇令人盗掘其墓，遂得之，由是繇笔更妙。
黄宾虹生平作画甚多，其致郑轶甫书有云："历年所作，约数千件，已成未成，除搬移散失，尚留千余件，向不取资，亦不欲轻易投赠。"	庾法畅造庾太尉，握麈尾至佳。公曰："此至佳，那得在？"法畅曰："廉者不求，贪者不与，故得在耳。"
张大千画马有特长，盖其儿女亲家某任某军军长，驻陇西，其人善相马，为大千谈，凡良驹，耳必小而上耸，蹄必细而有劲等等，大千固习闻之也。	支道林常养数匹马。或言道人畜马不韵，支曰："贫道重其神骏。"

近现代艺术家之行为举动	所暗合之古代文人轶事
吴湖帆获得黄子久《富春山居图》卷，乃民二十七年，时湖帆卧病，得此而霍然，或比诸陈檄杜诗。	元祐丁卯，余（秦观）为汝南学官，夏得肠癖之疾，卧直舍中，所善高符仲携摩诘《辋川图》视余曰："阅此可以愈疾。"余本江海人，得图喜甚，即使二儿从旁引之，阅于枕上，恍然若与摩诘入辋川……或赋诗自娱，忘其身之匏系于汝南也。数日，疾良愈，而符仲亦为夏侯太冲来取图，遂题其末而归诸高氏。
王蓬农可终日不饮茶，但特赏茶之韵味，谓："竹炉蟹眼，其声可听；旗枪净碧，其色可爱。"	（黄庭坚：）曲几团蒲听煮汤，煎成车声绕羊肠。

不仅凡俗会迎合高雅，高雅也会迎合凡俗。情形也可能并不是如本节我们一直论述的那样，仿佛世界上只有两个阵营——末人和孤独者，附庸风雅是单向度的。世间之事不是非黑即白这么简单。如果必须说附庸风雅是一种单向的矢量概念的话，也只能理解为它分成了很多层面，是一个相对的过程，能确定的只是唯上知与下愚不移也。附庸风雅的层次关系扑朔迷离，很有可能比我们刚刚设想的那些深刻许多。

我那十几年前以九十高龄去世的外公是一个沉默寡言的老革命，他在七十多岁心思还清明（后来因为罹患阿尔兹海默病而失智）的时候迷上了老年大学的国画书法班，每天在家里挥毫泼墨不辍——不知道为什么，我在三十年后自己年近半百的一个毫不相干的晴朗春日突然想到了这件事——按照本节的思路我突然想到，没准在我外公的心目中，书画造诣如果能达到他们书画班老师的水平，此生足矣；那位书画老师，一名基层艺术工作者，则也许会觉得，他连区美协的会员都不是，成为美院教授、国际知名的艺术大师是他此生可望而不可即的境界。可是，你猜怎么着，外公他老人家也许压根儿就没想过，他那个隔三岔五在他眼前晃悠的、颇受他侧目的、连煤气瓶都不会换的、肩不能挑手不能抬的书呆子女婿，我老爸，参加过上海双年展、威尼斯双年展和悉尼双年展，恰恰就是这样一位举世闻名的艺术大师。

III　孤独晚期症候

在本书的最后篇章我发现了一个缺陷。在行文过程中逐渐产生且已然根深蒂固的一个误会是，因为我们探讨孤独问题时举的那些例子过于高蹈，"孤独"这玩意儿看起来变成了一种境界，几乎等同于高尚，仿佛只是里尔克、康德、杜尚、希格斯、希姆博尔斯卡这种人的事，一点儿也不接地气。这让很多人，包括我自己，都产生了一种理解，仿佛孤独是这样一种东西：你必须首先是天选的幸运儿，肩负着推动人类文明前进的圣职，然后皓首穷经一生，在晚年回首尘世没有遗憾之后，才能心满意足地享受自己的孤独，向天地昭告自己是一个"孤独的人"——其实，这是真的，只是不全面而已，孤独本来就是偏执的，我的毛病大概很难痊愈了，这个我们等会儿再说——如果孤独只是文明史上某种英雄主义的特权的话，那我们宣称"孤独主义"就没有意义了，至多称其为"孤独学派"或者"孤独思想"就可以，然而我还是希望证明人性的孤独是一种放之四海而皆准的规律，并以此来质疑宇宙自身的连续性守恒原理。

出于补救的目的，我于是陆续列举了一些凡人，诸如诗人许立志、隔壁王先生、在河边洗菜的邻居大婶、美国第四十五任总统特朗普，还有那个我梦见的雅泊丹枫骨瓷厂的高提耶师傅，并且不断强调兔子对所有人都是一视同仁的。在这一节里，我们依然会从这个层次开始。孤独是一种天性，孤独就是生活自身，它不需要学习，也不需要想象。不需要像林黛玉那样想象自己宛如一朵鲜花般地凋零；不需要像汤姆·索亚那样想象那些囚犯用自己的眼泪浇灌监狱中偶然长出的一株小草；也不需要像某些电子游戏爱好者那样想象自己一人一剑徜徉于暴风雨前夕遗迹平原的天地之间，紫电青霜为伴，行走在世界之侧。

那我们的论述就从这个戴着眼镜、满脸粉刺的电子游戏爱好者开始吧。2012 年，日本有一档说不上是严肃还是煽情的采访类综艺节目叫《加油吧！穷人》(お金がなくても幸せライフ，がんばれプアーズ!)，专门访问一些穷困潦倒者的生活并且适当给予一点援助金，公之于众以博眼球。出于故事性的考虑，被节目组选中的都是一些性格古怪偏执的贫者，并不只是穷就行。其中有一集《和一万五千个那玩意儿一起生活的穷人》，主持人新渡户アクア（Nitobe Aqua）——有趣的是，这位主持人的曾祖父是日本著名教育家、东京女子大学的创始人、《武士道》一书的作者新渡户稻造（Nitobe Inazo，1862—1933），倒更像是我们举例时一贯爱垂青的那类人，这个我们暂且不去管它——拜访了一位名叫藤田真也（Fujita Shinya）的三十五岁隐居者，拜访的目的是参观一下他不到四十平方米但是塞满了"那玩意儿"——数千份游戏卡带／光盘——的公寓。藤田一开门，新渡户就发现这间公寓连进门都是一个大问题，几个摞起来的纸板箱将门框堵了一半，剩下的那一半，地面上也放了一个纸箱，出入只能侧着身子跨进去，很难顾及淑女的优雅。藤田的收藏从任天堂游戏机开始，涵盖了十数种主机对应的 15 000 种游戏，有不少尚未开封，因为年代过于久远，已经具有不菲的收藏价值。藤田一个月的收入差不多是 260 000 日元（他自己也是一个游戏节目的传媒人），其中房租就要花掉 135 000 日元（15 000 种游戏并不是藤田收藏的全部，他还租了一个仓库存放更多的游戏），购买游戏的固定支出是 50 000 日元，这两个大项除去之后才是水电费（10 000 日元）、电话费（10 000 日元）、还贷（30 000 日元）、杂用（15 000 日元）等小宗生活费用，最后是每个月的餐费 10 000 日元，相当于 500 多元人民币，在米珠薪桂的日本，居大不易。观众看到这里无不大惊小怪，纷纷发弹幕表示只需把这些具有收藏价值的游戏卖掉，藤田马上就能变成富翁。可是，这怎么可能呢？这和父母工友劝告许立志不要写诗一样，镜花水月。

在闲谈间，新渡户跟随着藤田参观了他整体面积为二十四叠（一叠是一张榻榻米的面积，1.62 平方米）的公寓。仅仅是玄关的走廊就存放了超过 1 000 件藏品，被堆得只剩侧身挤进去的不到半米宽的一条通道；客厅，2 000 件，没有衣橱，衣服只能挂在堆到天花板的藏品纸箱堆上；和室（榻榻米间），5 000 件，已经完全堆满，留一条 40 厘米的通道；厨房里留下煤气灶前 2 平方米左右站着做饭的地方，其余空间堆满了 1 500 件不太珍贵——这个数字出自藤田机智的规划，他认为这地方有火有油，具有灾害隐患——的藏品；厕所里马桶上方，100 件；浴室里，400 件，留下一个角落（浴缸完全不能用）以供小心翼翼地淋浴，因为没有收纳空间，皱巴巴的换洗衣服就散乱地放在触手可及的地方。

在和室坐下倾谈的时候，因为实在没有空间，两人只能并肩挤着坐在仅余的过道尽头。环视四周，藤田心满意足地感慨说："真是一个令人心情放松的地方呢。"新渡户无言以对，只有骇笑。在被问及这样生活的原因时，藤田想了一个冠冕堂皇的理由随口敷衍说："想把喜爱游戏的心情传播给尽可能多的人。"实际上，大家心知肚明，他是在逃避某种现实，某种更现实的现实。

藤田这样的生活模式符合节目组最喜爱的选题格调，《加油吧！穷人》里这样发人深省的人间故事很多。在题为《为了夏季而尽情燃烧的庆典彩车》的另外一集里，有一个名叫上条岳（Kamijyo Take）的隐居者，潦倒难以自给时就去捡拾便利店丢弃的过期食物充饥，口渴了就喝自来水。上条用所有的钱来维持一个多少令人不解的爱好：为桑巴舞游行彩车制作配饰。这一集看哭了无数网友，不过我们就不再复述了。亮点是节目最后游行开始，饿得面黄肌瘦的上条操作着这些彩车装置，一边声嘶力竭地跟随着游行的舞曲歌唱。在不由自主的泪流满面之中，上条小哥的夏天结束了。

现在我们来回顾一下前面章节提到的哈贝马斯的观点：其一，个人行动的动机来自对行为的"旨趣"；其二，当个人为自己设定一种人生身份时，社会不一定会认同这种身份。将这两点结合起来分析，藤田和上条这样的人的落魄似乎就不仅仅是运气问题，而是游戏规则所致了：他们出于"旨趣"设想的自己的人格身份（游戏研究者、彩车装饰家）对于社会而言没有用，所以得不到社会的认同。也就是说，社会可能需要一个兢兢业业的工人，也可能需要一个博闻强记的学者，这两者多多益善。但是游戏研究者、彩车装饰家呢？就算需要，名额也极有限。这时候，兔子就会变得像某些恨铁不成钢的家长一样摆出一副晚娘脸孔：要么按照兔子的要求生活，要么就干脆不要生活，因为按照你们自己的意愿生活在兔子看来完全就是一种沉沦。

兔子的苦口婆心永远都是为你好。

也就是说，藤田和上条如果想成为一个自己喜欢的人，就必须要变成一个兔子讨厌的人。而这种选择不是没有危险的，兔子的性格，我们前面已经说过，小肚鸡肠，毫无容人之量，打击报复纷至沓来。这种情况形成了一种恶性循环，惊弓之鸟变得越来越没有为建设文明而付出努力的"兴趣"，也就越来越不可能获得社会支付的回报。

然而一个逻辑问题在于，存在即合理，我们不能否认，收藏电子游戏和装点游行花车这种事情虽然鸡毛蒜皮，可它们也是推动文明的一股微弱的力量。对于这个质疑，我只能再拉来阿德勒的"在上意志"观点作为注解，即社会要求个人对待人生，从选择到行为都应当尽可能地靠近社会（而非个人自身）的价值观，价值本来就源自攀比。在这两者上有一点没有尽力，就被看成历史的逃兵，至少是兔子眼中的窝囊废。努力不彻底，就是彻底不努力。对电子游戏和桑巴舞，兔子倒并非没有兴趣，但是它显然对建造金字塔、编撰《永乐大典》、征讨异教徒、地理大发现和研究高温超导技术的兴趣更大。

这场旷日持久的、关于价值和忠诚的诉讼，兔子还觉得自己怪委屈。在《梦幻集》这部集子的《自序》里，斯洛文尼亚的文学巨匠参卡尔（Ivan Cankar，1876—1918）想象自己在临终时刻见到了上帝，很受了他老人家的好一阵数落，无地自容：

> 我的孩子，扳着你的手指数一数，数一数你究竟为我贡献了几多忠诚，数一数你给了我多少真诚的爱，把你对我热情表白过的话再说一遍，让我看看你为我流过多少眼泪，数一数你为我流过几滴鲜血——我的孩子，现在你知道了吗，你的双手中竟然是一无所有。来吧，和我一起躺下来，这儿还有足够的地方等着你。[1]

兔子的嗤之以鼻迅速被信徒们心领神会，这个过程我称之为社会的"互训"，也就是具有相同历史价值观的人们（健全者）会自动监视那些持不同意见者（愚人）。监视之后就是排斥，将这些孤独症病毒排挤到和谐的整体之外去，排挤不奏效就下手消

1　［斯洛文］伊凡·参卡尔:《梦幻集》，勾承益译，四川文艺出版社，2001，第14页。

灭，绝不容情。这个过程是自发的，就像白血球，来自本能化了的价值观。藤田和上条这样的孤独者，在歌舞升平的太平现世都啼饥号寒，周遭从社会本身到社会里的旁人射来的都是敌视的目光，虽然节目播出之后得到了一些观众的同情，但是这种同情也是猎奇和不理解的，久而久之他们就更加变得既没有介入社会的兴趣，也缺乏这方面的力量。就好像一个人患了感冒，躺在床上什么都不想干，就算想干什么事，浑身也软绵绵的一点力气都没有。我发现狄金森（Emily Dickinson，1830—1886）大约写于1862 年的一首作品在表达这种举步维艰、如同美尔尼氏综合征一般缺乏重力感的孤独症症状时，刻画入木三分：

> 有一种痛苦—太厉害—
> 它把元质完全吞下肚—
> 然后用恍惚把深渊盖住—
> 这样记忆便迈开了步
> 绕一圈—跨过去—踩在上面—
> 如同一个晕厥的人—
> 好好儿地走着——旦睁开了眼—
> 就会将他摔个—碎骨粉身。[1]

里面的短线是狄金森自己加的，她喜欢在手稿上浩若繁星地随手画出角度不同的线条，这些短线已经是我们对于这种符号最大的妥协了。狄金森是一个谜，我暗自寻思，这些线条也可能代表声调，也可能代表情感，也可能代表思路，也可能什么都不代表。狄金森是一个谜。

孤独者病了。孤独是一种病。

---

1 ［美］艾米莉·狄金森：《狄金森全集》，第二卷，蒲隆译，上海译文出版社，2014，第 88 页。

狄金森的这首诗倒令我重新想起了本节开头担忧的那件事情，看起来我们书中列举的避世高人在受到兔子欺负的时候总是能发扬很高的风格，潇洒拂衣而去，惹不起总还躲得起。这样的例子多了，给人的感觉是孤独者不会反抗、逆来顺受，孤独者就是软弱者，这当然不是事实。被兔子排挤的人也还是会分化成两个极端，一种人选择非暴力的不合作，还有一种则诉诸武力报复，以牙还牙回敬兔子一杯罚酒。因为"兔子"基本可以看成"社会"的代名词，所以反兔子就是反社会，这样的孤独者被人们冠以一个学名——"反社会人格"。这种例子，非但不少，而且还很多。就在本段撰写的不久以前，2021 年的万圣节夜晚，一个名叫服部恭太（Hattori Kyota）的二十四岁男子身穿一身《蝙蝠侠》电影中的反派小丑的衣服上了日本京王线一辆发往新宿的特快列车，因为万圣节夜晚庆祝人群大都奇装异服，所以他的这身装束并未引起路人的注意。列车开出之后，服部走到一个老年乘客面前，突然掏出一罐杀虫剂对着对方的脸部狂喷，然后摸出匕首捅了老人一刀。人群四散奔逃，服部于是就在车厢里纵火。所幸的是除了很多乘客吸入浓烟感到不适之外，东京地铁纵火案并未造成人员伤亡，被刺伤的老人也脱离了危险。对这起震惊世界的无差别行凶案件，犯人服部却毫无悔意，他在过堂的时候声称，自己唯一的遗憾就是"没有杀死人"。根据日本警方的审问结果，服部在福冈县读高中的时候被同学校园霸凌过，原本开朗的性格变得阴郁；毕业后也没有考上大学，只能打零工度日，身边完全没有值得信赖的朋友；后来因为生活清苦而被女友抛弃；之后，服部因为偷偷在单位卫生间安装隐形摄像头被发现而丢了工作，他换了一个担当通讯台人工话务的工作，也因为被客户投诉而遭解雇，生活彻底停摆。服部因此而认为，是社会对他围追堵截，令他彻底活不下去，他应该找一个"可以打人的地方"出一口胸中的恶气。于是，就发生了东京地铁上骇人听闻的一幕。这则新闻被公众关注后，引起了各国网友的议论。有一个点赞很高的评论借一句谚语概括此事说："勇者愤怒，抽刀向更强者；怯者愤怒，抽刀向更弱者。"这句话诚然有道理，可是谁是勇者、谁是弱者，这又是谁造成的呢？

综合几位先贤的看法，我认为这是一种"在上意志"（创造性焦虑）在宣泄途径中是否成功获得"旨趣"正确引导的问题。

不管怎么说，弱者总比勇者多。所以像服部恭太这样的例子，虽然几乎没有在我们的书中出现过，可比狄金森、罗斯科这种人多得多了。我们之所以选择无视，并不是掩耳盗铃，而是本书探讨的是文明及其缔造历程中的消极美学气质，这些反社会人格者泰半只有行动没有思想、只有破坏没有创造，自然是半点都沾不上边了。

有一个叫布兰登（Nathaniel Branden，1930—2014）的安大略人是当代著名的心理学家，被誉为"当代自我评价运动之父"。布兰登博士认为，这些被社会排挤的孤独症患者因为长时间被质疑人生价值，真的产生了对自我价值的怀疑。而我们都知道，价值认同即人类社会"尊严"的本义，所以布兰登将这样的人称为"低自尊者"。在这个势利的社会里，（来自他人的）"尊敬"的缺乏一点也不奇怪，而"自尊"的缺乏则代表了最终的沉沦，这是一个从量变到质变的过程。自视角度是布兰登博士学说的精华所在，他曾在著作中分析了这种孤独症罹患者的心路历程，例子是爱情或事业的失败，不过本质上一样，这些（包括爱情）也是人与人之间的尊敬关系：

"我"知道自己不讨人喜欢且能力弱；

你溢于言表的热情和赏识，与"我"消极的自我认知不符，令"我"产生了价值上的混乱；

"我"因此觉得你对"我"的情感应该是不真实、不可靠、不持久的，你对"我"的赏识也会消失；

这种混乱感引发焦虑，焦虑一旦失控，就难以忍受；

所以"我"必须控制事态的发展以符合"我"的认知，方法是自我破坏，有意无意地破坏一段感情、一份工作、一个机遇；

就算"我"最终亲手破坏了可能获得的幸福，却重掌了控制，不必陷于焦虑之中，整日等待那可能到来的不幸。

缺乏尊敬而造成的自信（自尊）不足到头来进一步加深了尊敬的缺乏，这形成了一个恶性循环。这种低自尊的情况被世人戏称为"爱无能"，这个词是非常准确的。给予爱需要有强大的自信作为后盾，自信来自任何方面，任何一个细节的缺乏都可能会造成难以预计的后果。《天方夜谭》里的山鲁亚尔国王是一个模棱两可的例子，另一个模棱两可的例子来自多次被我例举的北村的《玛卓的爱情》里一段发人深省的独白，它深刻地描画了这种爱情中低自尊者的古怪念头：

好了，现在他离开我走了。

结婚后不久，刘仁抱着我说过一些奇怪的话，有一次他说，玛卓，你为什么不是一个瘫痪病人呢？我很吃惊他说这话，我说，为什么我要是一个瘫痪病人呢？他说，你要是个瘫痪病人，我真是会死心塌地地爱你了，为你翻身、喂饭、端屎端尿都愿意，多好呵，傍晚的时候，我用木质轮椅推你到草地那边散步，河边的风吹过来，空气中仿佛有丝弦的声音，路人都羡慕地看着我们，你脸虽然很苍白，但永远荡漾着笑容，你对我说，刘仁，我真爱你。

我对你说，玛卓，我更爱你……[1]

玛卓太完美，令刘仁产生了自卑感，他的愿望是不惜毁掉现在的幸福（让玛卓变成瘫痪病人），也要在危险的平衡之中重获自信，否则生活无法维持下去。刘仁的自卑来自经济状况的窘迫，买不起好的奶粉，买不起妻子的生日礼物，他因此而觉得自己是个不折不扣的失败者，在社会上抬不起头来，在深爱他的妻子面前也抬不起头来。自卑令他甚至对玛卓对他的爱也产生了怀疑。

那么这些失败者及其评价者心目中，一个符合尊重价值、游戏于社会之上的"成功者"应该是怎样的呢？我们来看看《巴黎圣母院》中的这样一段话：

> 然而，跳舞姑娘站在门口没有动弹。她的出现对这群姑娘产生了奇特的作用。毫无疑问，想取悦漂亮军官的朦胧欲望撩拨着每一个姑娘的心，他那身华丽的军服是她们卖弄风情的目标，从他到场之时起，她们就开始了一场秘密而无声的竞争，虽然心里不大敢承认，但言行举止时刻暴露着这场争斗……刚才来了一个敌人，这一点，她们全都感觉到了，就结成了联合阵线。一滴红葡萄酒足以染红一杯水；要让一群美丽的姑娘都染上某种情绪，只需要来一个更美丽的姑娘——尤其是只有一个男士在场的时候。[2]

这个被全场女性看成争夺目标的男士是弓骑士队长弗比斯·德·夏多佩（Phoebus de Châteaupers），一个寻花问柳、玩世轻浮的登徒子。他当然全无某些孤独者如图灵（Alan Mathison Turing, 1912—1954）对文明的贡献，虽然魅力四射，可是为人

1　北村：《玛卓的爱情》，长江文艺出版社，1994，第 233 页。
2　［法］雨果：《巴黎圣母院》，潘丽珍译，浙江文艺出版社，1994，第233 页。

轻浮、毫无建树，就是一个充满魅力的王八蛋。即便是这样的人，我们也觉得应该比古怪的卡西莫多（Quasimodo）或是阴沉的副主教要更能接受一点。弗比斯队长代表了一种社会性人格的精粹状态，在书中与反社会的黑话国起义针锋相对、刺刀见红，他左右逢源的人生是很多孤独者可望而不可即的境界。

藤田和上条这样的人，说他们是失败者未免刻薄，他们的"旨趣"并没有缺失，甚至变得更加激烈，占据了思考的全部，而且也获得了令他们自己满意的成功。但有一点是毫无疑问的，他们对于"牺牲自己想过的生活而成为社会需要的人"这一方面的兴趣，肯定是一点都没有了。胸无大志、不思进取、寅吃卯粮、朽木难雕……这些评价肯定已经听得倒背如流，每一个词都消磨掉一点自尊。为了重拾对局面的控制，干脆就将负面评论和负面评论者一起拒之门外，然而他们很快就进一步发觉，很多人都是潜在的发表负面评论者，至少是腹诽者，只能全部躲避。一个社会性的故步自封者就此诞生了。而实际上，"胸无大志"这样的话对我们所有人而言都毫不陌生，每天都要听到好几遍，社会和人生就是在这种永无宁日之中保持动态平衡。要么对这些评价麻木、充耳不闻，要么变得真的向着这种评价的方向走，没有第三条路。

而令人大跌眼镜的是，这样的人，现在正变得越来越多，形成了一个平静而坚固的派系。为了描述这个现象，我们现在通常使用一个来自日本的并不算新潮的文化现象名词——"宅"，此词是日语"御宅"（おたく）的简称。从狭义上来说，御宅族是沉迷于一些青少年流行文化而失去现实社会生活动力的人，而从广义上来说，沉迷的范围则扩散到了所有不现实、不功利、不计较的区域。在百度百科词条里，社会学家、东京大学讲师、GAINAX 动画制作公司社长冈田斗司夫（Okada Toshio,

1958—　　）曾这样给"御宅族"定义："在这个被称为'影像资讯全数爆发'的二十一世纪中，为了适应这个影像资讯的世界而产生的新类型人种。"为此他这样描述御宅族的精神：

首先，对其所热衷的领域具有狂热性，对这一领域的理解具有深入性。

其次，拥有对映射资讯爆发和信息化的适应性，对资料搜寻与考据的跨领域发散性，对映射创作者所提示的暗号，一个也不漏地加以解读与研究。

第三，永不满足的向上心和自我表现欲，对所热衷领域的热爱和理解要能够通过各种渠道表现出来。

虽有夸大性质，但绝非信口开河。坚持的力量来自"旨趣"者最为恒久，藤田和上条就是最鲜明的例子。从人们的态度我们差不多可以概括说，隐居而无建树或建树少者称为"御宅"，隐居而建树非凡者则成了"高人"，然而这两者之间的关系是模糊的。虽然孤独症患者缺乏与人们交流的兴趣，但并不缺乏创造力以及这方面的表现欲。虽然在以往，这种表现的途径是个问题，可有了互联网以后也迎刃而解了。而且从人事繁杂的迎来送往中解脱出来，有可能使得创造力变得更加敏锐、更有效率，孤独成了优势。其中不乏佼佼者如图灵和约翰·纳什（John Nash，1928—2015），比起万人迷弗比斯，他们对文明做出了更为高山仰止的贡献，兔子很有可能被迫接受现实。

这些御宅族的生活看似微不足道，但并不陌生，自古及今都不乏其人。其实特立独行的人在历朝历代都有，并不是信息时代的特产。时至今日，有些刻板的人，例如很多年轻人的父母，仍觉得这些"宅男"的生活很难理解。既然如此，那我们就给老人家换点容易理解的例子。我们来看下面这段话：

逋善行书，喜为诗，其词澄浃峭特，多奇句。既就
稿，随辄弃之。或谓："何不录以示后世？"逋曰："吾方
晦迹林壑，且不欲以诗名一时，况后世乎！"然好事者往
往窃记之，今所传尚三百余篇。[1]

这段文字出自《宋史·卷四百五十七·隐逸传·林逋传》。林逋
（967—1028）先贤的大名在每一个人都是如雷贯耳的，《宋史》
记载他"不娶，无子"，然后世间穿凿附会出了林逋"梅妻鹤子
鹿家人"的逸闻。其实《宋史》的记载根本不对，《山家清供》
的作者林洪（生卒年不详，字龙发，号可山，宋高宗时进士）就
是林逋的仍孙（七世孙）。由于林逋"梅妻鹤子"的故事过于脍
炙人口，他的家世饱受时人质疑，林洪为此百口莫辩，哭笑不得
了很长时间。

不过今天我们要谈的不是这个，林逋"既就稿，随辄弃之"
的行为很像我们前面例举的苏童作品《白沙》里面那位诗人的狂
狷行为，肯定是为大多数人不理解的。这种不理解和旁人对藤田
足不出户整理游戏卡带、上条忍饥挨饿准备游行花车的不理解，
在本质上是一样的。一个人不按照"大多数人"的路径走，就
会被这"大多数人"视为异类。林逋的这段隐居逸事被传为佳话
的原因，一方面是时间的洗刷；另一方面人们讶异的是他"随辄
弃之"的行为（但并不是他的隐居和创作行为本身）；最后一方
面，他"士"的身份对他的特立独行而言是一顶很大的保护伞，
前面说过的，有了"魏晋风度"这四个字，一位"士人"——这
个身份当然是不可或缺的前提——的一切不可理解的举动都能得
到原谅。而这三个因素，藤田和上条一个都不具备。

我们来读一首本来要被他"随辄弃之"但是被"好事者"抢

1 （元）脱脱等：《二十四史 宋史》，中华书局，2000，第 10421 页。

救下来的作品吧：

> 底处凭阑思眇然，孤山塔后阁西偏。
>
> 阴沉画轴林间寺，零落棋枰葑上田。
>
> 秋景有时飞独鸟，夕阳无事起寒烟。
>
> 迟留更爱吾庐近，只待重来看雪天。

这首诗的题目是《孤山寺端上人房写望》，山寺访僧题材的诗歌在中国诗歌史上浩如烟海，但是林逋却坦言，这禅房对他的吸引力，湖光山色尚在其次，最重要的是"迟留更爱吾庐近"。如果按照现代"宅男"的标准来评判这句话的话，那会得到他们——藤田、上条，当然，还有我——无比感同身受的认同：随着距离的增加，行动的动力直线下降。

顺带一提，我在一部充满感情地回忆我家老房子那一箭之地的集子《朝晖》里面曾用这样一段话自抒心曲，我因而自问是"孤山林处士"的知音：

> 我蜗居的日子够久了，我很少跨过长江，几乎不出国，从来不去那些游人趋之若鹜的景区，对于那些孤身入藏、入尼泊尔寻找"自我"的旅行计划更是不敢苟同。作为一个趣味古怪的冒险者，我更喜欢探求近在眼前的地方。我的冒险范围以我住的朝晖七区四十七幢为中心辐射开来，远不过两站路开外的叶青兜路新小区，或是东面的和平会展中心。运河在杭州的尽头以一个"U"字形的回水折返再度汇入主航道，这个"U"字中间的土地就是我……的整个世界，它甚至可以奢侈地提供一切情况下我心血来潮想要进行一番冒险时的所有秘密。人生，有此足矣：别人有别人的近在咫尺，远天底下的世界不属于你。

读到林逋这首诗的时候，我几乎立刻就理解了他的心情：平静而无变数是隽永而温暖的，近在咫尺的访问是对人间一次突袭式的探索，探访鸡犬之声可闻的山寺也是一次浪漫的冒险。

运动功能紊乱是孤独症晚期的一个并发症状。

但不能忽视的一点是，抛开旁人的不理解不谈，从林处士到藤田、上条，他们对自己的孤独生活是无比满意的，因为那是自由和舒适的。也许，上条的手头再宽裕一点，能让他吃饱、不用以捡来的饭团果腹，这种孤独会更舒适。不过，这样（争取更多的生活资料）就要冒险向兔子索求，在旁人异样的目光中在社会中索取，对于上条而言，冒这个险不值得。

关于生活资料与孤独性之间的微妙关系，BBC（英国广播公司）媒体人彼得·法朗士（Peter France, 1935—　）早就在他的著作《隐士：透视孤独》（*Hermits: The Insights of Solitude*）中分析得很明白。法朗士是《万花筒》（*Kaleidoscope*）节目的主持，后来调到《人人》（*Everyman*）和《时事瞭望》（*Timewatch*）编辑部担任供稿和主持。他住在德文郡，不过也经常盘桓于帕特莫斯岛。在这本书中，法朗士在论证了一番隐士和电冰箱的关系后总结说：

> 到底一个拥有冰箱的隐士还算不算是个隐士，这乍看之下似乎是个无关痛痒的问题，但它却引出了莫顿对孤独生活的一个极重要的洞见：判断一个人是否真正孤独的准绳，是他的内在体验而非外在环境。一个人尽可以住在沙漠的山洞里，但仍然没有拥有真正的孤独，另一方面，一个有很多人际接触的人，只要他是心静如水，就仍然可以称为孤独的人。[1]

1　[英] 彼得·法朗士：《隐士：透视孤独》，梁永安译，台北立绪文化事业有限公司，2001，第345页。

物欲交感神经迟钝是孤独症晚期的另一个症状。

除此之外，你能说林逋"幸有微吟可相狎，不须檀板共金樽"的诗思、藤田对比同一款游戏的美版和日版的差别、上条又解决了花灯的一个电路问题，这样的生活是不"舒适"的吗？这正是他们理解的也是他们想要的幸福。幸福就是以最小代价换取最大利益，这一点对谁都一样，只是其中的比例和尺度因人而异。

正如前面所说，对于陶渊明和林逋而言，现代隐居者研究电子游戏软件和游行花车是无法想象的，古人月静空山的耕读高隐对于现代人而言同样难以想象。神祇或宗教的观念或多或少都带有一点古典主义意向（但是在《美国众神》这本书中却出现了一个才华横溢的互联网之神，令人摸不着头脑，我们暂且不去管他），本书前面的章节在介绍"孤独感"的时候也有限地介绍了"历史感"。和神话一样，隐逸这种事在历史感之中一般被圈定在"过去"的范畴，至少是不适配于手机大数据时代的。可是，令大多数人大跌眼镜的是，这样的人现在还有，在深山之中、在密林之中、在幽谷之中。

见地深刻的文化人类学家、汉学家、哥伦比亚大学博士比尔·波特（Bill Porter）是西雅图人，醉心于中华文化。在二十世纪的最后十年，他足迹遍布中原大地，探访中国当代深山隐士，写成了一本震惊中国知识界的《空谷幽兰——寻访当代中国隐士》。在书本开宗明义的位置，波特博士就坦言他非常能够理解一个人离群索居的心态，他为此在序言中深情地说：

> 我总是被孤独吸引。当我还是个小男孩时，我就很喜欢独处。那并不是因为我不喜欢跟其他人在一起，而是因为我发现独处有如此多的快乐。有时候，我愿意躺在树下

凝视着树枝，树枝之上的云彩，以及云彩之上的天空；注视着在天空、云彩和树枝间穿越飞翔的小鸟；看着树叶从树上飘落，落到我身边的草地上。我知道我们都是这个斑斓舞蹈的一部分。而有趣的是，只有当我们独处时，我们才会更清楚地意识到，我们与万物同在。[1]

很多人的另外一个误解则是，隐居者都是有思想的人，他们在隐居时无时无刻不在沉思。当然很多隐士是这样，可是隐居就是隐居，隐居的时候干什么是每个人自己的选择，并没有什么规则。既然有人隐居在深山之中奋笔疾书，也就同样有人高卧草堂，什么也不干。庭前天高月小，槛外山深水寒。

波特博士书中的这些世外高人、高僧大德或多或少也有一点这样的"专业压力"，未能免俗，不过已然弥足珍贵。此外，属于他们世界的就只有春花秋月、鸟鸣山涧了。春夜散雨飞花，夏朝郁郁葱葱，秋日万紫千红，冬晨狂舞银蛇。除了人世之外，他们认识一切，包括死亡自身。在波特博士前往终南山观音寺拜见一位佛门大德圆照比丘尼的时候，后者教给他了一个开悟的密法：

> 她想教我们一个开悟的捷径，如果我们接近死亡的时候，就可以用它。她说，如果我们修这个法而不想死，我们就会得上可怕的头疼病，不管怎么样都会死的。她咯咯地笑着，我们三个人都爬到了炕上的毛毯底下。她教了我们一条咒语，一串梵文音节，据她说最初是由外层空间的生命教给人类的。她还教了我们另一条咒语，说是解药。当死亡决定从我们身边经过的时候，或者我们从它身边经

---

1 ［美］比尔·波特：《空谷幽兰——寻访当代中国隐士》，明洁译，当代中国出版社，2006，第1页。

过的时候，我们就可以用它。[1]

拜别圆照上人后，波特博士与从人一起在山路上跋涉了一个上午。那是一段仿佛穿越了古今的路，像是严子陵（前39—41）、陶弘景（456—536）或是六祖惠能（638—713）这样的人踏过似的，胶鞋沾满了烂泥变得笨重不堪。茫茫的雨雾之中飘散着山林青翠的香味，沙沙的雨声好像一个均匀的罩子，隔绝了这个青翠山谷之外的一切，人世的喧嚣仿佛十分遥远，令人遗忘：

> 一小时后，我们出来了，到了喂子坪村。经过昨天一个晚上，沣河已经变得狂野起来。我们从横跨沣河的一座桥上走过，然后开始沿着路走。河谷里到处是一片一片的竹林；透过雾气，还可以看到野桃花。

> 一小时后，我们到了一个叫李原坪的村庄。在那儿，我们又过了一座桥，重新回到河对岸。

> 我们沿着一条路走着，穿过田野，经过村南头的一个巨大的池塘。橙黄色和金黄色的鱼在水中横冲直撞。我的同伴说，它们是从越南来的。刚过池塘，就是通向西观音寺的那条路。它沿着一座陡峭的山坡笔直而上，而且路面很滑。所幸沿途有不少树枝和石头可抓。[2]

波特博士一行人来到了西观音寺，方丈圣林禅师出来迎接。正如五祖弘忍（602—675）说过的"必择一钝汉传法"，这位七十四岁高龄的老禅师充满了禅宗空无的智慧，闲寂而喜悦，波特博士记录说：

> 当我向圣林问起他的修行时，他说他太笨了，不能修

1　［美］比尔·波特：《空谷幽兰——寻访当代中国隐士》，第147页。

2　同上书，第148页。

禅，只念佛。他大笑起来，但他不是开玩笑。[1]

千年以降，已不是道信（580—651）、弘忍、惠能的人间。不过山岭的走向、岭上茶园的位置和茶园间的阡陌应该是没有什么变化的。氤氲的晨雾宛如有形的银白色飘带，在跋涉者的襟间恋恋不舍、挥之不去。那粘鞋的烂泥和茶叶上晶莹的露珠还是无比熟悉的，有理由相信就是它们在一千多年前打湿了少年惠能禅师的衣襟。

　　这些雨

　　　也落在了

　　　　昔日的哪一天？

　　迦太基的

　　　哪一所庭院？

在 1972 年的《小诗十三首》中，博尔赫斯如是说，我则稍稍改了它的句读。

　　我想，圆照比丘尼、圣林禅师未必知道博尔赫斯是谁，不过在认识比尔·波特的时候，他们和博尔赫斯撰写这首诗的时候一样老态龙钟，这就够了。苍老是一种永恒的时间。

　　岭上的雾，在山脚下看起来就是云，和缓的山坡就宛如一段负势竞上的云的阶梯。人置身其间都能听到细小水珠打在伞面上的沙沙声。偏僻山谷里寂静清寥的、适宜于沉思的上午时分，山谷里的雾气涌来，遮掩了远方都市千楼万宇的浮躁和喧哗。山谷以外的这城市、那人生，变得好像梦幻泡影般地模糊不清。世界仿佛只剩下这条雾气氤氲的山路，和踯躅而行的路人。人一走，前面的雾就退，后面的雾就跟。

1　[美] 比尔·波特：《空谷幽兰——寻访当代中国隐士》，第 149 页。

孤独者（傻瓜）究竟在想什么？望向这一片弥散古今的雾气，我越发想知道。在藤田和上条之前的一位这样的"傻瓜"已经迈入了永恒之门。日本国民作家中声望位列第四的宫泽贤治（Miyazawa Kenji，1896—1933）在他的代表作《银河铁道之夜》里记叙了两个小男孩（乔邦尼和康贝瑞拉）一起漫无目的地游览浩如烟海的灿烂星空的旅程。浪漫而深邃，读之如登高山、如临旷原。宫泽贤治在 1931 年写过一首题为《不畏风雨》的诗，现已脍炙人口：

> 大风也不怕，
>
> 大雨也不怕，
>
> 严寒酷暑都不怕。
>
> 有强健的身体，
>
> 没有欲望，
>
> 没有恚怒，
>
> 一直静静地微笑。
>
> 每天以一点糙米、味噌以及少量蔬菜果腹。
>
> 对任何事情无动于衷，包括自己在内，
>
> 耳闻目睹已足矣，
>
> 而后不会忘之也。
>
> 山野松林树荫下的小茅屋，
>
> 足够安身。
>
> 东边有孩子生病了，
>
> 就去探望；
>
> 西边邻家的老妈妈干活辛劳，
>
> 就去帮她背几捆稻草；
>
> 南边有人快要死了，
>
> 就去对他说，不要怕；

住在北边的人争吵龃龉，

就去耐心劝解。

为了骄阳似火、大旱成灾而潸然泪下，

为了酷暑炎夏里寒潮突至而心急如焚。

大家，都叫我傻瓜。

不求赞扬，

不记苦恼，

成为这样的人，诚所愿也。

很多人说，在心情绝望的时候总会默默地吟诵这首诗，希望就宛如一阵轻柔的微风，随着这些傻气十足的句子吹拂过每一颗寂寞的心灵。

在花卷市郊的一个村庄里，宫泽贤治白天挥汗如雨地耕作，晚上开设农民补习班，淡泊明志地度过了并不漫长的一生。不出意料，宫泽贤治在世时默默无闻，在文学理想上郁郁不得志，与狄金森逼似，童话《渡过雪原》是他生前唯一获得过稿酬的作品。他的书大都自费出版，只印一千册这样的小数目，还往往是他自掏腰包买个几百本送人。在《要求太多的餐馆》和《春天与阿修罗》两部代表作面世时，有个朋友帮忙在报纸上刊登了广告，广告推出在即，宫泽却突然没有了底气，他问朋友能否加一条启事说："有意购书者请告知地址索书，如果您读了觉得不错，再付钱不迟。"朋友听了为之喷饭，闻所未闻。看来这家伙江湖上得到"傻瓜"鼎鼎大名绝非幸致，虽不中亦不远矣。

这些故事令我感到温暖。连自费出版、无人问津这类事情对于我而言都是无比熟悉的，每当想起宫泽贤治的故事我都会露出会心的微笑，我也不知道为什么，反正我就是想笑。

难道诗人的世界就是傻瓜的世界？

看来得再捉几个傻瓜来研究研究。

对一些这样的傻瓜而言，例如被称为"诗人中的诗人"的荷尔德林，脱离人世而走进孤独的秘境则是喻示着他迈入永恒之门的标志。越过这扇门的人，兔子一把没拉住他们，就只好打落牙齿往肚子里咽，全无脾气，可见这家伙只问成果，现实得不得了。而实际上荷尔德林迈入孤独的圣殿，走过平原和幽谷，这个傻瓜的心路历程和那些傻瓜没什么两样，同样来自某次或某几次介入凡间的失败而已，也许过程长一点，但确实没什么两样——我们的论述终于又离开凡间了，这是没办法的事，都是兔子逼的。

有一个名叫宾德尔（Wolfgang Binder, 1916—1986）的苏黎世大学和巴塞尔大学教授，是德国乃至世界范围内研究荷尔德林的专家。他在《论荷尔德林》(*Hölderlin-Aufsätze*) 这本书中曾经思索过在迈入永恒之门前荷尔德林徜徉过的那些平原和幽谷。宾德尔认为，荷尔德林思考"永恒是什么"这个问题是从思考"人是什么"以及"人"这种概念的边界开始的。我们简单地整理一下，这段持续了诗人一生的思考，大体思路是这样的：

荷尔德林最早期的信仰是：人为了生存需要一个范围，在他看来，这个范围物化为家庭、友人和家乡，其元素是爱。但爱并不具有物体的性质，因此这个范围受到威胁。外部的威胁来自违背爱的关系的人。

内部的威胁来自人自身。美德与恶习在人的心中交替。

允许人成为人的领域，其边界并不是固定不变的。如

356

果人的生活过分活跃，以至于面临脱离边界、失去自由的危险，那么，这个领域本身也可能对人构成危险……正因为如此，荷尔德林常常赞扬"静穆"……

但是，活动而宁静的静穆也可能突然发生以下情况：在释放的情感中，人超越了自我，但不是像狂热的献身那样失去自我，而是为了找到自我。[1]

这段话看似很拗口，非常形而上，但反过来批注了我们前面列举的藤田、上条、服部这些人的例子，他们像所有人一样，在思考自身意义的时候是从"人是什么"这个问题开始的。但也像大多数人一样，他们没有把握好这种思索而将之引入了歧途。怎么理解这种歧途呢？最初在思考"人是什么"这个问题时，我们涉世未深，毫无自己的观点，如同蚊子叮牛那样无从下口。我们本能地将解决这个问题的办法从一种思考行为置换为一种观察行为，即通过观察他者来反思什么是自己。这虽然是每个人的必经之路，可是问题在这里已经打了个岔，从"人是什么"变成了"人是哪里"，自我问题变成了一种区域问题，因而就有了荷尔德林沉思的人的边界的问题。

平心而论，认为人是一种静穆的自由的永恒的意象这种观点，就算是荷尔德林自己也是在思考的晚期才能得出。而对于大多数人而言，人的边界就是与他人的接壤之处，这一点我在探讨古埃及壁画的时候已经思考过了。作为一个区域，"人"的终末就是"他人"的起点，这是大多数人对"人"这个问题的本能看法。看起来我们就像在一个很拥挤的房间里与别人摩肩接踵，我

1　[德] 宾德尔:《论荷尔德林》，林笳译，华夏出版社，2019，第115—117页。

们赖以存在的空间是旁人挤"剩"下来的。这个空间是一种前提，它存在，"我"才能存在；它发生变化，我们也只好随波逐流。这就是说，"人"在"世界"（他人）之外，这确实是我们寻求的正确答案吗？为了简化这个问题，我们来回顾一下小时候常做的一种认知游戏，白底黑花的图案里两个人的侧脸剪影相对，中间剩余的白色区域看起来像一个花瓶，可是人类的认知模态决定了我们无法同时看见人脸和花瓶。

顺带一提，在思考人的边界这个问题的时机有一种特殊解，能够做到在边界和中心之间左右逢源。还记得本书开头的时候提到的，幼小的荣格坐在石头上面胡思乱想的那件事吗？在长久的凝神之后，他似乎陷入了一种出神的状态，在稍纵即逝的状态之中，"我（荣格）在它（石头）上面"和"他（荣格）在我（石头）上面"这两个命题似乎有一瞬间的融合。这种融合的观点可能来自某个真相，也可能仅仅是因为石头是一种没有灵性的存在而暂时弱化了边界的某种尖锐性……他一直到八十岁也没想明白这是怎么一回事。

这种认为人的边界取决于环境（他人）的看法最容易深入人心，但它带来的一个问题是，在这种理解之中"人"是被动存在的，是"世界"（他人）的残余。在这个算法之中完全没有一个名叫"自由"的变量存在。

所有人都这样思考过这个问题，并且都得到了这样一个答案："人"在世界之"外"。但并不是所有人都对这个答案满意，只是大多数人得到这个答案之后就委曲求全，不再思考。所以，大多数人等于自行放弃了他们人生中的一种叫作"自由"的东西。而现实则是，敏锐地感受外界（他人）留给我们的环境（空间）的变化成了我们生存在人间世的基本技能，从特朗普到那个给我装修房子的油漆师傅都是如此。我们已经忘却了世界是一种嗟来之食。

从对一个概念最初认知的某种误解开始，我们——至少是藤田、上条和服部——踏上了一条完全不同的路径。

不踏上这条弯路是不可能的，但关键是怎样走出它。为此，宾德尔针对荷尔德林对"人是什么"这个问题的几个思索阶段，做出了如下三点总结：

> 首先，荷尔德林对人的兴趣是随着自我观察增长的，但视角是哲学推理的解释。其实，自身的状态已显示了人的各种可能性……其二，很显然，荷尔德林的感受方式进入了早期虔诚主义和其他的思维图像中。静穆，瞬间，开启和关闭的节奏，厌恶缺乏爱的能力的人，渴望既有约束又自由的领域，这一切包含了解释经验的基本形式，这些形式直至后期的诗歌都继续产生作用……最后，从这些观点中也许可以得知，青年荷尔德林所触及的人的问题，只是探求成为人的可能性，还没有追问人的本质。对本质的解释似乎被更迫切的问题所吞并：在上帝面前，在人当中，在自然中，在当下的祖国，面对一再摆脱自身的自我，我如何才能作为人存在？[1]

这三点表述似乎有点含糊，但结合我们前面的思索，与我们的思路非常契合，对此我做出了如下的理解。

就第一点而言，"生而为人"并不是"人是什么"这个问题的最终答案。只是因为这个答案唾手可得，又具有概念的重叠性，所以大多数人认为它是最终答案而放弃了进一步的思考。应该说，"生物性的人"和"形而上范畴的人"两个概念有重叠，但并非始终重叠。后者只是前者的一种"可能性"，就像蝴蝶只

1　[德] 宾德尔：《论荷尔德林》，第117页。

是毛虫的一种可能性。但是这种可能性又并非是必然发生的，毛虫只要活下去，就一定会变成蝴蝶，可是我们停留在"生物性的人"层面上终其一生，也能活得很好。这种可能性的发生与否、必要与否的若干推论完全可以通过对"自身"的持续观察而得出。

就第二点而言，这种可能性的实现也只是一种妥协的结果，它可能表现为"既有约束又自由的领域"，也可能表现为其他的什么东西，但不会是纯粹的约束或是纯粹的自由。这一点与人的志向、持续自我观察的毅力无关，而是受经验的基本形式（类似于前面举的那个人脸花瓶的例子）决定且不可更改。

就第三点而言，这种持续观察得益于旨趣和毅力，而它其实是不容易持之以恒的。因为前面探讨的那些原因，边界及其外的存在无时无刻不在对"自我"的认知产生一种持续的干扰压力。（前面举的那个荣格坐石头的例子中则不存在这种压力，自我无法从经验中获得对这种纯净状态的解释，因而感知光怪陆离。）这使得对"人的本质"的思考很难被真正触及。可以说，为我们所习惯的"自我"其实是被这些东西，"在上帝面前，在人当中，在自然中，在当下的祖国"所"残余"的一个区域。我们只能说，"自我"肯定在这个区域之内，也许也确实和这个区域边界重合，但这两者依然不是一个概念。就像你的一本笔记本找不到了，但肯定还在房间里。这个结论（"自我本质"等同于"人的边界"）肯定不会错，但也未必是对的，至少它对找到笔记本这件事没有什么帮助。

"人是什么"这个问题的不正确答案对找到"自我"同样没有什么帮助。

可无论"人"是被外界"残余"出来的一个区域，还是进一步存在于这个区域内部的什么东西，有一点是毫无疑问的："人"

在一个樊笼之中，"人"是孤独的。只有孤独自身无法被替代。

所以，除了奋力游向那孤独之海的深处、更深处，别无他途。

一位才气逼人的哲学家、汉堡大学的老校长卡西尔（Ernst Cassirer，1874—1945）在1945年访问哥伦比亚大学期间的一次演讲中途倒在讲台上猝然去世，至死没有走下讲坛。因此这一年出版的《人论：人类文化哲学导引》成了他生前的最后一部著作（《国家的神话》《卢梭·康德·歌德》及《符号·神话·文化》均为其去世后出版）。这本书是他晚年应读者的要求，为他的巨著《符号形式的哲学》撰写的一本索引摘要性著作，但是里面也包含着许多新思考的问题。卡西尔从人类文明的各个角度去思索"人是什么"这个问题，不可能不遇到令荷尔德林困惑的人的边界的问题。对此，他引用柏格森（Henri Bergson，1859—1941）的思想精华解释说：

> 在他的自然哲学中，有机世界一直被说成是两种对立力量之间斗争的结果。一方面我们看到物质的机械作用，而另一方面则是生命冲动的创造和构造力。生命的钟摆不断地从一极摆向另一极。物质的惰性力抵抗着生命冲动的活力。在柏格森看来，人的伦理生活反映了主动原则与被动原则之间的同样的形而上学斗争。社会生活重复并反映了我们在有机生命中发现的普遍过程。它被划分为两种对立的力量。一种力量趋向于保存现存事态并使之永久化；而另一种力量则在努力为创造一个前所未有的人类生活新形式而奋斗。第一种倾向就是静态宗教的特征，第二种倾向则是动态宗教的特征。这二者绝不可能被归结为同一个公分母。人类只有靠突然的跳跃才能从一端跳到另一端——从被动性跳到主动性，从社会压抑跳到独立不倚的

361

个人伦理生活。[1]

而这里提到的那种机械的、惰性的、静态的、被动的人生因素就是刚刚我们思索的问题里面那些在人之"外"的东西，它们划分出了一个残余的区域并要求人性在其中故步自封安于现状，这个对人的边界施加持续压力的外部世界当然不是静止不动的，但它的变化与人性主观的诉求无关，就是一种自运转的外部环境，因此它还是惰性和缺乏积极意义的。

　　然而，不管你愿意不愿意，这动静两者之间的调和确是我们所能面对的唯一现实。斤斤计较而乐此不疲地调和处于自我边界内外的双方剑拔弩张的关系，使之变得柔和并发人深省，至少变得令人舒适，这是每个人的人生孜孜不倦的任务，直至生命终焉。油漆师傅如是，荷尔德林亦复如是。在于油漆师傅，他思考的是怎样在不触犯一些技术和质量准则的前提下使得利益最大化，而在于荷尔德林，则是沉思怎样在俗世毫无形而上性质的繁文缛节之中思索诗意的新境界。限制与自由的冲突，其实本质都是一样的。荷尔德林自己在一篇随笔中也承认，这种并存之中的浮沉之道是诗意的真相：

　　　　一切都取决于，卓越不过分排斥低贱，美不过分排斥野蛮，当然也不与之混合，卓越和美确定地不带激情地认识在他们与他者之间的距离，出于这种认知，以实际行动去发挥作用并且忍耐。如果他们太孤立自己，那么就失去了那种作用，他们在孤独中没落。如果过于调和，那么也不可能有真正的作用，他们或者像对他们的同类一样针对他者说话和行动，忽略了一点，这些人缺少这一点，必须

　　1　[德] 卡西尔:《人论: 人类文化哲学导引》，甘阳译，上海译文出版社，1985，第114页。

首先在这一点上打动这些人，或者他们过分向这些人靠拢而重复他们本应清除的芜秽；在两种情况下他们都丝毫没有发挥作用并且必然灭亡，因为他们不是永远毫无反响地在光天化日下表白，孤独地与所有的斗争、请求相厮守，就是过于顺从地接纳陌生和鄙俗，从而窒息自己。[1]

看起来，在这段话里，荷尔德林很怕自己因为偏激而落入一种称为"孤独"的境地，这是对的，而且也并不与我们论述的孤独主义有什么矛盾之处。诚然，荷尔德林的理想、荷尔德林的品位、荷尔德林的才华和荷尔德林的诗意都无惧于孤独，可是荷尔德林这个**人**却并非如此。一个**诗人**首先必须是一个**人**，能够活下去，思想、诗意这些事情才有意义。我们之所以在这本书里能够借着里尔克、凡·高、李贽这些人的故事肆无忌惮地大谈孤独的崇高性，那是因为这些人已经尘埃落定，不再有这种现实的、肉体的"行星生活"的需求。可是对于现实的人而言，例如许立志，还有北村小说里的那个刘仁，孤独症的危害却不容忽视，逐渐侵蚀生命。诗意是永恒的，但诗人不是。

所以，关键在于如何尽可能在不触发双方尖锐对立的前提下实现升华，就是说，以柔和与舒适来持久，而非凡·高（或是服部恭太）那种暴烈的鱼死网破。

看起来，那道边界，被兔子严防死守，像是一种契机，它将求索和坦然、凡俗和永恒分成两个世界，迈过那扇门的人才明白某种真相，尽管那是一种悲哀的真相。就如前面所说，诗人的结构是分裂的——肉体和灵魂，而且这两部分的同步性通常很差，这使得冲击边界的危险性激增。所以，永恒之门阶下的累累白骨来自那些冲击边界的失败者，大多数人灵魂和肉体双重失败。也

1　［德］荷尔德林:《荷尔德林文集》，戴晖译，商务印书馆，1999，第212页。

有人灵魂晋升不朽了，但是肉体没有，功亏一篑。灵魂不朽而肉体溃灭的撕裂是可悲的，但也是澄明的，类似某种升天成神的激情。与凡俗的区别在于，在凡间你读一本书、看一出感人至深的戏剧，甚至经历生离死别，灵魂的激情都难以持久，最多持续半年时间。但是在这里，那种澄明的激情是永恒的。我们的老朋友、诗人海子，一个冲击边界灵魂成功而肉体失败的人物，对这种永恒的激情充满了好奇和艳羡，他在肉体最为痛苦的时分，1987 年 11 月 7 日的夜间，向他的"兄弟"荷尔德林吼出了撕心裂肺的喝问：

荷尔德林——告诉我那黑暗是什么

他又怎样把你淹没

把你拥进他的怀抱

像大河淹没了一匹骏马

存在者　嘶叫者　和黑暗之桶的主人啊

你——现在又怎样在深渊上飞翔——阴郁地起舞

　　——将我抛弃

并将我嘲笑——荷尔德林

你可是也已成为黑暗的大神的一部分

故乡

……我们仍抱着这光中飞散的桶的碎片营造土地和村庄

他们终究要被黑暗淹没

告诉我，荷尔德林——我的诗歌为谁而写

掘地深藏的地洞中毒药般诗歌和粮食

房屋和果树——这些碎片——在黑暗中又会呈现怎样的景象，荷尔德林？

延续六年的阴郁的旅行之路啊

兄弟们是否理解？狄奥提马是否同情——她虽已
早死？

哪一位神曾经用手牵引你度过这光明和黑暗交织的
道路？

你在那些渡口又遇见什么样的老母和木匠的亲人？

他们是幻象？还是真理？

是美丽还是谎言？是阴郁还是狂喜？

还是这两者的合一：统治。

血以后还是黑暗——比血更红的是黑暗

我永久永久怀念着你

不幸的兄弟　荷尔德林！[1]

肉体溃灭的先兆已经笼罩了他，双眼不能视物，所以，在他的视
野里，永恒就是一片黑暗；他被不幸环绕，无法自拔，所以，在
他的想象里，永恒就是沉沦到底的不幸。当然，不能否认，这也
是永恒的一种形态，但是这印证了一点：不注意边界两侧的柔和
与舒适，引发的后果可能是灾难性的。灵魂是永恒的，肉体是过
眼云烟，所以像海子这样的人愿意牺牲肉体去交换灵魂的永恒，
这并不是最佳途径。对此，我们的另一个老朋友金斯伯格在纪念
安迪·沃霍尔（Andy Warhol, 1928—1987）的一段散文中坦陈
了他的看法，这段文章特别发人深省：

长远看来，以酷毙的匿名艺术的方式来摆脱自我中心
的主观性是毫无必要的。与一个驯服的透明自我之间的友

1　海子：《从明天起，做一个幸福的人：海子经典诗全集》，第263—264页。

好关系是对更加强烈的感情的鼓励，并非导致其反面幻灭。一些人以清教徒般无我的美学为其目标，却往往以自杀告终，要么就沦为秘密地为权欲而疯狂的处境。[1]

边界的内和外、"人"和"自我"、肉体和灵魂，无论是什么，要成为好朋友而非天平两端令人举棋不定的砝码，这样的选择也许是最明智的，与前面那段荷尔德林的随笔中所说的如出一辙，尔不可偏激，要与自我为友。这两种人，暴烈的和柔和的，金斯伯格都做过，我想他的看法是最中肯的。

柔和地游离于边界看来是一种最优解，值得藤田、上条、凡·高和海子仔细琢磨。正如荷尔德林说的，在不接近的时候也不要刻意地去仇视那些被认为是卑贱的东西，这样大家都会柔和而舒适，同归于尽对谁都没有好处。谈到这里，我想起了一个例子，日本文豪泉镜花（Izumi Kyouka，1873—1939）写于1899年的一篇短篇小说《瞌睡看守》中开头和结尾的两段话。故事的梗概是一个饶舌而又善良的老看守和囚犯们侃侃而谈，讲一个他所见闻的故事，非常平淡，没有跌宕起伏的剧情，连老看守讲的那个故事都是没头没尾的。小说开头复述了一段包租公巧舌如簧驱赶一对穷苦夫妻的话，市井烟火之声如在耳畔，岂止流畅，简直令人拍案叫绝：

> 我知道你们没地方去，困难很大，可我吃的就是替东家收房租这碗饭，有什么办法呢。对不起，还是请你们走吧。你们欠了这么多钱，什么抵押也拿不出，未免说不过去。欠了千金，哪怕用一顶草帽来抵押也好嘛。我并不逼你们拿出没有的东西，不过，锅也好，稻草包

1　[美] 金斯伯格：《金斯伯格文选——深思熟虑的散文》，比尔·摩根编，文楚安等译，四川文艺出版社，2005，第484页。

也好，茶壶也好，你们的全部家当都得撂下。你们必须承认我的话在理，照我的办。只要你们走掉了，不论是米店还是劈柴铺来讨债，都由我顶着。我告诉他们，这家人下落不明，不知搬到哪儿去了，并把他们统统赶走。这么一来，你们就可以赖掉了债。谢天谢地，再也不会有人用绳索套住你们的脖子，扭送官府。你们一身轻，夫妻俩也好一道去挣钱。等你们发了迹，再把欠的房租还我不迟。在这期间，不论在哪儿见面，咱们还是照样问寒问暖。"你好吗？""工作顺利吧？"也用不着吓得抹头就跑。过去的冤家变成了好朋友，我心里高兴，你们也痛快，双方都合适。真是大吉大利，可喜可贺，请你们好好庆祝一番，就动身走吧。这年头不好过啊，你们要是漫不经心，随便往下拖，轮到别的债主来收拾你们，可就不会有我这么好说话了。现在一切都由我一个人担下来啦，用不着你们操心。就乖乖儿给我腾房吧。[1]

后面的故事平平无奇，而且在吊足了囚犯们的胃口之后，老爷子却不愿意再往下讲，低头打起了瞌睡。囚犯们叹了口气，三三两两地说笑着回去干活。小说的结尾是这样的：

> 丽日当空，万里无瑕，辽阔的原野上，排列着一堆堆干草。天气暖洋洋的，已经过了晌午。蔚蓝的天空下，一群穿着赭红色囚衣、头戴竹笠的囚徒，在遍布白色枯草的田野上欣然干着活，小小池塘里是一泓紫汪汪的水，倒映着他们的身影。[2]

1　［日］泉镜花：《高野圣僧》，文洁若译，重庆出版社，2008，第49页。
2　同上书，第61页。

这一段描写与前面那段话，像是两个作家写出来的。这就像是一幅画，在晴空之下原野之上，观众偶尔会模糊地想起，画中一些人穿着的赭红色衣服似乎暗示他们是一群囚徒，可是那个身份，非常遥远，和这幅美景没什么关系。这一瞬间，絮絮叨叨的故事和那对无人知道结局的贫苦夫妻，就像故事里擦肩而过、丝毫没有停留的两个大学生和绅士一样，被人遗忘，丝毫不值得介怀。永恒的意境豁然开朗。暖阳铺洒在旷野，流光溢彩，尘世的一切都是过眼云烟。

这一瞬间，在生命力（贫穷夫妇怀中抱着的孩子）与寂灭（故事在走投无路中戛然而止）之间、在凡俗与诗意之间、在瞬霎与永恒之间，正如泉镜花的至交好友谷崎润一郎（Tanizaki Junichiro，1886—1965）的一本著作的题目所言，"在神与人之间"。

这种平静隽永与他宁静、与世无争、深邃而安贫乐道的一生非常相配。1939 年 4 月，泉镜花乐呵呵地为他的两个作家好朋友谷崎润一郎和佐藤春夫（Sato Haruo，1892—1964）家里的两个小辈主持婚礼，大家觥筹交错，很是热闹了一场。9 月，泉镜花与世长辞。佐藤春夫沉思良久，含泪为老友写下了"幽幻院镜花日彩居士"的墓碑戒名。露珠滚过墓石苍苔柔软的纤毛，一切都是空寥之极。

以这种幽邃的空寥类比终极的宁静，虽不中亦不远矣。海德格尔在一次题为《荷尔德林和诗的本质》的演讲之中沉思，认为诗意是一种不区分所有格的无限的"宁静"。为此他说：

> 诗看起来就像一种游戏，实则不然。游戏虽然把人们带到一起，但在其中，每个人恰恰都把自身忘记了。相反地，在诗中，人被聚集到他的此在的根基上。人在其中达乎安宁；当然不是达乎无所作为、空无心思的假宁静，而

是达乎那种无限的安宁，在这种安宁中，一切力量和关联
都是活跃的。[1]

就像泉镜花笔下荒野上蓝天下的那个天光云影的小池塘一样，这
种安宁是自然的本质属性，但是旁边徜徉的"穿着赭红色囚衣"
的囚徒以及偶尔路过的那两个毫无存在感的大学生、绅士和一个
奶娃儿，甚至是老狱卒晒太阳时信口开河地讲的一个故事，都似
乎赋予了它某种"故事"，看起来更能把握、具有某些凡人口中
的"意义"。实际上都是过眼云烟，这个故事（包括故事中的故
事）里的人物都没有名字（除了一个花匠"卯之"，可是他在故
事中从头到尾都没有出现），就像这天空、旷野和小池塘。池塘
不是琵琶湖，它自古以来就没有名字。池塘的安宁不动倒映出那
些对名字的争论都是愚蠢的。没有名目即没有意义，孤独、安宁
和永恒的虚无本来就大于一切可感的"意义"。

对于这种安宁不动，海德格尔在笺注《如当节日的时
候……》这首诗时这样说过：

> 自然安然不动。自然之安宁绝不意味着运动之停止。
> 安宁是向现身于一切运动中的开端及其到来的自行聚集。
> 因此，在有所预感之际，连自然也安然不动。由于自然先
> 行思入其到来，所以，自然寓于自身而存在。自然之到
> 来乃是无所不在之在场（die Anwesung der Allgegenwart），
> 因而是"无所不在者"之本质。[2]

"一切运动中的开端"类似我们前文所探讨的宇宙"信息"论，
它乃是一种事件发生的可能性，原本就蕴含于自然之中，丰度
无限，而其"到来"则是可能性转化为存在之发生。人世风风

1　[德]海德格尔：《荷尔德林诗的阐释》，第 49 页。

2　同上书，第 63 页。

火火，热闹的原因是有的事件会发生（流浪汉夫妇被驱赶）、有的事件不发生（流浪汉寻找花匠卯之求助）、有的事件模棱两可（流浪汉夫妇的结局），而对于"自然"——全信息宇宙——而言，一切可能性都存在，明摆在桌面上，在一种幺正算法的无限有效时间之内，处于一种必定被激发的状态。

自然的安宁是一种永恒的安宁，不动、永恒而至大。我在一篇图一时口舌之快的小说之中说过这样一段话：

> 我们生存在一个庞大的时间体系之中。宇宙的存在绝非你想象的那样精妙绝伦、妙到毫巅，所有的思想公式都是自己演算自己、层层相叠，造成一种精妙的假象。相反，宇宙的存在非常原始，原始、巨大、狂暴而且一目了然。所有凡人的公式全都是错误的，宇宙存在的真相原始到了可以用一句话来概括：所有存在过的、存在着的和有可能存在的都已经存在了，就在它们各自的位置，永恒不动。它们有激发和沉寂的区别——这种区别可以认为是一种精神效果，但是精神自身也是它们中的一员——而没有存在和不存在的区别。

不必介意，只是小说而已，不需要为这话负什么责任——对无限的、冰冷的、在不可知之中永远沉沦的宇宙，我本来就没打算承担任何责任。

如果这种至大的孤独真的存在，并且某些人得以一瞥，那么无论是海子、荷尔德林还是里尔克，痴迷于它就是理所当然的事了。我做此推测的理由是本书开头的那句里尔克的诗："因为美无非是 / 恐惧的开始，我们刚好能承受"。至于这种存在究竟是荷尔德林认为的"光"还是海子目睹的"暗"，这其实是一种观测者的视网膜效果，除了对他们自己（荷尔德林、海子）之外，对谁都不重要。同样的道理，它是至大的同时也是微小的，无限宽广和无限细节的统一。它的无限是绝对的，但是它的样子是相对的，因为它不是为了被观看而存在的。海德格尔为此说：

> 若没有雷雨云层的威胁性骚动，就没有纯粹的白昼。神的存在并没有在一种幽暗中掩蔽自己。比这种幽暗还更有掩蔽作用的，乃是最明亮的光亮。在这种光亮的明朗中，神在上方沉思着无限关系的命运，因为它"仇恨""不及时的生长"。希腊人早就知道，光亮比幽暗更有掩蔽作用。[1]

永恒之物彻始彻终地存在在触手可及的地方，例如宇宙自身，所以它们的存在非常"轻易"，这成了很多蜀犬吠日之人"轻蔑"它们的理由。实际上这是可笑的，你甚至不能轻蔑一个蓝天之下的小池塘，池塘是永久的，而你不过是一个苟延残喘地在它身旁垦荒的苦役囚徒而已。

不过话说回来，如果没有"你"稍纵即逝的存在、注视和轻蔑，池塘（宇宙）的永恒不可知，亦无意义。光与暗互相掩蔽。终极就是诗意，一切都已发生或者将在某个固定的时刻发生，没有任何外来之物的扰动，这是一种无限的宁静。

海德格尔细心诠释的这种光亮、柔顺、精美、伟大的诗意来自《希腊》这首诗。所有欢欣的圆舞终结于一条（通向教堂的）小道上的宁静，我们欣赏它的最后一段：

> 甜蜜的事情是，那时居住在树丛和山丘的
> 高高阴影下，阳光灿烂，在那里铺设了
> 通向教堂的石路。但是旅行者，是谁人，
> 出于生命之爱，总是测度着，
> 脚步听从谁人，

1　[德] 海德格尔：《荷尔德林诗的阐释》，第 215 页。

道路更美地盛开，在那里疆土。[1]

既然刚刚又提到了里尔克，我们的论述以一种不易觉察的圆转和本书开头搭上了。区别在于第一部分谈到的孤独是狂暴的，如同海上的风暴，这里的孤独是宁静的，如同平原上的小池塘。可是这两者真的没有什么区别。

看来我们有必要思索一下那些令海子、许立志、荷尔德林他们趋之若鹜的诗意的"大宁静"究竟是什么。

不过还是回头再说吧。那一对走投无路的夫妻结局怎样？囚犯们对此牵肠挂肚不已。在这个故事中的故事的结尾处，一切都是模棱两可的，一切都似是而非。流浪汉觉得走投无路，建议妻子一起寻短见，这样看来，他们应该都是死了的；可是他被妻子断然拒绝了，理由是怀里的孩子还小，这样看来，他们又应该是为了孩子咬牙挺过来了；然而他们这时候已经在雨中跋涉了一天一夜，两人身患重病，而且在之前的几天里都没有吃过东西，这样看来，他们应该还是死了的……故事在凡人最关心的高潮时刻被这个狡黠的胖老头掐断了，可如果有囚犯不甘心，推醒他非要问出个醋酸盐咸的话，该怎样呢？我想象，这个老小子应该会揉揉惺忪的睡眼，满不在乎地说："都死了，还能怎样呢？"可不是，还能怎样呢？从《哀歌》这本书的开头笺注《吉尔伽美什史诗》开始，这个主题就没有离开过我们的视野。还记得托马斯·曼的那句诗吗？

如果
没有死亡，
地球上
很难出现诗作。

1　[德] 海德格尔：《荷尔德林诗的阐释》，第 190 页。

句读可能是这样的，也可能不是，我不记得了。死亡是一堵绕不过去的黑色之墙。死亡令一切本就确凿无疑、不可生灭、宁静不动的存在具有了意义，稍纵即逝，但确实是无数人生的意义。死亡乃是诗意之母。

　　它就是整个无限关系的中心。它是纯粹的命运本身。这个阴沉之物围绕地球运行，于是，现在命运直接切中这个时代的人类，而不只是通过它的声音的鸣响。命运无声地关涉到人类——那是一种神秘的寂静方式。人类也许还将长时间地听不到这种寂静。因此，人类就还根本不可能响应那隐瞒的命运。而毋宁说，人类逃避这种命运，通过那种愈来愈绝望的尝试，即那种想以其终有一死的意志去控制技术的尝试。[1]

认识孤独，就是认识自己、认识死亡。

问题在于如何认识自己，这可不是一件容易的事。

在和兔子老兄的虚与委蛇有个结果之前，我们且拭目以待吧。

兔子禁止孤独。

但是孤独者走进了那一片天地，兔子却不吝致以敬意。

兔子究竟想干什么？

1　[德] 海德格尔：《荷尔德林诗的阐释》，第 221 页。

IV 无题

愿荣耀归属于不朽者。又到了依依惜别的最后章节，我想总结三件事。

首先，关于那只神秘的小动物在文明史中兴风作浪的故事，兔子是我自创的一个形象，或者说是一位新晋的神。这个形象，没有什么寓意暗示，单纯是我比较偏爱这种与世无争的小动物而已。也确实是因为几年前，我养的那只硕大无朋的荷兰兔因年老去世了，令我哀伤不已，所以才有了这数十万字的"消极美学三部曲"。

从第二部分的论述来看，孤独主义很可能是宇宙的本质属性。《庄子·天下》中谈到惠子的哲学诡辩"历物十事"，其中有这样一条叫"山与泽平"，意思是山虽然比泽高，可是譬如一座从泽中拔地而起的高山，山脚下总有一部分根基与泽是高度相同的，我们不能因此而否认它属于"山"的范畴。这一点就像我们思考的那个"一只猫从哪里开始是一只猫"的命题那样，连续性守恒在观念上无法被无限分割。然而再思索一下，我们发现，山和泽是物，我们试图在连续性守恒上证明它们关系的却是两个概念，在概念之中无论怎样确立或推翻"山"和"泽"的高矮论证，作为物的"山"和"泽"却确实是有高有平、有续有断的。这就是说，在现实中思考"山和泽孰高孰低"这个问题没有意义，这个问题只对"人"的认知有意义。高和低是基于主观经验的次级存在事实，因为获得了认同上的协议而看起来很像存在的本质。

也就是说，客观存在的"山"和"泽"各自独立，它们或是有高有低或是一样高，都没有什么关系，可是到了主观观测的视野里，就必须分出一个子丑寅卯来。这就揭露了孤独主义的本质，人类为了生存或是其他的某些主观目的，在认知上将一些客观存在以"关系"的名义联系在一起，形成一种协议，春天要播种、孩子要随父姓，都是这种协议。是**协议**将人类联系在一起，而并非他们的**本质**就是一种连续。

这种连续不间断的协议将原本孤独的一个个人以及一些观念、道具维系到一起，胶着成了一个剪不断理还乱的人间。这样看来，这个成就了人间的连续性协议获得一个总理人世的神格，也是实至名归的。可它是什么，很难说。有很多名字，至少在这几本书当中我没有明确兔子的身份。道德、宗教、宗族、政治形态、历史意志、生存意志、理性主义、人文主义、功利主义、社会思潮、城市政治、殖民主义、民主思想、在上意志、集体无意识、祖先崇拜、隐逸思想、怀旧美学、荣耀思想……它们都对，但都不可成为兔子神唯一的名字。

它们都是兔子神在不同场合穿着的、不同形态的皇帝的新衣。

这种集体性的、连续不间断的社会协议及其契约精神是兔子神的本质，因而也成了人间的本质。它是现实的、有效的，可也是具有强制性的，所以它是可以被反抗的，很多人也确实这样做了。当然，完全的抵抗和不合作必须付出生命的代价，像海子那样，这种情形过于极端，但是有限的抵抗和出走则层出不穷，兔子神屡禁不止。这种为了某种非现实的目的而向兔子神索取自身尊严的行为，我们称之为孤独主义。

兔子不喜欢孤独主义，却不能否认孤独者心无旁骛的生活在创造性上的高度，而且这些创造性在被模仿之后对于文明有惊人推动力。所以兔子的情感也很复杂，一方面需要某些孤独者傲视同群的创造力，另一方面又担忧人们群起效尤而造成人间的溃散。这很符合这种底层食草动物首鼠两端的天性，操碎了心，没睡过一天好觉。

向这位黑白相间的、毛茸茸的、成天吧唧着小豁嘴儿的、伟大的小动物致敬！这种首鼠两端正是人类精神凝结于其上的标志。

要总结的第二件事是，我在书中也注意到了，并且试图解释过，在我们的高调宣称下，仿佛孤独者的境界和人间是两个世界，彼此老死不相往来，这绝对是一个误解。卖什么吆喝什么、话赶话地说到这个分上，没法让人不产生这样的误解。实际上我真实的意图是，孤独的世界既不是人间的"镜像"，也不是"另一个"人间，它就是人间的延伸。即便每一位孤独者都离开了人间，也不能否认他们全都来自人间这个事实。人世就是具有母体子宫的意象，从中走出来的婴儿有权选择自己的人生之路。孤独者和世界之间的关系只是一种程度关系，或者说对人生理解的差异关系，但绝对不是敌对关系。

孤独主义与人间世的关系就是花与树根的关系、梦与人生的关系。

所以，我们可以说孤独主义在人间之**末**，却没必要像希姆博尔斯卡书信集里那个戴着大玻璃戒指的、忧郁的、故意将诗稿在小提琴箱子里摆得凌乱不堪的年轻人那样，认为它在人间之**外**。任何一种事业探索到极致，所需要的时间以几何级数倍增，人生修短，根本不足敷用，只有足不出户，忘却春秋人世。像那个戴着戒指拎着小提琴箱的矫揉造作的年轻人所向往的那种诗人的人生，更加建立在这种离群索居（不管出于什么理由）的基础上，形象外观只是末节，就像普鲁斯特或是"山中老人"哈桑·本·萨巴赫（Hassan-i Sabbah，约1050—1124）那样困于一灯如豆的陋室数十年，连阳台都不去。孤独主义的最早来源很可能只是一种人人都能理解的完美主义。邻人清晨的鸡犬之声已清晰可闻，他的斗室还停留在笔耕不辍的昨夜，任凭窗外明朝深巷人未起，杏花贩夫懒摇铃。

孤独在人境之末的另外一个证据是，往任何方向走向终末都会在不知不觉之中步入孤独。善有善的孤独，里尔克这样的；恶有恶的孤独，服部恭太这样的。只是后者对文明的建设没有正面意义，我们不屑在这部文明史的书中提及罢了。人世和孤独世界就像一个被沙漠环绕的绿洲，或是一个被海水包围的孤岛，或是被星空淹没的整个地球，只是谁环绕谁、谁包围谁，一时还很难说。我们想象一下，一个初次仰望星空的孩子望向视野终极的天地相接处时，他其实是弄不清楚谁包围谁的。万色星辰浩如烟海，银河宛如一道烟雾形态的巨龙，一头扎入地下。我们都是这个懵懂的孩子。

第三点总结，在整整这三本书中都萦绕不去的、最令我牵肠挂肚的则是人类文明的语言性存在这个事实。很少有（几乎没有）人意识到语言性存在和客观存在是两个向度迥异的事实，南辕北辙。我们总是躺在经验的温床上看看天空，以为一了百了，这一点最令我感到担忧。

正如前面所说，名词的存在和物的存在在本质上是不同的。文字描述物，但文字绝不是物自身，这是最大的障眼法。对一件事物，称呼它"horse"还是称呼它"pferd"并不重要，也不恒常，但是事实——那个吃草、驯顺、紫色瞳孔里流露出脉脉温情的庞然大物的存在，总是固定的。然而问题在于，脱离了文字的真理自身又该是怎么样的呢？就这一点，六祖惠能就曾经做过一个类似的比喻。惠能本人就不识字，学生无尽藏尼（？—676）向他请教《金刚经》的时候，他还要对方念给他听。《圆觉经》对此解释说："修多罗教，如标月指，若复见月，了知所标，毕竟非月。一切如来种种言说，开示菩萨，亦复如是。"[1]这种说法是站得住脚的。休谟（David Hume，1711—1776）认为"物"本身是一种"自在"，我们只能够认识它，却不能够得到它，对它的认识（文字、手指）和它本身（明月）相差很远。而认识是一种对真理的损耗，描述又是一种对认识的损耗。

人类有认识以来最大的误解就是将文字真理化了。任何一个并不具有太多意义的甚至是毫无意义的语词都需要我们花费很多时间去认知它，但事实上它们大多数没有什么用。就好像"滂沱""阴霾"这样的词，我们费尽九牛二虎之力才弄明白它们的意思，却发现这些词自身并非不可取代，它们只是某个事实派生出来的二级事实。而在客观存在的体系之中，肯定不能认同这样的二级事实。一匹马就是一匹马，骠（黄毛夹着白点的马）、骝（黑鬃黑尾的红马）、駉（奶牛斑的马）、骅（枣红马）、骊（黑马）、骒（黑嘴的黄马）、骐（青黑色的马）、骓（青白相杂的马）、骢（青白相间的马）都是马，名词体系殛须简化。因为对大多数人而言，大部分名词是没有用的，一辈子都没有机会认识它指代的东西，仿佛它的存在就是为了让人们不认识它，意义就是虚无。听说最长的德语单词是"Donaudampfschiffahrtselektrizitätenhauptbetriebswerkbauunterbeamtengesellschaft"，它描述一个维也纳地方战前的组织，然而现在已经几乎没有人能说得出这个组

1　河北禅学研究所：《禅宗七经》，宗教文化出版社，1997，第30页。

织的来龙去脉了；无独有偶，英语当中也有一个词"Chargoggag oggmanhaugagoggchaubunagungamaugg"，这是一个地名，坐落在美国马萨诸塞州伍斯特县南部与康涅狄格州的交界处，是一个长不过4.8千米的小湖，这个词实际上已经没有用处，徒具合法性而已，因为虽然它有这样一个拗口的法定名称，但是因为它临近韦伯斯特城，美国人自己在地图上都以韦伯斯特湖称呼它。这就是说，这些词对差不多所有人而言都是没有意义的，它所指代的事实没用，它自身的结构晦涩难懂，对它的认知是徒劳无功。

名词体系最大的问题还在于语言自身的重复指代。还是前面那个例子，"pferd"这个词，外国的语言初学者花费很多时间去辨认和记忆它被看作一个认知的过程，但是他们得到的结果仅仅是认识了一个他们早就耳熟能详的东西。名词并不是物，你认识一匹马只需要一分钟时间，可你花了十分钟时间去记忆"pferd"这个词，目的只是为了记住它就是"马"，就是"horse"，可是你既然知道了"pferd"就是"horse"，这个认知过程又有什么意义呢？何况，对于一个完全不认字的人而言，那种吃草、驯顺、紫色瞳孔里流露出脉脉温情的庞然大物的存在也总是固定的，你看着它默默背诵"pferd"或者"horse"时，你所认知的根本不是事物，而是语言自身。而一般情况下，就好像庄子在《齐物论》里说的那样，"以指喻指之非指，不若以非指喻指之非指也，以马喻马之非马，不若以非马喻马之非马也。天地一指也，万物一马也"，我们在感情上又很容易认为一样东西既然已经存在了，那么怎么称呼它总归是次要的。

所以看来花费我们一生的大部分时间去研究一样东西怎么称呼、它过去怎么称呼、现在怎么称呼、它在这里怎么称呼、翻过若干座山渡过若干条河之后怎么称呼，这是一桩不得已而为之的俗举，也没有什么意义。但是语言系统的构造几乎花去了我们一生的时间，它使得我们根本没有时间去认知真正值得认知的东西。语言就是神的玩笑，一个相当有市场的恶意传说甚至推测，神嫉妒人类的创造力，所以设计了语言来使他们迷乱。

哪位神？反正不是兔子，兔子还是衷心希望末人团结的。所以语言是一位更加古老、隐藏更深、面目更加模糊的神设计的阴谋，无怪乎博尔赫斯深情地说："我曾经暗自念想，天堂它，就是图书馆的模样。"在那幽深的学府、灯火飘摇的图书馆深处，你蹉跎了你的一生。

既然真理根植于语言，而语言又根植于事实，那么任何真理都是司空见惯的。令很多人大为震撼地，金斯伯格的《"嚎叫"注释》揭示了一个真理，"神圣"这个词的原意只是表达一种记忆的优先级，根本不值钱。就好像你不觉得你家门口的消防龙头有多么稀罕一样，真理同样也没有大多数人以为的那么珍贵。博尔赫斯在一篇关于图书馆的文章中提到了一场愚蠢的浩劫，人们焚毁很多书籍来试图毁灭某些知识存在的证据，却发现任何一本书都有无数的誊本，这些副本和原书（也可能它们才是原书，被毁坏的是副本，这并不重要）之间可能仅有个别单词和标点的差别——博尔赫斯据此来证明任何程度的削弱对真理自身而言都是微不足道的。

博尔赫斯没有挑明的一层意思是：固然我们可以将两本大致相同的书看成是对方的誊本，但是我们同样也不能否认它们完全有可能是各自独立的。既然我们在日常生活中看到太阳会异口同声地说"太阳"，看到马会异口同声地说"pferd"，那么当某个事件的描述语词数量更多时，只要观察者的角度相近，他们的话在信息量以及时空意义上完全相等也不是不可能。既然"太阳"和"今天的雨下得好大"这样两个复杂程度不同的命题都会出现认识上的重复，可见这种重复与命题或者描述自身的复杂程度没有关系，而只与事实有关系。既然人们会异口同声说出一个字、两个字乃至十个字的描述，那么他们异口同声地说出几百万字而内容完全相同，这种可能性也不能够被完全推翻。而语言描述上的相近则取决于概率，概率永远不能被抹杀，无限大的基数范围保证了无论概率多么小，其出现率也等同于无限大。

命题只与事实有关系，而文明史就是这样的一种事实。这就好比在同一天，总会有非常多的人异口同声地说："今天的雨下得好大。"说这句话的时候，事实摆在那里，他们也没有必要谁学谁。世界的文明发展中都出现了酒、出现了衣服、出现了音乐，这就好像博尔赫斯所说的那些彼此雷同的书籍，有的可能是相互抄袭，但是也有很多可能仅仅是令人难以置信的暗合而已。曹操（155—220）听到张松（？—212）一字不漏地背出了他的新书，虽然明知道自己没有抄袭，可还是忍不住一阵阵地心虚。他越想越怕，出于对无限时间中概率趋向于 100% 的幺正算法的敬畏，他毫不犹豫地喊人进来一把火烧掉了那本书。

我们思考了那么多，只是为了在这样一个兔子和语言交替高压的世界里，为自己孤独的自由寻找一点理由。其实孤独主义不需要理由，你想要追寻孤独主义的人生，就尽管去，孤独主义需要的只是决心。孤独自身就是孤独者追求孤独主义的理由。

我能够看到，终于，孤独者和孤独自身水乳交融，就像一滴水融入湛蓝的海洋，就像一颗星融入浩瀚的银河，就像……就像里尔克写于 1899 年的那首《圣母领报节》中的这样一句：

　　你是那只耳朵，

　　最喜爱我的歌声，

　　现在我觉得，

　　我的话已深入你心

有如消失在

那一望无际的森林。

孤独者，长吁一口气，从此寂静无声。人世求索千载，他终于找到了自己的家园。

这一望无际的森林，是孤独的乐园，也是生命的广袤之界。有理由相信它也是宫泽贤治的小说《滑床山的熊》中的那片山林。《滑床山的熊》是书法家井上有一生前最喜爱并多次为之挥毫的童话之一。虽然现实中的滑床山只是一座小山，可这并不妨碍在孤独者的眼中它就是整个世界。主人公小十郎是一个目不识丁（姑且如此认为）的老猎人，捕熊为生。人世对他太刻薄，他赌上性命猎来的两张熊皮只能卖两块钱，收购商心情好的时候赏的一碗酸酒和一块墨鱼干已经让他受宠若惊。久而久之，他为了躲避人世，走进了东山魁夷（Higashiyama Kaii, 1908—1999）那在雨雾之中莽莽苍苍的画境，融入了那片在晨光熹微之中宛如蓝色轻纱的森林。

故事随即进入了疑幻疑真之中，孤独使他似乎掌握了与熊对话的能力。这好像只是他的想象（他在被熊杀死的时候听到了熊说的话），又像是真的（一只熊恳求他饶命，允诺两年之后将自己的尸体给他，结果两年之后那只熊真的走来死在了他的家门外），可他只是一个啼饥号寒的穷猎人，无暇细想这天地之间的大玄机，只好任由它从指缝间白白流走。小十郎也因为这种非人间的孤独而获得了熊的理解和尊敬，故事的最后，他在一次生死相搏之中死于一只大熊爪下。为了向这位可敬的对手致意，大熊们将小十郎的遗体拱卫其中，默默祈祷。月上中天，那些庞然大物雄伟的背影依然围成一圈，不忍离去。

这一轮明月不仅是滑床山上的，也像是王昌龄（约698—约757）的诗里的、博尔赫斯的花园中的，可不知道为什么，我觉得它唯独不像尘世中天天照着我们的那一轮。

不光是明月，晨雾、晚风、紫黛色的夜空还有烟雾也似的一袭银河，似乎都与我们的世界有着些许不同。也许那孤独的世界有只属于它自己的星夜。

银河……对了，银河。前面提到了宫泽贤治的《银河铁道之夜》，我突然想起，我知道这个故事是因为一幅画，插画家加贺谷穰（KAGAYA）为这部小说绘制的插图一度是我最钟爱的作品。我想到了这件事，回忆宛如浮光掠影，纷至沓来。在茫然的青年时代，我为了撰写博士论文而暂居在上海郊区的一座小旅馆的时候，这幅画和这个故事曾经带给我一种持久的感动，持久至今。

在那个晚上，我独自穿过铁道纵横的旷野，步行回到旅馆。晚风沉沉中从窗帘一角窥视荒原远方华灯如锦的夜色，白天荒凉工地的萧瑟之感荡然无存，只剩下夜幕之下的远天广地，以及火车掠过之时的一声长鸣响彻天野。这空旷便如水，便如我一向喜爱的这幅《银河铁道之夜》，伴随着电视里响起的《爱蓝》还有帕赫贝尔（Johann Pachelbel，1653—1706）的《卡农》（*Canon*），舒适感便如雾般柔和、轻灵、捉摸不定，我不由得想起了我的同学老高的一首诗中有这么一句话：

> 可爱
> 便似水，
> 从不问
> 该往哪儿流。[1]

这种飞扬的洒脱之感也侵染了我的梦境。愿荣耀归属于不朽者。城郊的旷野很安静，我睡得很好。我梦见的依然是墨蓝天幕之中，那星光之夜的旷野。

1　高辛江：《玫瑰季节》，成都科技大学出版社，1994，第57页。

跋

借由本书完成所可能带来的一切荣耀，尽数归属于我的家人。

爸爸妈妈抚养我幸福地长大。母亲成长于人间天堂杭州的湖光山色之间，平生清心寡欲，唯一的爱好就是游历山水胜境。直至今日，妈妈早已过了古稀之年，仍然健行于溪山松涛之中，石上茶席林泉入梦，船唇酒榻风雨归舟。我想，我生命中喜爱自然的那部分，也许来自我妈妈，她教会我与世无争，追求心灵的舒适。

父亲是在成长过程中塑造我人格的最重要一人，通过他数十年无一日间断的手不释卷的言传身教，将我也培养成了一个嗜书如命之人。十方无云翳，千里共月明，清风送爽气，万山静无声。爸爸对我的影响是潜移默化的，在几十年的积累中逐步铸成我形而上的思索习惯。记得我还是一个小学生的时候，旅途中住在小旅馆的一个夜晚，爸爸像和老朋友交谈一样和我谈了很久金字塔、宇宙边界、相对论和地外文明，我想，那个夜晚可能是我终生矢志不渝的神秘主义趣味的萌芽之夜。

夫人是我生命中最重要的伴侣，举案齐眉的意义不仅仅在于携手走过深渊、渡过孽海，更在于平静生活中的相濡以沫。为了让我心无旁骛地沉思和写作，夫人承担了所有的家务，默默地操持。夫人更是这一整个"消极美学写作计划"能够问世的直接推手，在第一本书写完，我为了寻找出版社而苦恼的时候，夫人找到了她的老同学蓝庆伟博士，庆伟随即帮我联系上了广西师范大学出版社。在我得到消息喜出望外的时候，夫人却若无其事，她只是淡淡一笑，随即又拿起了扫帚。

夫人的这种对巨大内在的刻意掩盖体现了中国女性的传统美德。我想，这可能来自她的母亲。夫人的童年是辛酸的，父母的离异养成了她内敛的坚毅品格，这一切都和岳母抚养她过程中的含辛茹苦密切相关。岳母以一双并不强健的双手托起了她们母女的整个家庭，如同托起整个世界，饱经世态炎凉。而在夫人找到了她幸福的归宿之后，岳母却毫不居功，每次见面都爽朗地大笑。岳母这种笑傲人生的慷慨气度是最令我敬佩的，那段颠沛流离的痛苦日子宛如过眼云烟，遥远得好像别人的事一样。

本书之成还要感谢我的母校中国美术学院一如既往的慷慨解囊，这三本书的出版资金全数由母校承担，令我毫无后顾之忧。在这个过程中，特别感谢我十几年的老朋友刘智海、宣学君二位院长和丁炬主任，对于我不太熟悉的财务，三位好朋友完全接揽下来，甚至为了不令我分心，自己开会研究。中国美术学院兼容并包的学术精神就是这样在我等美院人前仆后继的践行中传承不辍，成长为参天大树。

致谢老朋友蓝庆伟和王娅蕾贤伉俪对我的声援，庆伟事务缠身，但闻听我延请他为本书作序的时候，依然毫不犹豫地答应下来。致谢日本京都三条画廊的王海堤先生、旅法动画艺术家叶子菁女士和旅德音乐家周东女士，有些资料我不便前往国外搜寻时，朋友们都毫不犹豫地伸出了援手。致谢中国美术学院研究生处的任明女士，她是力主将拙作列为研究生选修课的倡议人之一，甚至本书尚未写完，她已经前来约定以本书为内容的下一门课。致谢中国美术学院的宋振熙老师和杭州博物馆许潇笑副馆长为我安排校外讲座，广求知音。同样致谢那些选我课程的年轻人和参加我讲座的听众，谢谢倾听，阶梯教室里摩肩接踵的拥挤给我带来的感动是非凡的。

致谢我的所有朋友，致谢画家吴杉教授，致谢雕塑家金石老师，致谢作曲家潘行紫旻研究员，致谢建筑家王俊磊博士……他们给予我的友情是萦绕在这本书周围的整个令人感动的氛围。致谢我的所有朋友。

这种对友情的忠诚令我感动，我当以人生回报这种忠诚。

我不介意（甚至沾沾自喜）那是一段孤独沉思的人生。

孤独者必须借用别人的视野，可是想要这样做，你就必须踏入他们的世界。前天整理书房的时候，我找到了我的三位老师的著作，将它们放在一起，唏嘘不已。对于我而言，他们都是思想的巨人，正是站在他们的肩膀上，我才看到了灿烂的星辰。每每回想起他们对我的耳提面命，我都感到幸运和幸福。

我就读于杭州大学历史系时的启蒙老师、博物馆学家和历史哲学家、浙江大学严建强教授在他的著作《西方历史哲学——从思辨的到分析与批判的》中谈到过一段话，我这整一本书想要说明的无非就是这段话：

> 由少数杰出的人物引导民众、创造历史，也是汤因比的观点。在汤因比那里，成功的应战导致了文明的起源和发展，而失败的应战则意味着文明的走向衰亡。应战是创造文明的一个社会的应战，但应战的源泉并不是来自社会整体，而是来自具有创造性禀赋的少数人。大多数民众缺乏创造力，他们的行为方式是机械模仿，是模仿、追随和服从具有创造性的少数人。具有创造能力的少数人不断地"退隐和复出"，退隐是为了个人得到启示，完善自己，然

后复出以启发他的同胞，以发动成功的应战，使文明走上生长过程。而文明的失败也源出于少数创造者丧失了创造力，因而多数人相应地撤回了他们的支持和模仿，使社会整体失去了统一。历史的运动、文明的起源、发展与衰亡，都取决于具有创造能力的少数人。[1]

我的硕士研究生导师、国内近现代美术史权威、广州美术学院李伟铭教授在一次游历之中想到了他的老师、美术史大家、师祖陈少丰（1923—1997）教授，不由得大作迁客离人之叹，就像我今天一样：

> 记得陈老师饯行时提到青年时代第一次到莫高窟，看到戈壁滩上绿色的骆驼草即鼻子发酸想哭。岁月的艰辛使人心酸，令人肃然起敬者是不屈不挠的生存意志、生命活力。傍晚，漫无目的地踯躅于鸣沙山上，夕阳西沉，大漠无边，迎光起伏的沙丘，一若远在天边的家乡月光摇曳的大海。一团骆驼草残骸，干枯惨白宛如缠头白发在弱如鼻息的漠风中无助地翻滚行走。草尚如此，人何以堪！
>
> 没有人会估量到一个独立行走者孤寂的心态，这就正像我们无法估量释迦舍家出走的真正内心一样。莫高窟，鸣沙山，三危山，转瞬即逝的海市蜃楼和这里的夕阳、残塔之于南方闹市广州就像遥远不可企及的彼岸，我从那里来，我还必须回去，就像健华兄必须回到他的北京一样。这，也许就是所谓"宿命"。[2]

我的博士研究生导师，国内明清历史、元明清美术史巨擘，

1　严建强、王渊明：《西方历史哲学——从思辨的到分析与批判的》，浙江人民出版社，1997，第110页。

2　李伟铭：《二闲集》，香港书艺出版社，2004，第20页。

中国美术学院任道斌教授是梁启超（1873—1929）先生之徒孙，他在浙江省图书馆古籍部寻找珍本的一次探访途中写下了一篇《杭州访书记》（原载于《清史研究通讯》1987 年第 4 期）。访书是我们这支学脉的门墙之癖，师祖（梁任公之幼徒、任教授之导师）瓜蒂庵谢国桢（1901—1982）先生就曾经著过一本《江浙访书记》。浙江省图书馆古籍部是坐落在孤山山脚一片蜡梅花海中的一座小楼，在比现在年轻十多岁、撰写论文、血战汉唐的时候，我也经常流连于其中，猎寻民国时的珍本，甚至有一次我找到了一本民国人莫朝豪（生卒年不详）的《园林计划》都读得津津有味。任老师在《杭州访书记》的末尾谈到了他读书心力交瘁、出门宛如换了人间，我都是感同身受的：

> 当我离开浙图，已是初冬时节，举目衰柳败叶，山寒水冷，西子湖上潇潇雨歇，游客已寥然可数，与半个月前秋高气爽、游人如织的情景大相径庭。昔人云："莫辜负，一年最好是秋光，悄然逝去无踪影。"也许我确实辜负了秋光。但是，在这金色的季节里，我见到了这么多的明清文献，眼福亦不可谓不浅吧！ [1]

翻阅着这些熟悉的话，想起了他们对我施以教诲的一个个瞬间。孤独的世界宛如幽深的丛林，没有引路人的旅途是危险的，很容易迷失于其中。朝花夕拾是一种幸福，孤独者的幸福，愿你们都拥有这种幸福。

正如我在书的最后篇章里反复强调的，孤独主义并不是什么高不可攀的境界，而仅仅是一种人生乃至宇宙的常态。孤独主义就像是空气，大气之母虽然因为哺育了我等多姿多彩的生命而伟

1　任道斌：《思嘉室集》，中册，中国美术学院出版社，2009，第 312 页。

大，可空气就是再常见不过的物事。

所以要从精微处体会这种孤独的深邃，通过那些再平常不过的小事。我突然想起了几年前我的一个生日。

我的生日没有太多人知道，可是我却收到了多不胜数的生日祝福短信，它们来自淘宝网、网易邮箱、QQ邮箱、新浪微博、微信、百度网盘、B站、微信读书、网易云音乐……所有我注册过身份证的网络平台，它们可能有一种程序，从你身份证的中间几位数字来推算你的生日，百无一失。这些祝福短信给人以一种冷冰冰的、公事公办的感觉，虽然言辞一条比一条华丽，可不知为何，我就是觉得它们与真人撰写的文字不一样。这也许是我的错觉。即便如此，几十条祝福短信纷至沓来还是颇有气势，有一种虚假的万人空巷、嵩呼华祝、众星捧月之感。

夫人在一家网店定制了一个蛋糕。除蜡烛外，店主还贴心地附送了一个生日皇冠，用粗糙的卡纸粘成，印上金光闪闪的颜色。虽然那金色也是冷冰冰的，但是有趣得很，这种俗不可耐的颜色却令我的心情意外地变得好了起来：它可能成功地诱发了我的某种古老的贪念。

为什么生日要用财富的颜色来予以装点？我不知道，也许凡人企盼一切美好的事物都会被自动地联系起来。

有了这顶纸皇冠，加上那些冷若冰霜而热情洋溢的生日祝福，好像什么都不缺了，我们向这个世界索取的真的不多。我突然想起《哈姆雷特》第二幕第二场里有一句话是这样说的："啊，上帝，即便我困在坚果壳里，我仍以为自己是无限空间的国王。"一种孤独的荣耀和孤独的踌躇满志令我感到醺然。我甚至觉得，即便在这个仅可容膝的斗室里，我都是整个世界——孤独的世界——的国王。

祝福和黄金，该有的都有了，这真是一个令人难忘的、幸福的生日。

那是一个高贵的、适宜沉思的夜晚，月亮和金星的位置很好，窗外横无际涯的苍茫夜色之中，小书房的灯火仿佛悬浮在黑暗汪洋上的一介孤舟。

那个晚上烛影飘摇，我把那顶金色的纸皇冠戴了很长时间。

图书在版编目(CIP)数据

向隅:孤独的历史/梁超著.—桂林:广西师范大学
出版社,2023.5
ISBN 978－7－5598－5771－2

Ⅰ.①向… Ⅱ.①梁… Ⅲ.①美学－研究 Ⅳ.①B83

中国国家版本馆 CIP 数据核字(2023)第 015469 号

向隅:孤独的历史
XIANGYU:GUDU DE LISHI

出 品 人:刘广汉
责任编辑:宋书晔
装帧设计:宣学君
封面插画:陈 雅

广西师范大学出版社出版发行

(广西桂林市五里店路9号　　　邮政编码:541004)
网址:http://www.bbtpress.com

出版人:黄轩庄
全国新华书店经销
销售热线:021－65200318　021－31260822－898
山东韵杰文化科技有限公司印刷
(山东省淄博市桓台县桓台大道西首　邮政编码:256401)
开本:890 mm×1 240 mm　　1/32
印张:12.625　　　　　字数:306 千字
2023 年 5 月第 1 版　　2023 年 5 月第 1 次印刷
定价:72.00 元

如发现印装质量问题,影响阅读,请与出版社发行部门联系调换。